东南大学法学博士文库

互殴与防卫

优越利益原理下实体与程序规则重构

李 勇/著

Mutual Affray and Self-Defense

Reconstruction of Substantial and Procedural Rules

Under the Principle of Superior Interests

法律出版社
LAW PRESS · CHINA
北京

图书在版编目(CIP)数据

互殴与防卫：优越利益原理下实体与程序规则重构/李勇著. -- 北京：法律出版社，2023
ISBN 978-7-5197-7722-7

Ⅰ. ①互… Ⅱ. ①李… Ⅲ. ①正当防卫—认定—研究—中国 Ⅳ. ①D924.104

中国国家版本馆 CIP 数据核字（2023）第 050950 号

互殴与防卫
——优越利益原理下实体与程序规则重构
HU'OU YU FANGWEI
— YOUYUE LIYI YUANLI XIA SHITI YU CHENGXU GUIZE CHONGGOU

李 勇 著

责任编辑 许 睿
装帧设计 鲍龙卉

出版发行 法律出版社
编辑统筹 司法实务出版分社
责任校对 晁明慧 王 皓
责任印制 胡晓雅
经 销 新华书店

开本 710 毫米×1000 毫米 1/16
印张 24.5 **字数** 325 千
版本 2023 年 8 月第 1 版
印次 2023 年 8 月第 1 次印刷
印刷 固安华明印业有限公司

地址：北京市丰台区莲花池西里 7 号（100073）
网址：www.lawpress.com.cn
投稿邮箱：info@lawpress.com.cn
举报盗版邮箱：jbwq@lawpress.com.cn
销售电话：010-83938349
客服电话：010-83938350
咨询电话：010-63939796

书号：ISBN 978-7-5197-7722-7
定价：98.00 元

春风桃李，勇作善成

我的博士李勇的博士毕业论文即将以《互殴与防卫——优越利益原理下实体与程序规则重构》为名付梓出版，应他之邀，为他的新书作序。于我而言，这当然是件令人非常高兴的事。

这两天互联网里都在讨论“高铁掌掴事件”。2023 年 5 月 2 日，高铁 C6276 车厢内，旅客王某某坐于杨某某前排位置，高铁行驶过程中，王某某站起转身制止后排儿童吵闹，继而与杨某某发生争吵，当王某某再次辱骂杨某某时，杨某某用右手手背挥打王某某面部一次，王某某还击打杨某某面部一次，在列车工作人员和旅客劝阻后，王某某再次用手掌击打杨某某面部。这起事件虽然被公安部门认定为互殴，并依法作出行政处罚，但是，此事件也引起了公众的热议，被打女子还手是互殴还是正当防卫？事实上，这已不是殴打或者斗殴事件第一次引起是否为正当防卫问题的社会关注了。早在十多年前，“常熟菜刀队案”以及随后的“昆山反杀案”“福建赵宇案”“唐雪正当防卫案”“武汉摸狗案”等一系列涉及正当防卫的案件，都引发了社会的广泛关注，这些案件的处理过程也充满“曲折”，每一个案件都是一个正当防卫的法理故事。正当防卫作为阻却违法事由，是刑法体系中最为重要的实质出罪事由，很长一段时间以来，我国刑法中的正当防卫条款沦为“沉睡条款”“僵尸条款”，其中很重要的一个原因是互殴。从实践判例和实证数据看，正当防卫的案件一旦涉及互殴，认定为防卫的概率就很低。近年来，先后出现了一系列案件，理论界和实践界均在反思正当防卫认定的障碍，但是真正对互殴这个认定正当防卫的重大障碍进行专门研究的并不多。李勇博士独具慧眼，以其长期从事司法实务的敏锐触觉，及时把握“互殴与防卫”这一对范畴，并以“优越利益原理下互殴与防卫关系实体及程序重构”为题撰写自己的博士论文。对于这样的选题，我是非常认可的。因为，从某种程度上来说，解决了互殴与防卫的关系问题，就是解决了正当防卫的大部分问题。因此，互殴与防卫的关系问题具有重要的理论意义和实践价值。

现在，李勇博士将自己的博士论文名字稍作调整，以此突出互殴与防卫话题的热度，对此，我也是赞同的。本书除了导论、结论外，共分五章，这五章依次从分析互殴与防卫的司法乱象入手，再从实体法与程序法的双重视角对互殴与防卫进行反思，在此基础上，结合刑法优越利益原理，从实体法和程序法角度对互殴与防卫进行了重构，最后则是对优越利益原理下的防卫限度进行了合理界定。全书逻辑清晰，层层推进，论证有力，采取了理论与实践相结合、实体与程序交叉的研究方法，对刑法教义学理论信手拈来，对刑事司法实践熟稔于心，几十个案例贯穿始终，使读者诸君能够形象生动地理解互殴与防卫，极具特色。

李勇博士以其深厚的学术功底和对实务的精准把握，对互殴与防卫问题的研究提出了诸多创新之说。他立足于功利主义哲学，以实质刑法观、结果无价值论为基本立场，提出以“质”“量”统一优越利益原理作为立论基础。同时，将互殴分为纯正的与不纯正的（亦即真正的与不真正的），并构建了互殴与防卫实体及程序认定规则体系。实体方面，先以有无约架为标准从形式上区分纯正的互殴与不纯正的互殴，再根据优越利益原理进行类型化实质判断。程序认定规则体系，重置互殴与防卫的证明对象、证明责任、证明标准和证明方法。这些创新之见，进一步深化了理论上对正当防卫成立条件的理解，推动了实践中对互殴与防卫的准确界分。李勇的博士论文写作，语言流畅，思维开阔，始终站在中国刑法理论前沿，对中国刑事司法实践充满关照，从而使其博士论文充满学术的张力和实践的生命力，是难得的上乘之作。

李勇之所以能写出穿行于理论与实践之中的高质量博士论文，这得益于他长期从事的检察工作，也和他笔耕不辍直接相关。李勇博士是全国检察业务专家，现任江苏省南京市人民检察院法律政策研究室主任，历任南京市建邺区人民检察院公诉科科长、党组成员、副检察长，他还有很多其他闪光的头衔，在此不一一赘述。李勇长期在检察一线办案，心系国家法治建设，身体力行推动刑事法治实践；对中国刑事司法实践了解深刻，对于刑法理论存在的问题也洞若观火。作为一名新时代的检察官，李勇博士观察到中国刑事法治实践的成功经验和不足之处后，没有停留在现象本身，而是一直保持学习的状态，以理论指导实践，以实践更新理论，勇敢探索，静心思考，孜孜不倦，持续写作，终至硕果累累。目前，李勇博士已出版著作7部，发表论文200余篇，其中CSSCI期刊论文7篇，有的论文入选高被引论文TOP10，学术成果获省部级奖10余项，智库成果10余项，多次参与最高检司法解释、规范性文件起草，办理全国首例侵害英雄烈士名誉荣誉案、“瘦肉精”系列案等全国重大影响案件，数十次为最高人民检察院、国家检察官学院及其各省分院等全国各地检察机关培训班授课，在理论界与实务界产生了重大影响。作为他的导师，看到他取得如此多的骄人成绩，我感到非常欣慰。

人生之路要开拓创新，更要行稳致远，每一步都是不容易的。但是，李勇有勇气，他敢于迈出与别人不一样的步子，去开拓属于自己的路。李勇为人谦和，性格温润，工作踏实，责任心强，不骄不躁，自由安定。但是，讨论学术问题时的李勇又总能直击要害，让听者疑惑顿释。对于工作和生活中的挫折，李勇总是充满勇气地去克服，永不懈怠地去前行。当下中国的法治实践如火如荼，但是改革路上的行进并非坦途。晚近十年以来，司法改革一直以各种方式在推进，国家法治建设也取得了诸多重大成就，与此同时也产生了很多问题亟待研究。但是，纯粹的理论工作者，对实务问题的把握总有些隔靴搔痒；纯粹的实务工作者，对理论的运用总不能够得心应手，幸运的是，李勇能够打通理论和实务之间的任督二脉，这种能力的具备与他长年的努力密不可分，他善于利用一切工作之外的闲暇时间，几乎从未有过休息。他热爱自己所从事的检察事业，同时又能学思践悟，对司法实践中的问题进行学术归纳，上升到理论高度，得出属于他个人的创见，形成了独具特色的检察理论研究成果。他写文章逻辑性强，分析问题针对性强，文章简洁干练，一般没有什么“既……又……”之类的话。朱熹《朱子全书·道统一·周子书》有云：“不顾旁人是非，不计自己得失，勇往直前，说出人不敢说的道理。”这句话用在李勇身上再合适不过了。

李勇还打造了一个检察领域颇负盛名的学术公号“悄悄法律人”，该公号不仅入选中央政法委“四个一百”优秀微信公众号，而且位居全国检察自媒体二十强，为传播公平正义之法治理念，推动中国法治实践作出了很大的贡献。长期做学术型的微信公众号，也全方位地锻造了李勇的学术能力，它不仅使李勇养成了更加敏锐的学术嗅觉，也形成了更加强烈的问题意识，并极大地提升了解决问题的理论能力，真可谓功不唐捐。

2006 年李勇硕士毕业考入检察系统，那时他就立志献身于检察事业，并葆有自己从事检察理论研究的兴趣；2022 年他博士毕业，同年又去了南京市人民检察院，可谓事业学业双丰收。可以说，十余年前他对检察事业和理论研究播下的善的种子，而今终于生根发芽结出了果实，真可谓，春风桃李一杯酒，江湖夜雨十年灯。在司法实践的富矿里，在理论研究的领地里，李勇开拓创新，勇作善成，种下了小小的种子，开出了大大的花。而这一切，皆因对检察理论研究的志趣使然。

人生在世，智勇不能失衡。有大智慧也有大勇气者，意味着意志可以承受灵魂之重，这样的人，最终也一定是大成就者。未来的日子里，预祝李勇前路顺畅，收获满满。

是为序。

刘艳红

2023 年 5 月 28 日

自 序

这本书是在我的博士学位论文基础上修改而成的，原题目是《优越利益原理下互殴与防卫关系实体及程序重构》。一般而言，博士学位论文偏重理论性，我在撰写博士学位论文时同样也偏重理论性，但我在写作过程中兼顾了实践性，25 个案例（为避免对原判决及其当事人造成困扰，删除了判决书文号）贯穿其中，毕竟实践性是刑法学的品格，在修改成书过程中，进一步强化了实践性和实用性。

如果问刑法学中的哪一个问题能激起普通民众的关注热情，那无疑是正当防卫。或许是因为它关乎人性的本能，即对邪恶的反抗精神，或许是它最能体现人性之中朴素的正义感。德国学者贝尔纳（Berner）于 1848 年提出的那句名言“法没有必要向不法让步”（Das recht braucht dem unrecht nicht zu weichen，应该译为“正没有必要向不正让步”，详见书中阐述），如此精彩地描述了这种朴素正义观，以至于被人们所耳熟能详。

所以，“常熟菜刀队案”“于欢正当防卫案”“昆山反杀案”“福建赵宇案”“唐雪正当防卫案”“武汉摸狗案”等一系列涉及正当防卫的案件，都引发了社会的广泛关注。很多案件的处理过程很“曲折”，有些案件最初的处理背离社会公众的朴素正义感，但最终回归正义。还有些没有被社会公众关注的涉及正当防卫的案件，处理过程也非常曲折。

对于从事刑事司法实务的人来说，办理这类涉及正当防卫的案件如同“走钢丝”，难点在于与互殴的区别。就司法实践而言，解决了互殴与防卫的关系问题，就解决了正当防卫的大部分问题。案件一旦涉及互殴，成立正当防卫的机会就变得渺茫了。用互殴否定正当防卫似乎是容易的，但用正当防卫去否定互殴是困难的。我国刑法中并没有“互殴”这个概念和术语，理论上广为流传的互殴的具体内涵为何？它与防卫的关系如何厘清、与防卫的界限如何划定？这些问题没有得到很好的解决。“互殴”是一个生活色彩有余、规范属性不足的术语。

对于从事刑事司法实务的人来说，办理这类涉及正当防卫的案件如同在“刀尖上跳舞”，难点在于证据、证明问题。刑法适用过程是事实与规范对应的过程，但事实来自证据和证明。在互殴与防卫交叉的案件中，“正当防卫成立与否，关键在证据”是司法实践的基本共识。“昆山反杀案”之所以在公安机关立案后不久被以正当防卫为由撤销，其重要原因是有完整的监控视频证据，清晰地反映出事件全过程。与之形成鲜明对比的是“福建赵宇案”和“涞源反杀案”，这两起案件就没有那么“一帆风顺”。“福建赵宇案”从认定防卫过当而相对不起诉，到撤销相对不起诉，再到最终认定正当防卫而绝对不起诉。“涞源反杀案”从涉嫌故意杀人罪先后被刑事拘留和逮捕，到检察机关两次以事实不清、证据不足为由退回补充侦查，再到最后不起诉。这两起案件所经历的反复和波折，主要原因在于难以解决证据和证明问题。实践中，大量发生在封闭场所的“一对一”涉及正当防卫的案件，没有监控视频和在场证人，此时，证据和证明就成为核心问题了。

对于从事刑事法研究的人来说，研究互殴与防卫问题，充满挑战。因为这不仅涉及实体《刑法》的问题，还涉及程序《刑事诉讼法》的证据证明问题；这不仅涉及基础理论问题，还涉及实践方法问题。我一直坚持走“理论与实践相结合、实体与程序相结合的第三条道路”。在这条道路上，我写过《结果无价值论的实践性展开》（法律出版社2020年第2版）、《刑事证据审查三步法则》（法律出版社2022年第2版）。这两本书虽然都采取了“理论与实践相结合”的方法，但是毕竟分别属于实体法和程序法的著作，没有在同一个问题上实现实体与程序的深度融合。在这条道路上，我也写过《认罪认罚与企业合规》（法律出版社2022年版），这本书已经有实体与程序交叉的端倪，因为认罪认罚也好，企业合规也罢，既是实体法问题，又是程序法问题，但总体上程序法因素更多。在这条道路上，我也写过《走出机械司法的怪圈》（北京大学出版社即将出版），这本书确实有实体法内容也有程序法内容，但总体上是带有随笔性质的“悠闲之作”。直到这本书，才是真正意义上的实体与程序的深度融合，这样的书在我国是相对少见的。我对这本书倾注了很多心血，希望不辜负读者一直以来的厚爱，但因水平和驾驭能力有限，错谬难免，恳请读者多多批评指正。

2022年9月21日

初写于金陵

摘　要

我国《刑法》中的正当防卫条款曾一度沦为“沉睡条款”“僵尸条款”。近年来，先后出现了社会各界广泛关注的系列案件，理论界和实务界呼吁“激活”正当防卫条款。司法实践消极适用正当防卫条款的原因，除对正当防卫的理论基础、防卫条件等认识不到位外，更为重要的是把大量的正当防卫认定为互殴。可以说，互殴是正当防卫条款“僵尸化”的重要原因。互殴虽然已经成为我国《刑法》中约定俗成的概念，但是这一概念并没有得到深入研究，缺乏规范质量，沦为一个笼统的描述事实的术语。传统理论从“伤害故意”“斗殴意图”“报复动机”等主观要素角度界定互殴，强调动机和意图的“纯洁性”，并形成一个广为流传的信条——“互殴与防卫是互斥关系”。这种“意图中心论”的观点和过于粗放的信条，在司法实践中产生了巨大的负面效应，即案件一旦涉及互殴，认定正当防卫的概率极低，互殴认定呈泛化之势。

互殴的规范内涵及其限缩路径应当以优越利益原理为基础，立足于功利主义哲学，以结果无价值论为基本立场，以“质”“量”统一优越利益原理，重构互殴的概念及其与防卫的关系。法益衡量是具体的而非抽象的，既包括质的衡量也包括量的衡量。任何事物都是质和量的统一体，度是保持某物成为特定之物的界限，量的变化超过了度，就引起质变从而成为另一种特定之物。正当防卫阻却违法的实质根据在于，防卫行为在“质”上属于“正”“善”的行为，不法侵害在“质”上属于“不正”“恶”的行为，“正不能向不正让步”，防卫行为在“质”上处于优越地位。不属于正当防卫的互殴行为，在“质”上不存在值得保护的优越利益，双方行为都属于“不正”。互殴可以类型化为纯正的互殴（真正的互殴）与不纯正的互殴（不真正的互殴），纯正的互殴（真正的互殴）是指双方参与人事先约定相互殴打（约架），不存在优越利益而排斥正当防卫成立的行为；不纯正的互殴（不真正的互殴）是指双方参与人在非事先约定的情况下发生的相互殴打，优越利益存否待定，不完全排斥正当防卫的行为，需要结合个案具体分析判断是否存在值得保护的优越利益。在此基础上，再对纯正的互殴（真正的互殴）和不纯正的互殴（不真正的互殴）进一步类型化。防卫限度也离不开优越利益原理，防卫者的优越利益在动态发展过程中超过“量”的界限，其利益优越地位就“质变”为新的不法侵害，即防卫过当。以“质”“量”统一优越利益原理为基础，构建互殴与防卫从形式到实质的类型化实体认定规则体系。

基于优越利益原理重构的纯正的互殴（真正的互殴）与不纯正的互殴（不真正的互殴），促使证明对象发生重大变化，将互殴作为独立的证明对象，并根据实体上互殴概念的新界定，将互殴这一证明对象前置化和客观化。互殴事实的完整构造是“起因＋经过＋结果”三位一体的，证明对象的前置化就是将重视经过、结果阶段前置到重视起因阶段。从传统“意图中心论”支配下的证明主观意图这一内部事实转变为证明互殴行为这一外部事实，实现了证明对象的客观化。防卫限度的证明对象除了防卫事实外，还包括“度”的事实，具体包括行为必要性事实与结果相当性事实（二者是阶层递进关系）。证明责任的分配是一个利益平衡的问题，在互殴与防卫领域，该问题更为突出。根据优越利益原理，在涉及互殴的案件中，控方要证明被告人的行为属于纯正的互殴（真正的互殴），不成立正当防卫，就必须对互殴的完整构造即“起因＋经过＋结果”进行证明，这属于实体犯罪构成要件的事实，控方承担相应证明责任。在不纯正的互殴（不真正的互殴）中，控方需承担证明被告有罪的责任，包括在被告提出正当防卫辩解时，证明不存在正当防卫之事实。至于被告方提出正当防卫的辩解和主张、提供线索和证据，这并不是履行证明责任，而是一种辩护权的行使。我国的正当防卫证明标准可以采用由美国宪法第四修正案的“相当理由”（probable cause）发展而来的“合理怀疑”（reasonable suspicion）标准。关于证明方法，应当整合“原子主义”和“整体主义”，采取综合分析（综合认证）的方法，并结合印证证明。

目 录

导　　论

一、背景及意义

正当防卫作为阻却违法事由，是刑法体系中最为重要的实质出罪事由。很长一段时间以来，我国《刑法》中的正当防卫条款沦为“沉睡条款”“僵尸条款”。近年来，先后出现了社会各界广泛关注的“于欢正当防卫案”“昆山反杀案”“福建赵宇案”等系列案件，理论界极力呼吁“激活”正当防卫条款，重新掀起了正当防卫的研究热潮，对正当防卫的理论基础、防卫条件、防卫限度等进行了深入研究。实务界也进行了深刻反思，最高人民法院于2018年6月20日、2020年12月31日先后公布的第18批和第26批指导性案例，均涉及正当防卫，并于2020年9月发布了专门的正当防卫典型案例。最高人民检察院于2018年12月19日印发了第12批正当防卫指导性案例，并于2020年11月27日发布了正当防卫不捕不诉典型案例。最高人民法院、最高人民检察院、公安部于2020年8月28日联合发布了《关于依法适用正当防卫制度的指导意见》（以下简称《正当防卫指导意见》）。就刑法中的某一个问题如此密集发布指导性案例、典型案例和规范性文件，实属罕见。一方面，可见最高司法机关在努力引导司法实务人员转变理念，积极“激活”正当防卫条款；另一方面，也说明司法实践消极适用正当防卫的旧理念和旧习惯积重难返。正当防卫条款“僵尸化”的直接表现就是司法实务人员没有将该认定为正当防卫的案件认定为正当防卫。司法实务人员消极适用正当防卫条款的原因，除对正当防卫的理论基础、防卫条件等认识和理解不到位外，更为重要的是对互殴的理解出现重大偏差，把大量的正当防卫行为认定为互殴。在正当防卫状况下，这种情况是极为罕见的：攻击者是单方面的“恶人”，防卫者是毫无可指责之处的“善人”，正当防卫的状况多半在某种意义上是作为“相互斗殴”的一部分出现的。[1] 所以，解决了互殴与防卫关系的问题，就解决了正当防卫的大部分问题。

我国古代就有“诸斗两相殴伤者，各随轻重，两论如律”的规定。在我国的传统文化中，看到两个人扭打在一起的时候，立即想到的一个词就是“互殴”，我们习惯以“各打五十大板”的方式来处理这种纠纷，而不进行价值判断，很少分辨孰是孰非、是非对错。“互殴”这个刑法学术语，生活色彩有余，规范色彩不足；实践色彩有余，理性色彩不足。司法实务人员并非不知道《刑法》关于正当防卫的规定，被告人及其辩护人也并非没有提出正当防卫的辩护意见，而是司法人员动辄以互殴为由否定正当防卫的成立。司法实践中，认定为互殴是极为容易的，但认定为防卫则是极其困难的。几乎所有的故意伤害、故意杀人、聚众斗殴案件都表现为“打架”，几乎所有的正当防卫也表现为“打架”，而司法实践已经习惯将这样的“打架”等同于互殴，导致互殴的泛化。这种现象产生的深层次原因，在于互殴本身是一个似是而非、缺乏规范质量的概念，容易模糊化、主观化、随意化。“互殴”一词虽然并没有规定在《刑法》中，但是作为一个刑法学术语已成普遍共识。同时，学界对互殴的内涵与外延、互殴与防卫关系的研究并不深入。可以说，互殴与防卫的关系已经成为我国刑法理论和实践中最为复杂和混乱的问题之一。值得注意的是，互殴与防卫的关系又是个实体与程序交织的问题，不分是非对错与忽视对

---

〔1〕 橋爪隆『正当防衛論の基礎』（有斐阁，2007 年）121 頁参照。

互殴事实的证明是一体两面的关系。

理论界和实务界在反思正当防卫条款“僵尸化”的时候，似乎遗漏了这一点，即互殴是导致正当防卫条款“僵尸化”的重要原因。我们需要重新审视互殴与防卫的关系，对互殴中的防卫问题进行类型化分析，并从实体和程序两个方面提出类型化的认定规则体系，“通过法律素材和举止规范之间的相互作用，按照案件的类别就可以得出不同的解决方案”，从而描绘出“正当防卫的地图”。[1] 这对于正当防卫理论的深化，指导司法实践正确适用法律，均具有重要意义。

二、研究现状

“互殴”这个词虽然已经成为我国刑法中约定俗成的术语，但是这一术语并没有得到深入研究，缺乏规范质量。理论界对互殴内涵和外延缺乏类型化、精细化的研究，[2] 而仅仅认为其是一个笼统的描述事实的名词。[3] 在我国传统刑法学中，形成了一个广为流传的信条——“互殴与防卫是互斥关系”。换言之，互殴中是不存在正当防卫的，一旦认定互殴，原则上就没有防卫存在的余地。因为互殴的双方都实施了不法行为，因而都无权主张正当防卫，只有在特定情形下才可能存在正当防卫：一方停止侵害，另一方继续侵害；轻微互殴中

〔1〕 参见［德］克劳斯·罗克辛：《刑事政策与刑法体系》（第2版），蔡桂生译，中国人民大学出版社2011年版，第39页。

〔2〕 参见陈兴良：《互殴与防卫的界限》，载《法学》2015年第6期；邹兵建：《互殴概念的反思与重构》，载《法学评论》2018年第3期；梁云宝：《论涉挑衅的“互殴”定性》，载《刑事法判解》2014年第1期；张智辉：《互殴案件刑事责任分析》，载《人民司法》2006年第7期；杨毅伟：《自我防卫与相互斗殴的刑事司法判定研究：以个案为线索的分析》，载《西南政法大学学报》2012年第6期；刘鲲：《还手与互殴——伤害案件中的正当防卫探析》，载《河南警察学院学报》2020年第3期；熊永明、赵威：《互殴与正当防卫的主观界限认定标准研究——基于2762份刑事判决书的分析》，载《西部法学评论》2019年第2期。

〔3〕 参见黄荣坚：《基础刑法学》（上）（第3版），中国人民大学出版社2009年版，第163页。

一方突然加大打击力度，如使用杀伤力很强的工具等。[1] 这种观点过于武断、粗放。这一缺乏规范质量的粗放术语，在司法实践中产生了巨大的负面效能，即司法实践动辄将打架、伤害行为认定为互殴，形成还手就是互殴、有报复动机就是互殴等一系列非正常的司法惯例。案件一旦涉及互殴，被认定为正当防卫的概率不到万分之一。

我国传统通说认为，互殴是指斗殴双方都有侵害对方的故意，双方的行为都属于不法行为，因而都无权主张正当防卫。[2] 尽管具体表述略有不同，但是基本思路都是从有无“伤害故意”“斗殴意图”“报复动机”等主观要素角度来界定互殴，强调动机和意图的“纯洁性”。《正当防卫指导意见》中强调要准确界分防卫行为与相互斗殴，认为防卫行为与相互斗殴具有外观上的相似性，准确区分两者要坚持主客观相统一原则，通过综合考量案发起因、对冲突升级是否有过错、是否使用或者准备使用凶器、是否采用明显不相当的暴力、是否纠集他人参与打斗等客观情节，准确判断行为人的主观意图和行为性质。表面上看，该意见强调主客观一致，但实际上注重的依然是意图。言下之意即互殴与防卫二者客观外观相似，但主观内在意图不同。2020年11月，最高人民检察院发布的正当防卫不捕不诉典型案例就应验了这一点。“典型案例四　湖北省京山市余某正当防卫不起诉案”的“法律要旨”中指出，准确界分相互斗殴与正当防卫的界限，关键看行为人在主观意图上是为了防卫合法利益还是故意不法侵害他人。事实上，这种“意图中心论”的立场无法真正合理区分互殴与防卫的界限，有伤害故意的并非一定都是互殴，有斗殴意图的并不一定不存在防卫的空间，正当防卫也并非完全不能带有伤害故意和报复动机。

---

〔1〕 参见马克昌主编：《刑法学》，高等教育出版社2003年版，第127页；张明楷：《刑法学》（上）（第6版），法律出版社2021年版，第268页。

〔2〕 参见高铭暄主编：《刑法专论》（第2版），高等教育出版社2006年版，第430页。

这种“意图中心论”的立场导致的程序性后果是加大了正当防卫的证明难度。从程序法的角度来说，正当防卫能否认定的关键在于证据。在互殴与防卫交织的案件中，证据和证明问题更加复杂，特别是“一对一”“封闭空间”发生的伤害、杀人案件，互殴和防卫的事实如何证明，极其困难。从程序（广义的程序包括证据和证明）角度研究正当防卫的成果较少，仅有的一些研究成果也是聚焦于证明责任倒置问题〔1〕，偶尔涉及证明对象、证明标准和证明方法〔2〕，而从程序角度研究互殴与防卫关系的成果更少。

日本刑法学中互殴也并没有被教义学化，主要停留于事实描述层面。受中国古代文化的影响，日本一直以来就有“打架两成败”的说法。日本对互殴概念的研究并不深入，也没有清晰界定互殴的内涵和外延，也没有发展出规范性的互殴概念。在日本，对于“打架与正当防卫”，并用积极加害意思论与自招侵害论是解决问题的基本方向。〔3〕这种“积极加害意思”是从日本的判例发展而来的，得到了一些学者的认同。〔4〕这里的“积极加害意思”也是从主观要素方面否定正当防卫的成立。

---

〔1〕参见李蓉、宋家骏：《论正当防卫的证明责任——以阶层犯罪论为视角》，载《首都师范大学学报（社会科学版）》2019 年第 3 期；张薇薇：《排除犯罪性事由的证明责任研究》，载《政治与法律》2014 年第 8 期；姜保忠、来宇：《论正当防卫的证明责任：比较法视角》，载《河南科技大学学报（社会科学版）》2021 年第 4 期；何家弘、梁颖：《论正当防卫案的证明责任》，载《中国高校社会科学》2021 年第 2 期；马光远、王志远：《正当防卫证明的困境与出路——“谁主张谁举证”的刑事法纠偏》，载《法治社会》2019 年第 6 期；兰荣杰：《正当防卫证明问题的法律经济学分析》，载《法制与社会发展》2018 年第 1 期；施陈继：《从于欢案谈我国正当防卫证明责任分配的缺失》，载《犯罪研究》2017 年第 3 期。

〔2〕参见谢澍：《正当防卫的证明难题及其破解——激活正当防卫制度适用的程序向度》，载《政治与法律》2020 年第 2 期。

〔3〕参见［日］盐见淳：《打架与正当防卫——以“打架两成败”的法理为线索》，李世阳译，载《刑事法评论》2017 年第 1 期。

〔4〕参见［日］井田良：《刑法总论的理论构造》，秦一禾译，中国政法大学出版社 2021 年版，第 168 ~ 141 页；［日］佐伯仁志：《刑法总论的思之道 · 乐之道》，于佳佳译，中国政法大学出版社 2017 年版，第 131 页。

德国刑法学对互殴同样没有发展出教义学概念，而只是描述性地使用“互殴”“相互攻击”等，经常把互殴问题放在防卫意图的框架下进行讨论。[1] 按照防卫意思必要说的观点，互殴是具有侵害意思的行为，在互殴的情况下，侵害意思和防卫意思是相互转换的，故缺乏防卫意思。[2] 德国刑法学界一般也认为“相互攻击”（wechselseitigen angriffe）场合不存在正当防卫，理由仅仅是对于双方而言均是侵犯和防卫交织在一起，这种相互打斗因为处于下风而拔刀刺向对手的行为不属于紧急防卫。[3] 有时也将互殴放在挑拨防卫的标题下进行讨论。在互殴场合，一般都会有防卫挑拨的行为，可以使用挑拨防卫的理论予以解决。确实不存在挑拨行为时，德国刑法理论使用的词汇是“打架”（schlägerei）或者“相互攻击”，在此，由于不存在“防卫情形”（具体来说是不存在“不法”侵害），也就无法构成正当防卫。[4]

因此，从研究现状上看，急需重新审视互殴的内涵和外延，从实体与程序两个方面重新审视互殴与防卫的关系，对这一重要但却不规范的刑法概念进行规范化改造。

三、研究方法

互殴与防卫的关系，涉及正当防卫的基础理论，同时，也是一个极具实践性的问题；互殴与防卫的认定，不仅是实体法上的问题，而且是涉及证据与证明的程序性问题。基于以上考虑，本书采取以下两

---

〔1〕 参见［德］乌尔斯·金德霍伊泽尔：《刑法总论教科书》，蔡桂生译，北京大学出版社2015年版，第164页。

〔2〕 参见［德］汉斯·海因里希·耶赛克、［德］托马斯·魏根特：《德国刑法教科书》，徐久生译，中国法制出版社2017年版，第459页。

〔3〕 参见［德］约翰内斯·韦塞尔斯：《德国刑法总论》，李昌珂译，法律出版社2008年版，第184页。

〔4〕 该段德国刑法学关于互殴与防卫的研究现状，来自周遵友教授给予的解答，在此特别感谢。

种研究方法。

（一）从实践到理论的“第三条道路”

第三条道路坚持“从经验到理论”的研究方法，即从本土的经验中提出理论，从经验事实出发，提炼出概念和理论，并与最前沿的理论进行学术上的对话，进行“概念化”“标签化”“类型化”，从而最终推进理论的发展，为之做出贡献。我们常常感慨，刑法学理论中该研究的问题几乎都被研究过了，但是司法实践中依然问题重重。司法实践者的体会不是该研究的问题都被研究过了，而是日常办案所面临的很多问题都没有切实可行的理论解决方案，其原因或许真的在于研究方法。“我们真正需要的是从实践出发的一系列新鲜的中、高层概念，在那样的基础上建立符合实际以及可以和西方理论并驾齐驱的学术理论。这是一个艰难的工程，不是一个或几个人所能完成的工程，甚至不是一代人所能完成的工程，但我们可以朝着这个方向走，逐步建立从实践出发的社会科学和理论。”[1] 互殴是一个极具中国特色的刑法问题，规范性严重不足。本书立足实践问题导向，采用理论与实践相结合的研究方法，力求秉承“中国的问题，世界的眼光”之理念，重塑互殴的内涵，重新厘定其与防卫的关系，赋予其规范属性和理性色彩。本书所提出的“质”“量”统一的优越利益原理、“纯正（真正）的互殴”与“不纯正（不真正）的互殴”的类型化、证明对象前置化等观点，均是从实践经验出发，与前沿理论对话，上升到理论层面进行总结提炼而产生的。

（二）实体与程序交叉研究

一般而言，法律可以分为实体法和程序法。实体法是以“应当如此”的法律关系为内容，提示什么是实体正义的规范；程序法是以如何实现实体法为内容的规范。实体法上所规定的权利义务，如果不经

---

〔1〕 黄宗智：《中国社会、经济与法律的实践历史研究》，中国人民大学出版社2007年版，第454页。

过具体的判决就只不过是一种主张，只有在一定程序过程中产生出来的确定性判决中，权利义务才得以实现真正意义上的实体化。[1] 根据证据进行审判是近代以来司法制度的根本原则，无法为所主张的权利举证，该权利实际上就会变得毫无意义，甚至可以说诉讼法乃实体法发展之母体。[2] 广义的程序包括证据、程序，换言之，证据法是程序法的重要组成部分。本书所讨论的程序问题主要是指证据问题。

刑法适用过程是事实与规范的对应过程，而事实来自证据和证明。罪名规范是刑法的主体内容，判断一个人的行为是否符合某个罪名，是通过犯罪构成要件来判断的，而犯罪构成要件事实正是刑事诉讼所要证明的。互殴与防卫的证据、证明问题更为复杂。长期以来，我国刑法学界与刑事诉讼法学界之间“老死不相往来”“井水不犯河水”，研究刑法学的学者很少精通刑事诉讼法学，研究刑事诉讼法学的学者极少精通刑法学。刑法中提出的实体层面的解决方案最终要落实到事实和证据上。从刑法学角度研究正当防卫的成立条件、防卫限度当然是必要的，但是实体方面的理论观点必须考虑能否在程序上实现。从某种意义上来说，“正当防卫成立与否，关键在于证据”。实践中，大量发生在封闭场所的“一对一”涉及互殴与防卫的案件，没有监控视频和在场证人，是否存在不法侵害以及防卫的手段是否过当难以确定，此时证据和证明就成为了核心问题。本书采用实体与程序交叉的研究方法，探究互殴与防卫认定的实体和程序规则，试图在互殴与防卫这个领域打通实体与程序的隔阂。

---

〔1〕 参见［日］谷口安平：《程序的正义与诉讼》，王亚新、刘荣军译，中国政法大学出版社1996年版，第6～7页。

〔2〕 参见［日］谷口安平：《程序的正义与诉讼》，王亚新、刘荣军译，中国政法大学出版社1996年版，第63～64页。

四、基本观点及主要内容

（一）基本观点

1. 互殴的规范含义及其限缩解释的路径，必须回归到正当防卫的本质原理上来。法确证说以及二元论并不适合我国，优越利益原理是值得选择和较为完善的理论。互殴跟其他不符合正当防卫的情形一样，其不成立正当防卫的本质依据是不存在需要保护的优越利益。传统通说基于“意图中心论”来界定互殴及其与防卫的界限，不仅没有解决互殴的泛化问题，反而加剧了互殴的泛化。立足于优越利益原理对互殴进行实质的限缩解释，将互殴类型化为纯正的互殴（真正的互殴）与不纯正的互殴（不真正的互殴）。只有在双方事先约定相互攻击的场合（约架），才导致不存在需要保护的优越利益，从而排斥防卫的成立，这是纯正的互殴（真正的互殴）；没有事先约架的一般殴打行为、预期侵害、挑拨防卫等均属于不纯正的互殴（不真正的互殴），并不绝对排斥防卫，是否存在值得保护的优越利益处于待定状态，需要结合案件进行具体判断，在特定情况下有成立正当防卫的可能。据此，互殴的规范性概念界定如下：互殴是指不存在优越利益或优越利益待定的双方参与人相互殴打的行为，纯正的互殴（真正的互殴）是指双方参与人事先约定相互殴打（约架），不存在优越利益而排斥正当防卫成立的行为；不纯正的互殴（不真正的互殴）是指双方参与人在非事先约定的情况下发生的相互殴打，优越利益存否处于待定状态，而不完全排斥正当防卫的行为。

优越利益原理在刑法基本立场上属于结果无价值论，在哲学根基上属于行为功利主义。传统的优越利益原理始终绕不开的困惑是为什么防卫者的利益处于优越地位？法益之间如何进行比较衡量甚至是计算？最为致命的问题是为什么一方面要求利益衡量，另一方面又不需要补充性要件和不负有退避义务？为此，学界煞费苦心，提出法益减少说、法益阙如说、法益悬置说、滞留现场利益说等各种学说，这些观点为了解决正当防卫不需要补充性要件、没有退避义务而掉入了“1+1>1”的思维陷阱，始终无法得出令人满意的解决方案。笔者主张，通过“质”“量”统一优越利益原理一元化地解决上述问题。黑格尔认为，事物作为一种存在，包含质、量和度三个阶段。在哲学上，任何事物都是质和量的统一体，质和量互为存在的前提，任何质总是量的质，量又总是质的量。度（尺度）是质与量的直接统一的体现，是保持某物成为特定之物的质的数量界限，能控制量的规模和程度。量的变化超过这个度，就引起质变，从而成为另一种特定之物。将上述哲学范畴“质”和“量”引入正当防卫领域，形成“质”“量”统一的优越利益原理。每个人享有自己的自由和利益时不得侵害他人的自由和利益，否则任何人都得不到自由和利益，这是不言自明的道理。没有合理理由率先侵害他人的自由和利益的不法侵害，在“质”上属于“不正”“恶”的行为（可以标记为A1）；为了避免自己权利和自由被侵害的反击行为，在“质”上属于“正”“善”的正当防卫行为（可以标记为A）。A与A1二者的内在规定性即“质”是不同的，“正”“善”的行为A优越于“不正”“恶”的行为A1，即A>A1。A本来就大于A1，根本无须刻意在不等式的左边再增加一个类似于A′的数值，或者是在不等式的右边再减去一个A′的数值（传统的优越利益原理衍生出的滞留现场说、法确证利益说、法益减少说、法益悬置说等均是掉入这个陷阱之中）。换言之，这里根本不存在A+A′>A1，也不存在A>A1－A′，因为A在“质”上本来就优越于、大于A1。既然A>A1，那么实施A行为的人就不负有退避义务，也无须补充性要件。优越利益原理中的法益衡量不是抽象的而是具体的，不是物理意义上的而是规范意义上的。在抽象和物理意义上，一个人的生命权与另一人的生命权无法也不能进行优越性衡量，但是在具体案件中，不法侵害人暴力袭击防卫人，防卫人的生命权在

“质”上优越于不法侵害人的生命权，即便是一个防卫人的反击行为造成两个不法侵害人的生命权丧失，一个防卫人的生命权在“质”上依然可能优越于两个不法侵害人的生命权。当然，A 防卫行为的发生发展过程，既是一个动态的变化，也是一个量的变化，这种变化只要在质的范围之内，就不会引起质变，仍然是 A >A1。例如，不法侵害人是一个人，而防卫人是两个人，这种“二打一”的场面也没有改变 A 行为的“质”，仍然是正当防卫；不法侵害人持刀砍过来，防卫人夺刀反杀，一刀毙命，也并没有改变 A 行为的“质”，A 行为仍然是正当防卫。但当这个变化超过“度”的时候，就引发质变，A 行为就不是 A 行为本身了，而成为另外一种新的行为，如防卫过当行为。这个“度”就是防卫的限度，就是维持 A 行为之所以为“正”“善”的“质”的边界所必需的“量”。例如，不法侵害人已经投降、逃跑，防卫人继续追杀，此时的追杀行为不再是“正”的行为，而是一个新的不法侵害。“质”“量”统一的优越利益原理，立足于权利、自由的不可侵犯性，强调防卫人的行为在“质”上属于“正”“善”行为，优越于在“质”上属于“不正”“恶”的不法侵害行为，所以正当防卫是“以正对不正”。从这个角度来说，贝尔纳于 1848 年提出的那句名言“法没有必要向不法让步”（Das recht braucht dem unrecht nicht zu weichen），应该译为“正没有必要向不正让步”。

2. 在上述“质”“量”统一的优越利益原理的指导下，对纯正的互殴（真正的互殴）与不纯正的互殴（不真正的互殴）从实体和程序两个维度类型化地提炼出认定规则体系。在实体认定规则体系方面，构建从形式到实质的理性认定规则。第一步以有无约架为标准，区分纯正的互殴（真正的互殴）与不纯正的互殴（不真正的互殴），这属于形式判断。由于约架的表现形式为相互殴打之前双方就斗殴相互邀约，故判断起来并无困难。如果经审查判断，查明具有事先相互约架的行为，说明双方都放弃了法益保护，双方的行为在“质”上都属于“不正”，没有值得保护的法益，属于纯正的互殴（真正的互殴），不认定为正当防卫，按照双方行为触犯的罪名进行定罪处罚。如果经审查判断，查明不存在事先约架，那就属于不纯正的互殴（不真正的互殴）。这种情况下，是否存在值得保护的优越利益，是否成立正当防卫，尚不能立即从形式上作出判断，还需要第二步的判断。为了更加精细化地判断，需要对第一步的判断进行类型化分析，包括单挑型约架与群殴型约架、复仇型约架与偶发矛盾型约架、二次斗殴型约架、争夺势力范围型约架。针对不同类型，以优越利益原理为指导细化认定规则。第二步以是否存在优越利益为标准，结合具体案件判断不纯正的互殴（不真正的互殴）能否成立正当防卫，按照一般故意伤害案型、防卫意思与报复等动机并存型、预期侵害型、自招侵害型等不同类型，从实质角度判断是否存在正当防卫，以优越利益原理为指导细化认定规则。第一步与第二步的关系是递进关系，形式判断在前，实质判断在后。

3. 关于防卫限度问题，本书提出行为必要性与结果相当性前后递进的双阶层认定模式。“明显超过必要限度”与“造成重大损害”既非并列关系，也非先后、主次关系，而是阶层递进关系。这种双阶层递进模式立足于出罪、过滤功能，在方法论上提示司法人员对于防卫行为原则上应认定为正当防卫，认定防卫过当时需经过两个阶层的过滤，没有“明显超过必要限度”（行为必要性），即符合行为必要性的，不属于防卫过当，无须审查第二步“造成重大损害”（结果相当性）。只有在不符合行为必要性的时候，才需要审查第二步结果相当性。通过第二步的审查，如果符合结果相当性，就是无罪的正当防卫；如果不符合结果相当性，即造成了不应有的重大损害，才属于防卫过当而成立相应的犯罪。

4. 互殴与防卫交织的案件都表现为暴力侵害或暴力反击，与特殊防卫中的“行凶”“杀人”等密切关联，这加剧了问题的复杂性。根据“质”“量”统一的优越利益原理，防卫行为与世界上任何事物一样，都是“质”与“量”的统一，都有“度”。不存在绝对没有边界的事物，也不存在没有任何边界的正当防卫。特殊防卫也不能脱离阻却违法的基本原理，特殊防卫阻却违法的本质依然在于“质”“量”统一的优越利益原理。保护的利益是否处于优越地位是需要权衡的问题，有权衡就会有限度，就要遵循比例原则，不可能是无限的，也不可能是没有边界的。《刑法》第20条第3款的立法初衷就是为了解决《刑法》第20条第2款防卫限度规定“太笼统”，导致司法实践不当扩大防卫过当认定的问题；为了解决这些问题，《刑法》第20条第3款列举了特殊防卫的情形，提示司法人员注意类似于这样的情形，不要认定为防卫过当。[1] 我国《刑法》第20条第3款的特殊防卫属于正当防卫，相对于《刑法》第20条第2款来说，是一种示例性规定、提示性规定、注意性规定，相对于《刑法》第20条第1款来说，是一种补充性规定。即使没有《刑法》第20条第3款的规定，面对严重危及生命的暴力犯罪侵害，防卫人进行反击，造成了不法侵害人死亡或重伤的结果，从行为必要性和结果相当性角度，依然在质上处于优越地位，该行为依然属于正当防卫，而不是防卫过当。“其他严重危及人身安全的暴力犯罪”不是单纯的兜底条款，而是对前面“行凶、杀人、抢劫、强奸、绑架”的限定。这里的“严重危及人身安全”，根据优越利益原理，是指可能导致重伤及死亡后果的危险，是具体危险，而非抽象危险。判断这种具体危险，可以参照具体危险犯，即是指实害发生的可能性，这种实害发生的可能性必须是紧迫的、现实的、直接的。借鉴德国“急迫危机”理论，采用德国判例发展出的“好险，差点就出事了”的判断公式，根据当时不法侵害人使

---

〔1〕 参见王汉斌：《关于〈中华人民共和国刑法（修订草案）〉的说明——1997年3月6日在第八届全国人民代表大会第五次会议上》，载《中华人民共和国全国人民代表大会常务委员会公报》1997年第2期。

用的工具，打击的部位、力度等综合判断是否具有导致重伤、死亡后果的现实危险。

5. 在程序上，纠正以往证明对象的偏差、证明责任的随意倒置和证明标准运用误区等，重置互殴与防卫的程序认定规则体系。传统理论与实践关注定罪事实，防卫事实游离于证明对象的边缘，这与正当防卫在实体法上游离于四要件犯罪构成体系之外是密切关联的。传统理论将证明对象定义为待证事实，并将其分为定罪事实、量刑事实和程序事实。这样的定义和分类，不仅没有发挥证明对象应有的刑事诉讼功能，而且将刑事诉讼证明对象的重点引入定罪事实而忽视正当防卫这样的出罪事实。在互殴与防卫交织的案件中，传统理论和实践关注的证明对象是斗殴行为开始后的事实，斗殴之前的起因事实往往被忽略。本书认为应当回归证明对象与证明责任的关联，以法律后果为中心，重新确立“功能主义”证明对象的概念和分类，即对被告人刑罚处罚产生不利和有利影响的都是刑事诉讼的证明对象，使防卫事实回归到证明对象的“中央舞台”。基于“质”“量”统一优越利益原理重构的纯正的互殴（真正的互殴）与不纯正的互殴（不真正的互殴），引起了证明对象的重大变化，将互殴作为相对独立的证明对象，并根据实体上互殴概念的新界定，将互殴这一证明对象前置化和客观化。

6. 刑事案件的证明责任恒定于控方，证明责任的转移或倒置只存在于实体法之中，这是大陆法系的通说，我国应当予以坚持。根据优越利益原理，在涉及互殴与防卫的案件中，控方要证明双方的行为属于纯正的互殴（真正的互殴），被告人不成立正当防卫，就必须对互殴的完整构造即“起因 + 经过 + 结果”进行证明，这与犯罪构成要件事实是重合的，属于实体犯罪构成要件的事实，证明责任由控方承担。那种以三阶层犯罪构成中构成要件符合性具有违法性推定机能为由，主张正当防卫证明责任倒置的观点，不仅是对证明责任的误解，更是对三阶层犯罪构成体系的重大误解。以往的理论和实践往往混淆构成要件与犯罪构成、构成要件事实与犯罪构成事实。为了化解这样的误解，采用二阶层犯罪构成体系是更优选择，构成要件符合性与违法性合二为一，成为“不法—责任”的二阶层。这里的不法阶层中有积极构成要件与消极构成要件，正当防卫作为消极构成要件事实自然而然就走到了证明对象的中心舞台，并且控方必须承担相应的证明责任。在不纯正的互殴（不真正的互殴）中，控方需承担证明被告人有罪的责任，包括在被告人提出正当防卫辩解时，证明不存在正当防卫之事实。至于被告方提出正当防卫的辩解和主张，甚至提供线索和证据，这并不是履行证明责任，而是一种辩护权的行使。因此，互殴和防卫事实的证明责任恒定于控方。

7. 互殴的事实需要证明到排除一切合理怀疑的程度，但对于防卫事实的证明标准则值得重新研究。目前主流观点所主张的优势证明标准，对于被告方而言仍然是不利的，也是不合理的。本书主张采取“合理怀疑”的标准。这里的“合理怀疑”与我们通常所说的“排除合理怀疑”是完全不同的两个概念，前者是定罪的证明标准，后者是美国搜查、扣押的标准，从美国宪法第四修正案“相当理由”标准发展而来。将“合理怀疑”标准引入正当防卫中是最合适不过的了，有合理的理由相信可能存在正当防卫，就肯定成立正当防卫，这是一种肯定的怀疑，这种肯定的怀疑是符合存疑有利于被告原则的。当案件出现正当防卫争议问题时，裁判者应当根据调查查明的事实和证据，具体判断是否能“合理怀疑”正当防卫的存在。只要正当防卫的存在是一种“合理怀疑”，就应当作出有利于被告方的认定，肯定正当防卫的成立。反之，被告方提出的正当防卫辩解和辩护意见如果仅仅是一种借口、揣测，没有具体的、现实的“合理怀疑”，则应当不予认定。

8. 关于证明方法，应当整合“原子论（原子主义）”和“整体论（整体主义）”，采取综合认证（综合分析）的方法，并结合印证证明。要证明成立正当防卫，综合多方证据，通过印证的方法证明达到“合理怀疑”的程度即可。这种“合理怀疑”不是无根据的揣测，也不能是抽象的推理，而是需要一定的印证，这种印证可以是直接证据之间的印证，或者是直接证据与间接证据之间的印证，也可以是间接证据之间的印证。要证明是纯正的互殴（真正的互殴），也就是证明正当防卫不存在，需要通过印证的方法证明“排除一切合理怀疑”。涉及互殴的案件中，被告人动辄提出正当防卫的辩解，识别的基本方式就是通过印证的方法判断有无达到“合理怀疑”的标准。

9. 特殊防卫的证明对象还包括证明不法侵害行为属于《刑法》第20条第3款规定的“正在进行行凶、杀人、抢劫、强奸、绑架以及其他严重危及人身安全的暴力犯罪”，具体包括：（1）不法侵害人实施的行为属于“行凶、杀人、抢劫、强奸、绑架”的暴力犯罪行为；（2）不法侵害行为具有严重危及人身安全的具体危险。特殊防卫的证明责任有一定的特殊性：第一，在特殊防卫中不法侵害是暴力犯罪，防卫行为也是暴力反击，容易与互殴相互交织；第二，不法侵害人死亡或重伤，特别是当不法侵害人死亡的时候，就会缺少一个关键言词证据，主张特殊防卫实行证明责任倒置的观点依然不可接受。

（二）主要内容

本书除了导论和结论外，共分五章。

导论部分包括选题的背景及意义、研究现状、研究方法和主要观点、创新点，重点阐述研究的命题，为什么要研究这个问题、如何研究这个问题以及解决这个问题的中心观点和立场。

第一章是互殴与防卫的司法乱象。对司法实践中互殴认定泛化及其与防卫关系的混乱现象，结合案例进行分析，并从实体和程序两个角度初步分析成因。

第二章是互殴与防卫的实体与程序之反思。实体上，花样翻新的“意图中心论”（伤害故意论、斗殴意图论、“伤害故意＋斗殴意图论”等）并不能准确界定互殴的内涵，也无助于解决互殴认定的泛化问题。“意图中心论”的根本特征在于偏好主观要素，本质是行为无价值论的立场。程序上，证明对象错位、证明责任和证明标准的错乱，加剧了互殴的泛化。

第三章是优越利益原理下互殴与防卫实体重构。从正当防卫的基本原理出发，批判了法确证说以及二元论，立足于结果无价值论的立场，并根据功利主义哲学原理，论证了优越利益原理的合理性，并丰富了优越利益原理的内容，提出了“质”“量”统一的优越利益原理。将互殴类型化为纯正的互殴（真正的互殴）与不纯正的互殴（不真正的互殴）。

第四章是优越利益原理下互殴与防卫程序重置。传统理论与实践将防卫事实游离于证明对象的边缘，并将互殴事实作为重点证明对象，聚焦于斗殴行为开始后的事实，斗殴之前的起因往往被忽略，这与实体上不分是非对错是一脉相承的。因此，从证明的角度重新将互殴作为相对独立的证明对象，并根据实体上互殴概念的新界定将证明对象前置化和客观化。互殴和防卫事实的证明责任恒定于控方，不能实行证明责任倒置；至于证明标准，互殴的事实需要证明到排除一切合理怀疑的程度，但对于防卫事实的证明按照有利于被告的原则采用“合理怀疑”的标准。

第五章是优越利益原理下的防卫限度。在梳理和分析现有防卫限度理论的基础上，提出行为必要性与结果相当性前后递进的双阶层认定模式，即“明显超过必要限度”与“造成重大损害”既非并列关系，也非先后、主次关系，而是阶层递进关系，再结合互殴，从实体和程序两个方面提炼认定规则。同时，根据特殊防卫的特点，以优越利益原理为指导，从实体和程序两个方面提炼特殊防卫的认定规则。

结论部分对全书进行总结，对核心观点和创新点进行归纳，并以图表的方式呈现本书提出的实体和程序认定规则体系。

第一章　互殴与防卫的司法乱象

互殴与防卫的司法乱象主要表现为动辄以互殴为由否定正当防卫的成立。在某种程度上，互殴已经成为否定正当防卫的“万能”理由。互殴认定泛化必然导致防卫的成立机会渺茫，因此二者是一体两面的关系。换言之，互殴的泛化会加剧正当防卫条款的“僵尸化”。

第一节　互殴与防卫认定的混乱现状及类型

一、互殴认定泛化的现状

笔者对裁判文书网中2016年1月1日至2021年1月1日涉及互殴与防卫的故意杀人案件的数据进行了统计分析，结果如下：案由为故意杀人罪的一审刑事判决中，在判决书全文中录入关键词“互殴”，共计查询到涉及互殴的故意杀人案件248件，裁判理由中涉及正当防卫的仅22件（均为被告人或辩护人提出正当防卫的意见），占比为8.9%。这22件案件中，被认定为正当防卫而宣告无罪的为0件，被认定防卫过当的为0件。令人惊讶的是，其中有2件属于“半个正当防卫”，其中一件是陈某故意伤害案，具体情况如下。

【案例1　陈某故意伤害案】2015年9月20日22时许，被告人陈某与被害人庞某等人在某社区对面的“名烟名酒副食店”门口人行道上“斗地主”。在打牌过程中，陈某将赌资32元误算成36元，庞某借机对陈某进行辱骂，并向陈某头面部猛击数拳。陈某被打后拔刀欲上前报复，但被旁人劝止，庞某见状也持刀在手。在旁人的劝解下，陈某沿人行道向东步行欲离开现场。但庞某持尖刀及木凳追上陈某，用木凳击打陈某头部，后双方持刀互刺。互刺数刀后，陈某向水果市场方向逃离现场。庞某经某市医院120现场抢救无效死亡。陈某在逃离现场过程中委托亲友报警，后失血昏迷。经鉴定，庞某系生前被他人用锐器刺破心脏、肺脏致急性失血性休克死亡。经检查，陈某右侧外伤性液气胸，右胸压缩约95%并纵隔疝形成，右侧前缘心包脂肪损伤。

此案中，被告人和辩护人均提出正当防卫的意见。法院认为，陈某被劝离现场时再次被庞某追打，最终引发双方持刀互殴……被害人庞某在本案的起因上存在重大过错，陈某的行为确有一定防卫性质。但是接着又阐述“但陈某在普通纠纷发生后拔刀相向欲实施报复的行为，对本案矛盾的激化存在一定责任，故其后续行为无正当性。故上述辩解理由和辩护意见部分成立，本院部分予以采信”。通过判决书可以看出，被告人供述以及证人证言均证明，二人因赌资计算错误发生争吵后被人拉开，陈某已经离开现场，然而庞某持凳子和刀追打，庞某先用凳子砸中陈某头部并用刀砍中陈某，此时陈某持刀反击。按照这个事实，应当认定陈某成立正当防卫。裁判法官似乎也有此想法，于是在判决书中认定“陈某的行为确有一定防卫性质”，但是同时又表述了“双方持刀互殴”。这里的“互殴”一词导致裁判法官对正当防卫的认定又心存疑虑，这种想认定正当防卫又不敢、不愿认定正当防卫的心理，最终导致了上述判决书得出匪夷所思的“半个正当防卫”的认定结论。可见，互殴在阻碍正当防卫的认定中起到何等作用。

另一件“半个正当防卫”的案件是闫某故意伤害案，具体情况如下。

【案例2　闫某故意伤害案】自2014年始，被告人闫某与同村村民杜某有不正当男女关系，后二人产生矛盾。杜某自2015年年初多次到闫某家纠缠，闫某家报警处理过。同年9月25日19时许，杜某再次来到被告人闫某家房前场坝，被告人闫某与杜某在场坝内争执一会儿后进入屋内，并将大门关上。杜某随后强行将大门打坏欲进入屋内，被告人闫某随即阻拦并将杜某推至场坝内，二人继而扭扯在一起。其间，被告人闫某先后用随手拾起的一木方和一木块多次击打杜某的头部及其他部位，并用双手掐杜某的脖子欲致其死亡。被告人闫某之夫陈某见状，将被告人闫某拉开并报警，被告人闫某亦在家中等候。经鉴定，杜某头皮创、面部创及身体多处软组织挫伤，损伤程度综合评定为轻伤二级。

法院认为，被告人闫某在案发过程中的初始行为即阻止被害人进入屋内的行为属于正当防卫，被告人闫某此后殴打被害人的行为才具有违法性，这两个行为之间处于连续状态，因此后一行为具有临时起意、偶发性特征；被告人闫某在殴打过程中所使用的作案工具及作案方式均具有随意性、普通性特征，且被告人闫某在此过程中有更换及继续的可能。从这段论述中可以看出，法院认为被告人的初始行为是正当防卫，后续行为是初始行为的延续，并且作案工具是就地取材，且有更换和继续的可能，但是被告人有所克制没有使用更具杀伤力的工具。判决书中记载的证据显示，杜某进入屋中说要将闫某一家人搞死，且杜某拿过一根钢筋棍。按照这个逻辑，应当得出正当防卫的结论。但是接下来的论述，被告人闫某在案发后对其欲致被害人死亡的作案动机表达了悔意。综合分析以上因素，被告人闫某在作案过程中具有剥夺他人生命的故意，但并非积极追求死亡后果，而是放任死亡后果的发生，属间接故意，而本案未实际出现死亡后果。这一表述显然是认为被告人的行为构成故意杀人罪（未遂）。但是接下来的论述更加让人瞠目结舌，“如按故意杀人对其定罪量刑不能公正体现其行为的社会危害程度，不符合罪刑相适应原则。综上，被告人闫某故意伤害他人身体致轻伤，其行为构成故意伤害罪”。明明论证的过程是故意杀人罪（未遂），最后的结论却是故意伤害罪。回顾论证过程是这样的：正当防卫—故意杀人罪（未遂）—故意伤害罪。

为什么会出现如此矛盾的表述呢？本案判决书中记载的一段辩护人的意见或许能给出答案，辩护人的意见是定故意伤害罪，其中一条理由是：“司法实践中一般将因民间纠纷引起的互殴行为定性为故意伤害。”在辩护人的观念里，互殴行为不会被认定为正当防卫。这种观念深刻地影响了裁判法官，裁判法官矛盾心态产生的原因就在于“互殴”。其一方面想认定正当防卫，但由于是互殴，不宜认定为正当防卫；另一方面不认定正当防卫按理说就应该认定故意杀人罪（未遂），但又觉得量刑太重，于心不忍，于是来了个折中：既不认定正当防卫，也不认定故意杀人罪（未遂），而是认定故意伤害罪。可见，故意杀人案件涉及互殴时，认定正当防卫的难度之大。

从上述两件“半个正当防卫”案例判决书的文字表述中能看出法官内心是想认定正当防卫的，但是最终因涉及“互殴”而不敢、不愿认定，所以出现了不伦不类的“半个正当防卫”的判决。

笔者对裁判文书网中2016年1月1日至2021年1月1日涉及互殴与防卫的故意伤害案件的数据进行了统计分析，结果如下：在案由为故意伤害罪的一审刑事判决中，在判决书全文中录入关键词“互殴”，共计查询涉及互殴的故意伤害案件32,863件，其中涉及正当防卫的1967件（均为被告人或辩护人提出正当防卫的意见），其中判决无罪的17件，去除重复的2件、判决书未上传的1件，共计14件。这14件无罪判决具体情况如表1所示。

表1 2016年1月1日至2021年1月1日

涉及互殴与防卫的故意伤害案无罪判决

序号	判决书文号	诉讼类型	无罪理由
1	山西省陵川县人民法院（2020）晋0524刑初41号刑事附带民事判决书	自诉	事实不清、证据不足
2	新疆维吾尔自治区石河子市人民法院（2019）兵9001刑初440号刑事判决书	公诉	以互殴为由否定防卫，事实不清、证据不足
3	湖南省溆浦县人民法院（2020）湘1224刑初129号刑事附带民事判决书	自诉	以互殴为由否定防卫，事实不清、证据不足
4	四川省广元市利州区人民法院（2019）川0802刑初78号刑事附带民事判决书	自诉	第一被告证据不足，第二被告正当防卫
5	云南省澄江县人民法院（2018）云0422刑初59号刑事附带民事判决书	自诉	以互殴为由否定防卫，事实不清、证据不足
6	四川省广元市利州区人民法院（2018）川0802刑初422号刑事附带民事判决书	自诉	正当防卫
7	四川省广元市利州区人民法院（2018）川0802刑初343号刑事附带民事判决书	自诉	以互殴为由否定防卫，事实不清、证据不足
8	云南省澄江县人民法院（2018）云0422刑初4号刑事附带民事判决书	自诉	以互殴为由否定防卫，事实不清、证据不足
9	云南省施甸县人民法院（2018）云0521刑初59号刑事附带民事判决书	自诉	正当防卫
10	贵州省大方县人民法院（2017）黔0521刑初52号刑事附带民事判决书	自诉	以互殴为由否定防卫，事实不清、证据不足
11	云南省马龙县人民法院（2017）云0321刑初68号刑事附带民事判决书	自诉	以互殴为由否定防卫，事实不清、证据不足
12	云南省洱源县人民法院（2017）云2930刑初10号刑事附带民事判决书	自诉	以互殴为由否定防卫，事实不清、证据不足
13	云南省寻甸回族彝族自治县人民法院（2017）云0129刑初56号刑事附带民事判决书	自诉	以互殴为由否定防卫，情节显著轻微

续表

序号	判决书文号	诉讼类型	无罪理由
14	云南省寻甸回族彝族自治县人民法院（2017）云0129刑初29号刑事附带民事判决书	自诉	以互殴为由否定防卫，第一被告情节显著轻微，第二被告事实不清、证据不足

对上述统计数据进行分析，可以看出：（1）被告人或辩护人提出正当防卫意见的案件有1967件，占涉及互殴的故意伤害案件总数32,863件的5.99%，也就是说一旦涉及互殴，辩护人一般不提出正当防卫的辩护意见。（2）认定正当防卫进而宣告被告人无罪的仅有3件，且均为自诉案件。公诉案件因正当防卫而判决无罪的为0件。（3）情节显著轻微判处无罪的有2件。（4）其余均为先以互殴为由否定正当防卫的成立，再以原告诉请的罪名事实不清、证据不足为由而判决无罪。可见，互殴在否定正当防卫的成立中作用巨大。

笔者又对裁判文书网中2016年1月1日至2021年1月1日聚众斗殴案中涉及正当防卫的数据进行统计分析，结果如下：一审刑事判决中，案由为聚众斗殴罪的案件共计26,830件，在判决书全文中录入关键词“正当防卫”，共计查询到249件（均为被告人或辩护人提出正当防卫的辩解和意见），无罪判决为0件。这说明，司法实践中，普遍认为互殴与防卫互斥，一旦认定聚众斗殴，几乎就不会有正当防卫存在的余地。

总之，在司法实践中，案件一旦涉及互殴，认定正当防卫的概率不到万分之一，互殴的认定呈现泛化的趋势。笔者对正当防卫辩护意见未被采纳的案件进一步分析发现，未采纳的理由有的表述为“互殴”，有的表述为“均有伤害对方的故意”，有的表述为“不符合正当防卫的条件”。尽管表述上有所差异，但是核心的、实质的理由基本上都与互殴有关。难怪有学者感慨，“在司法实践中，对故意伤害的正当防卫，几乎全部被认定为相互斗殴，进而被认定为故意伤害罪”[1]。可以说，在司法实践中互殴的泛化已经成为正当防卫条款适用的最大障碍。因此，互殴是正当防卫成为“沉睡条款”“僵尸条款”的重要原因（虽然不是唯一原因），这不仅是笔者作为司法实践人员的直观感受，而且有重要的实证数据支撑。

二、互殴认定泛化的主要类型

笔者根据十余年的办案经历，以及对上述裁判文书网上的判例进行梳理分析，将实践中互殴泛化的情形概括为以下类型。

（一）打架是互殴

司法实践中一直以来存在一个“潜规则”，故意伤害案件不论打架起因的是非对错，只要打架就是互殴。司法人员在办理此类案件过程中，关注的重点是谁受伤了、谁死亡了。在司法人员的思维里，“谁死伤谁有理”。侦查人员在侦查取证过程中，不会过于关注事情起因、是非对错的证据，司法人员也很少会仔细审查打架起因、是非对错的事实和证据，司法文书中也很少会具体表述这方面的内容。故意伤害案件的裁判文书对案件事实最经典的描述就是：“因琐事发生争吵……互殴。”比如，下面这个具有代表性的案例。

【案例3　吴某故意伤害案】2015年11月8日19时许，在某市一出租屋内，被告人吴某和陈某因琐事发生口角，陈某用炒瓢对吴某头部进行殴打，后吴某拿起菜刀将陈某的左臂砍伤。经鉴定，被害人陈某的左尺骨鹰嘴骨折、左桡骨骨折，已构成轻伤一级。另查明，被告人吴某赔偿被害人陈某经济损失34,500元，已履行，被害人陈某对被告人吴某的行为表示谅解。法院认为，被告人吴某因琐事与被害人陈某互殴，在互殴过程中致被害人陈某轻伤，其行为已构成故意伤

---

〔1〕张明楷：《故意伤害罪司法现状的刑法学分析》，载《清华法学》2013年第1期。

害罪，应依法惩处，公诉机关的指控成立。但在该案发生的过程中，被害人陈某对矛盾的激化亦负有一定责任，依法应对被告人吴某从轻或减轻处罚。鉴于被告人吴某在庭审中选择自愿认罪、主动赔偿被害人经济损失并取得谅解，法院依法酌情对其予以从轻处罚。法院判决被告人吴某犯故意伤害罪，处有期徒刑7个月，缓刑1年的刑罚。

从这个判决书中根本无法判断是否存在正当防卫的空间和余地。诸如以下关键问题均无法从判决书中看到：因何事争吵？谁占理？谁先动手？司法人员习惯地认为打架就是互殴，而一旦认定互殴，就会按照传统通说否定正当防卫的成立，行为人就必须对伤害后果承担刑事责任。判决书中含蓄地表述了一句“被害人陈某对矛盾的激化亦负有一定责任”，也无从猜测这里的被害人过错和责任具体是什么样的过错和责任。判决书事实部分用一句“因琐事发生口角”就遮蔽了全部起因，判决书法律适用部分用一句“被告人吴某因琐事与被害人陈某互殴”就隐藏了全部说理和论证。

（二）还手是互殴

大量的故意伤害案件都是因民间矛盾纠纷而引发，故意伤害案件的基本事实表现为：一方辱骂另一方，另一方还嘴，形成双方“对骂”的局面，然后进一步升级为一方殴打另一方，另一方还手，形成双方“对打”的局面。司法实践中往往会将这种情形界定为“互殴”，从而导致“只要还手就是互殴”的局面，进而否定正当防卫的成立。往往苛求行为人“骂不还口、打不还手”才可能成立正当防卫。比如，下面这个案例。

【案例4　谭某故意伤害案】2017年9月2日23时许，被告人谭某驾驶吉J×××大货车（拖挂车）行驶至某高速一收费站，在抢道进入入口处排队进站时，被付某驾驶的陕S×××大货车（拖挂车）抢道，付某手持撬棍下车与谭某发生争吵。争吵中，付某的同车驾驶人员张某下车走向谭某并用拳头打其耳部，二人遂互相殴打，付某见状便手持撬棍上前帮忙，此时谭某从裤兜里掏出折叠刀，打开刀刃后刺向张某胸口，致张某倒地，付某继续使用撬棍殴打谭某。付某打电话报警后，谭某返回车上，民警到达现场后将其抓获。被害人张某被送往某市医院进行抢救，于次日0时43分死亡。经该市公安局物证鉴定所检验，被害人张某系锐器刺伤左胸部致心脏破裂，大出血死亡；被告人谭某的损伤程度未达到轻微伤标准。

此案中，付某持撬棍下车与谭某争吵，付某的同伴张某用拳头殴打谭某，付某见状持撬棍殴打。被告人谭某面对两人的攻击，且其中一人手持撬棍，此时谭某持刀反击是正当的。但是法院却认为张某先打被告人后，被告人还手，此时双方的行为就应当认定为互殴，双方均有侵害他人人身的违法故意，付某持撬棍加入斗殴是一方人员的增加，并不能否定被告人的违法故意，互殴过程中不存在正当防卫。按照此立场，谭某是不能还手的，还手就变成了互殴。按照这样的逻辑，只能是“骂不还口、打不还手”才可能成立正当防卫。

（三）有伤害意图、报复动机是互殴

人是有感情的高级动物，在对方挑衅、攻击、殴打时进行反击，必然会带有伤害对方、报复对方的动机，这是人之常情，但司法实践常常以“圣人”的标准苛求防卫人。司法实践中，动辄以行为人具有伤害意图、报复动机为由否定正当防卫的成立。比如，下面这个案例。

【案例5　熊某故意伤害案】2017年1月6日18时许，被害人王某、张某、陈某、杨某等酒后在街上闲逛，被告人熊某开车路过，张某无故拍打熊某的车门，熊某将车窗摇下后，双方发生口角，张某用手拉住熊某的衣领，并将熊某嘴里正在抽的烟头按在熊某的嘴角上，后用手打熊某的脸部，杨某等人随后打了熊某的头部。熊某打开随身携带的跳刀下车，王某、张某、陈某、杨某等人（其中有人持钢管和电焊坨）与熊某发生厮打，双方在互殴过程中，熊某用手中的刀乱刺，致使王某经抢救无效死亡，张某、陈某、杨某受伤。经鉴定，王某系他人持单刃锐器杀伤前胸部、纵隔、主动脉弓致急性失血性休克死亡，张某、陈某损伤为轻伤二级，杨某损伤为轻微伤。

此案中，张某等人酒后寻衅滋事，无故拍打熊某的车窗，用拳头伸进车窗殴打熊某，用烟头烫熊某的嘴角。在这种情况下，即便是“圣人”也难以忍辱负重、忍气吞声。此时熊某携带跳刀下车并不过分（判决确认了熊某的主观目的是“对方如果打自己就乱捅”）。被告人熊某下车后，面临对方四个人的攻击，还有人持钢管和电焊坨进行攻击，此时被告人熊某持刀反击当属防卫。此案的特殊之处在于检察机关认为属于防卫过当，但是法院却认为，被害方先打熊某的车门，并伸手进入车内殴打熊某，但之后熊某打开随身携带的跳刀下车，其明确供述了主观目的是“对方如果打自己就乱捅”，后在双方互殴过程中用刀乱捅致四被害人死伤，熊某的行为不符合正当防卫的要件。判决的意思是，既然被告人主观目的是“对方如果打自己就乱捅”就说明有伤害故意、有报复的动机，所以是互殴，不是正当防卫。但是面对四人的寻衅滋事、侮辱和殴打，被告人熊某进行反击是正当的，至于“对方如果打自己就乱捅”正说明熊某的克制，恰恰说明被告人的行为是正当防卫。如此严苛地要求被告人反击的动机和意图必须是“高尚”的、“纯洁”的，这样的要求违反一般人的朴素情感。

（四）事先准备工具、武器是互殴

使用工具、武器进行还击，这是防卫的常态。事先准备工具、武器至多意味着行为人具有预期侵害，可能会影响正当防卫的认定，但是特定情况下面临即将来临的暴力侵害，准备必要的工具和武器是合理的，不能一见到准备工具、武器就认定互殴，进而否定正当防卫。比如，下面这个案例。

【案例6　罗某故意伤害案】2016年1月21日21时许，被告人罗某因琐事与其姐夫王某在某购物广场二楼发生口角，进而厮打，被人劝开。后罗某回到购物广场西侧其经营的建材店内拿出一把木把单刃尖刀，与持木棍追赶出来的被害人王某在广场西侧发生厮打，厮打中，罗某持刀捅刺王某背、臀、腿部四刀，后王某被他人送去医院抢救，经抢救无效死亡。被告人罗某称："王某在二楼仍然喊着要弄死我，他若再打，我就拿刀捅他几刀，让他走不成了，他就不能打我了。王某从楼上下来，拿了一根棍打我，我就围着一辆车跑，王某打我把棍抡断了，我就拿刀指着他说，如果再打我，我就拿刀照他腿上捅两刀，但他仍说要弄死我，并用棍子朝我头上抡。我就左手一挡，拉住他衣服，右手拿着刀捅在他的屁股或者大腿部位一刀。他面朝南往后撤身子想往西跑，我的左手还是拉着他的衣服，右手又朝他屁股或者大腿部位捅了两刀。"该说法得到证人刘某等证言的印证："罗某下楼了，并把防盗门关上了，我和王某、谷某商量着去医院给'华'包头，王某在里面把防盗门踩开了。王某拿个拖把棍跑下去，并说今晚要弄死罗某。我和'华'下到一楼时，看见罗某在俺家门口站着，王某拿木棍跑到罗某的跟前打他，随后王某围着俺的车追打罗某。"根据上述证据，足以认定以下事实：被害人王某持木棍到一楼追打罗某，并扬言要弄死罗某；罗某绕着汽车躲避逃跑。法院认为，被害人王某对罗某有言语上的刺激，并与其进行了互殴，在被他人劝开后，王某又再次对罗某进行了殴打，故王某的行为对案件的引发有一定的责任。罗某供称在超市二楼打架时没有拿东西吃了亏，因而气恼，故准备了刀具，若王某再次殴打，就捅他几刀，故其主观上有伤害的故意，不构成正当防卫。法院以故意伤害罪判处罗某有期徒刑 15 年，剥夺政治权利 3 年。

该案的事实分为两个阶段：第一阶段是双方因"琐事"（判决书同样用"琐事"一词遮蔽了事情的起因和是非对错）而打架，后被他人劝开。第二阶段是被害人王某扬言要"弄死"被告人罗某，被告人罗某也觉得自己吃亏了，遂准备了工具。被告人罗某在对方不断持木棍追打的情况下，为了防止对方继续追打，而准备必要的防卫工具，按理说这是合理的。后在被害人王某持木棍继续追赶殴打，且警告无效的情况下，罗某进行了反击，当属防卫，不能因为此前准备了工具就丧失了正当防卫权。但是，司法实践一般认为只要准备工具就无法认定正当防卫。

（五）无路可退时，还手是互殴

正当防卫不同于紧急避险，一般而言，行为人没有退避义务。但是实践中往往会强加给行为人以退避义务，甚至在行为人无路可退时进行还击，依然会被认定为互殴，从而否定正当防卫。比如，下面这个案例。

【案例7　杨某故意伤害案】2017年11月29日19时30分许，被害人李某（男，殁年23岁）与被告人杨某的朋友张某在KTV内因琐事发生口角并厮打。杨某的同行朋友张某在收银台排队付款时看到李某醉酒东倒西歪，李某说"看什么看"。张某说"我想看就看"，李某即动手殴打并辱骂张某，此时杨某上前帮忙。被告人杨某帮助张某殴打李某，双方被KTV服务员拉开。李某返回其唱歌的包厢，带领被害人石某（男，殁年22岁）等十余人到大厅，围攻张某、杨某。王某1、曲某、王某2等人在吧台处将张某打倒后停手，李某、石某与其他人将杨某围在KTV大门角落处殴打（有的用啤酒瓶打，有的用凳子砸），期间杨某妻子赵某阻拦李某等人并护杨某时亦被打，杨某掏出随身携带的折叠刀，向李某腿部捅刺三刀。李某倒地后，杨某持刀跑至大厅处，石某提一牌子追打杨某时被杨某用刀捅伤，随后倒地。李某、石某经送医抢救无效于当日死亡。法院认定被告人杨某看到张某与李某打架时上前帮忙打李某致矛盾激化，随后双方互殴，双方逞强斗狠，均有伤害对方的故意，不存在防卫性质。法院判决：被告人杨某犯故意伤害罪，判处死刑，缓期二年执行，剥夺政治权利终身。

此案中，第一阶段打架被劝退后，对方十余人再次对杨某和张某进行殴打，对方多人将杨某围在 KTV 大门角落处殴打，且有的用啤酒瓶打，有的用凳子砸。此时杨某被逼进角落，已经退无可退，且其妻子在拦架时也被打，唯有反击。按理说，杨某的反击行为属于正当防卫。但是法院认为，被告人杨某看到张某与李某打架时上前帮忙打李某致矛盾激化，随后双方互殴，双方逞强斗狠，均有伤害对方的故意，不存在防卫性质。这种强行添加退避义务的做法是值得商榷的。正当防卫中，防卫人一般不负有退避义务，除非面对的不法侵害人是无行为能力人等特殊情形。在司法实践中，对于这种添加退避义务的做法习以为常，这种做法曾得到最高人民法院的认可。2001 年最高人民法院刑事审判庭编写的《刑事审判参考》中刊登的苏某才故意伤害案就存在这样的情况。法院认为，苏某才并非不愿斗殴，退避不予还手，在无路可退的情况下，被迫进行自卫反击，而是为了逞能，目的在于显示自己不惧怕对方，故意侵犯他人的人身权利，是一种有目的的直接故意犯罪行为，主观上具有危害社会的犯罪目的，不具有防卫过当所应具有的防卫性和目的的正当性，不符合防卫过当的本质特征。[1] 言下之意就是被告人能退避时就应该退避。

---

〔1〕 案情如下：1997 年 12 月间，泉州市卫生学校 97 级学生平某凤在泉州市刺桐饭店歌舞厅跳舞时，先后认识了苏某才和张某 1，并同时交往。交往中，张某 1 感觉平某凤对其若即若离，即怀疑是苏某才与其争女友所致，遂心怀不满。1998 年 7 月 11 日晚，张某 1 以“去找一个女的”为由，叫了其弟张某 2 和同乡尤某伟、谢某炳、邱某守一起来到鲤城区米仓巷 5 号黎明大学租用的宿舍，将苏某才叫出，责问其与平某凤的关系，双方发生争执。争执中，双方互用手指指着对方。尤某伟见状，冲上前去踢了苏某才一脚，欲出手时，被张某 1 拦住，言明事情没搞清楚不要打。随后，苏某才返回宿舍。张某 1 等人站在门外。苏某才回到宿舍向同学苏某海要了一把多功能折叠式水果刀，并张开刀刃插在后裤袋里，叫平某凤与其一起出去。在门口不远处，苏某才与张某 1 再次争执，互不相让，并用中指比划责骂对方。当张某 1 威胁：“真的要打架吗?”苏某才即言：“打就打!”张某 1 即出拳击打苏某才，苏某才亦还手，二人互殴。被害人张某 2 见其兄与苏某才对打，亦上前帮助其兄。苏某才边打边退，尤某伟、谢某炳等人见状围追苏某才。苏某才即拔出张开刀刃的水果刀朝冲在最前面的被

（六）不先行躲避而"以暴制暴"是互殴

正当防卫与紧急避险是截然不同的，正当防卫原则上没有退避义务。传统观点认为，面对的不法侵害人是未成年人或无行为能力人，且防卫人也明知不法侵害人是未成年人或无行为能力人的情况下，应先行躲避。[1]但是，当正当防卫与互殴交织的时候，即便不法侵害人是正常的成年人，司法实践也可能会要求被告人"能躲就躲"，如果进行反击可能会被认定为互殴。比如，下面这个案例。

【案例8　聂某故意伤害案】2016年9月29日13时许，被告人聂某驾驶轿车在某理发店门口停车时，车门被隔壁饰品店店主齐某安置的地锁刮擦，聂某用脚踹了几下地锁后，即到理发店理发。齐某遂电话告知其哥哥齐某2，齐某2到场后站在理发店外叫骂，并用脚踢聂某的轿车。聂某见状冲出理发店，跟自己的同乡与齐某2发生冲突，继而相互殴打，后双方被人劝离，聂某驾车离开。齐某2的堂兄齐某3等人闻讯后手持铁锹等工具先后赶到殴斗现场，遇返回现场的聂某，遂与齐某2一起对聂某进行追打。追至超市附近时，聂某捡起一根长方形木棒，与身后持手锯的齐某2对打，击中齐某2的头部，齐某2当即倒地。聂某丢掉木棒，继续逃跑。随后齐某3等人持铁锹等工具对聂某进行围打，聂某受伤后钻入附近的皮卡车下躲藏。某派出所民警接警后赶至现场，将躲在皮卡车下的聂某送往医院治疗（脑外伤、左前臂开放性损失、左桡骨不全性骨折、头皮裂伤等，构成轻

害人张某2猛刺一刀，致其倒地，后被送往医院经抢救无效死亡。该案历经一审、二审，被告人被判故意伤害罪，判处有期徒刑14年，剥夺政治权利3年。法院认为，苏某才并非不愿斗殴，退避不予还手，在无路可退的情况下，被迫进行自卫反击，而是为了逞能，目的在于显示自己不惧怕对方，甚至故意侵犯他人的人身权利，是一种有目的的直接故意犯罪行为，主观上具有危害社会的犯罪目的，不具有防卫过当所应具有的防卫性和目的正当性，不符合防卫过当的本质特征。参见中华人民共和国最高人民法院刑事审判第一庭、第二庭编：《刑事审判参考》（总第21辑），法律出版社2001年版，第18～21页。

〔1〕参见［德］乌尔斯·金德霍伊泽尔：《刑法总论教科书》，蔡桂生译，北京大学出版社2015年版，第173～174页。

微伤)。齐某2先后被送医后于2016年12月21日死亡。被告人聂某犯故意伤害罪，被判处有期徒刑11年。

此案中，对方无故滋事，双方被劝离后，齐某2纠集多人追打(且有人持手锯)被告人聂某。在被对方多人追打过程中，被告人聂某捡起木棍反击，应当属于正当防卫。但是法院认为，被告人聂某被齐某2等人持械追打时不是采取紧急避险的方式，而是在自身并没有受到伤害时，捡起木棒以暴制暴与齐某2对打，击中齐某2的头部，该行为不构成正当防卫。这显然混淆了正当防卫和紧急避险，要求防卫人先行躲避，甚至只有在受伤的情况下，才能进行反击防卫，这是难以接受的。[1]

(七)打上门时，还手是互殴

由于熟人社会的习惯和传统，我国法律对于公民住宅权的保护力度明显不足，普通公民对于住宅安宁的保护意识也较弱。在正当防卫领域，司法人员对于住宅权的保护意识同样很弱，集中体现为“打上门也不能还手”，还手就是互殴。下面两个案例涉及此方面。

【案例9　唐某正当防卫案】唐某与李某某系同村人，2019年2月8日(大年初四)23时许，唐某(时25岁，身高170cm)乘坐朋友驾驶的轿车返家途中，路遇李某某(时26岁，身高190cm)酒后在村道内对过往车辆进行无故拦截。李某某拍打唐某乘坐的车辆并对唐某言语挑衅，唐某未予理睬。唐某回到家门口，因未带钥匙电话联系其父亲唐某勇回家开门，并告知其父被李某某拦车一事。唐某勇遂带唐某找到李某某评理，李某某与唐某勇父女发生争执，在此过程中李某某踢了唐某勇胸部一脚，继而与唐某勇、唐某进行厮打，随后被李某某的朋友拉开，唐某勇和唐某回家。李某某仍留在唐某勇家附近巷道口，声称要喊人把唐某勇一家人砍死。随后，李某某打电话邀约

---

[1] 参见李勇：《互殴与防卫关系之检讨——以类型化的实体与程序规则构建为中心》，载《中国刑事法杂志》2019年第4期。

多个朋友到达唐某勇家附近巷道口。唐某勇回家后给李某某的父亲李某云打电话，李某云遂赶到巷道口，劝李某某回家未果后让在场的众人强制将其带回家。回家后，李某某提出要去唐某勇家道歉并要讨个说法。随后李某某父母与其朋友一起到唐某勇家门口，李某某对打架的事情进行道歉，并反复要求唐某勇就相互厮打给个说法。唐某勇一家人未给说法后，李某某声称这事没完，众人见状合力将李某某带回家。其父李某云担心李某某再去闹事，要求朋友杨某、李某林等人留在其家陪同。2月9日凌晨1时许，李某某手持菜刀溜出家门，跑到唐某勇家大门外侧，用菜刀对唐某勇家大门进行砍砸，并用脚踢踹大门。后赶来劝阻的朋友罗某坤将其菜刀夺走并丢弃，其朋友杨某、张某亮、朱某、李某林劝李某某回家。其间，唐某听到砸门声后起床，因感到害怕到厨房拿了一把红色削果皮刀和一把黑色手柄水果刀放在裤兜里用于防身，并打开小门出门查看，李某某看见唐某出门后用力挣脱朋友拉拽，冲上前即朝唐某腹部踢了一脚，唐某拿出红色削果皮刀反抗，李某某继续挥拳击中唐某左脸部，在被几位朋友拉开后再次挣脱冲向唐某，对其拳打脚踢。唐某招架中削果皮刀掉落地上，情急之下掏出黑色手柄水果刀用力反抗、挥刺，后双方被他人拉开，唐某回家，李某某边往巷道外跑边大喊“拿刀来”，后在奔跑过程中倒地，其朋友上前发现李某某受伤，遂将其送医院救治，经抢救无效死亡。经鉴定，李某某系被他人用锐器致伤右胸部，伤及胸主动脉致急性失血性休克死亡。

检察机关曾一度认定该案是互殴，不存在正当防卫，并于2019年8月7日对唐某提起公诉。后被媒体披露，引起舆论热议，检察机关回应社会关切，指定专人阅卷，重新审查案件，并委托公安部及云南省公安厅法医、刑侦专家对该案刑事技术材料进行补证，对现场进行重新勘验；补充调取了物证检验、现场勘查、伤情鉴定、证人证言等方面证据，于9月4日、26日两次决定对该案延期审理。最终于

2019年12月30日，永胜县人民检察院对该案撤回起诉，并于同日对唐某作出不起诉决定。检察机关撤回起诉的理由是：在春节期间，唐某家人及住宅多次被李某某侵犯，特别是在凌晨1时许，家门被砍砸，出门后被李某某脚踢拳殴的情况下，先持削果皮刀反抗，后持水果刀反抗，系为保护本人和家人的人身安全而采取的制止正在进行的不法侵害的自行防卫行为，符合《刑法》第20条第1款的规定，系正当防卫，依法不负刑事责任。[1]

此案出现反转，幸运地被认定为正当防卫。实践中，类似案件没有认定正当防卫并不鲜见。比如，下面这个案例。

【案例10　赵某标故意伤害案】某日23时许，在被告人赵某标家，赵某标与被害人张某因琐事发生打斗，打斗中赵某标持刀扎伤张某腿部、臂部，致张某经抢救无效死亡。法院认为，被告人赵某标故意伤害他人身体，致人死亡，其行为构成故意伤害罪。被告人赵某标认为其行为具有防卫性质，辩护人也提出张某有重大过错、赵某标的行为应认定为防卫过当的辩护意见，经查，案发前张某已对赵某标反复进行言语挑衅，张某深夜到赵某标家敲门约架，张某对引发本案有一定过错，赵某标明知张某深夜敲门约架，准备刀子，打开大门，与张某打斗，双方均有不法侵害他人的故意。互殴中，赵某标将被害人扎伤，不具有防卫性质，该辩护意见不予采纳。判决结果为被告人赵某标犯故意伤害罪，被判处有期徒刑11年，剥夺政治权利2年。

此案中，案发前被害人张某就反复进行言语挑衅，深夜又敲门挑衅，此时张某所谓的约架属于单方约架（关于单方约架，后文详述），被告人赵某标并没有约架的意思。面对他人深夜上门挑衅，被告人赵某标具有防卫权。按照该判决的逻辑，打上门也不能还手，还手就是互殴。

---

〔1〕 参见《云南检方通报“丽江反杀案”：对唐雪作出不起诉决定》，载《检察日报》2019年12月31日，第3版。

（八）先动手一方逃跑后被追打而还手是互殴

一般情况下，双方发生争吵，一方先动手，另一方可以进行防卫，但是不能认为，任何情况下，先动手的一方就一定不能进行正当防卫，特别是在先动手一方已经逃跑的情况下，后动手一方仍然进行追打时，此前先动手的一方未必不能构成正当防卫。比如，下面这个案例。

【案例11　李某故意伤害案】某日20时许，被告人李某及其老乡肖某、韩某、王某在棋牌室内因赌博与被害人彭某、郭某等多人发生争执，继而在棋牌室外打架、斗殴（李某等人先动手殴打彭某等人）。后彭某、郭某等人持棍子殴打李某等人，李某在与肖某、韩某、王某逃离现场过程中落单，于邻街一宾馆门口附近被彭某、郭某追上，三人发生扭打，期间彭某按住李某，郭某用木凳砸，李某则持匕首将彭某、郭某二人捅伤，其中彭某被刺后即倒地不起。李某起身后持匕首继续与郭某等人扭打，后逃至拐角处一银行附近又被郭某等人围截并殴打。民警赶至现场制止双方，将李某抓获归案，并当场从李某处扣押匕首一把。被告人李某致彭某重伤、致郭某轻微伤，其行为已构成故意伤害罪，被判处无期徒刑，剥夺政治权利终身。法院认为，涉案双方因赌博引发互殴，被告人李某等人殴打彭某在先，彭某等人因此才追打李某，最终发生李某持匕首捅刺他人致重伤的严重后果，双方对此均有责任，不存在单方过错，被告人李某的行为不具备防卫性质。

这个案件可以分为前后两个阶段：第一阶段是双方在棋牌室门外互殴，该阶段李某等人先动手，后彭某及其老乡持木棍将李某等打跑。第二阶段是在逃跑过程中，李某落单，被彭某等人追上，彭某按住李某，郭某用凳子砸，李某反击持匕首刺伤彭某和郭某。李某是在第二阶段即逃跑过程中，被追上并被郭某、彭某两人围殴的情况下进行的反击，不能因为李某在前一阶段先动手而丧失防卫权。

（九）起因有违反伦理道德因素是互殴

起因行为在伦理道德上具有不正当性并不能完全左右正当防卫的成立与否，不能认为因赌债、嫖资等引发的打架行为就一定不能成立正当防卫，就一定是互殴，但是司法实践融入过多的伦理道德因素，甚至将这些伦理道德因素提高到防卫成立与否的决定性因素上，笔者认为这是不妥当的。前述案例 11 李某故意伤害案中，法院认定为互殴的一个重要理由就是“涉案双方因赌博引发”。著名的江苏省常熟市何某、曾某等人聚众斗殴案也是将伦理道德融入互殴判断的典型案例。此案中，徐某与曾某因赌债发生纠纷，某日，徐某指派的何某与曾某指派的杨某就债务偿还问题谈判未果，后何某与杨某、曾某互通电话，双方在言语上互有挑衅。在判断双方将发生进一步冲突的情况下，何某随即打电话给张某，让其纠集人至徐某的公司，并准备菜刀等工具。何某又再次拨打曾某电话，再次产生矛盾。当日中午，曾某纠集多人持刀赶至徐某的公司，与何某等 6 人展开持械斗殴，致 3 人轻微伤，公司内部分物品被毁损。陈兴良教授也认为该案的被告人之所以不构成正当防卫，其重要理由是事情的起因是赌债，而赌债是不合法的、不道德的。[1]

事实上，起因中是否有违反伦理道德的因素与正当防卫是否成立并没有必然的关系。如某甲到洗浴中心欲要求店家提供卖淫服务，最终因为价格未谈拢而发生争吵，店主气急败坏，突然持利刃向某甲的要害部位猛刺，某甲拿起椅子抵挡，并击中店主，致店主轻伤。这样的案件，不能因为行为人是嫖娼者、因嫖资纠纷引发就否定某甲的行为是正当防卫。[2]

---

〔1〕 参见陈兴良：《聚众斗殴抑或正当防卫：本案定性与界限区分》，载《人民法院报》2012 年 4 月 13 日，第 3 版。

〔2〕 参见李勇：《结果无价值论视野下的正当防卫——以“常熟聚众斗殴案”为例》，载《刑事法判解》2014 年第 1 期。

（十）在对方短暂停止攻击后反击是互殴

无论是防卫还是互殴，打斗的动作一定会有时间上的间歇。这种短暂的停止，并不意味着不法侵害人不会继续实施新一轮的侵害，在当时的情境下有时难以判断不法侵害人是否会继续实施侵害行为。实践中，经常对这种短暂停止攻击进行分段评价，认为在对方已经停止侵害的情况下进行反击，就是互殴，进而否定正当防卫。比如，下面这个案例。

【案例12　朱某故意伤害案】被告人朱某与林某同在某工厂务工。被告人朱某与林某在工作时因琐事发生矛盾而互有嫌隙，2018年的一天，18时40分左右，被告人朱某在门卫室提取内有刀具一把的快递后上楼，当其行到4楼的楼梯口时遇到林某，两人见面后发生口角，相互推打，后林某跑到车间里拿一条木凳砸向被告人朱某头部，木凳破损并有部分卡在被告人朱某头部。被告人朱某被打后，即拿出刀具捅刺林某，林某受伤后，躲进车间，被告人朱某逃离。林某经抢救无效死亡。被告人及辩护人提出被告人的行为属于防卫过当。法院认为，朱某与林某案发前因琐事互有嫌隙，案发当时双方由发生口角争执升级为互殴，双方均有不法侵害的意图和行为，在互殴过程中，虽然林某持木凳砸中朱某头部的行为属于双方互殴的升级，但当林某在用凳子击打朱某头部后，未再持有凶器并继续对朱某实施不法侵害时，朱某仍持尖刀捅刺林某胸部、颈部等部位数刀致其死亡，朱某的行为显然不符合正当防卫的构成要件，不能以防卫过当进行评价。判决结果为被告人朱某犯故意伤害罪，被判处有期徒刑15年，剥夺政治权利5年。

此案中，法院认为林某在用凳子击打朱某头部后，未再持有凶器并继续对朱某实施不法侵害，言下之意是林某的侵害已经停止了。但是这个判断是有问题的，林某持木凳砸被告人朱某头部，木凳破损且有部分卡在朱某头部，可见力度之大，林某是否会继续侵害，在当时的情境下并不能轻易论断。朱某当时手中拿的快递就是刀具，在这种情况下进行反击，几乎是本能反应，不能过于苛求朱某理性地分析和判断对方会不会继续攻击自己。当然，朱某反击过程中连续数刀是否防卫过当另当别论，但不能以林某未再持有凶器并继续对朱某实施不法侵害为由从根本上否定防卫因素。

第二节　互殴与防卫认定混乱的实体性原因

前述列举的各种现象，给人的印象就是，要想否定正当防卫的成立，只需祭出互殴的大旗即可，根本无须其他论证和说理，似乎所有正当防卫的理由面对互殴都只能“束手就擒”。即便有千百种论证成立正当防卫的理由，但似乎只要互殴这一个理由就足以否定正当防卫的成立。导致这种现象的原因在哪里？本节先从实体刑法的角度寻找原因。

一、互殴作为刑法学“编外概念”理性不足

故意伤害、故意杀人、聚众斗殴属于常发性、多发性的暴力犯罪，这些案件的处理过程中频繁涉及“互殴”，从这个角度来说，“互殴”是一个司法实践中极为重要的概念。实践中动辄以互殴为由否定正当防卫，这与互殴本身是个模糊的概念有关。概念的模糊性通常会导致适用泛化。就此而言，司法实践中互殴的泛化与理论上对互殴的理论研究不深不透密切相关。刑法理论界对于互殴这个概念没有给予应有的关注，理论界没有给互殴的内涵和外延一个清晰的界定，司法实践也就无法精准把握互殴的边界。

长期以来，互殴在刑法学中属于“编外概念”，一方面在刑法学中广泛使用互殴这一表述，另一方面又没有给予其严格意义上刑法学

术语的地位。正如我国台湾地区学者黄荣坚指出的，“所谓互殴，并不是一个法律概念，而是一个笼统的描述事实的名词”[1]。正因为其规范属性不足，事实属性有余，所以其表述也各不相同。比如，有日本学者将其直接表述为“打架”[2]；有德国学者将其表述为“相互攻击”[3]，还有学者将其表述为“相互打斗”，并且也认为相互攻击与正当防卫是互斥关系，理由是对于双方而言均是侵犯和防卫交织在一起，这种相互打斗因为处于下风而拔刀刺向对手的，不属于紧急防卫。[4]

无论是在立法上还是在刑法理论上，互殴这一用语都没有取得“正统”地位，属于游离于传统刑法体系之外的“弃子”，传统教科书对互殴的阐述也是一笔带过。当刑法学界经常感慨刑法学中的概念几乎都被研究遍了的时候，互殴却是一个被遗弃的相对冷门的领域。笔者通过中国知网查询，以“互殴”为题名进行搜索，从 1983 年 1 月 1 日至 2021 年 12 月 1 日，在各类公开发行的期刊上发表的论文（不含新闻报道）总共只有 18 篇；其中在 CSSCI 核心期刊上发表的只有 4 篇。而同时期以“防卫”为题名搜索到的公开发表的论文有 3500 余篇。即使在近年来因为极端案例的出现而引发新一轮正当防卫研究热潮的背景之下，互殴依然是个冷门。在 2017 年山东聊城于欢案之后，中国刑法学界迎来正当防卫研究的新一轮热潮，但是 2017 年 1 月至 2021 年 12 月，在期刊上发表含有“互殴”题名的论文仅 6 篇，其中发表在 CSSCI 核心期刊上的仅有 2 篇，但同时期发表的含有“防

---

〔1〕 黄荣坚：《基础刑法学》（上）（第 3 版），中国人民大学出版社 2009 年版，第 163 页。

〔2〕 参见［日］盐见淳：《打架与正当防卫——以“打架两成败”的法理为线索》，李世阳译，载《刑事法评论》2017 年第 1 期。

〔3〕 参见［德］乌尔斯·金德霍伊泽尔：《刑法总论教科书》，蔡桂生译，北京大学出版社 2015 年版，第 164 页。

〔4〕 参见［德］约翰内斯·韦塞尔斯：《德国刑法总论》，李昌珂译，法律出版社 2008 年版，第 184 页。

卫”题名的论文多达830篇。理论界既没有对互殴的内涵进行深入解读，也没有对互殴的类型进行精细化研究，而是笼统地认为，“双方都有侵害对方的非法意图，都在积极地追求非法损害对方利益的结果，因为根本上不存在正当防卫的前提条件”[1]。

理论研究上的孱弱，导致互殴概念缺乏理性色彩，非理性的概念必然导致非理性的实践。互殴作为刑法学的“编外概念”理性色彩不足，是互殴在实践中异化的首要实体性原因。

二、仅对互殴进行形式化理解

理论是实践的先导，理论界研究的“冷漠”，导致司法人员对互殴的理解肤浅化、随意化。随意化的理解必然带来随意化的适用，随意化的适用就导致在具体案件中认定的“泛化”。司法实践人员很少去详细分析论证互殴为何不能成立正当防卫，互殴不能成立正当防卫的实质理由是什么，互殴的实质内涵到底为何，互殴是否也可能有正当防卫存在的余地等问题。在他们看来，互殴顾名思义即为相互殴打或相互斗殴，互殴就是“互”+“殴”，“互”是相互，“殴”是殴打、斗殴，合起来就是相互殴打或相互斗殴。这样形式化地理解互殴的后果，就是只要案件事实中双方都打了对方，就是相互殴打，就是互殴，接着又形式化地认为，既然是互殴，那双方都不是“好人”，双方都是“不正”，所以不成立正当防卫。传统通说认为互殴与防卫的排斥关系就是这种形式化理解的表现。例如，有学者指出，互殴亦被称为相互斗殴，是成立正当防卫的“消极条件”，互殴与防卫是对立、排斥的关系，一个案件只要存在互殴，一般情况下就排斥正当防卫，反之一个案件如果想要成立正当防卫则必须先排斥互殴。[2]

---

[1] 高铭暄、马克昌主编：《刑法学》（上）（第10版），北京大学出版社、高等教育出版社2022年版，第127~128页。

[2] 参见陈兴良：《互殴与防卫的界限》，载《法学》2015年第6期。

正因如此，司法实践中不会关注事情的起因，也不会关注是非对错，更不会关注谁先动手。因为，在他们看来，既然互殴就是相互殴打，重点就是看双方有无打起来，有无还手，其他的都是不重要的。所以，才会出现打架就是互殴、还手就是互殴、退无可退还手也是互殴、打上门还手也是互殴、不先行退避而还手是互殴、准备工具还是互殴等非正常现象。

三、以行为人主观意图为核心理解互殴

在为数不多的关于互殴的理论解读中，大多是从行为人的主观故意、内心意图进行阐述的。有人认为互殴是指斗殴双方都有侵害对方的故意〔1〕；有人认为互殴是指参与者在其主观上不法侵害故意的支配下，客观上所实施的连续的互相侵害行为。〔2〕有人认为互殴必须以双方事先存在斗殴意图为前提，只有先产生斗殴意图才能排除防卫。〔3〕有人认为互殴是参与者在伤害故意和斗殴意图的支配下所实施的相互伤害的行为，并认为斗殴意图是指基于欺凌、报复、逞强斗狠、寻求刺激等动机而主动挑起斗殴或积极参与斗殴的主观心态（伤害故意+斗殴意图）。〔4〕这些观点不仅取得了理论上的通说地位，也获得了最高司法机关的认同。最高人民法院于2020年9月3日发布7起正当防卫的典型案例，其中典型案例4杨某伟故意伤害、杨某平正当防卫案，就互殴与防卫的界限进行了阐述，核心理由就是防卫意图，认为防卫行为与互殴的形式和外观相似，都是相互打斗，“二者界分的关键就在于行为人是具有防卫意图还是斗殴意图”。

上述观点有一个共同的特点，即试图从斗殴意图这一主观要素来

---

〔1〕参见高铭暄主编：《刑法专论》（第2版），高等教育出版社2006年版，第430页。
〔2〕参见陈兴良：《正当防卫论》（第2版），中国人民大学出版社2006年版，第54页。
〔3〕参见陈兴良：《互殴与防卫的界限》，载《法学》2015年第6期。
〔4〕参见邹兵建：《互殴概念的反思与重构》，载《法学评论》2018年第3期。

界定互殴。无论是理论界还是实务界，习惯以行为人的主观意图为核心来判断互殴与防卫的界限，主观上是互殴的意图就是互殴，主观上是防卫的意图就是防卫。这无异于说互殴就是互殴，防卫就是防卫。对于斗殴意图与防卫意图有何差异，没有进一步的深入论述。斗殴意图与防卫意图二者都是意图，形式和外观相似，而且都是潜藏在人的内心深处的主观心理，实践中如何证明、如何区分，证明和区分二者简直是不可能完成的任务，其结局必然是认定的随意化和泛化。因此，这种“意图中心论”的立场是互殴泛化的重要原因。这与我国刑事司法实践中优先考虑主观恶性、主观故意的惯性思维是一脉相承的，所以实践中才会有伤害意图、报复动机就是互殴等观点。

四、过于关注道德伦理因素

关于互殴与防卫，司法实践中，一方面忽视事情的起因和是非对错，另一方面又特别在意防卫中的伦理道德因素。这种现象的产生与我国刑事司法传统注重道德伦理、关注行为无价值是密切相关的。之所以忽视事情起因和是非对错，是因为用“互殴”一词就可以遮蔽一切说理，简化一切阐述，所以在不涉及伦理道德因素时，司法实践中很少证明和阐述互殴的起因与是非对错，但是一旦涉及伦理道德因素，就是另一番景象。所以，我们说司法实践对待互殴与防卫呈现“唯结果论”，不关注事情起因和是非对错，但也不是绝对的，也能看到一些案件详尽地阐述了事情的起因，如常熟何某聚众斗殴案就较为详尽地阐述了赌债形成以及索要赌债的过程。为什么会产生这样的现象呢？原因就在于，阐述这些伦理道德上的不正当因素，更有助于论证是互殴。换言之，在伦理道德方面不具有正当性，恰恰有助于肯定互殴的动机和意图而否定防卫意图的认定，进而排斥正当防卫。这就是我们常说的正当防卫认定中的“道德洁癖”现象。

这种过于关注防卫意图“纯洁性”的做法，导致道德无瑕的行为才可能成为正当防卫，英雄般见义勇为更可能成立正当防卫。为了一己之私很容易成为互殴；因不光彩猥琐之事引发打斗而进行反击，也容易被认定为互殴。所以，在司法实践中，一旦双方都有过错，就在潜意识里认为属于“狗咬狗”，双方都不是“好东西”，就会被认定为互殴，不存在正当防卫。实践中，因赌博、嫖娼、高利贷等引发的伤害案件，甚至是在娱乐场所发生的打架案件，司法人员也就易习惯性地认为是互殴而不存在正当防卫。

五、为了“维稳”而“各打五十大板”

在互殴与正当防卫的案件办理过程中，司法人员确实面临来自被害方和被告方的双重压力，对于被害方来说，有人员伤亡，特别是导致被害人死亡的案件，自古以来，“人命关天”“死者为大”；对于被告方来说，罪与非罪同样也是“生杀予夺”的大事。司法人员出于维护秩序、维护稳定的考虑，有时会权衡各方利益，以“各打五十大板”的方式处理。但是“利益权衡不等于利益均衡”，司法人员不能出于维稳的需要息事宁人，让双方当事人各让一步，“各打五十大板”，更不能随意出入罪。在处理互殴与防卫的案件时，若司法人员把是否认定正当防卫纳入“维稳”这个附加条件，司法必将被异化。正当防卫出罪功能的发挥，应该按照罪刑法定原则，不能为了平衡双方利益，在构成要件之外“附加条件”。[1]

文化传统的影响是潜移默化的。司法实践中对于互殴“各打五十大板”的处理方式，是长期以来注重维护社会秩序、淡化个人权利的历史传统和文化传统的延续。《唐律疏议·斗讼》中有“诸斗两相殴伤者，各随轻重，两论如律。后下手理直者，减二等（至死者，不减）”一句。清律对于“斗殴”的定义是“相争为斗，相打为殴”。

---

〔1〕 参见刘艳红：《实质出罪论》，中国人民大学出版社2020年版，第29页。

清律对于互殴遵循“但殴即坐”的原则，只有在殴伤定罪后，“后下手理直者”得以减本罪等二等，以及为救父祖而参与斗殴得以减等。[1] 也就是说，不论两造相争的事由及曲直，只要出手或格挡，或致另一方受伤或死亡，就依律审断，互殴的两造都必须受到刑罚。在清代法律思想中并无所谓“正当防卫”的法律概念，即便是自卫而出手的一方也无脱罪可能。比如，嘉庆十九年（1814 年）的一件斗杀命案：张振光因私租官山、松秧被毁，与同村曹姓争执，遂纠张良佐、张俺庵、张传远携带刀棍赴曹姓家门喊骂，曹受安等八人携刀出论，双方发生斗殴，曹受安等人将张振光等四人殴死，江西巡抚认为曹受安等人系“一时抵御”，并非逞凶纠众械斗，应按共殴斗杀本律审断。曹受安等四人的防卫行为虽然不在聚众械斗专例的处罚范围，但是仍然属于斗殴杀人的行为，其根本原因在于斗殴律背后的立法思想与原则，所遵循的是整体秩序稳定，重视统治秩序与集体利益的集体主义，而不完全是个人权利。简言之，斗殴律真正要处罚的对象是国家秩序的破坏者，而不完全是个人身体的加害者。只有“打不还手”“骂不还口”才可能免责。又如，清朝嘉庆十八年（1813 年）的一件命案：王登岐因向袁添友索欠，用拳将袁添友殴伤，袁添友不与回殴，转身外走，王登岐怒气未平跟打一拳，袁添友走避，王登岐因而挥空自行跌毙。刑部认为袁添友并未还手，不便照斗杀科断，也与过失杀人律不符，应照不应重杖。[2]

这种案件审理的方式，是礼与法等中国传统法律思想核心问题的一部分。[3] 在传统中国政治思想与法律思想中，千年不变的是集体主义秩序观。这种文化在日本起到了类似效果。日本刑法长期遵循的

---

〔1〕 参见（清）刘统勋等纂：《大清律例·刑律·斗殴上·斗殴》（卷二十七），第 23 页。

〔2〕 参见李宗育：《〈大清律例·刑律·斗殴〉与和谐秩序的想象——十九世纪中国川陕楚地区客民钱债纠纷及其暴力》，载《法制史研究》2017 年第 32 期，第 142 页。

〔3〕 参见李宗育：《〈大清律例·刑律·斗殴〉与和谐秩序的想象——十九世纪中国川陕楚地区客民钱债纠纷及其暴力》，载《法制史研究》2017 年第 32 期，第 142 页。

“打架两成败”，与中国的“但殴即坐”“各打五十大板”如出一辙。[1] 日本刑法在早期传统上也认为，“打架无曲直”。[2] 第二次世界大战前，日本大审院的判例使用所谓“互殴者均罚”之古老概念，判示于互殴之情形无承认正当防卫成立之余地。[3] 本章第一节中提到的两起“半个正当防卫”的案件，就是这种传统的延续。对于这两起案件，法官内心应该是想认定正当防卫的，从判决书的表达中得出正当防卫的结论似乎也是顺理成章的，但是最终欲言又止，来了个“各打五十大板”——被告人的行为导致了命案，有错；被害人也有重大责任，所以出现了“半个正当防卫”的判决。古今对比，让人唏嘘不已！

第三节　互殴与防卫认定混乱的程序性原因

实体与程序从来都是相互交织的，实体法律的适用是以事实和证据为前提的。互殴与防卫的司法乱象除了实体方面的原因外，还有证据、证明等程序性原因。正如黄荣坚教授所言，互殴与防卫的关系难题中，事实调查与证明是一个比较大的问题，到底谁先动手、互殴的过程细节等事实，往往是不清楚的。这要靠证据规则来解决。[4]

---

〔1〕 参见［日］盐见淳：《打架与正当防卫——以“打架两成败”的法理为线索》，李世阳译，载《刑事法评论》2017年第1期。

〔2〕 参见［日］福田平、［日］大塚仁编：《日本刑法总论讲义》，李乔等译，辽宁人民出版社1986年版，第91~92页。

〔3〕 参见［日］佐伯仁志：《日本正当防卫论之新开展》，黄士轩译，载《月旦法学杂志》2010年第2期。

〔4〕 参见黄荣坚：《基础刑法学》（下）（第3版），中国人民大学出版社2009年版，第163页。

一、证明对象的偏差

长期以来，司法实践对于互殴与防卫交织的案件，在证明对象方面存在偏差。由于证明对象的偏差，产生连锁反应进而影响证明责任、证明标准，导致互殴很容易成立，而正当防卫的成立在证据和证明方面难上加难。证明对象的偏差主要有以下三个方面：

一是防卫事实游离于证明对象的边缘。一般认为，证明对象就是应依证据证明之待证事实。[1] 待证事实一般分为定罪事实（犯罪事实）、量刑事实和程序事实。尽管传统理论认为正当防卫等正当化事由也属于证明对象，但是相对于定罪事实来说，其处于从属地位，属于“与犯罪事实有关的证明对象”。[2] 在司法实践的传统和习惯中，刑事诉讼审判是定罪量刑的裁判活动，司法证明的对象是犯罪事实。这里的犯罪事实是检察机关通过指控所提出的被告人构成某一犯罪的事实。侦查、起诉和审判活动都是围绕定罪裁判进行的，关注的首要证明对象是定罪事实。正当防卫本质上属于出罪事实，侦查机关在侦查过程中不会特别收集正当防卫的证据，在打击追诉犯罪、侦破案件的惯性思维驱动下，取证的重点是定罪证据。法庭调查环节，公诉人举证也是围绕构成犯罪事实进行的。即便被告人和辩护人提出正当防卫的辩解、意见，法庭也极少将正当防卫事实作为证明对象单独进行调查、举证、质证。判决书对于被告人正当防卫辩解、意见的证据分析也着墨不多。正当防卫的事实，尽管在理论上属于证明对象，但实际上游离于证明对象的边缘，属于“与犯罪事实有关的证明对象”，从属于犯罪事实。因此，正当防卫成立的空间，在证明对象上就被极度压缩。

二是互殴与犯罪事实非重合部分没有取得证明对象的地位。按照

---

〔1〕 参见陈朴生：《刑事证据法》（第3版），台北，三民书局1979年版，第156页。

〔2〕 参见陈瑞华：《刑事证据法》（第4版），北京大学出版社2021年版，第445~446页。

传统观点，互殴与防卫是排斥关系，一旦认定互殴，就是要成立相应的故意伤害、故意杀人、聚众斗殴等罪名，所以在互殴事实中“打起来”之后的事实与故意伤害、故意杀人、聚众斗殴等犯罪事实是重合的。在侦查机关、司法机关的追诉和定罪惯性思维的作用下，重点关注的是定罪事实这一证明对象，因此互殴事实与犯罪构成事实重合部分得到了重视，但是非重合部分被忽略。具体来说，就是证明对象侧重于殴打开始之后的事实，注重死伤结果及因果关系的证据，忽视殴打开始之前的事情起因、谁先动手等证据收集和审查，这就是“唯结果论”的程序性原因。即便犯罪嫌疑人、被告人提出有利于自己的关于事情起因、对方先动手等方面的辩解，侦查机关和司法机关可能认为这与定罪量刑无关。司法实践习惯于用“因琐事”“互殴”代替对事情起因的证明。比如，下面这个案例。

【案例 13　陈某某故意伤害案】2018 年的一天下午，某村，被告人陈某某因琐事与王某发生互殴厮打，厮打过程中，被告人陈某某用嘴将王某的左手小拇指咬断。经某公安司法鉴定中心鉴定：王某左手损伤构成轻伤二级。

判决书认定的事实极其简单，因何事发生互殴厮打、谁占理、谁先动手等关于互殴起因的事实均没有提及，用“琐事”“互殴厮打”代替了这一切。该案中，被告人提出辩解：他走到岔路口，王某突然从旁边地里窜出来指名道姓地骂他，他说“你算什么东西”。王某说“不但骂你，还揍你呢”，说着就用拳头巴掌上来掏他，他就和王某厮打起来，他被打倒在地上，左边眼睛被掏的看不清东西，浑身上下被打的不能动，后来也不知道王某的手指头怎么到他嘴里，他就用劲一咬，就听王某喊手指头被咬断了，后来就不打了。辩护人据此提出被告人的行为属于正当防卫，但是法院没有就被害人先辱骂被告人以及先殴打被告人这些“打起来”之前的事实进行调查，也没有要求公诉方就此进行举证，而是简单地认为，“被告人提出的其行为属正当防卫的辩解及辩护人提出的相同辩护意见，因被告人与被害人是相互厮打，不存在防卫的问题，不符合正当防卫的法定条件，故此辩解及辩护意见本院不予采纳。”

这个案例不仅说明了互殴与犯罪事实非重合部分没有取得证明对象的地位，也说明了防卫事实游离于证明对象的边缘。

三是侧重于行为人互殴的动机、意图、目的等内心事实的证明。在互殴与防卫交织的案件中，被告人、辩护人提出正当防卫辩解和辩护意见的时候，特别是在外观上显示被告人的行为具有“反击”的特点时，侦查和司法机关要想认定犯罪并证明不是正当防卫的秘密武器，就是互殴意图，也就是“意图中心论”支配下的被告人没有防卫的意图。因此，司法实践特别注重此类案件中行为人基于何种动机、目的和意图进行殴打，然后根据意图、动机、目的来否定成立正当防卫。尽管侦查机关、司法机关努力将动机和意图作为证明对象，但由于动机和意图潜藏于人的内心深处，在证明上历来是难题，所以实践中基本上通过客观行为的推定和犯罪嫌疑人、被告人的口供来实现证明目的。只要客观上进行反击，很容易推定具有报复的动机和意图。因此，这种证明对象偏差的结果是正当防卫难以被认定，而互殴很容易被认定。

二、证明责任的随意倒置

根据我国《刑事诉讼法》以及我国作为大陆法系的传统，刑事诉讼的证明责任是由控方承担的。我国《刑事诉讼法》第 51 条规定，公诉案件中被告人有罪的举证责任由人民检察院承担。但是《刑事诉讼法》没有对正当防卫等正当化事由的证明责任作出规定。近年来，国内学界也热衷于讨论正当防卫等阻却事由的证明责任转移（也称证明责任倒置）问题，有观点主张要将正当防卫的证明责任倒置，由被告人承担。[1] 甚至有观点认为证明责任倒置是解决正当防卫“同案不同判”难题的最佳选择。[2] 在司法实践中，在涉及互殴与防卫的案件中，被告人及其辩护人提出正当防卫的抗辩理由，司法人员会要求被告人及其辩护人提供证据，变相地将证明责任转移给被告方。比如，下面这个案例。

【案例 14　庞某某故意伤害案】凌晨 1 时许，被告人庞某某和陈某某、李某、曾某等人在某酒吧喝酒，其间，被害人陈某 1 因言语调戏曾某等人，与李某等人发生冲突。酒吧保安将打斗双方推出酒吧，在该酒吧门口，庞某某与陈某 1 等人继续打斗，打斗过程中，庞某某持刀捅伤陈某 1 的腹部。经鉴定，陈某 1 的损伤程度为重伤二级。法院以被告人庞某某犯故意伤害罪为由，判处其有期徒刑 1 年 3 个月。

此案在审理中，被告人及其辩护人提出防卫过当的意见，但是法院认为，经查，陈某 1 先行动手殴打李某等人的供述，仅有李某一方的证人证言予以佐证，不能直接证明陈某 1 先行动手打人，庞某某的辩护人未能提供其他证据证实其辩解意见，故不予采纳。不认定防卫的理由竟然是辩护人未能提供证据来证明其“辩解意见”，这其实是将证明责任转嫁给被告方，让被告方提供证据来证明存在防卫因素，并且承担了举证不能的不利后果。由于被告方在取证能力、取证条件等方面的先天不足，能够成功举证证明正当防卫成立的案件微乎其微。

---

〔1〕 参见陈光中、陈学权：《中国语境下的刑事证明责任理论》，载《法制与社会发展》2010 年第 2 期；卞建林、韩旭：《刑事被告人证明责任研究》，载《云南大学学报（法学版）》2002 年第 4 期；李静：《犯罪构成体系与刑事诉讼证明责任》，载《政法论坛》2009 年第 4 期；房保国：《论辩护方的证明责任》，载《政法论坛》2012 年第 6 期；黄维智：《刑事证明责任研究——穿梭于实体与程序之间》，北京大学出版社 2007 年版，第 44 页以下；张薇薇：《排除犯罪性事由的证明责任研究》，载《政治与法律》2014 年第 8 期。

〔2〕 参见何家弘、梁颖：《论正当防卫案的证明责任》，载《中国高校社会科学》2021 年第 2 期。

三、证明标准的运用误区

我国《刑事诉讼法》第55条第1款规定："对一切案件的判处都要重证据，重调查研究，不轻信口供。只有被告人供述，没有其他证据的，不能认定被告人有罪和处以刑罚；没有被告人供述，证据确实、充分的，可以认定被告人有罪和处以刑罚。"这是我国刑事诉讼的法定证明标准，即"确实、充分"。这个"确实、充分"的证明标准是犯罪成立的证明标准，也就是认定被告人有罪和处以刑罚需达到"确实、充分"的程度。实践中，在正当防卫事实的证明上，往往也采取这样的证明标准，变相地将证明标准理解为证明一个人不构成犯罪也需要达到"确实、充分"的程度。一方面将正当防卫事实的证明责任转移给被告方，另一方面又要求被告方在证明自己无罪的证明标准上达到"确实、充分"，二者叠加，导致互殴与防卫交织的案件成立正当防卫的概率微乎其微。

在前述案例14庞某某故意伤害案中，一方面要求辩护人承担证明责任并承担证明不能的不利后果，另一方面还要求证明标准达到"确实、充分"。从判决书的表述"陈某1先行动手殴打李某等人的供述，仅有李某一方的证人证言予以佐证，不能直接证明陈某1先行动手打人"中，可以看出，证明被害人先动手的证据至少有以下两个方面：一是陈某1的证言；二是李某一方在场的多个证人的证言。然而，这样的证据相对于大量"一对一"、封闭空间的互殴案件来说，已经算是充分的了，但是法院依然认为没有其他更充分的证据予以证明，这事实上是采取了"确实、充分"的证明标准。即便是主张正当防卫举证责任倒置的观点，一般来说也应当是达到优势证明标准。[1]鉴于此，司法实践中的做法是对证明标准的错误运用。

---

〔1〕 参见易延友：《证据法学：原则 规则 案例》，法律出版社2017年版，第622～623页。

第二章　互殴与防卫的实体与程序之反思

互殴与防卫认定的混乱，既有实体方面的原因，也有程序方面的原因。实体方面主要体现为从主观要素的角度界定互殴的概念，属于“意图中心论”，互殴的概念呈现形式化、非规范性的特点等，这样导致互殴容易认定而防卫难以成立；程序方面主要体现为仅关注互殴中“打起来”之后的事实，证明对象出现偏差，随意主张防卫事实的证明责任倒置并赋予过高的证明标准。从实体与程序两个方面极度压缩互殴与防卫交织案件中正当防卫的成立空间，这是需要深刻反思的。

第一节　传统互殴内涵及其与防卫关系之实体检讨

一、花样翻新的“意图中心论”

（一）我国的“意图中心论”

什么是互殴？这是我国刑法学并未特别深入研究的问题。我国刑法学界的界定和表述大多是停留于“顾名思义”层面，在具体表述上大同小异，但都以防卫意图为中心，笔者将这种传统观点称为“意图中心论”。具体来说，主要有以下几种学说及表述方式：（1）“侵害故意”说认为互殴是指斗殴双方都有侵害对方的故意，双方的行为都属于不法行为，因而都无权主张正当防卫。由于双方都有侵害故意，即使一方先动手，另一方后动手，也决不能因为这一点就改变了相互斗殴的性质。[1] 有的表述为，双方参与人各自出于向对方实施不法侵害的故意而相互侵害对方的情形。[2] 我国台湾地区有学者也认为，互殴是双方具有伤害故意而斗殴，相互间都没有防卫意思，所以不能主张正当防卫。[3]（2）“伤害意图”说认为互殴是指双方以侵害对方身体的意图进行相互攻击的行为，斗殴的双方都不构成正当防卫。[4]（3）“不法侵害故意”说认为互殴是指参与者在其主观上的不法侵害故意支配下，客观上所实施的连续的相互侵害的行为，只有主观上的不法侵害故意，才能将互殴行为从正当防卫中予以排除。[5]（4）“事先斗殴意图”说认为只有事先产生斗殴意图才能排除防卫意图，也就是互殴必须以双方事先存在斗殴意图为前提。（5）“伤害故意 + 斗殴意图”说认为互殴是参与者在伤害故意和斗殴意图的支配下所实施的相互伤害的行为，并认为斗殴意图是指基于欺凌、报复、逞强斗狠、寻求刺激等动机而主动挑起斗殴或积极参与斗殴的主观心态。[6]（6）“主观意图 + 行为性质”说，该观点是从《正当防卫指导意见》中总结出的。《正当防卫指导意见》指出，准确界分防卫行为与相互斗殴。防卫行为与相互斗殴具有外观上的相似性，准确区分两者要坚持主客观相统一原则，通过综合考量案发起因、对冲突升级是否有过错、是否使用或者准备使用凶器、是否采用明显不相当的暴力、是否

---

〔1〕 参见高铭暄主编：《刑法专论》（第 2 版），高等教育出版社 2006 年版，第 430 页。
〔2〕 参见周光权：《刑法总论》（第 4 版），中国人民大学出版社 2021 年版，第 212 页。
〔3〕 参见林东茂：《刑法综览》（修订版），台北，一品文化出版社 2012 年版，第一章第 1～108 页。
〔4〕 参见张明楷：《刑法学》（上）（第 6 版），法律出版社 2021 年版，第 268 页。
〔5〕 该观点是从姜方平故意伤害案中提炼出的观点，参见陈兴良：《互殴与防卫的界限》，载《法学》2015 年第 6 期。
〔6〕 参见邹兵建：《互殴概念的反思与重构》，载《法学评论》2018 年第 3 期。

纠集他人参与打斗等客观情节，准确判断行为人的主观意图和行为性质。该文件采取的立场是“主观意图＋行为性质”。

（二）日本的“意图中心论”

在日本，围绕“打架与正当防卫”的现有判例，都可汇集于日本最高裁判所1977年判决中所提出的“积极加害意思论”与2008年判决中采用的自招侵害论。[1] 日本最高裁判所于1977年7月21日针对一件两派学生打架的判例指出：被告预想到对方的攻击，但是并非以单纯的防卫意图，而是以积极的攻击、争斗、加害的意图来应对对方的攻击行为，此时不符合正当防卫的紧迫性要件。该判例对日本此后类似案件的判决以及学术的影响巨大。从2008年5月20日的一件因投放垃圾引发的斗殴案件中，发展出自招侵害论。[2] 甚至有学者认为，关于“打架与正当防卫”，在今后实践中并用积极加害意思论与自招侵害论是解决之道。[3] 这种“积极加害意思”从日本的判例发展而来，得到了一些学者的认同。[4]

（三）德国的“意图中心论”

在德国，关于防卫意思也存在不同的认识，传统主流观点认为防卫意思至少要对紧急防卫情形有认识，而且有意识地对攻击实施抵抗。[5] 德国判例一般也认为正当防卫须具有防卫意思，也就是抵御

---

〔1〕 参见［日］盐见淳：《打架与正当防卫——以“打架两成败”的法理为线索》，李世阳译，载《刑事法评论》2017年第1期。

〔2〕 参见［日］盐见淳：《打架与正当防卫——以“打架两成败”的法理为线索》，李世阳译，载《刑事法评论》2017年第1期。

〔3〕 参见［日］盐见淳：《打架与正当防卫——以“打架两成败”的法理为线索》，李世阳译，载《刑事法评论》2017年第1期。

〔4〕 参见［日］井田良：《刑法总论的理论构造》，秦一禾译，中国政法大学出版社2021年版，第141～168页；［日］佐伯仁志：《刑法总论的思之道·乐之道》，于佳佳译，中国政法大学出版社2017年版，第131页。

〔5〕 参见［德］乌尔斯·金德霍伊泽尔：《刑法总论教科书》，蔡桂生译，北京大学出版社2015年版，第170页。

攻击、抵抗法益侵害的意思，至于行为人是否还有其他目的并不重要。[1] 按照防卫意思必要说，互殴是具有侵害意思的行为，在互殴情况下，由于侵害意思和防卫意思是相互转换的，故缺乏防卫意思。[2] 这种“侵害意思”的观点，与我国刑法学中“侵害故意”并无二致。

上述各种观点，虽然表述不同，但是有以下几个共同特点：一是基本出发点是一致的，都立足于主观意图，都努力从斗殴意图（伤害故意）这一主观要素出发来界定互殴。例如，日本的“积极加害意思”强调的是主观意图。二是一般都是在防卫意图的标题下讨论互殴问题，将互殴作为防卫意图的“子项目”进行讨论，潜意识中将互殴问题作为防卫主观条件问题进行讨论。三是即便强调主客观相统一，但最终起实质作用的还是主观意图，如将互殴界定为“以侵害对方身体的意图进行相互攻击的行为”，这里尽管有“相互攻击的行为”之表述，但既然是防卫，就是针对不法侵害人的反击，这样，不法侵害人的攻击行为与防卫人的反击行为在客观上就体现为相互攻击。因此，这种观点最终起决定作用的还是主观意图。《正当防卫指导意见》虽然强调互殴与防卫的区分“要坚持主客观相统一原则”，要求综合多种因素“准确判断行为人的主观意图和行为性质”，但是没有明确判断行为性质的依据，在具体应用上最终依然会落入“主观意图”的泥沼之中。最高司法机关对此也毫不避讳，在发布上述《正当防卫指导意见》的同时，发布了 7 个正当防卫的典型案例，其中典型案例 4 杨某伟故意伤害、杨某平正当防卫案的“典型意义”中，一方面，指出互殴与防卫的区分和准确界定存在困难，还特别强调了一方事先准

---

〔1〕 参见［德］克劳斯·罗克辛：《德国最高法院判例：刑法总论》，何庆仁、蔡桂生译，中国人民大学出版社 2012 年版，第 35 页。

〔2〕 参见［德］汉斯·海因里希·耶赛克、［德］托马斯·魏根特：《德国刑法教科书》，徐久生译，中国法制出版社 2017 年版，第 459 页。

备工具型的互殴与防卫更是难以区分，防卫与互殴在外形和外观上具有相似性，防卫行为在客观上往往也表现为双方相互打斗。另一方面，要求“司法适用中，要注意把握正当防卫的意图条件，准确界分防卫行为与相互斗殴”，并认为二者界分的关键就在于行为人是具有防卫意图还是斗殴意图。可见，即便是口头上声称坚持主客观相统一，但是在具体案件处理过程中，依然以防卫意图为中心。原因就在于，在声称主客观相一致的同时，又不得不承认互殴与防卫在客观外形上的相同点，即均表现为“相互打斗”，如此一来，两者的不同点就只有防卫意图了，这是传统“意图中心论”的必然宿命。

二、“意图中心论”之批判

互殴内涵的界定不能脱离正当防卫的基本原理，传统“意图中心论”没有从正当防卫的基本原理出发，而是浅层次地对互殴进行“顾名思义”般的解释，不可能给出令人满意的结论。

（一）“意图中心论”的立论前提错误

“意图中心论”立论的前提是互殴与防卫在客观上相同、外形上相似，在这个前提之下，互殴与防卫的区别只能在于主观意图。但是这个前提妥当吗？我们对任何事物的概念界定和内涵阐述都不能只从外形上界定，“外形相似”的表述对于界定互殴的概念和内涵来说毫无意义。“客观相同”这一点也不可接受，互殴与防卫性质截然不同，一个是犯罪行为，一个是合法正当行为。互殴是要承担刑事责任的，具体罪名可能是故意伤害罪、故意杀人罪、聚众斗殴罪等，是一种被谴责的行为；正当防卫是不需要承担任何法律责任的行为，是一种值得提倡的行为。如何能将一个犯罪行为与正当合法行为界定为“客观相同”呢？

事实上，互殴与防卫在客观上是泾渭分明的。互殴在客观上是一种侵害法益的行为，而防卫是一种在实质上不侵害法益的行为（经过法益衡量之后的不侵害法益的行为)。想要准确认定互殴及其与正当防卫的界限，只要实质地判断作为正当防卫应该解决的利益冲突状况是否存在就可以了，根本没有必要迂回地去寻求伤害意图、积极加害意思等主观要素。[1]“意图中心论”的各种表述和定义忽略乃至脱离这个本质问题，而在主观意图中打转，这无异于本末倒置、缘木求鱼，本末倒置自然无从找到“本”，缘木求鱼自然无从求到“鱼”，这是“意图中心论”的根本性弊端所在。

（二）“侵害或伤害对方故意”的标准加剧互殴的泛化

正当防卫原本就存在侵害或伤害对方的故意，从侵害、伤害故意的角度根本无法区分互殴与防卫，反而会导致“只要有伤害故意就是互殴”的现象，会进一步加剧互殴的泛化。

刑法中的故意是指明知自己的行为会发生某种后果而希望或放任这种后果的发生，伤害的故意就是明知自己的伤害行为会导致对方伤亡的后果而希望或放任这种结果的发生。在正当防卫中，只要防卫人是正常的成年人，其实施反击行为殴打对方时，必然明知这种殴打行为会导致不法侵害人伤亡的后果，且希望或放任这种后果的发生。没有哪一个正当防卫的案件，防卫人一边进行反击，一边心中默念“千万不要造成伤害后果!”这违背基本人性常识和朴素正义。从双方都具有伤害故意的角度无助于区分互殴与防卫，只会使问题越来越复杂。实践中就会导致只要有伤害故意就是互殴，进而否定正当防卫的成立。前述案例5熊某故意伤害案中，尽管根据一般人的朴素正义，都会觉得判决不认定正当防卫是错误的，但是按照前述通说理论对互殴概念的界定，似乎案例中的情形完全吻合互殴的概念。那问题出在哪里？显然问题是出在传统观点对互殴概念的界定上。即便在典型的正当防卫案例中，防卫人实施反击行为，也必然明知反击行为会导致

---

〔1〕参见［日］佐伯仁志：《刑法总论的思之道·乐之道》，于佳佳译，中国政法大学出版社2017年版，第131页。

对方伤害的后果，而仍然要实施反击行为，且希望或放任伤害后果的发生，这是正常的。以学界普遍赞同的典型正当防卫案例于海明正当防卫案[1]为例，刘某先是上前推搡、踢打于海明。后刘某从轿车内取出一把砍刀连续用刀面击打于海明颈部、腰部、腿部，击打过程中砍刀甩脱。于海明抢到砍刀，刘某上前争夺，在争夺中于海明捅刺刘某的腹部、臀部，砍击其右胸、左肩、左肘。刘某受伤后跑向轿车，于海明继续追砍两刀（均未砍中刘某）。试问，谁能否认于海明在抢到砍刀之后多次砍击刘某腹部、臀部、右胸、左肩、左肘等部位，以及在刘某逃跑后继续追砍过程中存在伤害刘某的故意。难以想象于海明在反击过程中心中反复默念"我没有伤害故意，只是在防卫"。没有任何伤害对方故意的正当防卫，在现实世界中几乎是不存在的。正如有学者所指出的，正当防卫一定是具有对侵害人法益造成损害危险的行为，故防卫意思本来就必然包含了放任甚至追求对方法益损害结果的心态。[2] 防卫意图与伤害故意并存是常态，更何况实践中根本无法区分防卫意图与伤害故意。日本曾有判例认为防卫意思不能与伤害故意并存，但时至今日，无论是判例还是日本理论通说，均认为防卫意图与故意伤害并存可以成立正当防卫，即在防卫意思与攻击意思并存的场合下，并不能否定正当防卫。[3]

在"不法侵害故意"基础上加上"连续相互侵害"，也无济于事。将互殴界定为连续的相互侵害，其结果就是更加导致司法实践中出现"还手就是互殴"的局面。事实上，面对不法侵害，行为人只要出手反击，对方必然也会反击。特别是在面对严重暴力不法侵害时，一般情况下，行为人的防卫行为不可能一招制敌而让侵害人的不法侵

---

〔1〕具体案情参见最高人民检察院指导性案例"检例第47号"。

〔2〕参见陈璇：《克服正当防卫判断中的"道德洁癖"》，载《清华法学》2016年第2期。

〔3〕参见［日］山口厚：《刑法总论》（第3版），付立庆译，中国人民大学出版社2018年版，第128页。

害戛然而止。同样，一般情况下，不法侵害人也不会在行为人反击时立即停止侵害或束手就擒，所以呈现你来我往、多个“回合”、持续相互侵害的场面。可以说，“客观上所实施的连续的相互侵害的行为”是面对暴力侵害进行正当防卫的常态，如果将这种常态认定为互殴，那必然结局是“还手就是互殴”，正当防卫几乎不可能在故意伤害案件中成立。这是不可接受的。

（三）将互殴限定为“事先产生斗殴意图”不具有可操作性

“事先产生斗殴意图”的观点显然是以防卫意思（防卫意图）必要说为出发点的，从正当防卫意图与斗殴意图关系互斥的角度，进而推导出正当防卫与互殴的互斥关系。可问题是，斗殴意图与防卫意图如何区分？斗殴意图与防卫意图并存时如何处理？斗殴意图在实践中如何证明？这些问题会导致该观点与传统观点从伤害故意角度解释互殴一样的结局。该观点从限缩解释角度限定互殴，可谓用心良苦，但是不具有可操作性。最典型的弊端就是会导致只要事先准备工具就构成互殴，因为实践中会将准备工具解释为事先就有斗殴意图。如前述案例6罗某故意伤害案中明显呈现两个阶段：第一个阶段是被告人罗某与其姐夫王某在商场二楼发生口角并厮打，后被人劝开。第二个阶段是罗某下楼准备了刀具以防止王某再来追打，王某持木棍到一楼追打被告人罗某，被告人罗某反击。第二阶段中罗某准备刀具属于事先具有斗殴意图吗？这个准备刀具的过程是为了防止对方再来殴打而产生的防卫意图，还是因为第一阶段吃亏而产生的斗殴意图呢？

（四）“伤害故意＋斗殴意图”纯属文字游戏

近年来，有年轻学者试图对传统互殴的概念提出反思，认为互殴是参与者在伤害故意和斗殴意图的支配下所实施的相互伤害的行为，并认为斗殴意图是指基于欺凌、报复、逞强斗狠、寻求刺激等动机而主动挑起斗殴或积极参与斗殴的主观心态。[1] 该重构的互殴概念基本上停留于文字层面，依然没有逃离从主观意图上进行区分的窠臼，其实就是在传统通说的伤害故意基础上加一个“斗殴意图”，就形成了“伤害故意 + 斗殴意图”。但是这种随意添加主观要素的做法，无异于将正当防卫进一步“道德洁癖化”，根本无法解决实践中的问题，反而会使问题更加复杂。前述案例 5、案例 6 就是这种观点的典型体现。案例 5 中，被告人熊某被拳打、被烟头烫，任何正常人在这种情况下都会满腔怒火，任何人都想要报复，为了报复就能否定正当防卫吗？同样，案例 6 中罗某供述称“他若再打，我就拿刀捅他几刀，让他走不成了，他就不能打我了”。从这个供述中确实可以看出有报复的成分，甚至也可以说有逞强斗狠的意图，但是为什么不可以理解为“你若行凶，我就要实施正当防卫”呢？昆山于海明正当防卫案件中，也存在报复意图。一些见义勇为案件中，谁又能确定行为人当时在见义勇为的同时不带有一些路见不平拔刀相助的逞强、寻求江湖快意恩仇的心理呢？事实上，一个正常的理性人，在面对不法侵害甚至侮辱时，一般都会有愤怒、仇恨、报复等动机，但这些动机不应该影响正当防卫的成立。只要是面对不法侵害进行的必要反击，即便带有逞强、寻求刺激等动机，也不能将一个原本正当防卫的行为变成互殴行为。更何况类似于“欺凌、报复、逞强斗狠、寻求刺激等动机”在证据上如何证明？因此，无论是德国刑法学还是日本刑法学，通说均认为，行为人存在的诸如憎恨、激愤或者报复等其他动机可以与防卫意思并存，这些动机并不影响正当防卫的成立。[2] 德国的判例也认为“其他动机如憎恨、激愤或者报复心理，只要存在防卫的意思，此等

---

〔1〕 参见邹兵建：《互殴概念的反思与重构》，载《法学评论》2018 年第 3 期。

〔2〕 参见［日］佐伯仁志：《日本正当防卫论之新开展》，黄士轩译，载《月旦法学杂志》2010 年第 2 期。

动机共存是被允许的"[1]。正如日本学者山口厚所言，“如果仅有激愤或愤怒就否定存在防卫意思，若有攻击意思就否定防卫意思，那么，可能实务中大部分场合防卫意识都会被否定，这可能会导致正当防卫这一制度事实上被阉割。”[2]

可见，传统“意图中心论”对互殴的定义并无规范质量，通过主观上的伤害故意、侵害意图、斗殴意图、报复动机等来区分互殴与防卫是徒劳的。我国司法实践中存在的一些将正当防卫或防卫过当的案件“不分青红皂白”地认定为互殴，与这种“意图中心论”的理论学说是密切相关的，甚至可以说是其必然结果。

三、穿透“意图中心论”的面纱

（一）“意图中心论”实质上是行为无价值论的立场

行为无价值论与结果无价值论之间的一切争论都来源于对人的主观要素的不同观点。犯罪成立的全部条件既包括客观要素又包括主观要素，客观要素包括行为、手段、方式、对象、结果、因果关系以及行为的特别情状等；主观要素包括故意、过失、动机、目的、意图、内心倾向等。问题是如何看待这些主观要素与客观要素之间的关系，以及在多大程度和范围内承认主观的违法要素甚至是主观的构成要件要素。对这些主观要素的定位、性质、意义和功能的不同看法，导致形成两种不同的刑法立场，即结果无价值论与行为无价值论。行为无价值论全面或部分承认主观违法要素，结果无价值论全面或部分否定主观违法要素。[3]

行为无价值论的基本特点是：第一，以主观违法要素为中心，注

[1] [德] 汉斯·海因里希·耶赛克、[德] 托马斯·魏根特：《德国刑法教科书》，徐久生译，中国法制出版社 2017 年版，第 459 页。

[2] [日] 山口厚：《刑法总论》（第 3 版），付立庆译，中国人民大学出版社 2018 年版，第 130 页。

[3] 参见刘艳红：《实质犯罪论》，中国人民大学出版社 2014 年版，第 120～123 页。

重主观意图、动机、目的、倾向的非价判断；第二，注重行为及其样态的非价判断，呈现对伦理规范或者行为规范信赖忠诚的重视。晚近以来的（二元）行为无价值论极力撇清与伦理道德的关系。日本行为无价值论者井田良为了回避行为无价值论混淆道德伦理与刑法这一批判，将伦理规范替换为“世俗化的行为规范”，[1] 认为行为无价值论的本质在于重视行为规范的告知、提示机能，即将人的行为规范违反性作为评价基础，认为行为无价值论与道德伦理的结合“不过是偶然的事情”。[2] 其实，与其认为行为无价值论与伦理道德的关联是“偶然事件”，倒不如说是“历史传承的必然事件”。从历史溯源的角度来说，伦理道德从一开始就奠定了行为无价值论的底色和“遗传基因”。行为无价值论的首倡者韦尔策尔（Welzel）认为，刑法的中心任务不是保护法益，而是保护“正面的社会道德”，如尊重他人的生命、财产、自由等。[3] 韦尔策尔的思想被其弟子阿明·考夫曼（Armin Kaufmann）和齐林斯基（Jielinski）进一步朝伦理道德的极端方向推进，刑法的社会伦理根据被进一步强化。[4] 日本的行为无价值论者团藤重光也认为，违法的实质在于违反法秩序基底的社会伦理规范。[5] 即便是后来的二元的行为无价值论者也坚持认为不能无视社会伦理方面，要将法益侵害与社会伦理规范相互融合来理解违法性的

---

〔1〕 参见［日］井田良：《刑法上的行为非价与结果非价之未解争议》，薛智仁译，载《月旦法学杂志》2018 年第 6 期。

〔2〕 参见［日］井田良：《刑法总论的理论构造》，秦一禾译，中国政法大学出版社 2021 年版，第 7 页。

〔3〕 参见［德］克劳斯·罗克辛：《德国刑法学 总论（第 1 卷）：犯罪原理的基础构造》，王世洲译，法律出版社 2005 年版，第 25 页。

〔4〕 参见［德］汉斯·海因里希·耶赛克、［德］托马斯·魏根特：《德国刑法教科书》，徐久生译，中国法制出版社 2017 年版，第 289 ~290 页。

〔5〕 参见［日］大塚仁：《刑法概说（总论）》，冯军译，中国人民大学出版社 2003 年版，第 302 页。

实质。[1] 从上述历史发展脉络来看，行为无价值论与伦理道德的紧密关系不是偶然的结合，而是历史的必然。所以，井田良一方面宣称是“偶然事件”，另一方面又承认行为无价值论将道德规范所具有的效果作为社会存续的基本条件，而且将此作为刑罚的手段。[2] 伦理道德作为行为无价值论天然的“遗传基因”，导致即使在宏观层面誓言要与伦理道德规范“一刀两断”，但是在具体案件和微观刑法问题层面，仍不自觉地“藕断丝连”，甚至陷入伦理道德的泥潭而不能自拔。与之相反，结果无价值论历来反对混同道德与刑法，反对以刑法之名推行伦理道德规范。

在互殴与防卫问题上，“意图中心论”背后的实质理论基础其实是行为无价值论，“意图中心论”非常典型地体现了行为无价值论的两个基本特点：一是以主观要素为中心；二是与伦理道德规范相关联。行为无价值论将这种伦理规范的思想导入阻却违法事由领域，认为阻却违法事由的本质根据是社会相当性。行为无价值论者韦尔策尔主张的社会相当性是处于历史形成的社会伦理秩序的范围内，被这种秩序所允许的行为。行为无价值论者大塚仁认为，阻却违法的实质是没有实质地违反国家社会的伦理规范。[3] 什么是伦理规范？违反什么样的伦理规范具有实质违法性？什么样的行为没有违反伦理规范？由于伦理道德具有主观性和流变性，每个人的心中都有不同的道德伦理规范，不同时代的人对伦理道德有不同的看法，因此，上述问题的答案是无法确定的，这种观点其实就是“将判断过程置于黑匣子之

---

〔1〕 参见［日］大谷实：《刑法讲义总论》（新版第2版），黎宏译，中国人民大学出版社2008年版，第214页。

〔2〕 参见［日］井田良：《刑法总论的理论构造》，秦一禾译，中国政法大学出版社2021年版，第6页。

〔3〕 参见［日］大塚仁：《犯罪论的基本问题》，冯军译，中国政法大学出版社1993年版，第136～137页。

中，而仅仅发布结论”[1]。

在互殴与防卫关系问题上，传统观点一方面坚持防卫意图必要说，导致在打架案件中，只要还手一方主观上具有报复动机、伤害意图，就否定防卫意图，进而认定为互殴。这将主观违法要素作为核心标准，是行为无价值论的真实写照。行为无价值论并未止步于此，而是进一步向前推进，只要还手一方的反击心理不够“纯洁”，有道德上的“瑕疵”，就被认定为没有防卫意图，不可能属于“正对不正”的防卫，而是属于“不正对不正”的互殴。甚至更进一步，在打架起因上，如果是非法债务纠纷、赌博、嫖娼等引发殴打，由于双方在道德和伦理上都值得谴责，所以无论谁先动手，都是“狗咬狗”的互殴，没有正当防卫存在的余地。立足于行为无价值论的“意图中心论”在看待防卫与互殴关系时，几乎不会去考虑法益衡量，因为在他们看来，由于意图的不正当、不纯洁、不道德，所以从一开始就是互殴，而互殴与防卫是完全排斥对立的关系，因而无须进行法益衡量，就直接否定了正当防卫成立的可能性。这种“道德洁癖”可谓是对“意图中心论”之行为无价值论立场的精准描述。

（二）“意图中心论”是防卫意图必要说的翻版

按照传统通说，互殴与防卫是互斥关系，成立正当防卫必须具有防卫意图，而成立互殴就是有斗殴意图而没有防卫意图，所以防卫意图与互殴意图，一正一反，二者是一枚硬币的两个面。因此，可以说“意图中心论”是防卫意图必要说的翻版。

防卫意图（防卫意思）必要说与防卫意图不要说历来是行为无价值论与结果无价值论争议的焦点之一。[2] 根据行为无价值论的立场，

---

〔1〕［日］西田典之：《日本刑法总论》，刘明祥、王昭武译，中国人民大学出版社 2007 年版，第 103 页。

〔2〕参见［日］佐伯仁志：《日本正当防卫论之新开展》，黄士轩译，载《月旦法学杂志》2010 年第 2 期；李勇：《结果无价值论的实践性展开》（第 2 版），法律出版社 2020 年版，第 101 ~102 页。

违法性的本质不是法益侵害，而是规范违反（早期的一元行为无价值论认为是违反伦理规范）。根据这个逻辑，在正当防卫中，行为人只有对自己的行为属于防卫并被容许有所认识，才能正当化；反之，如果不存在这样的主观认识，那就是出于违反规范的意思而实施的行为，所以在行为无价值论意义上是具有违法性的，也就不能成立正当防卫。极端的防卫意思必要说认为，防卫意思的内容不仅仅是对正当防卫状况的认识（认识因素），而且还包括对防卫的意图、目的、动机等意志因素的认识。结果无价值论坚持防卫意思不要说，在结果无价值论者看来，即便行为人没有防卫的意思，甚至对处于防卫状况并无认识（如偶然防卫），仍然能够成立正当防卫。只要在客观上处于防卫状况，也在防卫必要限度之内，就减少或消灭了不法侵害人的法益保护性，仅此便足以体现阻却违法之效果，因而成立正当防卫。〔1〕

我国传统通说主张防卫意思必要说，并且认为要同时具备认识因素和意志因素（前者是对防卫事实的认识，后者是指防卫行为之目的、动机等），而且更侧重于意志因素，所以通说习惯于将正当防卫的主观条件表述为“防卫意图”而不是“防卫意思”。〔2〕主要理由是认为我国《刑法》第 20 条第 1 款规定的“为了使国家、公共利益、本人或者他人的人身、财产和其他权利免受正在进行的不法侵害”体现了正当防卫主观上防卫意图的必要性。〔3〕“意图”就是“图……的意思”，就是“希望达成……目的的意思”，其实就是“动机”或

---

〔1〕参见［日］西田典之：《日本刑法总论》，刘明祥、王昭武译，中国人民大学出版社 2007 年版，第 128 页；［日］山口厚：《刑法总论》（第 3 版），付立庆译，中国人民大学出版社 2018 年版，第 129 页。

〔2〕参见高铭暄主编：《刑法专论》（第 2 版），高等教育出版社 2006 年版，第 424～425 页；陈兴良：《正当防卫：指导性案例以及研析》，载《东方法学》2012 年第 2 期。

〔3〕参见刘艳红主编：《刑法学》（上）（第 2 版），北京大学出版社 2016 年版，第 197 页。

“目的”。[1] 这种误用也显示出通说对目的和动机等意志因素的侧重。这种极端的防卫意图必要说，投射到互殴与防卫关系上，就是前述形形色色的“意图中心论”，甚至认为防卫意图必要说就是为了将相互斗殴、挑拨防卫等表面上虽然符合正当防卫的样态，但实际上因为行为人没有防卫意图，反而具有加害对方意图的行为排除在正当防卫的范围之外。[2] 这就导致司法实践中只要有报复、激愤或其他不道德动机，就会认定为互殴进而否定正当防卫，要求防卫意图与攻击、报复等动机不能并存。这种“道德洁癖”[3] 与传统通说对防卫意图的重视密切相关。

（三）防卫意思不要说之提倡

笔者认为，在正当防卫的认定过程中，特别是涉及互殴问题时，应当忽略主观要素，特别是意图、目的、动机等主观要素，应当提倡防卫意思不要说。

其一，正当防卫在犯罪构成中属于违法性阶层的判断，根据从客观到主观的犯罪认定思路，目的和动机等主观要素，原则上应该在有责性中判断。违法性评价并不取决于行为人的动机。[4] 是否存在紧迫的不法侵害、是否存在需要保护的优越利益，是正当防卫成立的关键，而这些关键要素的判断取决于客观情状，而不是内在动机、意图和目的。单纯的心情要素、单纯的对事实的认知，充其量不过是责任要素而已，其对法益侵害、法益侵害危险以及对阻却法益侵害的贡献度均不产生影响。[5]

---

〔1〕参见郑逸哲：《“正当防卫的‘客观合法要件’”和“以‘攻击终止’作为‘解除要件’的‘附条件故意’”》，载《法令月刊》2007年第3期。

〔2〕参见王政勋：《正当行为论》，法律出版社2000年版，第161页。

〔3〕陈璇：《克服正当防卫判断中的“道德洁癖”》，载《清华法学》2016年第2期。

〔4〕参见［德］乌尔斯·金德霍伊泽尔：《刑法总论教科书》，蔡桂生译，北京大学出版社2015年版，第170页。

〔5〕参见［日］山口厚：《刑法总论》（第3版），付立庆译，中国人民大学出版社2018年版，第130页。

其二，正当防卫在本质上系紧急情况下的自救，所以又称紧急防卫。[1] 很多时候，正当防卫是防卫人做出的瞬间反应，有时甚至是本能性的反应。在这种紧急状况下，防卫人往往对防卫事实状况缺乏认识，更别说目的和动机了，期待行为人冷静地在大脑中产生正当防卫的目的和动机不切实际。在行为人近乎本能反应情况下的正当防卫，很难说有防卫的认识因素；在行为人不可能冷静考虑动机和目的时，无法承认有防卫的意志因素。倘若严格要求行为人在紧急情况下既对防卫状况有认识（认识因素），又要求对其所实行之行为具有明确之目的、动机（意志因素），必将导致大量的正当防卫案件无法被认定为正当防卫。

其三，在正当防卫中，一般人面对不法侵害，都会产生愤怒、报复等动机，苛求防卫人完全与这些“不道德”动机隔绝，是不现实的。也正因如此，当今日本的学说和判例均认为防卫意思与攻击意思（积极加害意思）并存时，并不影响防卫的成立。即便是行为无价值论者坚持主张防卫意思必要说，“防卫意思之内容较以往判例更加稀薄化，故与其将防卫意思视为防卫之意图或动机，不如说是接近防卫之意识，此乃反映着将积极加害意思从防卫意思之问题移至急迫性之问题”[2]。日本的二元行为无价值论者井田良认为防卫意思必要说仅需要认识因素，防卫意思作为正当防卫的“故意”是必需的，但是并不要求形成像“保护自我”的行为动机这样的意志因素，而是只要认识到正当防卫要素的事实即可，即具备认识因素即可。[3] 日本学界越来越把防卫意思作为紧迫性的要件进行讨论。德国的主流意见也是

---

〔1〕 参见［德］乌尔斯·金德霍伊泽尔：《刑法总论教科书》，蔡桂生译，北京大学出版社2015年版，第158页。

〔2〕［日］川端博：《刑法总论二十五讲》，甘添贵监译，余振华译，中国政法大学出版社2003年版，第167页。

〔3〕 参见［日］井田良：《刑法总论的理论构造》，秦一禾译，中国政法大学出版社2021年版，第137页。

认为防卫意思对紧急防卫情形有认识即可，也就是具备认识因素即可，而不要求具备意志因素。[1]

其四，防卫认识说割裂防卫意图中的认识因素与意志因素，自相矛盾。从德日刑法发展脉络看，防卫意思经历了从认识因素与意志因素同时具备，走向防卫意志因素被剔除，再到防卫意思被淡化和纯化的过程。[2] 日本刑法学界曾经认为防卫意思要同时具备认识因素和意志因素，但是1970年以后的理论界和实务界逐步认识到，严格要求防卫意思须兼具防卫之意图或动机，会不当限缩正当防卫之成立范围，从而出现将防卫意思内容单纯化的趋势。现在日本通说认为防卫意思仅需认识正当防卫的事实，而不要求同时具备防卫目的和动机（防卫认识说）。连日本的行为无价值论者井田良也不得不一方面主张防卫意思必要说，另一方面认为只要具备认识防卫状况意义上的“防卫意思”即可，并不强求行为人具有“保护自身”的行为动机，只要认识到相当于正当防卫要素的事情，通过实现意思来“覆盖”就足够了。[3] 这实际上已架空了防卫的意志因素，“此种要素在判例与通说之观点上，早已仅是用语之要求而已”[4]。德国通说也认为防卫意思只要对正当防卫情形有认识，有意识地对攻击进行抵抗即可，不要求具有防卫目的和意图。[5] 防卫意图在正当防卫成立条件中的作用越来越有限。

---

〔1〕 参见［德］乌尔斯·金德霍伊泽尔：《刑法总论教科书》，蔡桂生译，北京大学出版社2015年版，第170页。

〔2〕 参见余振华：《口角互殴之正当防卫界限》，载《月旦裁判时报》2010年总3号。

〔3〕 参见［日］井田良：《刑法总论的理论构造》，秦一禾译，中国政法大学出版社2021年版，第137页。

〔4〕 ［日］川端博：《刑法总论二十五讲》，甘添贵监译，余振华译，中国政法大学出版社2003年版，第173页。

〔5〕 参见［德］克劳斯·罗克辛：《德国刑法学　总论（第1卷）：犯罪原理的基础构造》，王世洲译，法律出版社2005年版，第415～417页；［德］乌尔斯·金德霍伊泽尔：《刑法总论教科书》，蔡桂生译，北京大学出版社2015年版，第164页。

可见，德日刑法学在防卫意思必要说内部也经历了由严到宽，由动机说到认识说的演变。[1] 但是这种强行割裂认识因素和意志因素的做法并不可取。为什么可以把认识因素与意志因素割裂开来评价？井田良认为，在兴奋状态下，根据行为人的本能几乎无意义地实行的行动也具备防卫意思。[2] 这就让人费解了，人的本能行为、几乎无意义的行为，其实是缺乏对防卫状况的认识的，井田良显然是一方面要坚持防卫意思必要说的行为无价值论基本立场，另一方面又打心眼里觉得防卫意思意义不大，于是把防卫意思中残存的防卫认知挤压到一个狭小的空间。与其如此逐步“稀薄化”防卫意思仅存的一丝气息，不如直接放弃防卫意思必要说。

其五，关于刑法正当防卫条款中的“为了……防卫”的解释。这个问题不仅是我国刑法面临的问题，德、日刑法都有类似的规定，都同样面临这个问题。德国主张防卫意思必要说的论者中，有人主张这个防卫意思包括防卫认知因素和意志因素，不仅要对紧急防卫的情形有认识，而且还要求具有防卫的目的，产生这种观点的一个重要理由是因为刑法条文中有“为了……防卫”的表述。[3] 日本的防卫意思必要说也是将“为了”这一用语作为根据。[4] 但这个问题并非只有防卫意思必要说一种解释路径。

我国《刑法》第20条第1款规定：“为了使国家、公共利益、本人或者他人的人身、财产和其他权利免受正在进行的不法侵害，而采取的制止不法侵害的行为，对不法侵害人造成损害的，属于正当防

---

〔1〕 参见［日］松原芳博：《刑法总论重要问题》，王昭武译，中国政法大学出版社2014年版，第122～123页。

〔2〕 参见［日］井田良：《刑法总论的理论构造》，秦一禾译，中国政法大学出版社2021年版，第137页。

〔3〕 参见［德］乌尔斯·金德霍伊泽尔：《刑法总论教科书》，蔡桂生译，北京大学出版社2015年版，第170页。

〔4〕 参见［日］山口厚：《刑法总论》（第3版），付立庆译，中国人民大学出版社2018年版，第129页。

卫，不负刑事责任。”这里的“为了……”表面上看似乎表达了主观意图和目的，但是这样的理解会导致正当防卫的范围不当缩小。比如，很多为了国家、公共利益或他人利益实施正当防卫的案件中，防卫人在反击当时是出于愤怒甚至本能，没有想过要保卫国家利益、公共利益或他人利益。其实，防卫意图必要说的观点，即防卫意图包括防卫认识和防卫意志也未必符合我国《刑法》第 20 条第 1 款的文字含义。“因为‘为了保护’的普通字面含义显然是指为了达到某种目的，而不只是表示对正在进行的不法侵害的认识。由此看来，即使将‘为了’解释为主观的正当化要素，事实上也不可能按照其普通字面含义进行解释。”[1] 其实，我国《刑法》第 20 条第 1 款的规定完全可以解释为防卫的起因条件，即防卫行为必须是针对不法侵害。这样的解释在立法史上是有依据的。1950 年《刑法大纲草案》在规定正当防卫时使用的就是“因防卫……”而且我国现行《刑法》第 20 条第 3 款的特殊防卫中也并没有规定“为了……”而是直接规定“对正在进行行凶、杀人、抢劫、强奸、绑架以及其他严重危及人身安全的暴力犯罪，采取防卫行为……”从这个角度来说，要求正当防卫必须具有防卫认识和防卫意志也是不合适的。[2] 与德国刑法一样，这里的“为了……”看起来似乎是主观性的表达方式，实际上表达的是一种客观的防卫性行为。[3] 德国联邦最高法院在一个判例（1953 年 10 月 2 日刑三庭 1953 年第 151 号）中指出，任何正当防卫行为都必须旨在抵御攻击，因而受攻击者必须以抵抗法益侵害的意思行事，至于他是否还同时追求其他目的，并不重要。[4] 可见，无论是我国刑法

---

〔1〕张明楷：《行为无价值论与结果无价值论》，北京大学出版社 2012 年版，第 159 页。

〔2〕参见黎宏：《刑法总论问题思考》（第 2 版），中国人民大学出版社 2016 年版，第 305 页。

〔3〕参见［德］克劳斯·罗克辛：《德国刑法学　总论（第 1 卷）：犯罪原理的基础构造》，王世洲译，法律出版社 2005 年版，第 416 页。

〔4〕参见［德］克劳斯·罗克辛：《德国最高法院判例：刑法总论》，何庆仁、蔡桂生译，中国人民大学出版社 2012 年版，第 35 页。

中的“为了……”还是德日刑法中的“为了……”（翻译为“因为……”也是完全可行的），其实完全可以解释为“因为……”也就是“因为国家、公共利益、本人或者他人的人身、财产和其他权利免受正在进行的不法侵害，而采取的制止不法侵害的行为，对不法侵害人造成损害的，属于正当防卫，不负刑事责任”。这里的“因为……”所描述的就是正当防卫的紧迫性要件、不法侵害要件。也许有人会说，这样的解释超出汉语“为了”一词的射程范围。其实不然，“为了”既可以指目的，也可以指原因，如“为了等你，所以我迟到了”，这里的“为了”就是表示原因，即“因为等你，所以我迟到了”。我国刑法学不应固守已过时的防卫认识与防卫意思同时具备的学说，应当果断舍弃防卫意思必要说，采取防卫意思不要说。

综上，穿透“意图中心论”的神秘面纱，呈现在我们面前的是激进的行为无价值论。正当防卫认定中的“道德洁癖”现象，背后是行为无价值论在“兴风作浪”。“意图中心论”的直接后果是互殴认定的泛化和随意化。因此，互殴的泛化是导致正当防卫成立机会渺茫的重要原因，这不仅有实证数据支撑，也有理论上的依据。为了实现互殴与防卫关系的正常化、“激活”正当防卫条款，应当舍弃“意图中心论”。

第二节　传统互殴与防卫关系之程序检讨

刑法适用的过程是事实与规范对应的过程，而事实来自证据和证明。正当防卫固然是实体法上的问题，但是“正当防卫成立与否，关键在证据”是司法实践的基本共识。[1]“于海明正当防卫案”之所以在公安机关立案后不久被以正当防卫为由撤销，其重要原因是有完整的监控视频证据，清晰地反映出事件全过程。可以设想，如果没有监控视频这一关键证据，认定为防卫过当的可能性非常之大。与之形成鲜明对比的是，“赵宇正当防卫案”和“涞源反杀案”，就没有那么“一帆风顺”。“赵宇正当防卫案”从认定防卫过当到相对不起诉，再到撤销相对不起诉，最终认定正当防卫而绝对不起诉。两次不起诉公布的案件事实和证据有重要变化，主要变化有：将赵某“见李某正在殴打邹某”细化为“见李某把邹某摁在墙上并殴打其头部”；将“赵某和李某一同倒地”修改为“致李某倒地”；将李某“打了赵某两拳”修改为“欲殴打赵某”；增加李某“弄死你们”的表述；删除“（赵某）接着上前打了李某两拳”；将赵某“被自己的女友劝离现场”修改为“离开现场”；增加邹某面部轻微伤的鉴定意见等。[2]“涞源反杀案”从涉嫌故意杀人罪先后被刑事拘留和逮捕，到检察机关两次以事实不清、证据不足为由退回补充侦查，再到最后不起诉。这两起案件所经历的反复和波折，主要原因在于难以解决证据和证明问题。[3] 在实践中，大量发生在封闭场所的“一对一”涉及正当防

---

〔1〕 我国学术界从证据和证明角度研究正当防卫的成果很少。但是在美国，正当防卫作为积极抗辩事由从来都是实体与程序交织的问题，从证据和证明角度研究正当防卫具有悠久的传统。See Spurgeon Avakian, *Evidence*, *Prosecution for Homicide or Assault*: *Self - Defense*: *Admissibility of Character and Threats of Victim*, California Law Review, Vol. 25: 4 (1937); David Wasserman, *Justifying Self - Defense*, Philosophy & Public Affairs, Vol. 16: 4 (1987); Robert S. Daggett, *Evidence*: *Wrongful Death*: *Self - Defense*: *Burden of Proof*, California Law Review, Vol. 43: 1 (1955).

〔2〕 参见陈菲、丁小溪：《最高人民检察院就“赵宇正当防卫案”作出回应》，载《检察日报》2019年3月2日，第2版。这些事实和证据的变化对正当防卫的认定起到重要作用。

〔3〕 “涞源反杀案”中，检察机关披露了一些不起诉书没有叙述的证据和事实，对案件的最终处理起到重要作用。参见史兆琨：《“让老百姓越来越相信法治的力量”——检察机关通报“涞源反杀案”，依法认定王新元、赵印芝的行为属于正当防卫，不负刑事责任，决定对二人不起诉》，载《检察日报》2019年3月4日，第2版。

卫的案件，由于没有监控视频和在场证人，就使正当防卫的证据和证明成为核心问题。在互殴与防卫交织的案件中，证据和证明的难题更加突出。传统实体法上的“意图中心论”映射到程序上，导致证明对象、证明责任和证明标准均出现一系列偏差，这需要检讨。

一、对证明对象的检讨

（一）防卫事实游离于证明对象的边缘之检讨

我国传统观点认为，证明对象就是应依证据证明之待证事实，[1]又称证明范围或证明必要性。[2] 证明对象不仅是诉讼证明活动的起点和归宿，也是连接实体法、诉讼法和证据法的“接口”。[3] 互殴与防卫的关系，在程序上的首要问题是证明对象问题。我国刑事诉讼法学界对证明对象的研究本来就不多，正当防卫证明对象更是一个无人问津的问题。在中国知网上以“证明对象”为题名进行搜索，截至2022年1月18日，包括刑事证明对象和民事证明对象在内，总共只有53篇，其中涉及正当防卫的为0篇。与理论研究成果的匮乏相对应，司法实践很少去反思和检讨互殴与防卫证明对象方面习以为常的做法有何不妥。

我国传统证据法对证明对象的分类有重大误解，将证明对象分为定罪事实、量刑事实和程序性事实。[4] 这里的定罪事实，一般就是指犯罪构成要件事实，具体包括犯罪主体、犯罪主观方面以及犯罪行

〔1〕 参见陈朴生：《刑事证据法》（第3版），台北，三民书局1979年版，第156页；樊崇义等主编：《刑事诉讼法学》，中国政法大学出版社2000年版，第228页；陈卫东主编：《刑事诉讼法》，武汉大学出版社2009年版，第122~123页。

〔2〕 参见林钰雄：《刑事诉讼法（上册　总论编）》，中国人民大学出版社2005年版，第360页。

〔3〕 参见闵春雷、刘铭：《证明对象研究走向评析》，载《吉林大学社会科学学报》2009年第2期。

〔4〕 参见陈一云主编：《证据学》（第2版），中国人民大学出版社1991年版，第129~132页；陈卫东主编：《刑事诉讼法》，武汉大学出版社2009年版，第122~123页。

为及其与犯罪结果的因果关系。[1] 在我国四要件犯罪构成中，正当防卫、紧急避险是游离于犯罪构成之外的。按照四要件犯罪构成的观点，犯罪构成是犯罪成立的全部条件，也是追究刑事责任的唯一根据，而正当防卫、紧急避险等正当化事由到底符合还是不符合四要件犯罪构成呢？到底是不是犯罪构成的事实呢？传统四要件犯罪构成理论的解释是，正当防卫这些排除社会危害性的事由，表面上符合某种犯罪构成，实质上不具有社会危害性；形式上似乎符合犯罪构成，但实质上不具有社会危害性和刑事违法性。[2] 我们从这些近乎“绕口令”式的表述中，无法明白正当防卫到底符合不符合犯罪构成。正因为实体法上的这种混乱，导致程序法对正当防卫事实是否属于证明对象以及属于什么样的证明对象产生迷茫。所以，刑事诉讼法学者一般在阐述证明对象是犯罪构成要件事实之后，会附带性地说明：“当然，被告方提出案件具有正当防卫、紧急避险等免责事由的，这些法定免责事由所包含的事实本身，如被告人实施人身防卫的行为、被告人实施紧急避险的行为等，也会成为与犯罪事实有关的证明对象。”[3] 这样，正当防卫事实就成了“与犯罪事实有关”的附属性质的证明对象。可以看出，在我国，正当防卫在实体法上游离于犯罪构成之外，与在程序法上游离于证明对象的边缘是相互关联的。

那么在三阶层犯罪构成（构成要件符合性、违法性、有责性）中正当防卫事实的证明对象地位如何呢？近年来，随着我国刑法学从苏俄模式向德日模式的转型，三阶层犯罪构成在理论界和实务界被广泛接受，越来越占据主流地位。那么，在三阶层体系下，正当防卫事实作为证明对象边缘化的境地有无得到改观呢？答案依然是否定的。因为这里还有一个重要的误区，就是“犯罪构成”与“构成要件”的

---

〔1〕 参见陈瑞华：《刑事证据法》（第4版），北京大学出版社2021年版，第445页。
〔2〕 参见赵秉志、吴振兴主编：《刑法学通论》，高等教育出版社1993年版，第266页。
〔3〕 陈瑞华：《刑事证据法》（第4版），北京大学出版社2021年版，第445～446页。

混淆。严格来说，犯罪构成是指犯罪成立的全部条件，如果采用四要件犯罪构成那就包括客体要件、客观方面、主体要件、主观方面；如果采用三阶层犯罪构成那就包括构成要件符合性、违法性和有责性。严格意义上的构成要件是指三阶层中“构成要件符合性”，而严格意义上的犯罪构成要件是指犯罪成立的全部条件，包括构成要件符合性、违法性和有责性，或者也可以说广义的构成要件是指犯罪成立的全部条件（包括构成要件符合性、违法性和有责性），狭义的构成要件仅指构成要件符合性。按理说，刑事诉讼法上的证明对象之定罪事实是犯罪构成事实，也就是犯罪成立全部条件的事实，包括构成要件符合性、违法性和有责性。但是由于人们习惯用“构成要件”来指代“犯罪构成”，所以导致刑事诉讼法学界不清楚“构成要件事实”到底是指犯罪成立全部要件的事实，还是仅指“构成要件符合性”的事实。比如，一些学者认为，证明对象是犯罪构成要件事实，在三阶层体系下就是构成要件符合性的事实，这是控方承担证明责任要证明的对象，构成要件符合性具有违法性和有责性的推定机能，证明了构成要件符合性，控方的证明责任就完成了，至于违法性和有责性，这是被告方承担证明责任要证明的对象。[1] 这样导致的结果是构成要件事实依然不包含阻却违法性事实，所以正当防卫事实依然不属于他们理解的“构成要件事实”，仍然游离于定罪事实的证明对象之外，而且还导致一个更为恶劣的后果——证明责任倒置，即正当防卫事实成为了被告方要证明的事实（下文详述）。

（二）忽视互殴作为实体性事实的证明对象之检讨

大陆法系的证明方法分为严格证明和自由证明，二者的证明对象截然不同。一般而言，定罪等实体性事实以及不利于被告人的量刑事

---

〔1〕 参见杜宇：《犯罪构成与刑事诉讼之证明——犯罪构成程序机能的初步拓展》，载《环球法律评论》2012 年第 1 期；董坤：《构成要件与诉讼证明关系论纲》，载《法律科学（西北政法大学学报）》2020 年第 1 期。

实属于严格证明的对象，而程序性事实（如回避、管辖等）以及有利于被告人的量刑事实属于自由证明的对象。[1] 对于有利于被告人的量刑情节，无论是检察机关提出的还是被告方提出的，也无论是法定情节还是酌定情节，只要是对被告人而言属于从轻、减轻或免除处罚的事实，均无须采取严格证明，只需自由证明即可。[2] 我国传统通说观点认为，刑事诉讼证明对象的实体事实，包括犯罪构成要件的诸事实等。[3] 就互殴与防卫案件来说，互殴事实属于严格证明的对象，属于实体性事实；而防卫属于有利于被告人的事实，应当属于自由证明的对象。对于互殴与防卫交织的案件来说，侦查机关要么认定为正当防卫而撤销案件，要么认定为互殴而移送检察机关；如果认定互殴进而移送检察机关，就应当把互殴作为独立的实体性事实之证明对象。同样，检察机关要么认定为正当防卫而不起诉，要么认定为互殴而提起公诉；如果认定为互殴而提起公诉，就应当把互殴作为独立的实体性事实之证明对象。由于传统刑法理论强调互殴与防卫的互斥关系，一旦认定为互殴可能就会成立相应的故意伤害罪、故意杀人罪等，由此证明对象[4]转移为故意伤害罪、故意杀人罪等的犯罪构成事实。这样证明对象自然就聚焦于斗殴之后的事实（打起来后的事实）也就是故意伤害罪、故意杀人罪等的犯罪构成事实。斗殴之前的起因作为互殴事实构造中不可分割的部分往往被忽略，这与实体上不分是非对错是一体两面的关系。忽视斗殴之前的起因事实往往会导致忽略互殴事实是证明对象。

---

〔1〕 参见林钰雄：《刑事诉讼法（上册　总论编）》，中国人民大学出版社2005年版，第360~361页；［德］克劳思·罗科信：《刑事诉讼法》，吴丽琪译，法律出版社2003年版，第208页。

〔2〕 参见陈瑞华：《刑事证据法》（第4版），北京大学出版社2021年版，第447页。

〔3〕 参见陈一云主编：《证据学》（第2版），中国人民大学出版社1991年版，第129~132页；陈卫东主编：《刑事诉讼法》，武汉大学出版社2009年版，第122~123页。

〔4〕 所谓“假定对象”是刑事诉讼以一定事实为其裁判对象，故裁判时须先假定其对象。参见陈朴生：《刑事证据法》（第3版），台北，三民书局1979年版，第157页。

（三）忽视殴打之前事实的证明对象之检讨

首先，忽视殴打之前的事实作为证明对象加剧了“唯结果论”。由于证明对象的这种错乱，导致侦查人员、司法人员无法也不愿意区分纯正的互殴（真正的互殴）和不纯正的互殴（不真正的互殴）。事情因何而起，谁先动手，有无相互约架等事实，相对于谁死伤了而言，变得不那么重要了，久而久之就成为一种执法和司法习惯，进而加剧“唯结果论”“谁死伤谁有理”等现象。近年来，刑法学界广泛批判这种“唯结果论”，〔1〕但是并未意识到这种“唯结果论”背后更为重要的原因是程序法上证明对象的偏差。

其次，忽视殴打之前事实作为证明对象加剧互殴的“泛化”。其实，很多案件只要查明殴打之前的起因、是非对错、谁先动手等这些事实，我们会发现很多“打架”其实不是互殴，而是正当防卫，所谓的“打架两成败”〔2〕只是一种假象。当我们把殴打之前的事实切割出去后，再评价“打起来”之后的事实表现为“相互攻击”，进而似乎顺理成章地认定为互殴，从而挤压正当防卫的成立空间。

（四）侧重主观事实的证明对象之检讨

从程序法证明的角度来说，为了降低证明难度，尽量减少主观要素。“意图中心论”将主观要素作为区分互殴与防卫的界限，不仅在实体上面临诸多弊端，而且在程序上也遭遇批评。特别是“伤害故意 + 斗殴意图”的观点不仅没有跳出“意图中心论”的窠臼，反而又加上欺凌、报复、逞强斗狠、寻求刺激等动机，〔3〕这种随意添加主观超过要素的做法，将证明对象进一步主观化。

首先，侧重意图和动机等主观事实的证明，加剧正当防卫认定的

〔1〕参见劳东燕：《防卫过当的认定与结果无价值论的不足》，载《中外法学》2015 年第 5 期。

〔2〕［日］盐见淳：《打架与正当防卫——以“打架两成败”的法理为线索》，李世阳译，载《刑事法评论》2017 年第 1 期。

〔3〕参见邹兵建：《互殴概念的反思与重构》，载《法学评论》2018 年第 3 期。

“道德洁癖”。由于传统理论以“意图中心论”来区分互殴与防卫，认定互殴的核心理由就是主观意图。一旦主观意图不纯洁、有道德瑕疵，就可能径直否定正当防卫的成立。这种“意图中心论”在程序上的映射，将证明对象聚焦于行为无价值论的因素，如防卫的意图、动机、目的以及道德伦理因素。一旦这些行为无价值的因素被认定，那么防卫之前的事情起因、动手先后，在他们看来都无关紧要，不是证明对象的重点。这反过来又进一步加剧了实体上的“道德洁癖”。

其次，侧重意图和动机等主观事实的证明对象会加剧“口供中心主义”。“事先斗殴意图”“报复动机”“侵害意图”等潜藏于行为人的内心，在证明对象的分类上属于内部事实。内部事实又称内心事实，其证明具有消极性、浮动性、抽象性，证明方法较为狭隘。[1] 有无某种意图和动机，被告人的口供是最直接的证据。实体刑法要求犯罪要有内在的或主观的要素（预谋、动机），那么，被告人供述的内部事实是唯一的直接证据。[2] 对于侦查人员而言，获取主观意图的证据最为便宜、最为便捷——只需加大审讯力度获取口供即可。我们无法发现私隐的心情，至少不使用刑讯时，就无法发现，而且即使使用了刑讯也可能得不到，因为人们活动的意图成分也许不是自我意识得到的。[3] 对于侦查机关而言，获取被告人的供述来证明“意图”是最为便捷的，尽管这是最不利于案件公正处理的。被告人供述在实践中有“证据之王”“证据源泉”之称，一方面是由于被告人供述作为直接证据包含极为丰富的信息量，特别是被告人主观心理的信息；另一方面侦查水平和侦查技术相对较低的大环境之下，被告人供述是

---

〔1〕 参见陈朴生：《刑事证据法》（第3版），台北，三民书局1979年版，第198页。

〔2〕 参见［美］米尔吉安·R. 达马斯卡：《比较法视野中的证据制度》，吴宏耀、魏晓娜等译，中国人民公安大学出版社2006年版，第315页。

〔3〕 参见［美］理查德·A. 波斯纳：《法理学问题》，苏力译，中国政法大学出版社2002年版，第224页。

获取有罪供述最方便和快捷的。[1] 因此，这种侧重意图和动机的证明对象偏差，进一步加剧“口供中心主义”在互殴与防卫领域的盛行，而“口供中心主义”最大的弊端就是可能导致刑讯逼供，侵犯人权。

二、对证明责任的检讨

一般来说，刑事案件的证明责任由控方承担，但是在正当防卫领域有一些不同的观点，这些观点延伸到互殴与防卫领域，使理论界和司法实践出现了证明责任倒置的情况，这是需要检讨的。

（一）正当防卫的证明责任倒置在我国缺乏基本根基

英美法系一般将证明责任分为提出责任和说服责任。根据当事人主义的要求，“谁主张，谁举证”，法官消极居中裁判，不负积极调查证据的义务，证明责任在控辩双方之间分配。美国学者塞耶（Thayer）最早提出关于证据责任（提出责任、争点形成责任）与说服责任（指对陪审团的说服责任）的划分。前者是提出证据证明争议事实的存在与否，使法官将该争议问题提交给陪审团，当举证责任不被满足时，法官不会提交给陪审团；后者是说服陪审团相信事实是真实的，其描述的是不说服陪审团的风险，即当证据不足时，负有说服责任的一方会败诉。[2] 从这个意义上来说，提出责任是一种“触发机制”，一方就某个问题提出证据，当有足够的证据跨过这一门槛时，该问题就被视为一个争点而提交给陪审团，进而引发说服陪审团的责任。这就是从提出责任到说服责任的双层次证明责任。所谓证明责任转移，是指正当防卫等积极抗辩事由的证明责任转移给被告方，美国

---

〔1〕 参见陈瑞华：《问题与主义之间——刑事诉讼基本问题研究》，中国人民大学出版社2003年版，第381页。

〔2〕 See John T. McNaughton, *Burden of Production of Evidence: A Function of a Burden of Persuasion*, Harvard Law Review, Vol. 68: 8 (1955).

有的州仅转移提出证据的责任，有的州提出责任和说服责任一并转移。[1]需要特别指出的是，英国的证明责任转移与美国存在较大区别。在英国，即使被告方没有提出防卫的主张和证据，但是从检控方出示的证据或者从庭审交叉讯问中发现可能存在正当防卫等抗辩事由时，法官要提醒陪审团考虑正当防卫的辩护，这被称为法官“看不见的责任”。[2] 这在某种程度上体现了与大陆法系的趋同。

英美法系这种双层次的证明责任具有以下基本特征：（1）与当事人主义对抗模式和陪审团制度密切相关，因为当事人主义诉讼模式下的法官不负有调查证据的义务，由控辩双方推进诉讼进程，所以才会出现证明责任在控辩双方之间分配的问题。又因为陪审团制度的存在，提出责任作为将争议问题提交陪审团的“触发机制”而引发说服责任，导致证据责任与说服责任的分野。（2）证明责任只会在控辩双方就某个问题产生争议的时候发挥实质作用。在英美法系辩诉交易案件中，无须经过陪审团审理，直接进入量刑听证程序，检察官的说服责任不会启动。说服责任只有在控辩双方对争议待证事实皆已各自提出证据后，案件即将辩论终结，但陪审团却无从依法定证明标准认定该事项真伪时，才发挥其关键作用。（3）证明责任是一种不利后果或风险的分配机制，即在举证不能时直接关系到不利后果的承担，“讲的通俗点，就是负说服责任的一方最后会输掉这个争点”[3]。

大陆法系实行职权主义（职权探知主义、调查主义）刑事诉讼模式，强调法官对案件事实的调查职责，法官对事实和证据调查不受控辩双方申请的拘束，即使控辩双方均未提出要求，法院也可以依职权

---

〔1〕 See Barbara D. Underwood, *The Thumb on the Scales of Justice*: *Burdens of Persuasion in Criminal Cases*, The Yale Law Journal, Vol. 86: 7 (1977).

〔2〕 参见［英］理查德·梅：《刑事证据》，王丽等译，法律出版社2007年版，第65、75页。

〔3〕 林辉煌：《刑事审判之证明负担及证明程度——比较法之分析》，台北，元照出版有限公司2011年版，第91页。

主动调查。在德国，法院为查明真相，应依职权对所有对判决有重要性之事实或证据加以调查。[1] 同时，大陆法系的检察官具有客观义务，并非单纯的一方当事人，也无陪审团制度，因此，其证明责任构造与英美法系存在巨大的差异。大陆法系有主观证明责任与客观证明责任之分，前者也称提供证明责任、形式证明责任，即一方当事人应当就具体的要件事实举证；后者又称判定责任、实质证明责任，涉及事实真伪不明时不利后果的承担问题。[2] 从表面上看，这里的主观证明责任、客观证明责任，分别与英美法系的提出责任、说服责任有相似之处，实则不然。在大陆法系的刑事诉讼中，主观证明责任在刑事诉讼的实际运行中，其实是不存在的。原因在于大陆法系检察官的客观义务和法官的调查证据职权导致主观证明责任“被搁置”。[3] 但是，客观证明责任是存在的，体现在两个方面：其一，刑事诉讼中真伪不明的情况比比皆是，法官又不得以真伪不明为由不对案件进行判决，此时涉及证明责任分担问题；其二，分担的基本规则就是“存疑时有利于被告”，也就是真伪不明时，疑点利益归于被告人，从而为法官的裁判提供一个解决问题的通道。

由此可见，大陆法系刑事证明责任具有以下特点：（1）证明责任体现为客观证明责任，主观证明责任因法官的调查职权和检察官的客观义务而被架空。（2）证明责任只有在真伪不明的情况下才会产生，从这个意义上来讲，证明责任也可以说是解决“待证事实最后不明时法律效果如何分配”的理论。[4] （3）证明责任总是与不利后果相联系。

---

〔1〕 参见［德］克劳思·罗科信：《刑事诉讼法》，吴丽琪译，法律出版社2003年版，第114页。

〔2〕 参见［德］普维庭：《现代证明责任问题》，吴越译，法律出版社2006年版，第10～11页。

〔3〕 参见［德］普维庭：《现代证明责任问题》，吴越译，法律出版社2006年版，第10～11、21页。

〔4〕 参见林钰雄：《严格证明与刑事证据》，法律出版社2008年版，第164页。

综观两大法系，证明责任有两点相通之处：其一，证明责任产生于争议事实（争点或真伪不明）。无论是英美法系形成争点才触发提交陪审团，还是大陆法系真伪不明时为法官裁判提供出口，证明责任都是产生于某一个事实或主张真伪不明之时。其二，证明责任是一种不利后果或风险的承担。不承担不利后果或风险的举证行为不是证明责任。

回到我国正当防卫的证明责任上来，根据我国《刑事诉讼法》第196条的规定，“法庭审理过程中，合议庭对证据有疑问的，可以宣布休庭，对证据进行调查核实。人民法院调查核实证据，可以进行勘验、检查、查封、扣押、鉴定和查询、冻结。”也就是说，我国的法官具有查明真相和主动调查的职权，被告方即使不提出正当防卫的证据或主张，法官也要依职权查明真相，而不会径直作出不利于被告人的判决。与德国一样，客观证明责任均由检察机关承担，被告人并不会因没有提出证据或履行说服责任而承担不利后果。[1] 就我国而言，这个不利后果始终由检察机关承担。就此而言，证明责任倒置（转移）在我国缺乏基本的根基。

（二）正当防卫证明责任倒置会加剧涉互殴案件的“不分是非对错”

按照传统观点，互殴与防卫是排斥的，认定了互殴就排除了正当防卫，认定了互殴就是认定了故意伤害、故意杀人等罪名。按理说，证明被告人成立故意伤害罪、故意杀人罪等罪名的证明责任由控方承担，而控方要完成这个证明责任就必须证明是互殴，而要证明互殴就必须证明不是防卫。依照这个逻辑，行为人的行为不成立正当防卫的证明责任应当由控方来承担。但是传统观点不关注事情的起因，从殴打起来之后的事实看，互殴几乎是“不证自明”的，而殴打之前的事

---

〔1〕 参见［德］普维庭：《现代证明责任问题》，吴越译，法律出版社2006年版，第54、56页。

实一般都是被告方辩解之所以殴打是因为事出有因，具有防卫因素。这时又将这里的防卫因素的证明责任转嫁给被告方，无异于让被告人"自证其罪"，这就使证明的天平倾斜，过于加重被告人的证明负担，这是不公正的。这样就消解了控方的证明责任，控方就不必深究互殴的起因，而交由被告人自行证明，这与前述证明对象偏差相互叠加，加剧了涉互殴案件的"不分是非对错"。

（三）正当防卫证明责任倒置进一步加剧正当防卫条款的"僵尸化"

首先，司法实践中，在涉及互殴与防卫的案件中，被告人及其辩护人提出正当防卫的抗辩，司法人员动辄要求被告人及其辩护人提供证据，将证明责任转移给被告方。然而被告方的取证能力和取证条件，与侦查机关和检察机关相比不可同日而语。正当防卫的证明本身就比较困难，在与互殴交织时更是难上加难。更何况，涉互殴案件大多是暴力性犯罪，犯罪嫌疑人、被告人基本上都处于羁押状态，根本没有自行取证的条件。辩护人由于担心伪造证据、指使翻证等职业风险，一般也不愿意积极自行取证。如此一来，对于被告方来说，自行证明正当防卫的成立是极其困难的。

其次，被告人除了要证明正当防卫的基本事实外，为了证明不是互殴，按照"意图中心论"，还必须自我证明有防卫意图、反击行为不夹杂报复动机，即自我证明动机是"纯洁"的。这些行为无价值论的因素具有天然的不可证明性。对于被告方来说，自我证明防卫意图的"纯洁"性，几乎是不可能成功的。因为自我证明意图"纯洁"性依赖被告人自己的供述，而这个被告人供述在司法机关看来，根本不是证明活动，而是"辩解"。

上述两个方面相互交织，导致涉互殴与防卫的案件，只要实行证明责任倒置，正当防卫成立的机会就十分渺茫，这样就进一步导致正当防卫条款的"僵尸化"。

三、对证明标准的检讨

证明标准，是指承担证明责任的一方提供证据对案件事实加以证明所要达到的程度。证明标准又称证明度或证明程度、证明尺度。正当防卫的证明标准与证明责任密切相关，不同的证明责任主张会导致不同的证明标准观点。“意图中心论”关注的要素属于主观性要素，证明难度极大，加之证明责任被倒置，证明成立正当防卫的机会更为渺茫。因为裁判者受“意图中心论”的影响，思维定式认为打架就是互殴，要说服裁判者相信“意图纯洁”“防卫意图正当”，自然要求就更高。司法实务人员通常会不假思索地要求被告方将正当防卫的辩解证明到“确实、充分”的程度，国内理论界越来越多的学者竟然也主张让被告方承担提出证据的责任或争点形成的证明责任，并认为证明标准应采取“优势证明”标准。[1] 笔者认为，实务界和理论界的上述观点均有失妥当。

（一）实务界将“确实、充分”证明标准运用于正当防卫之检讨

我国《刑事诉讼法》第55条第1款规定，“……证据确实、充分的，可以认定被告人有罪和处以刑罚”，并在第2款中进一步规定了“确实、充分”的内涵，“……（一）定罪量刑的事实都有证据证明；（二）据以定案的证据均经法定程序查证属实；（三）综合全案证据，对所认定事实已排除合理怀疑。”这是我国《刑事诉讼法》规定的证明标准，这意味着犯罪构成的一切事实、为定罪所需要一切事实的证据都要达到“确实、充分”的程度，通说认为，这里“确实、充分”

---

〔1〕参见闵春雷：《严格证明与自由证明新探》，载《中外法学》2010年第5期；黄维智：《刑事证明责任研究——穿梭于实体与程序之间》，北京大学出版社2007年版，“前言”第3页；张薇薇：《排除犯罪性事由的证明责任研究》，载《政治与法律》2014年第8期。

的证明标准实际上就是“排除一切合理怀疑”的标准。[1]《刑事诉讼法》第200条进一步规定，有罪判决需要证据确实、充分，证据不足，不能认定被告人有罪的，应当作出证据不足，指控犯罪不能成立的无罪判决。这是法定的证明标准，不能因为案件类型不同而降低。但值得注意的是，这个法定的证明标准是针对定罪事实而言的，换言之，要认定一个人构成犯罪就必须证明到“确实、充分”的程度，但是对于“非定罪”事实而言，并无这样的要求。对于正当防卫案件来说，要否定正当防卫从而认定被告人构成犯罪，就必须把否定正当防卫的事实证明到“确实、充分”的程度，而不是说只有正当防卫的事实被证明到“确实、充分”的程度才能不认定犯罪。换言之，在被告人及其辩护人提出正当防卫的主张时，控方要证明被告人有罪，依然需要将犯罪构成的事实证明到“确实、充分”的程度，而不是证明被告人不构成犯罪也要达到“确实、充分”的程度。司法实践中，要求被告方对正当防卫承担证明责任并证明到“确实、充分”程度的观点，是对证明标准的重大误解。

如果检方的证明没有达到“确实、充分”“排除一切合理怀疑”的标准，那么就要按照存疑有利于被告的原则，作出有利于被告人的认定，即认定成立正当防卫，不成立犯罪。因为“排除合理怀疑”的证明标准与存疑有利于被告原则是“一体两面”的关系。正如达马斯卡所言，刑事案件中的事实疑点应以有利于被告的方式加以解决，这是现代法律制度所奉行的一项原则，无论这些疑点属于普通法系还是大陆法系传统，被告方应从事实的怀疑中获益的观点，是当代几乎所有司法管辖区的刑事公理。[2] 所以，排除合理怀疑规则被喻为“天

---

〔1〕 参见陈瑞华：《刑事证据法》(第4版)，北京大学出版社2021年版，第498页。

〔2〕 See Mirjan Damaška, *Evidentiary Barriers to Conviction and Two Models of Criminal Procedure: A Comparative Study*, University of Pennsylvania Law Review, Vol. 121: 3 (1973).

平上的拇指”，当案件处于真伪不明状态时，即使证据表明有罪的可能性比无罪大，只要有罪的证据不是压倒性的，就要把拇指放在被告方一边，使天平向有利于被告方倾斜，从而恢复天平的平衡，通过弥补天平上的一个系统性缺陷，从而提高决策过程的整体正确性。[1]原因很简单，错误定罪的代价远大于放纵犯罪的代价，这与我国传统法律文化中“宁纵勿枉”的价值导向异曲同工。

（二）理论界将优势证明标准运用于正当防卫之检讨

正当防卫的证明标准能否借鉴美国被告方对积极抗辩事由的证明所达到的“优势证明”标准呢？答案依然是否定的。抛开我国根本不存在积极抗辩事由证明责任倒置或转移不说，优势证明标准也无法适用于我国正当防卫领域。因为在英美法系中提出证据责任之功能在于触发和启动针对陪审团的说服责任，提出责任是说服责任的“派生函数”，所以从这个意义上说，证明责任的实质内容是说服责任。[2] 英美国家所称的积极抗辩事由采“优势证明”标准是针对被告方承担说服责任而言的，证明标准“这一关键性概念，就可被归纳为说服责任的含义和适用问题”[3]。所以，美国学者认为，如果只转移提出证据的责任，那么对“排除合理怀疑”的证明标准就没有提出任何实际的挑战，只是通过提出责任转移处理掉那些不足以形成争点的辩护理由，无须提交陪审团，从而提高诉讼效率。[4] 如果按照国内学者所主张的提出责任的证明标准采用“优势证明”标准，那么法官岂不是

---

〔1〕 See Barbara D. Underwood, *The Thumb on the Scales of Justice: Burdens of Persuasion in Criminal Cases*, The Yale Law Journal, Vol. 86: 7 (1977).

〔2〕 See John T. McNaughton, *Burden of Production of Evidence: A Function of a Burden of Persuasion*, Harvard Law Review, Vol. 68: 8 (1955).

〔3〕［美］罗纳德·J. 艾伦：《艾伦教授论证据法》（上），张保生、王进喜、汪诸豪等译，中国人民大学出版社 2014 年版，第 245 页。

〔4〕 See John Calvin Jeffries, Jr. and Paul B. Stephan Ⅲ, *Defenses Presumptions and Burden of Proof in the Criminal Law*, The Yale Law Journal, Vol. 88: 7 (1979)；参见林辉煌：《刑事审判之证明负担及证明程度——比较法之分析》，台北，元照出版有限公司 2011 年版，第 81 页。

直接就可以根据此标准对争议事实作出裁判，怎么还会提交给陪审团再次判断有无达到优势证明标准呢？因此，那种一方面主张把争点形成责任转移给被告方（说服责任依然由检方承担），另一方面把被告方说服责任的“优势证明”标准嫁接到提出责任（或争点形成责任）上的主张，是对英美法系证明标准的误解。让被告方对提出责任（或争点形成责任）的证明达到“优势证明”标准，如此加重被告方证明负担的做法可谓世所罕见。果真如此，被告方在提出正当防卫辩解时就需要提出证据并达到优势证明标准，否则法官不会将其作为争点问题进行法庭调查，那么，我国《刑法》中正当防卫的条款将进一步陷入“僵尸化”境地。因此，我国的正当防卫等阻却事由并不存在适用“优势证明”标准的余地。[1]

---

〔1〕 在我国，优势证明标准仅适用于程序性事实如回避、管辖，以及有利于被告的量刑事实如自首、立功等。

第三章　优越利益原理下互殴与防卫实体重构

关于互殴与防卫的关系，要解决的核心问题是何种情形是互殴而不成立正当防卫？何种情形下的互殴有成立正当防卫的余地？互殴能否成立正当防卫的根本依据在于正当防卫的本质原理。因此，互殴与防卫关系的理论基础在于正当防卫的正当化根基。关于正当防卫的正当化根基问题历来有个人保全说、法确证说、个人保全与法确证的二元论（以下简称二元论）、优越利益说等学说。本书旗帜鲜明地主张优越利益说（优越利益原理），反对个人保全说、法确证说及二元论。

第一节　个人保全说、法确证说及二元论之批判

一、个人保全说之批判

个人保全又称个人保护、个人权利的保护，其基本内涵是每个人都有权保卫个人的法益，其核心在于自我保护。[1] 该学说其实有两个不同的面向经常被混淆：一是个人保护本能说，就是在紧急状况

---

〔1〕 参见［德］克劳斯·罗克辛：《正当防卫与法确证》，王德政译，载《西北师大学报（社会科学版）》2018 年第 2 期。

下，人基于自我保护的本能，在瞬间情形下，保卫自己的权益，以此引导出正当防卫的容许性见解。这是一种着眼于被侵害者的心理状态的见解。日本学者野村稔认为，正当防卫是根据刑法规范基于自我保护本能的个人保护保留条款的适用和行使，予以消极追认的容许，承认国民可以为了保护自己的法益而行使自己的实力。〔1〕这个面向的理解，在我国理论界和实务界均有一定的市场（或许是无意识的），例如，有学者指出，从自然本能上，遭受侵害的公民会进行抗争和反击；〔2〕有实务专家指出，防卫行为犹如丛林状况下的本能应激反应。〔3〕二是自我保全的利益说，即在紧急状况下，从防卫自我保全的利益（或者权利）出发，引导出正当防卫根据的见解。〔4〕个人保全说着眼于被侵害者自我保护的利益（或权利），其重要哲学根基在于社会契约论。按照启蒙思想家霍布斯的观点，自然权利就是每一个人根据自己所愿意的方式，通过运用自己的力量来保全自己的天性，即保全自己生命的自由，这种自由就是这个人根据他自己的判断和理性采取他自认为最合适的手段去做任何事情的自由。利用一切能够利用的办法来保卫自己。〔5〕在这种自然状态下，当个人面临危险、侵害时，用自己的力量保护自己的权利，是人本来就具有的自然权利，每个人都有权惩罚违反自然法的人。在自然状态中，人人都有处死一个杀人犯的权力。为了谋求彼此间的舒适、安全与和平，人们协议组成一个共同体，以便安稳地享受他们的权利，防止共同体以外任何人

〔1〕参见［日］野村稔：《刑法总论》，全理其、何力译，法律出版社2001年版，第228页。

〔2〕参见王渊等：《正当防卫“三人谈”——关于正当防卫制度的准确适用与未来发展》，载《人民检察》2020年第22期。

〔3〕参见王勇：《正当防卫疑难问题的司法适用》，载《中国检察官》2018年第18期。

〔4〕参见［日］井田良：《刑法总论的理论构造》，秦一禾译，中国政法大学出版社2021年版，第131页。

〔5〕参见［英］霍布斯：《利维坦》，黎思复、黎廷弼译，商务印书馆1985年版，第97～98页。

的侵犯。[1] 接续霍布斯和洛克等观点的德国观念论者费希特认为，所有市民所享有的实在法承认的权利，只有在通过社会契约形成的法秩序中才获得保障，一旦市民有违法行为，就是破坏公民契约，他作为公民和作为人就会因此失去他的全部法权，并且完全不受法律保护。[2] 当个人受到他人不法侵害而国家又无力及时保护时，个人即可撤回原来的社会契约的参与意思，退回到自然状态进行“以暴制暴”，因为这种“以暴制暴”行使于不受法律规制的自然状态中，属于暂时性回归自然状态，因此也就没有不法评价的余地。在康德的理论脉络中，正当防卫是人“最神圣的权利”，正当防卫人的强制权能起源于那些法定自由面临侵害之威胁的人的权利状态。[3] 但是与霍布斯、洛克等不同的是，康德没有把正当防卫作为法外秩序、回归自然状态的私力行为，而是把正当防卫理解为实践个人自由，基于实践理性而对抗他人不法侵害的权利问题。康德认为紧急避险侵犯了没有对其本人使用任何暴力的无辜者，紧急避险人免于惩罚，但不能说其不该受到谴责，虽然紧急状态下没有法律，但不能由于紧急避险而把错误的事情变为合法，即只是阻却责任而不阻却违法。但康德对于一个不法侵犯者对一个人的生命进行不公正的袭击，于是这个人便先下手剥夺了他的生命的防卫行为是认同的。[4] 这种自我防卫权在紧急情况下，可以由个人以私力行使，否则仍由国家掌控，其源头是作为法权支柱的自由，防卫者并不因面临不法侵害就退回到自然状态，就脱离法所构建的自由秩序，正当防卫作为实践理性的结果，仍然在法

---

〔1〕 参见［英］洛克：《政府论》（下篇），叶启芳、瞿菊农译，商务印书馆1964年版，第7~9页。

〔2〕 参见［德］费希特：《自然法权基础》，谢地坤、程志民译，商务印书馆2004年版，第260~261页。

〔3〕 参见［德］米夏埃尔·帕夫利克：《康德和黑格尔的正当防卫理论》，赵雪爽译，载《刑事法评论》2017年第2期。

〔4〕 参见［德］康德：《法的形而上学原理：权利的科学》，沈叔平译，商务印书馆1991年版，第46~47页。

权包摄的界限之内。[1]

上述两个不同面向的个人保全说，均存在缺陷，难以作为现代刑法正当防卫正当性的基础。第一个面向将正当防卫的正当性基础奠定于被侵害者的心理状态和本能反应之上，缺陷明显。其一，这会混淆违法阻却事由与责任阻却事由。在这种观点看来，正当防卫之所以不承担刑事责任、是正当的，是因为防卫者是基于瞬间、应激的本能反应，这是责任阻却事由，而非违法阻却事由。正如有日本学者所批评指出的，这样的说明与其说是把正当防卫理解为违法阻却，倒不如说是在责任阻却的意义上理解正当防卫，这是不恰当的。[2] 其二，正当防卫之所以不构成犯罪是因为阻却了违法性，违法性的判断是一个规范性的判断，而防卫人的应激状态、心理本能是一个事实判断，为什么被侵害者的心理状态在法律上具有重要的意义呢？换句话说，所谓自我保全本能的纯事实性的情况，为什么能够推导出防卫行为阻却违法性这样规范性的法律效果呢？[3] 其三，既然正当防卫权是基于应激状态下的本能反应，那么是否意味着事先有预期、事先准备工具，就不属于应激状态的本能反应，就不属于正当防卫了。这显然是无法令人接受的。其四，如果正当防卫是基于应激的本能反应，似乎就不应当有防卫限度的限制，因为按照这个逻辑，所有的防卫限度设定都是对人类本性的违反。这是不可接受的，也与世界各国刑法对防卫限度的规定不相吻合。

第二个面向以社会契约论为基础，提出个人保全权是“前国家的自然权利”也不妥当。其一，这种虚拟的社会契约、虚拟的自然状态是不适合说明现行法律中的正当防卫制度的。在当代自由法治国下的

---

〔1〕 参见许恒达：《从个人保护原则重构正当防卫》，载《台大法学论丛》2016 年第 1 期。

〔2〕 参见［日］佐伯仁志：《刑法总论的思之道·乐之道》，于佳佳译，中国政法大学出版社 2017 年版，第 102 页。

〔3〕 山本和輝「正当防卫の正当化根拠について（1）」立命馆法学 1 号（365 号）（2016 年）212 頁参照。

全面性国家状态中，是否真能容许暂时性的自然状态存在？而且，正当防卫所预设的背景状态果真是一种所谓自然状态吗？[1]如果正当防卫是一种权利，那么在前国家的自然状态下，并无对应的义务，而没有义务的权利在现实世界中是不存在的，这种超经验主义的义务，找不到一个能够承担责任的客观存在的主体。正如康德所言，这只能存在于上帝。[2] 其二，在自然状态下，面对一方侵害的反击行为是一种纯粹的自然争斗，并无正当与否的问题，也无所谓防卫限度问题。因为在自然状态中，个人在其领域受到他人入侵时，凭借自身实力将其驱逐出去，是典型的人际自然争斗，而非防卫其自然权利，就如物理上的作用力与反作用力一般，并无是非对错，也无正当与否。[3]

无论是第一个面向的个人保全理论还是第二个面向的个人保全理论，最大的缺陷在于，这种理论推导出的必然结论是正当防卫只能在维护个人法益时主张，维护第三人的利益、集体法益、公共秩序乃至于整体法秩序都不能成为主张正当防卫的理由。换言之，按照这种理论，维护公众法益、集体法益、国家利益是不能进行正当防卫的。[4]这显然与我国《刑法》的规定不相符合。我国《刑法》第 20 条规定，正当防卫的保护对象包括公共利益和国家利益，这与德国的刑法立法是迥异的。德国刑法学所主张的防卫权系基于保护个体利益的需要而设立的，是“个人对于不法侵害的自我主张的思想”，原则上禁

---

〔1〕 参见周漾沂：《正当防卫之法理基础与成立界限：以法权原则为论述起点》，载《台大法学论丛》2019 年第 3 期。

〔2〕 参见［德］康德：《法的形而上学原理：权利的科学》，沈叔平译，商务印书馆 1991 年版，第 12～13 页。

〔3〕 参见周漾沂：《正当防卫之法理基础与成立界限：以法权原则为论述起点》，载《台大法学论丛》2019 年第 3 期。

〔4〕 参见［德］克劳斯·罗克辛：《正当防卫与法确证》，王德政译，载《西北师大学报（社会科学版）》2018 年第 2 期。

止公民个人为保护公共利益和国家利益而进行正当防卫。[1] 因此，德国《刑法》第32条第2款规定的正当防卫只能是“为避免自己或者第三人遭受现时的不法侵害”。为了解决公共利益和国家利益在特定的紧急情况下需要保护的问题，德国刑法学界只能另辟蹊径，认为只有当受到不法侵害的国家利益和公共利益直接涉及个人利益时，才允许对其进行防卫。但是这种“曲线救国”的解释路径，还是难以掩盖其与个人保全原理之间所存在的内在矛盾。

二、法确证说之批判

在德国，正当防卫中防卫行为者不承担退避义务，也没有必要进行利益权衡，这是德国法律历史上的普遍正当防卫观。像现在这样严格的正当防卫权在德国被主张，是由于其在19世纪初受到康德学派的影响，强调个人自由的绝对保护。到了19世纪中期，在黑格尔学派的影响下，“正”（recht）本身被赋予了防御不正当侵害的超个人法律的意义，这就是法确证原理的原始出发点。众所周知，黑格尔把国家本身作为绝对理性存在的自身目的来把握。黑格尔把犯罪看作对法（作为绝对存在）的否定，即绝对无效（nichtig）的非法，并把对其的斗争看作对“否定之否定”（negation der negation），即“法律的恢复”。黑格尔自己对正当防卫没有具体阐述，后来的黑格尔学派在黑格尔的刑罚观的“延长线”上展开了正当防卫论，典型代表人物就是贝尔纳。

一般而言，法确证的基本内涵，就是不法行为侵害了法的秩序，此时不能退缩，而是要通过防卫来捍卫、宣示法秩序的存在。[2] 如果说个人保全是以个人主义哲学为基础的，那么法确证说就是以超个

---

〔1〕 参见［德］汉斯·海因里希·耶赛克、［德］托马斯·魏根特：《德国刑法教科书》，徐久生译，中国法制出版社2017年版，第450页。

〔2〕 橋爪隆『正當防衛論の基礎』（有斐阁，2007年）37頁参照。

人主义哲学为基础的。个人保全说沿着启蒙思想家霍布斯、洛克，再到费希特的路线；法确证说具有超个人主义的色彩，形成两条不同的“技术路线”。从历史溯源的角度来说，一般认为法确证说来自黑格尔以及刑法学中的黑格尔学派的贝尔纳。黑格尔在《法哲学原理》中对正当防卫的论述固然是极其有限的，但是其“否定之否定”的刑罚思想极大地影响了后来的刑法学体系。黑格尔存在论的功能在于，使权利的概念和定在相互协调，通过对不法的否定来确认权利，只有在不法这方面采取一个与权利概念相称的形态来回应不法，才能达到这个目标。〔1〕不法行为通过其侵害事实表现出对法的否定，为了贯彻法的效力与现实性，国家必须对不法行为有所反应，这种对法的“否定之否定”就是刑罚。刑罚的作用和功能就在于重塑法权状态。黑格尔指出，犯罪总要引起某种变化，犯罪行为不是最初的东西、肯定的东西，相反地，它是否定的东西，刑罚是作为否定加于它的，所以刑罚不过是否定的否定。现实的法就是对那种侵害的扬弃，正是通过这一扬弃，法显示出其有效性，并且证明了自己是一个必然的被中介的定在。〔2〕黑格尔虽然没有对当个人面临他人不法侵害紧急情况下进行反击的正当性进行论述，但是他在《法哲学原理》中关于抽象权利的论述，显然对正当防卫富有启发，甚至是合适的应用场景。他认为，抽象法是强制法，因为侵犯它的不法行为就是侵犯我的自由在外在物中的定在的暴力；所以抵抗暴力以维护我的自由的定在这件事本身，是作为外在的行为而出现的，它是扬弃上述第一种暴力的暴力。〔3〕黑格尔的“否定之否定”“通过扬弃显示法的有效性”等思想对后来

---

〔1〕参见［德］米夏埃尔·帕夫利克：《康德和黑格尔的正当防卫理论》，赵雪爽译，载《刑事法评论》2017年第2期。

〔2〕参见［德］黑格尔：《法哲学原理》，范扬、张企泰译，商务印书馆1961年版，第115页。

〔3〕参见［德］黑格尔：《法哲学原理》，范扬、张企泰译，商务印书馆1961年版，第112页。

黑格尔学派在正当防卫领域的延展产生了深刻影响，被其影响的重要人物之一就是贝尔纳。“法没有必要向不法让步”这一命题由贝尔纳于1848年提出，这一命题一直被理解为代表超个人主义基础的法确证原理的特征，贝尔纳也一直被认为是超个人主义正当防卫理论的代言人。传统的观念中，贝尔纳这句名言中所说的“法”（recht），被理解为法律秩序，因此这个命题被理解为是表示法律秩序的防卫意义上的法确证原理的相关内容。[1] 但是，德国也有学者对此提出反对，认为贝尔纳提出的“法没有必要向不法让步”这一命题中的“法”，不是指法律秩序，而是指被攻击者的具体法律地位，即权利。事实上贝尔纳的主张是一种人格主义的构想，每个人都有权进行防卫的是受到威胁的权利。后人认为贝尔纳是超个人主义者完全是一种误解。[2] 在德语中“recht”既有“法”“正”的含义，也有“权利”的意思，后人对贝尔纳那句格言的理解产生了偏差，事实上，这种理解已经偏离了原创者贝尔纳的本意。贝尔纳的主张其实是从19世纪的个人主义和自由主义的文脉中扩展而来的，很难认为他是支持超个人主义的。近年来，在德国，米夏埃尔·帕夫利克等学者重新审视贝尔纳的思想，回归“法没有必要向不法让步”这一命题中的“法”，认为这个“法”不是指法律秩序，而是指被攻击者的具体法律地位，即权利。[3]

但是今天很多学者以及司法判例都习惯于将“法没有必要向不法让步”中第一个“法”理解为客观的法秩序。[4] 一般而言，现代刑

---

〔1〕 参见［日］山本和辉：《正当防卫の正当化根拠について（1）》，载《立命馆法学》2016年1号。

〔2〕 参见［德］米夏埃尔·帕夫利克：《康德和黑格尔的正当防卫理论》，赵雪爽译，载《刑事法评论》2017年第2期。

〔3〕 参见［日］山本和辉：《正当防卫の正当化根拠について（1）》，载《立命馆法学》2016年1号。

〔4〕 参见陈璇：《正当防卫：理念、学说与制度适用》，中国检察出版社2020年版，第13页。

法学中正当防卫之法确证说所要“确证”的就是“法秩序”。在我国，“昆山反杀案”“福建赵宇案”等发生后，2019 年 3 月 12 日，最高人民检察院检察长张军在第十三届全国人民代表大会第二次会议上作工作报告时提及这两个案件时，特别使用了“法不能向不法让步”的“金句”。《正当防卫指导意见》第 1 条就要求坚决捍卫“法不能向不法让步”的法治精神。据此，有人甚至认为，我国司法实践中事实上采取了“法确证说”的立场。[1]

然而，对于法秩序具体内涵的理解，却并没有达成一致意见，大致可分为以下两类：一是从表示法律存在的意义上理解法确证的见解，这种见解重视法律秩序规范的合理性、经验的有效性。二是从预防效果、刑事政策的意义上理解法确证的见解。对将来的侵害者，进行“非法侵害被反击”的消极意义的一般预防期待；同时，从能够稳定强化普通人对法律忠诚的意义上来看，可以期待积极的一般预防效果。[2] 换言之，一方面，通过防卫人的防卫行为威慑未来潜在的不法侵害人，如果实施不法侵害将会遭到“反杀”，进而预防一般人实施侵害他人的行为，这就是消极的一般预防；另一方面，通过国家法律对防卫人“反杀”行为的认可，增强普通民众对法规范的忠诚和信赖，进而实现积极的一般预防。日本早期有学者主张这样的观点，如团藤重光先生从显示法律存在的意义上来理解正当防卫。[3] 我国传统刑法通说虽然没有明确主张法确证说，但是其所表达的观点与法确证说有相通之处。例如，有观点认为，我国正当防卫制度的实质就在于保护社会主义社会关系和社会秩序的安定。人民群众通过实施正当防卫，反击、制止一切危害我国政权和社会制度的不法行为，确保正

〔1〕 参见徐万龙：《正当防卫中法确证原则之批判》，载《环球法律评论》2021 年第 1 期。

〔2〕 参见［日］山本和辉：《正当防卫の正当化根拠について（1）》，载《立命馆法学》2016 年第 1 号。

〔3〕 参见［日］山本和辉：《正当防卫の正当化根拠について（1）》，载《立命馆法学》2016 年第 1 号。

常的社会关系和社会秩序不受损害，维护社会主义法律制度的尊严，确保安定团结的局面。[1] 有观点认为，正当防卫的正当化根据，在于这种行为不仅没有社会危害性，而且对国家和社会有益，是有利于统治阶级的统治关系和统治秩序的行为。[2] 这里强调的社会秩序维护、安定团结局面的确保，与法确证说所主张的法秩序维护内涵基本一致。

笔者认为，法确证说存在难以克服的缺陷，无法作为我国正当防卫之正当性根基。

首先，从法秩序效力维护角度出发的法确证说，在逻辑上有循环论证之嫌。按照法确证说的逻辑，正当防卫通过赋予防卫人对不法侵害者的反击实现维护法秩序的效力。但是这里的维护法秩序或法秩序效力，其实不能说是正当防卫行为之正当性的基础，而是正当防卫的反射效果。这种反射效果是所有法律制度都有的效果，而不是某种法律制度正当性的基础。例如，《刑法》中盗窃罪的条款，通过处罚盗窃行为，也实现了维护“不得盗窃他人财物”的法秩序效果。众所周知，刑法规范既是裁判规范也是行为规范，行为规范能够引导人们信赖法律，型塑法秩序，还可以对违反法律者给予制裁进而重塑法秩序。例如，杀人行为侵害了法秩序所要求的尊重他人生命的效力。同样，正当防卫作为容许性规范，也是行为规范，只不过是以“描述负面要件”的方式来建构行为规范，符合容许性规范时即未违反行为规范，不符合行为规范时就违反了行为规范。就此而言，法确证原理无力奠定正当防卫之正当性基础，因为确证法之维护法秩序效力的前提是正当防卫的容许性规范获得正当性，然后才能依照容许性规范所形成的状态来显示其效力，否则我们根本不知道法秩序发挥关于什么的

〔1〕 参见马克昌主编：《犯罪通论：根据1997年刑法修订》（第3版），武汉大学出版社1999年版，第713页。

〔2〕 参见高铭暄主编：《刑法专论》（第2版），高等教育出版社2006年版，第414页。

效力。[1] 而且，如果正当防卫的正当性根基果真在于维护法秩序或法秩序效力，那么即使不法侵害已经结束，进行事后防卫似乎也能确证法秩序或法秩序效力，进而承认事后防卫的正当性，但没有哪个国家的刑法会承认事后防卫的正当性。

其次，从一般预防角度解读法确证说也是存在问题的。将正当防卫赋予一般预防效果，其实就是把正当防卫的功能等同于刑罚的功能，但是二者在性质上是完全不同的。因为正当防卫是私人行使暴力，而现代国家的刑罚权是国家的公权力，二者不可同日而语。如果承认正当防卫具有一般预防的功能，无异于承认同态复仇、私力报复具有一般预防功能。况且，刑罚的预防功能是事后预防，也就是犯罪成立之后施以刑罚以期预防之效果，而正当防卫必须在不法侵害正在进行时实施，所谓的事后防卫是要承担刑事责任的。预防永远是在不法确定后才进行的考虑，不能逆向地决定不法，更何况正当防卫并不具刑罚性质，它只是众多事实中有预防效果的机制之一。[2] 从这个观点来看，正当防卫的范围应该是根据一般预防目的或特别预防目的来决定的。按照这个逻辑，对于未达刑事责任年龄的人、无刑事责任能力人，由于没有预防的必要性或者预防必要性很低，刑法并不处罚；同理，如果没有预防的必要性或预防必要性很低，那么面对未达刑事责任年龄的人、无刑事责任能力人，就不能成立正当防卫。[3] 但这是不可接受的。

再次，法确证说所主张的维护法规范效力本身是一个虚构的命题。规范效力本身不存在被破坏或被恢复的问题。例如，一个盗窃案

---

〔1〕 参见周漾沂：《正当防卫之法理基础与成立界限：以法权原则为论述起点》，载《台大法学论丛》2019 年第 3 期。

〔2〕 参见周漾沂：《正当防卫之法理基础与成立界限：以法权原则为论述起点》，载《台大法学论丛》2019 年第 3 期。

〔3〕 山本和輝「正当防卫の正当化根拠について（1）」立命馆法学 1 号（365 号）（2016 年）230 頁参照。

件发生，被告人的盗窃行为并不存在破坏了《刑法》中盗窃罪的规范效力。无论有无具体案件发生，法规范的效力都“不增不减”，并不因为发生了这个案件，这个条文的效力就被破坏了或者不存在了，直到处罚这个人才能恢复这个法律条文的效力。果真如此，法律规范的效力还存在一个“空档期”，因为从被告人实施盗窃犯罪“破坏”了盗窃罪的规范效力，到最终判决惩罚被告人，需要经历一个漫长的诉讼过程。在判决之前，按照无罪推定原则，被告人仍然是无罪之人，其实施的犯罪事实也是不确定的。在这个“空档期”内，难道《刑法》分则中盗窃罪这个条文的效力处于“悬空”状态吗？若在此期间又发生新的盗窃行为，这个规范的效力又处于何种状态呢？我国《刑法》中有很多“僵尸”罪名，如传授犯罪方法罪，即使没有发生这样的案件，这个《刑法》条文的规范效力依然存在。同样，故意杀人罪等刑法规范效力也不需要正当防卫行为来维护和确认。之所以出现上述“魔幻”的局面，是因为维护法规范效力是一个虚构的命题，因为规范的背后是利益，利益是一切法规范存在的唯一目的。法确证说与行为无价值论所主张的规范效力如出一辙，犯了本末倒置的错误。盗窃罪破坏的不是规范效力，而是他人的财产权；处罚这个被告人不是为了恢复规范的效力，而修复被侵害的财产利益。可以说，正当防卫领域的法确证说，与基于规范效力的行为无价值论是一脉相承的，机械地固守规范效力，而忽视规范背后的利益。我国《刑法》中明确将正当防卫规定为“为了使国家、公共利益、本人或者他人的人身、财产和其他权利免受正在进行的不法侵害……”这里只有利益并无秩序，所以法确证说与我国《刑法》的这一规定也是格格不入的。

最后，法确证说无法为正当防卫设定限度，也无法说明防卫人没有退避义务。一方面，如果认为正当防卫的正当性在于预防犯罪之功能，那么防卫限度依然是一个迈不过去的坎。因为，为了体现正当防卫更有效的预防功能，不该对防卫设定限度。另一方面，如果说维护或确认法秩序是正当防卫的基础，那么当防卫人面对不法侵害时，很多情况下是可以通过逃跑、躲避的方式进行自保的，然后再通过刑事诉讼程序来维护法规范的效力，而且通过这种正规的刑事诉讼程序，似乎更有利于维护法秩序。正如日本学者桥爪隆所言，如果被侵害者通过退避行为渡过难关，就不能达到侵害者的侵害目的，也可以防止违法行为的实现。同时，日后通过逮捕侵害者，进行刑事追诉，维持法律秩序是完全可能的。因此，从法律秩序维护的观点来看，不能得出正当防卫人没有退避义务的结论。[1] 由此可见，法确证说一方面似乎显示出“防卫无禁区”的凌厉和锐利，另一方面又显示出“能逃则逃”的懦弱和胆怯，这种极度反差的局面是无法让人接受的。

总之，法确证说将正当防卫正当性基础奠定在看不见、摸不着的空洞法规范效力之上，是不可靠的，也是不牢固的。如果把贝尔纳的名言“法没有必要向不法让步”中第一个“法”理解为“法秩序”，那么这句话本身就被掏空了，成为一个内容空虚的命题，这是不可能实质性地为正当防卫找到正当性根基的。

三、个人保全说与法确证说折中的二元论之批判

无论是个人保全说，还是法确证说，二者的共同之处在于，它们都是通过单一视角来论述正当防卫的正当性根据。在德国学界占据通说地位的是二元论，二元论将以上两个视角结合在一起，将正当防卫的根基建立在个人保全和法确证这两者之上。[2] 我国刑法学一直以来没有重视正当防卫基础原理的研究，近年来因为热点案件再次燃起人们讨论正当防卫的热情，学界开始关注正当防卫的基础原理，有不少学者旗帜鲜明地主张二元论。例如，欧阳本祺教授认为，二元论具

〔1〕 橋爪隆『正当防衛論の基礎』（有斐阁，2007 年）44 頁参照。

〔2〕 参见［德］约翰内斯·卡斯帕：《德国正当防卫权的“法维护”原则》，陈璇译，载《人民检察》2016 年第 10 期。

有合理性，离开了法确证原理，优越利益说无法说明正当防卫的正当性；[1] 劳东燕教授也认为，正当防卫的正当化根据，应定位于个人权利保护原则和法确证原理。[2]

笔者认为，上述二元论的观点存在诸多缺陷，难以作为我国正当防卫制度的正当性基础。

首先，从哲学基础上看，法确证说被认为是超个人主义的学说，源于黑格尔哲学。在黑格尔看来，国家是绝对的理性存在，犯罪是对绝对存在的法之否定，是一种绝对无效的不法；与此相对，刑罚是否定之否定，能够使法秩序恢复。[3] 在绝对国家观的基础上，产生了法确证原理的思想。个人保全理论恰恰又是源于个人自由主义思想、古典自然法和社会契约论，个人保全理论认为防卫权是个人的自然权利。绝对国家观（整体主义）与天赋人权（个人主义）这两种截然相反的思想结合在一起成为正当防卫的理论基础，这是令人匪夷所思的。

其次，从逻辑关系上看，二元论将个人保全与法确证同时作为正当防卫的正当性基础，二者之间的关系如何，并不清楚。如果说，个人保全与法确证都是正当防卫的正当性基础，那么个人保全与法确证两者之间是并列关系，还是择一关系，抑或主次关系？多数学说只是主张从个人保全和法确证两个方面寻求正当防卫的正当化根据，而没有细究二者的关系。[4] 德国学者库尔（Kühl）认为，防卫人在保卫法秩序的意义上，同时保卫了权利，法确证原理不是保护原则一个必

---

〔1〕 参见欧阳本祺：《正当防卫认定标准的困境与出路》，载《法商研究》2013 年第 5 期。

〔2〕 参见劳东燕：《防卫过当的认定与结果 无价值论的不足》，载《中外法学》2015 年第 5 期。

〔3〕 参见张明楷：《正当防卫的原理及其运用——对二元论的批判性考察》，载《环球法律评论》2018 年第 2 期。

〔4〕 山本和輝「正当防卫の正当化根拠について（1）」立命馆法学 1 号（365 号）（2016 年）234 頁参照。

要的补充。[1] 德国的通说认为个人保全是基础，法确证是补充，换言之，正当防卫的首要基础是免受不法侵害的个人保全原理，同时也有助于“法确证”，法确证原理作为补充的保护原则。[2] 我国学者欧阳本祺教授也认为，个人保护原则是基本原则，法确证原理是补充性原则。[3] 但是劳东燕教授似乎并不认同以个人保全为基础，以法确证为补充，而是认为个人权利保护原则与法确证原理共同起作用，二者之间是相互补充的关系，并无主次之分。[4] 如果是并列关系，那就意味着，只有在个人保全原理以及法确证原理同时得到承认的情况下，正当防卫才是成立的；如果两个原理中的某一个不被承认，那么正当防卫就不能成立。同时，防卫对象应该是被侵害者的法益以及法秩序。按照这个逻辑，为了社会的法益或者国家的法益进行的正当防卫，只维护了法秩序，而并不存在个人保全，因此，这种正当防卫是不被认可的。也就是说，因为在这种情况下自我保全原理起不到作用，但是这显然与我国《刑法》中规定为了社会和国家利益可以进行正当防卫是相冲突的。如果个人保全与法确证是择一关系，也就是个人保全原理或者法确证原理的任意一个发挥作用，就被认定为是正当防卫。这样的话，所有针对个人保全原理，以及针对法确证原理的批判，对择一关系论来说都是合适的。或许正是这个原因，恐怕没有人会主张这样的观点。[5] 如果个人保全与法确证是主次和补充关系，那么在个人利益受到侵害时，在保全自我的情况下，顺带维护了法秩

---

〔1〕参见［德］克劳斯·罗克辛：《正当防卫与法确证》，王德政译，载《西北师大学报（社会科学版）》2018 年第 2 期。

〔2〕参见［德］汉斯·海因里希·耶赛克、［德］托马斯·魏根特：《德国刑法教科书》，徐久生译，中国法制出版社 2017 年版，第 450 ~ 451 页；［德］克劳斯·罗克辛：《正当防卫与法确证》，王德政译，载《西北师大学报（社会科学版）》2018 年第 2 期。

〔3〕参见欧阳本祺：《正当防卫认定标准的困境与出路》，载《法商研究》2013 年第 5 期。

〔4〕参见劳东燕：《防卫过当的认定与结果 无价值论的不足》，载《中外法学》2015 年第 5 期。

〔5〕山本和輝「正当防卫の正当化根拠について（1）」立命馆法学 1 号（365 号）（2016 年）238 頁参照。

序，在忽略前述对法确证说批判的情况下，似乎勉强说得过去。但是，当为了维护社会和国家利益，进行正当防卫时，岂不是在维护法秩序的同时，顺带保全了个人利益？因为社会利益和国家利益是由个人利益组成的，保护国家和社会利益只是间接地保护了个人利益。此时，就变成了法确证为主、为基础，个人保全为辅、为补充。这与二元论主张个人保全是基础、法秩序维护是补充，是相矛盾的。因此，从逻辑上来说，二元论在集中个人保全和法确证优点的同时，也集中了二者的全部缺点；在回避了个人保全和法确证各自缺陷的同时，也新增了更多缺陷，这不是一个值得追求的解决路径。

最后，二元论的“社会伦理限制”缺陷明显。如前文所述，单一的个人保全说也好，单纯的法确证说也罢，都难以得出防卫要有限度的结论，甚至出现阻止一个小孩窃取一个苹果而开枪将其射杀也是正当防卫这样难以接受的结论。为此，二元论者提出“社会伦理限制”的说法，试图为“凌厉”的防卫权加上一道紧箍咒。罗克辛认为，个人保全原理是无法变通的，无论被侵害人有无罪责，无论侵害行为是轻微还是严重，为了保护防卫人的利益，不能加以限制，个人保全原理具有不可变通性和可超比例性，但是法确证原理具有灵活性和变通性，法确证原理要受社会伦理的限制。[1] 例如，面对孩子和精神病人的攻击，根据一般社会伦理价值，采取逃跑来躲避这种“攻击”，不会在“尊严上失去什么”，同样面对轻微的侵害，如偷苹果，根据社会伦理道德，可以对此予以容忍。[2] 这种将社会伦理限制引入刑法的观点与现代刑事法治背道而驰。现代刑事法治的要义之一在于严格区分法与道德，无论如何不能将道德伦理作为罪与罚的评价标准，

---

〔1〕 参见［德］克劳斯·罗克辛：《正当防卫与法确证》，王德政译，载《西北师大学报（社会科学版）》2018年第2期。

〔2〕 参见［德］克劳斯·罗克辛：《德国刑法学 总论（第1卷）：犯罪原理的基础构造》，王世洲译，法律出版社2005年版，第443页。

这决定了其必然迎来潮水般的批判。况且，社会伦理规范在这个价值多元的社会是不可靠的，社会伦理限制“仅仅是一种空洞的形式。是否基于一个共同原则作出了限制，还值得怀疑”〔1〕。防卫人是否成立正当防卫，完全取决于其是否符合社会道德而非法条规定，此种因防卫人的行为不符合社会道德的认知而剥夺其法律权利的做法，是一种典型的“隐蔽的法律道德主义”，应当特别予以警惕。〔2〕

第二节　“质”“量”统一优越利益原理之提倡

一、优越利益原理的不同表述及其评价

优越利益原理来源于法益衡量说。德国学者麦兹格（Mezger）将正当化事由的原理分为利益阙如原理和优越利益原理。前者的典型是被害者承诺，后者指当利益相互冲突时，如果为了保住更重要的利益不可避免地侵犯较小利益，从某种功利的角度来看不可能加上不合法的负面评价。这一观点被日本的平野龙一及其弟子们所接受并传承。〔3〕我国学者张明楷教授也主张类似观点。〔4〕优越利益原理的基本内涵就是在法律利益发生冲突的情况下，保全法益优越于侵害法益进而阻却违法。由于通说认为，防卫人没有退避义务，且即使保护的利益等于甚至小于侵害的利益，与紧急避险不同，也能阻却违法，这

---

〔1〕［德］冈特·施特拉腾韦特、［德］洛塔尔·库伦：《刑法总论Ⅰ——犯罪论》（2004年第5版），杨萌译，法律出版社2006年版，第168页。

〔2〕参见陈尔彦：《德国刑法总论的当代图景与变迁——以罗克辛〈刑法总论教科书〉第五版修订为线索的展开》，载《苏州大学学报（法学版）》2020年第4期。

〔3〕小林憲太郎「違法性とその阻却——いわゆる優越利益原理を中心に」千葉大学法学論集23巻1号（2008年）1頁参照。

〔4〕参见张明楷：《正当防卫的原理及其运用——对二元论的批判性考察》，载《环球法律评论》2018年第2期。

就给法益衡量说在正当防卫领域的运用带来难题。为了解决这一难题，证立保护的利益优越于侵害者的利益，优越利益原理内部出现了多种学说。

（一）法益阙如（欠缺）说

法益阙如说是根据保护的利益（法益）不存在原则理解正当防卫的见解。提出这一主张的代表者是 H. 迈耶（Hellmuth Mayer），根据迈耶的说法，在正当防卫中，紧急状况是由不法侵害者的攻击引起的，因此不法侵害者的权利丧失。[1] 在日本，该学说的代表人物平野龙一也认为，正当防卫是在不法侵害者的利益丧失的原则下建立的，不正当的侵害者的法益，在防卫必要的限度内，其法益性被否定。按照法益欠缺说，在正当防卫中，原则上不要求法益衡量，也不要求补充性。但是也可以说，由于不法侵害者的法益被否定，其法益归于消灭，因此，防卫人的法益处于优越地位。因此，从某种意义上来说，法益阙如说，也属于优越利益原理。正因如此，日本有学者将法益阙如说归入优越利益原理的范畴之内。[2]

法益阙如说面临的最大质疑是：为什么不法侵害人的利益缺失了？为什么没有任何值得保护的残余利益？如果不法侵害人的利益完全消失，那么正当防卫似乎就不该有限度了，但这并不符合现代刑法立法的现实。

（二）法益减少说

法益减少说认为，在正当防卫状况下，侵害者的法益不宜被全盘否定，而只是受保护性降低，所以防卫人的法益要保护性优于侵害者的法益。该观点代表者是日本学者山本辉之。山本辉之认为，在通常的正当防卫状况下，违法攻击他人的法益要保护性在法律上被评价为

---

〔1〕 橋爪隆『正当防衛論の基礎』（有斐阁，2007 年）18 頁参照。

〔2〕 山本和輝「正当防卫の正当化根拠について（1）」立命馆法学 1 号（365 号）（2016 年）217 頁参照。

低，因此被攻击者的法益要保护性被评价为高。[1] 我国学者张明楷教授也曾认为，不法侵害者利益的保护价值在防卫的必要限度内被否认（法益性的减少或者保护性的降低），因此，应受保护的法益优越于不法侵害者的利益，也可以说不法侵害者的利益实质上受到了缩小评价。因此，法益减少说可以用优越利益原理来说明。[2]

法益减少说面临的诘难是：不法侵害人的利益是如何减少的？减少到何种程度？这是没办法说清楚的问题，也是没办法计算的问题。如果不回答为什么法益性减少的问题，就不能说明正当防卫的根据，这是法益减少说最大的缺陷。

（三）法确证利益说

法确证利益说将法确证原理中所说的“法秩序”本身理解为利益，即法确证的利益，这样的话，正当防卫中被侵害者除自我保全的利益以外，同时还维护了法秩序的利益（法确证的利益），个人利益与法确证利益二者相加，“1 + 1 >1”，所以保护的利益就大于不法侵害者的利益，被侵害者的利益也就是防卫人的利益处于优越地位。这种观点融合了法益衡量说与法确证说，认为正当防卫不仅具有紧急状态下维护自己或他人法益的个人保全利益，而且具有法确证的利益。“通过将个别法益与法确证的利益加在一起，无论个别法益本身的大小，防卫方的利益都要优越于侵害方的利益。”[3] 简言之，正当防卫领域中，“个人保全的利益 + 法确证的利益 > 不法侵害人受损的利益”，所以正当防卫阻却违法。我国学者周光权教授采取这种观点，他认为正当防卫的正当化根据是“利益衡量 + 法确证利益”。[4]

---

〔1〕 山本辉之「自招侵害に対する正当防卫」上智法学 27 卷 2 号（1984）137 頁以下参照。

〔2〕 参见张明楷：《刑法学》（上）（第 5 版），法律出版社 2016 年版，第 198 页。

〔3〕 ［日］松原芳博：《刑法总论重要问题》，王昭武译，中国政法大学出版社 2014 年版，第 117 页。

〔4〕 参见周光权：《刑法总论》（第 4 版），中国人民大学出版社 2021 年版，第 201 页。

法确证利益说将法确证说嫁接到法益衡量说之中，是一种范畴性错误。法确证说的理论基础是规范违反说，其立论根基是认为刑法保护的不是法益，而是法规范的效力，正当防卫作为一种刑法制度，也是为了维护法规范的效力。法确证利益说将法确证本身作为一种利益的话，那就不仅是正当防卫制度，刑法中所有的规范都是为了保护利益。优越利益原理的立论基础是法益衡量，这里的衡量本应该是指不法侵害人的利益和防卫人的利益之间的衡量，法确证利益说却将法确证的利益和侵害者的利益进行比较衡量，这是范畴性谬误。即使法确证的利益和侵害者的利益能够还原成相互比较的关系，法确证的利益也不能将为了保护被侵害者的身体而剥夺侵害者的生命予以正当化。另外，在防卫失败而不能守住优越利益的情况下（失败防卫），有可能得出否定防卫行为正当化的不正当结论。[1]

（四）滞留现场利益说

日本学者桥爪隆提出“滞留现场理论”，他从阻却违法之优越利益原理出发，主张“滞留在现场的利益”与被侵害者的个人保全利益相加，从而实现防卫人的利益优越于不法侵害人的利益，思路仍然是“1 +1 >1”。这里的“滞留在现场的利益”是指“不屈服于不法侵害”，“在自己想待的地方”做“自己想做的事”的自由。防卫人面对不法侵害，没有退避的义务，相反，具有滞留现场的自由。面对不法侵害，虽然被侵害人可以选择从现场撤离来保全自己的利益，但是没有理由要求或强制被侵害人这样做，否则就大大限制了个人的自由，换句话说，就是他有待在原地的自由。比如，在自己家里，突然受到不法侵害的攻击，如果强制被侵害人撤离，那就意味着强迫其放弃居住权。一个人只要不侵害他人的权利和利益，他就有自由待在自己喜欢待的地方。这种“滞留现场利益”也是正当防卫与紧急避险的

---

〔1〕 山本和輝「正当防卫の正当化根拠について（1）」立命馆法学1号（365号）（2016年）241頁参照。

本质区别所在。[1] 简言之，滞留现场利益说的核心要义，就是在正当防卫领域“防卫人个人保全利益＋现场滞留的利益＞不法侵害人的利益”，所以按照优越利益原理，正当防卫阻却违法。

滞留现场利益说面临的最大诘难是“滞留现场”到底是一种什么样的权利和利益？按照桥爪隆的说法，“滞留现场”就是“待在自己想待的地方”“做自己想做的事”，这其实就是行动自由。这种行动自由其实主要体现在针对暴力侵害、非法拘禁的防卫案件中，例如，面对非法拘禁的不法侵害，进行反击属于典型的捍卫行动自由；面对他人的暴力袭击，没有逃跑躲避的义务，可以滞留现场进行反击。但是，在非暴力型不法侵害的正当防卫案件中，并不存在这样的行动自由，例如，看到小偷盗窃财物而进行防卫，是为了保护财产利益，不存在捍卫行动自由，更不存在滞留现场的自由等。再如，不法侵害人拿着喇叭辱骂行为人，行为人抢下喇叭予以毁坏，因属于正当防卫而不构成抢夺罪或故意毁坏财物罪，但此时防卫人的防卫显然不是为了维护行动自由，也不是为了保护滞留现场利益，而是为了保护自己名誉权。可见，“滞留现场”适用领域有限，无法一体化解决正当防卫的正当性根据问题，缺陷极为明显。

（五）法益悬置说

法益悬置说认为，不法侵害者因自行发动攻击行为，使其部分利益保护状态回归至悬置于法秩序以外的不受规范、不受保护的状态，这是一种接近自然状态的规范现象，在这种类自然状态中，侵害者的法益因其自行引发的破坏和谐关系行为，必须退让出一部分的个人利益悬置于法外，容任防卫者反击，此为“部分法益悬置说”。至于其悬置范围，应从不法侵害的强度判断，从而形成类优越利益的审查要素，并应以之作为防卫手段在适当性、必要性以外的第三项合法要

---

〔1〕 橋爪隆『正当防衛論の基礎』（有斐阁，2007 年）71－76 頁参照。

件：类优越利益关系。[1] 此为我国台湾地区学者许恒达的主张。我国大陆也有学者主张法益悬置说。[2]

法益悬置说最大的问题在于，为什么可以悬置攻击者的部分法益？其实质的理由还是基于社会契约论，认为攻击者“部分暂时回归自然状态”。法益悬置说似乎仍然摆脱不了霍布斯关于自然状态下的形式推演，即蔑视主权者所定法律而侵害他人者，不配要求主权者的法律保护使其免于侵害。[3] 这与基于本能的个人保全说面临同样的责难，这里虚拟的社会契约、虚拟的自然状态与现代法治不符。

（六）质的优越说

质的优越说代表者日本学者山口厚认为，被侵害者的优越地位不是量的，而是所谓的质的优位性、优越性，法益衡量不是简单的利益计算。[4] 我国学者张明楷教授也提出，防卫人处于本质的优越地位或者其利益具有本质的优越性。[5]

质的优越说的问题在于，这里的质（本质）的优越性到底是什么？与量的优越性是何关系？相关论证对于这两点并没有深入阐述。如果说防卫人的利益在质上具有优越性可以得出防卫人没有退避义务的结论，那如何解释防卫限度，防卫限度问题依然是个难题。张明楷教授一方面肯定防卫人利益在质上的优越性，另一方面也略显矛盾地指出，“特别要说明的是，防卫人的本质的优越地位或者其利益的本质的优越性，并不意味着防卫行为没有必要限度，而是在优越利益的

---

〔1〕 参见许恒达：《从个人保护原则重构正当防卫》，载《台大法学论丛》2016年第1期。

〔2〕 参见魏超：《法确证利益说之否定与法益悬置说之提倡：正当防卫正当化依据的重新划定》，载《比较法研究》2018年第3期。

〔3〕 参见周漾沂：《正当防卫之法理基础与成立界限：以法权原则为论述起点》，载《台大法学论丛》2019年第3期。

〔4〕 参见［日］山口厚：《刑法总论》（第3版），付立庆译，中国人民大学出版社2018年版，第116～117页。

〔5〕 参见张明楷：《正当防卫的原理及其运用——对二元论的批判性考察》，载《环球法律评论》2018年第2期。

限度内才具有正当性。当然，防卫人利益的优越性又是难以量化的，因为许多利益原本就没有计算单位”。[1] 这说明，质的优越说没有很好地处理防卫限度问题，也没有很好地回答质的优越性与量的优越性二者间的关系问题。

二、“质”“量”统一优越利益原理的基本构造

上述各种学说，本质上都是基于法益衡量的优越利益原理，只是表现形态不同罢了。“法益衡量”“法益降低”“法益阙如”“法益悬置”“优越的利益”属于同一方向上的概念。[2] 其实，法益衡量原本并无必要做上述分解，上述观点为了解决正当防卫不需要补充性要件、没有退避义务而掉入了“1 + 1 >1”的思维方式，来理解法益衡量和优越利益原理，必然面临诸多批评。笔者主张通过优越利益原理一元化地解决正当防卫的理论基础，这里的优越利益原理是“质”与“量”相统一的优越利益原理。

（一）优越利益原理的逻辑起点

一方面，正当防卫的成立不以防卫行为造成的损害小于所保护的损害为条件；另一方面，正当防卫不要求防卫人具有退避义务，这两个方面给法益衡量说、优越利益原理都出了难题，似乎因为正当防卫这两个方面的特殊性，导致违法阻却事由（实质违法性）的一般原理失灵了。事实上，只要认为正当防卫属于违法阻却事由，那么阻却违法的一般性原理理当适用于正当防卫；如果违法阻却的一般性原理不能适用于正当防卫理论而需要一套独立的理论体系来为其奠定正当性基础，那么，要么是阻却违法的一般性原理应当重构，要么是将正当

---

〔1〕 张明楷教授所说的“本质”其实是指“质”，从哲学上来说，“质”与“本质”是不同的概念，前者与“量”对应，后者与“现象”对应。参见张明楷：《正当防卫的原理及其运用——对二元论的批判性考察》，载《环球法律评论》2018 年第 2 期。

〔2〕 参见欧阳本祺：《论法确证原则的合理性及其功能》，载《环球法律评论》2019 年第 4 期。

防卫从违法阻却事由的框架下剔除而另立门户，这是基本的逻辑。一直以来的理论，忽视了这个逻辑，一方面维持正当防卫在阻却违法事由中的体系性地位，另一方面又脱离违法阻却事由的一般原理而另觅他途寻找正当防卫自身的一般原理。笔者认为，正当防卫的理论基础还是要回归原点，正本清源，从阻却违法的一般性原理中探寻。犯罪的本质是侵害法益，刑法的目的是保护法益，违法性的实质在于对法益的侵害或者威胁，阻却违法性的行为之所以是正当的，不可能是因为别的原因，而只能是因为实质上并没有造成法益的损害，这是实质违法性的基本原理。正当防卫作为阻却违法事由之一，不可能游离于实质违法性原理之外。因此，正当防卫的正当性原理构建的逻辑起点是实质违法性原理。

关于实质违法性的基本原理，一直存在争议。在德国存在一元论与多元论的争议，一元论试图把所有的正当化事由都归于一个指导原理之下，其中影响巨大且深远的就是目的论。根据目的论，一个符合构成要件的行为，只要能实现立法者认为是合理（正确）的目的，就可以得到正当化。多元论把正当化事由建立在多个不同的原则基础之上，最为重要的是把正当化事由归因于优越利益原则和利益阙如原则。[1] 多元论中还有诸如受害人答责原则、对受害者利益把握原则、最低限度团结原则等。[2]

在日本，除一元论目的说和多元论的优越利益原理和利益阙如说之外，还有社会相当性说，以及优越利益原理一元论。[3] 社会相当性说立足于伦理秩序而主张在历史形成的伦理秩序框架内的行为，能

---

〔1〕 参见［德］克劳斯·罗克辛：《德国刑法学 总论（第1卷）：犯罪原理的基础构造》，王世洲译，法律出版社2005年版，第399页；江溯主编：《德国判例刑法（总则）》，北京大学出版社2021年版，第136页。

〔2〕 参见［德］乌尔斯·金德霍伊泽尔：《刑法总论教科书》，蔡桂生译，北京大学出版社2015年版，第153页。

〔3〕 参见［日］井田良：《刑法总论的理论构造》，秦一禾译，中国政法大学出版社2021年版，第114页。

够予以正当化；有学说认为应从全体法秩序、法规范的角度出发判断行为是否应该被容许；优越利益原理和利益阙如可以归入法益衡量说，换言之，法益衡量说包括两个判断原则：一是利益阙如原则，二是优越利益原理。[1]

目的说是早期行为无价值论的观点，目前基本退出历史舞台；社会相当性说是立足于社会伦理的观点，也是早期一元行为无价值论的观点，由于混淆伦理与法律，缺陷明显，时至今日，支持者已经极少。当今的二元的行为无价值论，努力与伦理道德划清界限，而强调规范效力和法秩序，因此，立足于法秩序的社会相当性说仍然是有力的学说，只不过在正当防卫领域演化为法确证说。如前文所述，法确证说认为正当防卫的正当性基础在于防卫行为维护法秩序的效力，也就是从法秩序的角度认为这种防卫行为是被容许的，这其实只是社会相当性说换了一种说法而已。因此，本书前述对法确证说的批判依然适用于社会相当性说。此外，社会相当性说最大的缺陷在于其不明确性，社会相当性概念是由韦尔策尔首倡，“所谓社会的相当行为，是指在社会生活中，历史上所形成的社会伦理性的秩序范围里，由这种秩序所允许的行为”[2]。剥离掉社会伦理，无非就是根据一般人的社会观念来判断该行为在通常性意义上能够被认可，即“社会观念上能够认可的”。[3] 社会观念因人而异，且极其模糊。正如西田典之所批判的，“该说将判断过程置于黑匣子之中，而仅仅发布结论”[4]。

相比之下，法益衡量说具有明显优势，应当作为违法阻却的一般

---

〔1〕 参见［日］前田雅英：《刑法总论讲义》（第6版），曾文科译，北京大学出版社2017年版，第200～201页。

〔2〕 ［日］木村龟二主编：《刑法学词典》，顾肖荣等译，上海翻译出版公司1991年版，第177页。

〔3〕 参见［日］山口厚：《刑法总论》（第3版），付立庆译，中国人民大学出版社2018年版，第107页。

〔4〕 ［日］西田典之：《日本刑法总论》，刘明祥、王昭武译，中国人民大学出版社2007年版，第103页。

原理。其一，法益衡量说以法益侵害理论为基本出发点，具有明确性。只要承认刑法的目的是保护法益，就无法从根本上否认法益侵害说。我国极少有学者公开否认刑法的目的在于保护法益。当然，法益保护思想近年来也面临挑战。德国学者雅各布斯及其弟子明确主张刑法保护的不是法益，而是规范的效力。例如，对于故意杀人罪，他们认为不是伤害了被害人的身体，而是对规范的否认，因此犯罪就是对规范的否认，受到保护的并不是法益，也不是作为经验性事实的生命，而仅仅是禁止杀人的规范的效力。雅各布斯认为，“罪行是对规范效力的损害；而刑罚则是对规范效力的确证”〔1〕。这种观点与正当防卫领域的法确证说如出一辙。但是规范是为人的利益而存在的，保护规范效力只是表象，真正保护的依然是利益。规范只是手段，利益才是目的。没有利益支撑的规范毫无意义，而且客观世界中也不存在这样的规范。罗克辛指出，“我们不能为了稳固规范而稳固规范，稳固规范的作用实际上在于防止个人或者社会在将来遭受现实的损害(即法益侵害)。因此，对规范的稳固最终服务于法益保护，如果没有这个目的，它将变得毫无意义”〔2〕。相较于社会相当性而言，法益衡量是相对明确、清晰的。因为阻却违法事由理论在本质上是为解决现实生活中利益冲突问题，既然如此，法益衡量就应该对相互冲突的利益进行权衡评价。当事人之间相互争夺的也是利益。对于普通民众来说，利益是可见的、显性的，而法秩序、规范效力通常是模糊的、隐性的。优越的利益说，通过保全利益的优越性与应受保护的利益阙如这两个原理，进行二元的说明，具有相当的实质内容。目的说、社会伦理说、社会相当性说，容易忽视作为刑法的存在理由的法益保护

〔1〕［德］克劳斯·罗克辛：《对批判立法之法益概念的检视》，陈璇译，载《法学评论》2015 年第 1 期。

〔2〕［德］克劳斯·罗克辛：《对批判立法之法益概念的检视》，陈璇译，载《法学评论》2015 年第 1 期。

（而且导致法与伦理的混同），因而可能受到批判。[1]

其二，法益衡量说符合我国《刑法》的规定。我国《刑法》第1条规定的刑法目的，其中的“保护人民”显然是指保护人民的利益，《刑法》第2条关于刑法的任务也是强调保护各种利益，《刑法》第13条规定的犯罪的概念强调犯罪是侵害各种利益的行为，实际上均采取了法益侵害说。《刑法》第20条第1款规定：“为了使国家、公共利益、本人或者他人的人身、财产和其他权利免受正在进行的不法侵害，而采取的制止不法侵害的行为，对不法侵害人造成损害的，属于正当防卫，不负刑事责任。”这里强调了以下几点：（1）防卫行为保护了国家、公共利益、本人或者他人的人身、财产和其他权利；（2）不法侵害对前述利益和权利进行了侵害；（3）采取制止不法侵害的行为造成了不法侵害人损害。这简直就是法益衡量说的经典叙述。

其三，法益衡量说符合我国社会发展现实需要。社会相当性难以彻底摆脱与伦理道德的关联，特别是在互殴与正当防卫领域，司法实践一直以来呈现“道德洁癖”的倾向，导致防卫权长期萎缩，正当防卫条款呈现“僵尸化”。“如果一个社会为发挥个人的积极性和自我肯定留有空间，那么在相互矛盾的个人利益之间肯定会有冲突和碰撞。”[2] 对于处于社会转型期的我国而言，各种社会矛盾叠加，不同利益发生冲突是常态。一旦发生冲突，为重建和平状态，或者一种权利必须向另一种权利（或有关的利益）让步，或者两者在某一程度上必须各自让步。法益衡量说适应了这样的社会现实。

（二）“质”“量”统一优越利益原理的基本构造

法益衡量说在正当防卫领域的适用就是优越利益原理，优越利益

---

〔1〕 参见张明楷：《行为无价值论与结果无价值论》，北京大学出版社2012年版，第152～153页。

〔2〕［美］E. 博登海默：《法理学——法律哲学与法律方法》，邓正来译，中国政法大学出版社1999年版，第413页。

原理应当也能够一元化地为正当防卫奠定理论基础。正当防卫中，防卫人的利益与不法侵害人的利益相比，处于优越地位，这种优越地位原本就是“质”和“量”的统一体，原本就能够解释为何正当防卫不需要补充性要件、没有退避义务。当前的诸多优越利益原理，要么是掉入了“1 + 1 >1”单纯“量”的思维陷阱，要么是掉入单纯“质”的思维陷阱。

“质”和“量”是一对古老的哲学范畴。哲学上一般认为，质是“某物区别于他物的内在规定性”。[1]“质”所要回答的主要是事物作为整体存在是什么？事物与其他事物有什么差别？“质”的特征在于不可分割性。“量”是表示有关事物的构成或某些性能的等级、程度、规模、范围等可以用数量表示的规定性。量的特征是可分割、可组合性，量体现局部之间的关系，量存在于内外关系之中，离开关系，无所谓量。[2] 关于“质”“量”“度”的关系，黑格尔认为，事物作为一种存在，包含有质、量和度三个阶段。质具有与存在相同一的性质；量的性质与存在相外在，量之多少并不影响存在。度是前两个阶段的统一，一切事物莫不有尺度，一切事物都是有量的。量的大小虽然不影响存在，但是也有限度，若超出此种限度，事物就会停止为那些事物。[3] 质是与存在同一的直接的规定性，量是外在于存在的规定性，不与存在直接同一。某物之所以是某物，乃是由于其质。[4]量是扬弃了的质，与“存在”不相干，这是外在的规定性，是可增减的、变化的。量的本身在它的外在性里即是和它自身相联系，或者说，自为存在的量与中立于规定性的量相联合，这样的量就是度（尺

---

〔1〕 参见闵家胤：《质、质空间和质学原理》，载《哲学研究》1996 年第 6 期。

〔2〕 参见洪昆辉：《量质转化论》，载《云南社会科学》2002 年第 2 期。

〔3〕 参见［德］黑格尔：《小逻辑》（第 2 版），贺麟译，商务印书馆 1980 年版，第 188 页。

〔4〕 参见［德］黑格尔：《小逻辑》（第 2 版），贺麟译，商务印书馆 1980 年版，第 90 页。

度）。度是有质的定量，度是质与量的统一，因而也同时是完成了的质。世间一切事物——财物、荣誉、权力、痛苦、快乐，皆有一定的度（尺度），超越这个度（尺度）就会沉沦和毁灭。[1] 可见，质与量的直接统一体现为度。质与量的关系有两种可能：一种是特殊的定量只是一单纯的定量，这个特殊的定在虽是能增减的，但不至因此取消了度，度在这里是一种规则；另一种是定量的变化导致质的变化，也就是说在度之内，量的增减和变化不影响质，但一旦超出其限度就会引起质的改变。[2] 此时，这个特定的质就被扬弃，不再是这个特定的质，立刻被另一特定的质所代替，这就是从量变到质变的过程。[3]

总而言之，任何事物都是质和量的统一体，质和量互为存在的前提，任何质总是量的质，量又总是质的量。度（尺度）是质与量的直接统一的体现，保持某物成为特定之物的质的数量界限。控制量的规模和程度，量的变化超过这个度，就引起质变成为另一种特定之物。质学的加法公式可表达为：$A > A1 + A2 + A3 \ldots + An$。一支训练有素、装备精良的军队能打败十倍于己的乌合之众，同样，一只优质的灯泡也能顶好几只劣质的同类。这条原理也可以写成质学的乘法公式：$A = nA$。这个公式可读作 A 等于 n 乘 A 次，A 次是质量低于 A 的另一个 A。心灵和精神的质的空间就是中国传统哲学讲的“境界”。“真、善、美”等而上之，“假、恶、丑”等而下之。[4]

下面我们将上述哲学范畴“质”和“量”引入正当防卫领域。人类社会为了和平生存和发展，每个人享有自己的自由和利益时不得侵害他人的自由和利益，否则任何人都得不到自由和利益，这是不言

---

〔1〕参见［德］黑格尔：《小逻辑》（第2版），贺麟译，商务印书馆1980年版，第233～235页。

〔2〕参见［德］黑格尔：《小逻辑》（第2版），贺麟译，商务印书馆1980年版，第236页。

〔3〕参见［德］黑格尔：《小逻辑》（第2版），贺麟译，商务印书馆1980年版，第238页。

〔4〕参见闵家胤：《质、质空间和质学原理》，载《哲学研究》1996年第6期。

自明的道理。任何一个来自人的对受法律保护的法益或者利益进行侵害的举止，都是一种侵犯（Anggriff）。[1] 对于不法侵害者而言，没有合理理由率先侵害他人自由和利益，在“质”上属于“不正”“恶”的行为（可以标记为A1）；为了排除自己权利和自由被侵害的反击行为，在“质”上属于“正”“善”的正当防卫行为（可以标记为A）。A与A1二者的内在规定性不同，即“质”不同，“正”“善”的行为A优越于“不正”“恶”的不正行为A1，即A >A1。A本来就大于A1，无须刻意在不等式的左边再增添一个类似于A′的数值，或者是在不等式的右边再减去一个A′的数值（传统的优越利益原理衍生出的滞留现场说、法确证利益说、法益减少说、法益悬置说等均是掉入这个陷阱中）。换言之，这里根本不存在A + A′>A1，也不存在A >A1 - A′，因为A在质上本来就优越于A1，根本不需要刻意去寻求A′的帮助。既然A >A1，那么实施A行为的人就不负有退避义务，也无须补充性要件。当然，A防卫行为发生发展的过程，是一个动态的变化过程，也是一个量的变化过程，这种变化只要在质的范围之内，就不会引起质变，仍然是A >A1。例如，不法侵害人是一个人，而防卫人是两个人，这种“二打一”也仍然没有改变A行为的质，仍然是正当防卫；不法侵害人持刀砍过来，防卫人夺刀反杀，一刀毙命，也并没有改变A行为的质，仍然是正当防卫行为。但这个量的变化超过度的时候，就引发质变，A行为就不成为A行为本身了，而成为另外一新的侵害行为。比如，防卫过当行为。这个度就是防卫的限度，就是维持A行为之所以为“正”“善”质的边界所必需的量。例如，不法侵害人已经投降、逃跑，防卫人继续追杀，此时的追杀行为不再是“正”的行为，而是一个新的不法侵害，是另一个新的质的存在。

---

〔1〕参见［德］约翰内斯·韦塞尔斯：《德国刑法总论》，李昌珂译，法律出版社2008年版，第179页。

三、“质”“量”统一优越利益原理的进一步证成

（一）法哲学根基

关于“质”“量”的哲学范畴已经在前文讨论过，这里需要进一步论证的是，为什么防卫行为A在“质”上是“正”的、“善”的，不法侵害A1为什么在“质”上是“不正”的、“恶”的，A为什么在“质”上优越于不法侵害A1，为什么要通过牺牲A1的方式来保全A？其法哲学根基在于个人主义和功利主义。

首先，优越利益原理是建立在个人（自由）主义法哲学基础之上的。优越利益原理与法确证说最大的分歧在于，前者的法哲学根基是个人主义的，而后者的法哲学根基是超个人主义的。优越利益原理属于法益衡量说，法益具有天然的个人主义色彩。自费尔巴哈将犯罪作为权利侵害把握以来，意味着对中世纪以来得到扩张的、暧昧的犯罪概念进行实质性的限定。这与强调罪刑法定主义的论调并驾齐驱，具有限制国家权力的恣意性和刑法不安定性、保护市民个人自由的意图。在这个意义上，可以（或者能够）说费尔巴哈的权利侵害说是启蒙后期自然法思想和政治自由主义的表现之一。[1] 在现代法治国家，重视个人权利的保障是一个普遍趋势。正是在这样的背景之下，个人保全说曾经作为少数学说，但是近年来却受到越来越多学者的追捧。[2] 优越利益原理虽然不同于个人保全原理，但是它与个人保全原理具有相同的法哲学基础。按照笔者提出的“质”“量”统一的优越利益原理，立足于权利、自由的不可侵犯性，强调防卫行为人的反击在“质”上属于“正”“善”的行为，优越于在“质”上属于

〔1〕参见［日］伊东研祐：《法益概念史研究》，秦一禾译，中国人民大学出版社2014年版，第16页。

〔2〕参见［德］约翰内斯·卡斯帕：《德国正当防卫权的“法维护”原则》，陈璇译，载《人民检察》2016年第10期。

“不正”“恶”的不法侵害行为，正当防卫属于“以正对不正”。从这个角度来说，贝尔纳于1848年提出的那句名言“法没有必要向不法让步”（Das recht braucht dem unrecht nicht zu weichen），应该替换为（翻译为）“正没有必要向不正让步”。

事实上，我们把贝尔纳的“法没有必要向不法让步”这句名言作为法确证说的标志、超个人主义的代言，这本身是一种误解。这种误解时至今日已经被越来越多的学者所认识到并被广泛承认。人们在理解贝尔纳这句话时，习惯性地基于贝尔纳是黑格尔的学生，进而从黑格尔的理论体系脉络中理解这句中的“recht”。按照黑格尔理论体系的脉络，“unrecht”指侵害者攻击行为否定法秩序的规范现象，按照黑格尔“否定之否定”的思想，将与“unrecht”相对应的“recht”，理解为行为遵守法秩序的规范本体，也就是说“recht”在这里应理解属于客观的法（das objective recht），而非主观权利（das subjective recht）。但是，能否据此推导出贝尔纳这里的“recht”就一定是指客观的法秩序呢？事实上，“recht”在德语中既有法的含义，也有权利的含义。由此，贝尔纳的主张是一种人格主义的构想。对贝尔纳的这句话的理解，不能脱离语境而进行断章取义。贝尔纳在1848年的基础论文中强调：在正当防卫中，每个权利都能无条件地抵御每个不法。任何人都不能强制我放弃我的权利。我在面对攻击时从来不必逃跑，原因很简单，因为我处于拥有权利的位置。[1] 在贝尔纳看来，紧急救助者不是为了保卫普遍意义上的权利，而是为了救助“权利被侵害”的他人。贝尔纳接着论述道：每个人都有权进行防卫的是受到威胁的权利，为什么权利无须向不法让步（正如贝尔纳所言），这是个适用于“每个权利”的论据。在这个表述的背景下，在这个问题上，贝尔纳的这句名言与康德所论述的主观权利和强制权能的关联有

---

〔1〕 参见［德］米夏埃尔·帕夫利克：《康德和黑格尔的正当防卫理论》，赵雪爽译，载《刑事法评论》2017年第2期。

相同之处。当然，康德还积极地表述了这个关联，而贝尔纳只是更多地在消极的、防御性的形式中表达了这个关联。但是，变化仅限于此，而从贝尔纳的理论中找到“超个人主义”要素或者“联想到实现终极价值的形而上的表象”，则是不可能的。[1] 贝尔纳指出，“在正当防卫中，对于所有非法（jedes unrecht），无条件地存在可以防卫的所有权利（jedes recht）”。从这里“所有权利”的表述中可以清楚地看到，贝尔纳显然不是把普遍的法律，即法律秩序整体的防卫作为问题，而是把实际受到攻击的个别的、具体的权利作为问题。[2] 所以，“Das recht braucht dem unrecht nicht zu weichen”这句话长期以来被人们望文生义地误解了。这句格言更准确的理解应该是“权利不能向不法让步”。我国台湾地区学者也认为，事实上，贝尔纳仍然延续了自康德以来，从权利侵害角度理解正当防卫的传统，正当防卫是主观权利。主观权利在正常情况下不得侵害其他主观权利。但在紧急情况时，主观权利于限定条件下，可以将其不利益转嫁给其他主观权利，这则是所谓的紧急避难，不过，倘若主观权利的受害来自不法，主观权利本来就享有反击不法的权利，在此涉及的是侵害者与被害者之间的冲突，而不是法与不法之间的对抗。[3] 我国学者陈璇也认为，把贝尔纳这句名言理解为法确证说的标志纯属误解。[4]

其次，优越利益原理建立在功利主义哲学基础之上。功利主义的底色依然是个人（自由）主义，也可以说功利主义是个人（自由）

---

〔1〕 参见［德］米夏埃尔·帕夫利克：《康德和黑格尔的正当防卫理论》，赵雪爽译，载《刑事法评论》2017 年第 2 期。

〔2〕 山本和輝「正当防衛の正当化根拠について（3）」立命館法学 4 号（368）（2016 年）132－133 頁参照。

〔3〕 参见许恒达：《从个人保护原则重构正当防卫》，载《台大法学论丛》2016 年第 1 期。

〔4〕 参见陈璇：《正当防卫：理念、学说与制度适用》，中国检察出版社 2020 年版，第 13 页。

主义的一个产物，而个人（自由）主义是功利主义的社会政治基础。[1] 功利主义思想可以追溯到古希腊的伊壁鸠鲁的快乐主义，他认为正义就在于能够带来某种快乐或者利益。在伊壁鸠鲁的逻辑体系里，利益决定正义，正义决定法律。[2] 功利主义大师边沁提出了著名的“最大多数人最大幸福”原则，即“最大多数人的最大幸福是正确与错误的衡量标准”，经过奥斯丁、约翰·密尔等人的继承和发展，逐渐形成了一个完整的理论体系。功利主义法学以功利主义哲学为理论基础，在社会法学、耶林的目的法学、赫克的利益法学、经济分析法学中都得到了不同程度的体现。边沁从人所具有的趋乐避苦的本性出发，主张把苦与乐看作人的行为的标尺。边沁认为，人类是由快乐和痛苦主宰的，这二者指示我们人类应当干什么，决定我们将要干什么，是非标准、因果联系，都由其定夺。即便一个人可以口头上声称绝不受其主宰，但实际上照旧每时每刻对其俯首称臣。[3] 这里的“快乐”就是“利益”，就是“好处”。功利的性质就是给利益攸关者带来实惠、好处、快乐、利益或幸福，也防止利益攸关者遭受损害、痛苦、祸患或不幸。[4]

1959 年，规则（准则）功利主义的代表人物布兰特在其《伦理学理论》一书中首次明确区分了规则（准则）功利主义与行为（行动）功利主义两种功利主义，围绕行为的功利标准等问题展开了长期的争论。行为功利主义认为，当且仅当行为者在那时的任何其他行为都不会或者可能不会产生（依据行为者的证据）更好的结果时，某一特定的行为才是正确的。规则功利主义认为，当且仅当拥有一种允许

〔1〕 参见蒋锦洪：《从边沁到密尔的功利主义理论的价值走向》，载《历史教学问题》2008 年第 6 期。

〔2〕 参见陈兴良：《刑法的启蒙》，法律出版社 1998 年版，第 73 ~ 74 页。

〔3〕 参见［英］边沁：《道德与立法原理导论》，时殷弘译，商务印书馆 2000 年版，第 57 页。

〔4〕 参见［英］边沁：《道德与立法原理导论》，时殷弘译，商务印书馆 2000 年版，第 58 页。

某行为的道德准则与拥有禁止该行为的任何其他相似的道德准则同样有利时，这种行为在道德上才是正确的。[1] 行为功利主义表现为行为对效用的最大化直接追求，以此来判断行动正当与否；规则功利主义认为问题不在于什么行为具有最大功利，而在于哪一种准则具有最大的功利。事实上，规则功利主义与行为功利主义之间的差别并没有想象的那么大。规则功利主义者认为正确行为是被社会的道德准则所允许的，这种准则会最大化净利益或功利。但是所谓的利益或功利是什么意思呢？传统的答案是快乐、快乐情感或幸福。当今有哲学家认为应该增添“思想和言论的自由”，还有人认为是“内在的善”，有人认为是快乐、欲求。[2] 可见，规则功利主义并不是不要利益衡量，否则不是“功利”了，差别仅在于是用行为准则本身判断对错还是用行为效果（后果）判断对错。规则功利主义有两个构成要素：一个是功利主义，它要求所要达到的目的是功利最大化；另一个是道德规则，它要求人们按照某种道德体系的规则行事，而这种道德体系比其他的道德体系能够使功利达到最大化。关于第一个要素，主要的问题在于“功利”指的是什么。在这个问题上，功利主义者之间存在激烈的争论，有人主张功利指的是“欲望的满足”，有人主张是指“福利”，也有人主张是指古典功利主义的“幸福”。[3] 对于规则功利主义来说，归根结底，一种行为是正确的，不是因为它是道德规则所要求的，而是因为它是导致功利最大化的道德体系之规则所要求的。如果规则功利主义只要求人们考虑道德规则，不考虑功利，那么它就不是功利主义了。[4]

---

〔1〕 参见［美］R. B. 布兰特：《功利主义的问题：真正的和所谓的》，晋运锋译，载《世界哲学》2011 年第 1 期。

〔2〕 参见［美］R. B. 布兰特：《功利主义的问题：真正的和所谓的》，晋运锋译，载《世界哲学》2011 年第 1 期。

〔3〕 参见姚大志：《当代功利主义哲学》，载《世界哲学》2012 年第 2 期。

〔4〕 参见姚大志：《当代功利主义哲学》，载《世界哲学》2012 年第 2 期。

具体到正当防卫，边沁认为，正当防卫属于伸张正义的手段，从利益衡量的角度来说，具有正当性。边沁甚至警告说，“在应该行使这一权利的时候，如果放弃行使，你就会成为犯罪人的同谋”[1]。这样看来，正当防卫的行动所增加的利益大于损害的利益。当一个行动增大共同体幸福（利益）的倾向大于它减小这一幸福（利益）的倾向时，就是符合功利原理的，而对于一个人的某种符合功利原理的行为，“总是可以说它是应当做的，或者至少可以说它不是不应当做的。也可以说，去做是对的，或者至少可以说去做是不错的：它是一项正确的行动，或者至少不是一项错误的行动”[2]。功利主义哲学本来不是利益的学问，而是行为对错、善恶的学问。一个行为、一类行为或者对某种行为类型的禁止所产生的利益或伤害决定着道德上的对与错。例如，如果乱伦、同性恋或欺诈行为是错的，那么原因就在于它们所涉及的行为、实践或者性格特征会影响善或恶、幸福或痛苦。[3]对于正当防卫来说，不法侵害是恶的，防卫行为是善的，从利益衡量的角度来说，防卫行为的利益优越于不法侵害。关于防卫限度，边沁指出，除非是为了保护人身或财产，否则，人们不能采取公开的故意行为。用身体伤害去抑制语言伤害就不是自卫，而是复仇。如果只是为了避免一种可弥补的事实而去故意实施一种不可弥补的恶行，就超出了自卫的合法界限。[4]

利益法学派是功利主义思想的延伸和发展，其以利益冲突为核心思想，是在批判自然法学和概念法学的基础上产生的。概念法学派认为法学的任务只是从现象上认识法律，对实在法规范进行加工整理、

[1] [英] 边沁：《立法理论——刑法典原理》，孙力等译，中国人民公安大学出版社 1993 年版，第 24 页。

[2] [英] 边沁：《道德与立法原理导论》，时殷弘译，商务印书馆 2000 年版，第 59 页。

[3] 参见 [美] R. B. 布兰特：《功利主义的问题：真正的和所谓的》，晋运锋译，载《世界哲学》2011 年第 1 期。

[4] 参见 [英] 边沁：《立法理论——刑法典原理》，孙力等译，中国人民公安大学出版社 1993 年版，第 24～25 页。

综合分析，绝不允许超越这个界限。[1] 以“概念金字塔”的形式逻辑方法对法规范加以阐述，这种机械化、形式化的方法论受到19世纪的法律实证主义的影响。利益法学派对此提出强烈批判。赫克（Heck）认为，法律是利益的产物，是利益冲突的结果，解决利益冲突是法律最重要的功能。在利益冲突的情况下，法律的创设及适用应遵循利益衡量。[2] 制定法的目的展现的只是获胜的利益。但是，法律规范的具体内容和目的满足的程度，却取决于失败的利益的分量。[3] 利益法学的思想虽发端于私法领域，但是也被后继者运用到公法领域。杜宾根学派的利益法学派将利益分为原生利益与创设利益，前者是立法者基于利益目的实现而创设法律，对法规范形成具有原因力的利益，后者是指法官按照实定法去创设新的判决，但原则上应受到实定法价值判断的约束。杜宾根学派也认为，利益的衡量，应当兼顾“质”与“量”，利益之“量”的衡量也显现出利益主体权力之衡量，利益之“质”的衡量，则应由价值尺度去衡量所欲追求之利益。[4] 从概念法学派到利益法学派，就是从形式到实质，从形式逻辑到实质利益的变迁过程。时至今日，利益法学可以说是当代法学之主流。[5] 优越利益原理符合这一主流理论，优越利益原理以功利主义和利益法学为根基是妥当的。

（二）现实根基

现实社会中，利益冲突具有不可避免性。法律本身就是对利益的

---

〔1〕 参见吕世伦、孙文凯：《赫克的利益法学》，载《求是学刊》2000年第6期。

〔2〕 参见高金桂：《利益衡量与刑法之犯罪判断》，台北，元照出版有限公司2003年版，第31页。

〔3〕 参见［德］菲利普·黑克：《利益法学》，傅广宇译，载《比较法研究》2006年第6期。

〔4〕 参见高金桂：《利益衡量与刑法之犯罪判断》，台北，元照出版有限公司2003年版，第36页。

〔5〕 参见高金桂：《利益衡量与刑法之犯罪判断》，台北，元照出版有限公司2003年版，第36页。

调整，而正当防卫是集中体现对利益冲突调整分配的制度。法律用惩罚、预防、特定救济和代替救济来保障各种利益，除此之外，人类的智慧还没有在司法行动上发现其他更多的可能性。[1] 刑法中的正当防卫问题就是一个利益和风险分配的问题，也就是技术上如何使人获得幸福、愉快（利益）的问题，也是一个判断如何分配人与人之间为了得到一个愉快的生活而应该付出的成本的问题。责任的分配就是成本的分配，就是利益的分配。[2] 法律命令影响着生活，这是它们的目标。它们影响的不是静态的世界，而是动态的、充满挑战的和不断提出要求的生活。各种生活利益是互相竞争的。在日常用语中我们将各种生活要求称作利益。这个词不仅仅意味着对物质利益的保护。[3] 立法中的斗争不是为了准确地定义概念或前后一致地运用已确定的定义，而是为了保护各种利益。那些由于旧理论的影响有时仍会出现的例外，一般都被认为是错误的。今天已被普遍接受的观点是：从历史的角度来看，法律是利益的产物。[4]

保护什么样的利益是立法者应当考虑的根本问题，也是埋头于技术细节的法律人应当记住的根本问题。解决刑法问题的标准，并不是学说或判例本身，也不是法律的形式，而是我们生活利益的衡量。越是能够使这个社会的人们得到最大生活利益（快乐）的主张，越具有法律上的正当性。[5] “只有当冲突真正成为问题时，才存在真正意义上的选择。”对法律秩序来说，缺乏真正的利益冲突时，提出到底哪

---

〔1〕 参见［美］罗斯科·庞德：《通过法律的社会控制》，沈宗灵译，商务印书馆2010年版，第35页。

〔2〕 参见黄荣坚：《刑法问题与利益思考》，中国人民大学出版社2009年版，“序言”第1页。

〔3〕 参见［德］菲利普·黑克：《利益法学》，傅广宇译，载《比较法研究》2006年第6期。

〔4〕 参见［德］菲利普·黑克：《利益法学》，傅广宇译，载《比较法研究》2006年第6期。

〔5〕 参见黄荣坚：《刑法问题与利益思考》，中国人民大学出版社2009年版，“序言”第1页。

一个利益更优越的问题的契机是原本就不存在的。在优越利益原理中，作为进行利益权衡不可缺少的前提条件，利益冲突是必要的。换句话说，在不牺牲侵害利益而维护保全利益的可能性仍然存在的情况下，两个利益之间不存在真正意义上的利益冲突。[1] 正当防卫这一法律制度，既然是以为何被侵害者可以对侵害者进行反击为问题的，那么从方法论上来看，应该着眼于被侵害者的情况进行论证，应该从侵害者和被侵害者的法律关系来把握相关问题。[2] 可见，现实社会中的利益冲突之不可避免性，以及对冲突利益进行取舍权衡的必要性，是优越利益原理的现实基础。

（三）法律根据

我国《刑法》第20条关于正当防卫的规定，体现了优越利益原理。首先，关于个人利益的衡量。根据我国《刑法》第20条第1款的规定，为了使本人或者他人的人身、财产和其他权利免受正在进行的不法侵害，而采取的制止不法侵害的行为，对不法侵害人造成损害的，属于正当防卫，不负刑事责任。这里实际上是将被侵害人（防卫者本人或他人）的利益，与不法侵害人的利益，进行衡量，由于前者优越于后者，因而不负刑事责任。其次，关于集体利益的衡量。根据我国《刑法》第20条第1款的规定，为了使国家、公共利益免受正在进行的不法侵害，而采取的制止不法侵害的行为，对不法侵害人造成损害的，属于正当防卫，不负刑事责任。这里的国家利益和公共利益属于集体法益，当这种集体法益优越于不法侵害者的利益时，正当防卫人不负刑事责任。原因在于这种集体法益是个人法益的集合，也是个人法益得以存在的前提和基础，保护了这种集体法益就保护了多数人的个体法益。庞德举的戏院售票和大楼起火的例子可以很好地说

---

〔1〕 橋爪隆『正当防衛論の基礎』（有斐阁，2007年）28頁参照。

〔2〕 山本和輝「正当防卫の正当化根拠について（1）」立命馆法学1号（365号）（2016年）259頁参照。

明这个问题：戏院上映了一部明星主演的火爆影片，戏院能够容纳的人数远低于买票进去观看的人数，如果大家都不排队，一哄而上，结果是很多人进不去，甚至产生踩踏事故，导致有人受伤，即使进去的人也是在万分狼狈的状态中去观看这场演出。[1] 这种情况下，对带头起哄闹事者，采取控制措施，即使造成该闹事者的人身自由受限，甚至身体伤害，由于保护的集体利益处于优越地位，因此这也是一种正当防卫行为。在不可能兼顾两种利益的情况下，不得不牺牲一方利益。为了保全保护必要性更高的利益而牺牲保护性劣后的利益，这不能说是不正当的。[2] 因此，我国《刑法》关于正当防卫的规定完全符合优越利益原理。

第三节 “质”“量”统一优越利益原理对批判者的回应

一、法益如何衡量

优越利益原理面临的最大攻击，就是法益如何衡量？不同种类的法益衡量并不困难，比如，生命权高于财产权，生命权高于名誉权、荣誉权，难点在于同样是生命权如何衡量？同样是财产权如何衡量？

利益冲突在法律的世界里是必然的，法律就是调节利益冲突的。每一个法律命令都决定着一种利益冲突，都建立在各种对立利益之间的相互作用之上，仿佛是这些对立力量的结果。制定法对利益的保护从来都不会在真空中，而总是在一个充满利益的世界里进行。这个世界上的所有利益都有人主张，因此一种利益的实现总以其他的利益牺

---

〔1〕 参见［美］罗斯科·庞德：《通过法律的社会控制》，沈宗灵译，商务印书馆2010年版，第38页。

〔2〕 橋爪隆『正当防衛論の基礎』（有斐阁，2007年）264頁参照。

牲为代价，这一点是毫无例外的。[1] 相互冲突的利益之间如何进行衡量？这是法益衡量说和优越利益原理必须要回答的问题，这也是反对者批判优越利益原理的关键所在。

边沁认为快乐具有可公度性，能够进行量的比较和计算，并提出了快乐的计算方法，包括：丰度、纯度、强度、广度、持续性、确定性、远近性。[2] 但是这样的计算方法既不合理，也不可操作，即使是最简单的快乐，也难以用数学的方式进行计算。因此，边沁的这一观点广受批判。边沁的这种计算方法最大的问题是他认为快乐只有量的区别而没有质的区分。边沁还将快乐的量化形式贯穿于他的整个伦理学体系之中，这受到了更多质疑。功利主义者密尔的父亲是边沁的密友和忠实追随者，密尔受到边沁功利主义的影响，以修正和完善边沁的功利主义为己任。密尔认为，快乐有量的差别，更有质的不同，借助人的生活经验能够区分快乐的质的差别。[3] 所谓快乐的质的差别，是指不仅有着肉体感官上的快乐，而且有精神上追求的快乐。密尔据此把快乐分为高级快乐和低级快乐，感官上的快乐属于低级快乐，情感、理智和精神上的快乐属于高级快乐。高级快乐比低级快乐更持久，更有价值，也就是说，快乐的质比量更重要。[4] 密尔认为，区分快乐的关键是"够资格"（competently），如果有两种快乐，那些够资格的可以熟知这两种快乐的人，将其中的一种远置于他们所偏好的那种之上，并且明知它附带有更大的不满足，还是进行这样的选择，并且不以放弃它来换取任何其他种他们的本性上能够得到的巨量的快乐，这样完全可以把这种偏好性快乐看作质上更优越的快乐，并

[1] 参见［德］菲利普·黑克：《利益法学》，傅广宇译，载《比较法研究》2006 年第 6 期。

[2] 参见［英］边沁：《道德与立法原理导论》，时殷弘译，商务印书馆 2000 年版，第 86～90 页。

[3] 参见罗俊丽：《边沁和密尔的功利主义比较研究》，载《兰州学刊》2008 年第 3 期。

[4] 参见王连伟：《密尔政治思想研究》，黑龙江大学出版社 2007 年版，第 68 页。

且相较而言，这种质的优越远超过量的方面，量也就微不足道了。[1]

根据笔者所提出的“质”“量”统一优越利益原理，在正当防卫中，防卫行为人的利益在“质”上优越于不法侵害人的利益，这是符合功利主义原理的。正如德国学者拉伦茨所指出的，衡量也好，称量也罢，这些都是形象化后的说法。于此涉及的并非数学上可得测量的大小，毋宁是评价行为的结果，当然，法益衡量也并非单纯的法感，也不是一种无法作合理掌握的过程，在某种程度上其仍然遵守若干可具体指称的原则，它是可审查的。[2] 虽然异质利益在哲学层面无法衡量，哲学方法无法给出令人信服的价值排序；但是异质利益在法律适用层面是可以衡量的，因为现实社会具有衡量异质利益的相应条件。[3] 例如，生命权是至高无上的，在量上当然无法衡量，也不能衡量，但是在“质”上并非不能衡量。不法侵害人实施行凶、杀人等暴力袭击行为，威胁到被侵害人的生命安全，被侵害人实施“反杀”行为，即使造成不法侵害人生命权丧失，由于防卫人的生命权在“质”上处于优越地位，属于正当防卫；生命权优越于财产权，为了保护一个苹果而开枪射杀一位少年，显然是不被允许的；生命权优越于名誉权、荣誉权，不能因为他人在网络上发帖辱骂，而直接将发帖人杀死。

笔者所倡导的“质”“量”统一优越利益原理在利益衡量中的运用需要特别强调以下几点。

其一，“质”“量”统一优越利益原理中的利益衡量不是抽象的衡量，而是在具体案件中的衡量。仅以法益抽象的价值序列来决定天平偏向哪一方是不充分的，也是无法操作的。例如，从抽象意义上来

〔1〕 参见王连伟：《密尔政治思想研究》，黑龙江大学出版社2007年版，第55~56页。

〔2〕 参见［德］卡尔·拉伦茨：《法学方法论》，陈爱娥译，商务印书馆2003年版，第279页。

〔3〕 参见梁上上：《利益衡量论》，法律出版社2013年版，第240页。

说，人人生而平等，任何人的生命都是平等的，所以从抽象意义上来说，生命没有质的差别也没有量的差异。严格来说，在抽象意义上，生命权之间既无法进行“质”的衡量，也无法进行“量”的衡量。日本学者小林宪太郎针对生命权衡量的难题提出了一个有意思的困惑。小林宪太郎认为，或许可以说“绝对禁止对生命进行质的区分，但对生命进行量的区分却未必如此”。假设两个人有相同数量的幸福卡片代表他们的价值顺序，即使他们的预期寿命有显著差异，此时，如果长寿命比短寿命更有价值，它会与人格的基本平等发生正面冲突。但相同“寿命”的几张卡片聚集在一起，可以说比一张卡片更值得保护。可以肯定的是，我们还有进一步探讨生命价值相互比较的禁忌的余地。为了保住 1 个人的性命而杀害 2 个人，这不是很奇怪吗?〔1〕小林宪太郎的这个困惑产生的原因是其没有完全跳出抽象的“质”“量”衡量的窠臼。所以，小林宪太郎一方面反对从“质”的角度衡量生命，另一方面又认为有进行“量”的衡量的余地。小林宪太郎之所以认为可以进行“量”的衡量，是因为从抽象过渡到具体，对具体的案件而言，为了保护 2 个人甚至更多人的生命，而牺牲 1 个人的生命似乎是被允许的，所以提出“为了保住 1 个人的性命而杀害 2 个人，这不是很奇怪吗?”

其实，当我们跳出抽象的利益排序，回到具体现实的案件中，利益衡量并非不可操作。比如，生命权没有高低贵贱之分，但是在具体的正当防卫案件中，甲持匕首突然袭击无辜路人乙要害部位，尽管在抽象意义上甲、乙的生命权是平等的，但是在这个具体的事件中，甲无正当理由持凶器袭击他人，在伦理和法律上，其行为是“恶”的、“不正”的，无辜路人乙的防卫反击行为在法律上、伦理上是“善”的、“正”的，二者比较，路人乙的生命权处于优越地位。同样，财

〔1〕 小林憲太郎「違法性とその阻却——いわゆる優越利益原理を中心に」千葉大学法学論集23 卷1 号（2008）57 –58 頁参照。

产价值之间，从抽象意义上也无法衡量，同样是价值1000元的物品，对于一个富人来说不算什么，但是对于一个穷人来说是其维持生命的必需品，这也必须回到具体事件中进行衡量。个人法益与集体法益在抽象意义上也无法衡量，但是在具体事件中并非不能衡量。比如，一个农民为了保护即将成熟的稻谷不被麻雀吃掉，在禁猎期用弹弓打死5只麻雀。麻雀属于《野生动物保护法》中规定的“三有”动物（有重要生态、科学、社会价值的陆生野生动物），《刑法》第341条第2款规定，违反狩猎法规，在禁猎区、禁猎期或者使用禁用的工具、方法进行狩猎，破坏野生动物资源，情节严重的，处3年以下有期徒刑、拘役、管制或者罚金。非法狩猎罪禁止猎捕鸟类是为了保护生态资源，生态资源属于集体法益。如果抽象地比较，那么人类赖以生存的生态资源之集体法益与一般的个人财产利益之个人法益似乎无法比较，甚至会认为集体利益高于个人利益。但是在具体案件中，对于一个以种粮食谋生的农民来说，粮食的利益相对于几只麻雀来说，处于优越地位，该农民的行为属于正当防卫。[1]

其二，优越利益原理中“质”的衡量，不是生活意义上的某种产品的质量优劣，而是指在伦理意义上的“善”与“恶”，值得法律保护意义上的“正”与“不正”，是规范意义上的，而非物理意义上的。比如，不能说健康的年轻人的生命高于时日不多的植物人患者，也不能说寿命长的人比寿命短的人更有价值，否则就会与人格的平等产生正面冲突。[2] 从健康与否、寿命长短角度来谈论所谓生命的“质”是物理意义上的、生活意义上的“质”，不是笔者所主张的优

---

〔1〕 行为无价值论、法确证说一般否认对物防卫，因为对物防卫无异于“对牛弹琴”而无法形成法确证。但是结果无价值论一般认可对物防卫，因为符合利益衡量的原理。参见［日］西田典之：《日本刑法总论》，刘明祥、王昭武译，中国人民大学出版社2007年版，第123～124页。

〔2〕 小林憲太郎「違法性とその阻却——いわゆる優越利益原理を中心に」千葉大学法学論集23巻1号（2008）57頁参照。

越理论原理中的“质”。

总之，优越利益原理中的法益衡量不是抽象的而是具体的，不是物理意义上的而是规范意义上的。在抽象和物理意义上，一个人的生命权与另一人的生命权无法也不能进行优越性衡量，但是在具体案件中，不法侵害人暴力袭击防卫人，防卫人的生命权在“质”上优越不法侵害人的生命权，即便是一个防卫人的反击行为造成两个不法侵害人的生命权丧失，一个防卫人的生命权在“质”上依然可能优越于两个不法侵害人的生命权。

二、法益衡量与利益衡量的关系

法益衡量与利益衡量是何关系？这里的“法益”与“利益”是何关系？劳东燕教授对我国及日本刑法学中对利益衡量与法益衡量不加区分的现象进行了批判，认为我国相关论者的论证中，把利益完全等同于法益，相应地，利益衡量的概念被认为可直接由法益衡量概念所替代，同时还认为法益衡量的缺陷在于没有包含制度利益。[1]

笔者认为，这完全是误解。首先，利益衡量又称冲突理论，无论是法益衡量还是利益衡量，原本就没有本质不同，重点是冲突和衡量。法益原本就是法律保护的利益。当今刑法理论通说关于法益的界定，就是法律所保护的利益，法益衡量与利益衡量实质相同。从法益概念产生的历史看，从费尔巴哈的权利侵害中的“权利”，到比尔鲍姆的“财”（gut），再到法益的产生，一切受法律保护的利益，被称作法益也好，被称作权利也好，只不过是表述的方法不同罢了。[2]法益与利的字根均为“gut”，而这个字根“gut”原本就含有占有、财产权、有价物等内涵。在今天的德国法学文献上，法益

〔1〕 参见劳东燕：《法益衡量原理的教义学检讨》，载《中外法学》2016年第2期。

〔2〕 ［日］泷川幸辰：《犯罪论序说》（上），王泰译，载《刑法论丛》（第3卷），法律出版社1999年版，第157页。

（rechtsgüter）与利（güter）以及法益衡量（güterabwägung）与利益衡量（Interessenabwägung）经常交互使用，实质上并无区分。[1]

劳东燕教授引用民法学者梁上上教授提到的制度利益，以此为由批判法益衡量没有包含制度利益。劳东燕教授引用梁上上教授的观点，认为当事人的利益需要与制度利益进行比对与查验，只有与制度利益相吻合的当事人利益才能获得法律的认可。[2] 殊不知，法律制度所认可的利益就是法益，如果一定要区别利益与法益，那就是为法律所保护的利益才是法益。梁上上教授所赞同的利益衡量也好，刑法学所主张的法益衡量也罢，本质上都是利益法学派的产物，二者的哲学基础相同。劳东燕教授拿利益法学派的观点攻击利益法学派的观点，这本身就是不科学的。

其次，劳东燕教授所提到的制度利益是梁上上教授从民法学的角度提出的概念，但是该概念既面临能否直接运用到刑法中的问题，也面临该概念本身的科学性问题。制度本身是利益吗？恐怕不能这么说，制度背后依然是利益，制度与法律是同一层次的概念，法律与制度一样，本身不是利益，也不创造利益，只是确认利益。“一个法律制度通过下面一系列办法来达到，或无论如何力图达到法律秩序的目的：承认某些利益；由司法过程（今天还要加上行政过程）按照一种权威性技术所发展和适用的各种法令来确定在什么限度内承认与实现那些利益；以及努力保障在确定限度内被承认的利益。”[3] 梁上上教授认为，一夫一妻的婚姻制度是制度利益。但是这样的说法并不准确，更准确地说是婚姻秩序利益，而非制度利益。这种秩序利益属于社会利益也属于社会法益，“是关于保障家庭、宗教、政治和经济各

---

〔1〕 参见高金桂：《利益衡量与刑法之犯罪判断》，台北，元照出版有限公司2003年版，第3~4页。

〔2〕 参见劳东燕：《法益衡量原理的教义学检讨》，载《中外法学》2016年第2期。

〔3〕 ［美］罗斯科·庞德：《通过法律的社会控制》，沈宗灵译，商务印书馆2010年版，第39页。

种社会制度的社会利益”[1]。所以劳东燕教授也不得不承认，对于刑法中的相关制度而言，规范保护目的所指向的保护对象正是制度利益。在此种意义上，规范保护目的与制度利益可谓是容器与实物的关系，是放在社会公共利益范畴之中予以处理的秩序利益。无论如何，刑法中对某个具体制度的制度利益进行解读时，不可能不考虑秩序方面的利益。[2] 可见，劳东燕教授也认为所谓的制度利益其实是秩序利益，这显然是回到了结果无价值论的立场上。因为在结果无价值论看来，规范不是刑法的目的，规范背后的利益才是保护目的，秩序也是一种法益。事实上，劳东燕教授强调制度利益，强调立法者设定的制度利益，与宾丁的法律实证主义法益观如出一辙，宾丁将规范置于优先地位，法益只是附属于规范的一个概念而已，法益依赖于立法的意思。宾丁的法益概念只是实定法的保护目的下的一个附属物。但是这种“法益概念”，对于刑法体系无实质的意义可言。实际上，这种规范论，是在法规不服从的外壳中，藏有法益损害的内核。[3] 制度等抽象的法律利益，需要对侵害对象的实质性内容进行验证。也就是说，有必要对该制度在现实社会中涉及怎样的利益保护问题进行实质性的讨论，只有其内容才能被认定为侵害对象的法律利益。因此，作为刑罚的正当化依据，仅仅是违反行政上所赋予的义务是不够的，必须明示实质性的法益侵害、危险化。[4]

三、“唯结果论”不是优越利益原理的必然产物

近年来，学界将司法实践中过于保守认定正当防卫、“谁死伤谁

[1] [美] 罗斯科·庞德：《通过法律的社会控制》，沈宗灵译，商务印书馆 2010 年版，第 45 ~46 页。

[2] 参见劳东燕：《法益衡量原理的教义学检讨》，载《中外法学》2016 年第 2 期。

[3] 参见陈志龙：《刑法的法益概念》（上），载《台湾大学法学论丛》1986 年第 16 卷第 1 期。

[4] 嘉門優「行為原理と法益論」立命馆法学 5・6 号（327・328 号）（2009 年）215 頁参照。

有理”的现象称为“唯结果论”，也就是一旦不法侵害人伤亡，防卫人的行为就很难被认定为正当防卫，至多认定为防卫过当。劳东燕教授认为，司法实践中这种一旦出现伤亡的严重后果，就直接认定为防卫过当的“唯结果论”，与结果无价值论一样，都是以结果作为关注的核心与起点，并认为在实践中占据强势地位的结果无价值论为这种“唯结果论”提供了理论依据。欲纠正这种倾向，就要放弃法益衡量及其优越利益原理。[1]

笔者认为，劳东燕教授的上述观点是对结果无价值论及优越利益原理的误解，不能“一看到结果就以为是结果无价值论”。结果无价值论以法益概念为中心，致力于将没有侵害或威胁法益的行为排除在犯罪圈之外。结果无价值论与行为无价值论（含二元的行为无价值论，以下同）争论的原点在于违法性的本质是侵害法益还是违反规范（早期的行为无价值论主张违反的是伦理规范，后来主张违反的是法规范）。在违法阻却事由问题上，结果无价值论认为，包括正当防卫在内的正当化事由，之所以阻却违法性，要么是因为不存在值得保护的法益（利益阙如），要么是因为保护了更优越的法益（利益衡量）；而行为无价值论则认为正当化事由阻却违法性是因为这些行为是具有社会相当性的行为。[2] 劳东燕教授其实是将结果无价值论的“结果”等同于“结果责任”中的“结果”。

早已被历史所抛弃的结果责任思想，无视行为人的主观心理态度，以结果定罪，这与现代刑法的责任主义所要求的“无犯意则无犯人”“没有责任就没有刑罚”的理念是背道而驰的。这也是结果无价值论所坚决反对的。结果无价值论的核心概念是法益侵害，结果无价

---

〔1〕 参见劳东燕：《防卫过当的认定与结果 无价值论的不足》，载《中外法学》2015年第5期。

〔2〕 参见李勇：《结果无价值论的实践性展开》（第2版），法律出版社2020年版，第97～98页。

值论认为违法性的本质在于侵害或威胁法益，主张没有法益侵害或者侵害危险的，以及仅仅侵害伦理规范的行为，不值得动用刑罚处罚。这与结果责任以结果入罪的思维模式截然不同。正如陈璇教授所指出的，把正当防卫司法实践中存在的“唯结果论”现象，归咎于结果无价值论，着实有些冤枉结果无价值论。[1]

劳东燕教授在《结果无价值逻辑的实务透视：以防卫过当为视角的展开》一文中讨论了莫某某故意伤害案。[2] 劳东燕教授结合此案对结果无价值论展开了强烈批评，劳东燕教授的批评意见可以归纳为三个方面：一是实务中一旦出现死亡后果就认定为防卫过当，这是结果无价值论以“结果”为中心、结果主义思考方式的结果；二是结果无价值论的思考方式习惯于将本应进行整体性评价的防卫行为进行分段评价；三是结果无价值论以结果为中心的思考方式导致只要客观上存在过当的结果，便很容易认为已具备犯罪故意，得出防卫过当成立故意伤害罪的结论，将防卫的有意性与刑法上的犯罪故意混为一谈。[3]

在笔者看来，劳东燕教授在上述三点批评意见中所说的“结果”均与结果无价值论的“结果”不是一回事。

首先，司法实践中一旦出现死亡后果就倾向于认定防卫过当，这

〔1〕 参见陈璇：《正当防卫、维稳优先与结果导向——以“于欢故意伤害案”为契机展开的法理思考》，载《法律科学（西北政法大学学报）》2018 年第 3 期。

〔2〕 基本案情如下：2009 年 7 月 1 日，被告人莫某某在工作期间，与同事邢某某发生冲突，被其他同事劝开。当日 18 时许，邢某某和被害人马某某分别手持钢管、甩棍，闯入位于北京市朝阳区东坝乡某公司员工宿舍内，与被告人莫某某理论。后邢某某、马某某分别持钢管和甩棍殴打莫某某的头部和背部，莫某某拿起桌上的一把弹簧刀将马某某按倒在床上，连扎马某某腹部数刀，造成“胃破裂、肝破裂”的重伤后果。北京市朝阳区人民法院认定莫某某构成防卫过当，以故意伤害罪判处其有期徒刑 1 年。参见劳东燕：《结果无价值逻辑的实务透视：以防卫过当为视角的展开》，载《政治与法律》2015 年第 1 期。

〔3〕 参见劳东燕：《结果无价值逻辑的实务透视：以防卫过当为视角的展开》，载《政治与法律》2015 年第 1 期。

恰恰是因为司法人员没有正确评价防卫行为所保护的法益处于优越地位。法益衡量所要衡量的是防卫行为所保护法益与防卫行为所损害的法益，而不是只看防卫行为损害的法益。如果司法实践真正按照优越利益原理进行判断，就不会出现“唯结果论”的现象。

其次，对防卫行为分段评价与结果无价值论、行为无价值论立场均无关。刑法理论认为，只有在防卫行为具有连续性、同质性，防卫意思具有同一性的情况下，才应当进行整体性评价。整体性评价不仅是有前提条件的，而且不是绝对的。[1] 这与结果无价值论还是行为无价值论之争并无关系。劳东燕教授也不得不承认，在防卫不适时以及不法侵害已经结束的情况下，是需要分阶段评价的，并认为判断的标准是不法侵害是否结束。[2] 既然如此，就不能把这个“账”算在结果无价值论的头上。何时整体考察？何时分段考虑？这个标准似乎也不是行为无价值论的“专利”。劳东燕教授提出的以不法侵害是否结束作为判断标准是对整体性规则的误读。在日本刑法理论中，整体性评价规则讨论的对象恰恰是侵害结束之后的追击行为。[3]

最后，认为结果无价值论会导致客观上存在过当的结果便认为具备犯罪故意，这似乎是对犯罪阶层论的误解。正当防卫解决的是违法性层面的问题，至于在有责性层面是故意还是过失，不是正当防卫的讨论对象。况且，彻底的结果无价值论否认主观的违法要素和主观的构成要件要素，反而是行为无价值论承认主观的违法要素甚至主观的构成要件要素。如果一定要寻找动辄将防卫过当认定为故意犯罪的根源，似乎行为无价值论比结果无价值论更加难辞其咎。至于“使将防

---

〔1〕 参见［日］桥爪隆：《刑法总论之困惑（二）》，王昭武译，载《苏州大学学报（法学版）》2015 年第 2 期。

〔2〕 参见劳东燕：《结果无价值逻辑的实务透视：以防卫过当为视角的展开》，载《政治与法律》2015 年第 1 期。

〔3〕 参见［日］桥爪隆：《刑法总论之困惑（二）》，王昭武译，载《苏州大学学报（法学版）》2015 年第 2 期。

卫的有意性与刑法上的犯罪故意混为一谈”的这口“黑锅”，更不可能由结果无价值论来背。如所周知，彻底的结果无价值论否认防卫意图，如果司法实践中真的将防卫意图与犯罪故意混为一谈，那么，行为无价值论固守防卫意图必要说的立场真的需要反思了！

恰恰相反，行为无价值论是防卫过当的司法异化的重要推动力。司法实践中大量本该认定为正当防卫的案件被作为防卫过当处理，其背后深层次的原因，有行为无价值论的因素。早期的行为无价值论认为违法性的本质在于违反伦理规范，后来努力淡化伦理因素（这种努力主要是理论上的说教，实践中根本无法割裂与伦理、道德因素的密切关联），主张违法性的本质在于违反与伦理道德无关的行为规范、规则。如德国的雅科布斯认为，“刑法保护的不是法益，而是规范的有效性”〔1〕。日本的井田良认为，违法论的机能就是提示和告知行为规范，刑法的任务就是通过处罚违反规范的行为来维持规范的效力，从而引导人们去遵守规范。〔2〕这里的规范效力维护与法确证原理所主张的法秩序维护具有相同的趣旨。就此而言，法确证原理与行为无价值论具有天然的契合性。这种行为无价值论立场对我国正当防卫司法异化的推动作用主要体现在以下方面。

首先，过于看重防卫意图，导致动辄以缺乏防卫意图为由认定为互殴，从而否定正当防卫的成立。在正当防卫是否需要防卫意图问题上，结果无价值论持否定说，行为无价值论持肯定说。由于行为无价值论过于强调防卫意图，甚至苛求防卫意图不能掺杂任何侵害、报复等意图和动机，导致大量正当防卫被认定为互殴。司法实践对行为无价值论所要求的正当防卫意图进一步前置化。在著名的“常熟聚众斗

〔1〕［德］格吕恩特·雅科布斯：《行为　责任　刑法——机能性描述》，冯军译，中国政法大学出版社1997年版，第119页、“中文本序”第1页。

〔2〕参见［日］山口厚：《日本刑法学中的行为无价值论与结果无价值论》，金光旭译，载《中外法学》2008年第4期。

殴案”中，判决认定何某一方不属于正当防卫的第一个理由便是“双方斗殴系因赌债纠纷引发，为非法利益之争，不受保护”。[1] 有学者认为，此案不构成正当防卫，其重要理由也是双方打斗是因赌债而起，而赌博及其债务都是不合法的，也就是防卫的起因不合法。[2] 表面上谈的是起因问题，实际上讨论的是防卫意图问题，而且将防卫意图进一步前置到事件发生的起因阶段，言下之意就是为了保护赌债这一不符合伦理秩序且违法的利益而进行防卫，防卫意图是不正当的、不纯洁的，所以不成立正当防卫，这是行为无价值论注重目的、动机等主观要素和伦理要素维护之立场的必然宿命。[3]

其次，正当防卫认定中“泛道德主义”倾向严重。中国古代法律呈现儒家化的倾向，而“儒教，同佛教一样仅仅是伦理”[4]。这种伦理道德属性成为中国传统法律文化的重要特色。这种“泛道德主义”倾向在正当防卫司法认定上的典型表现就是对防卫者提出极高的道德

---

〔1〕 参见江苏省常熟市人民法院（2011）熟刑初字第0785号刑事判决书。基本案情如下：江苏省常熟市忠发投资咨询有限公司（以下简称忠发公司）法定代表人徐某忠欠下曾某（另案处理）等人的巨额赌资。后曾某亲自或指使杨某、龚某、朱某（均另案处理）等人多次向徐某忠讨要该笔赌债。2011年4月2日上午，被告人何某受徐某忠指派与张某、陈某等人与杨某等人约至一咖啡店谈判未果。其间，李某夫（另案处理）携带菜刀与他人在咖啡店外等候，在杨某等人离开咖啡店时进行跟踪。其后何某等人返回公司，何某向徐某忠报告相关情况后，其他人返回暂住地。当日中午，被告人何某与杨某手机通话过程中，双方发生言语冲突，后被告人何某主动打电话给曾某，双方恶语相向，互有挑衅。被告人何某随即三次打电话给被告人张某，要求被告人张某带人至忠发公司。被告人张某随即纠集了陈某、张某礼、龙某中及李某夫至忠发公司，并在该公司内准备菜刀等工具，待人员就位、工具准备完毕后，被告人何某再次主动拨打曾某电话互相挑衅，致使矛盾升级。曾某便纠集杨某、龚某、胡某等人，持刀赶至忠发公司，当何某等人通过监控看到有多人下车持刀上楼时，何某等人在徐某忠办公室持刀以待。当曾某等人进入徐某忠办公室后，被告人何某、张某、陈某、张某礼及李某夫与曾某等人相互持械斗殴。

〔2〕 参见陈兴良：《聚众斗殴抑或正当防卫：本案定性与界限区分》，载《人民法院报》2012年4月13日，第3版。

〔3〕 参见李勇：《结果无价值论视野下的正当防卫——以“常熟聚众斗殴案”为例》，载《刑事法判解》2014年第1期。

〔4〕 ［德］马克斯·韦伯：《儒教与道教》，王容芬译，商务印书馆1995年版，第203页。

正当性和纯洁性的要求。比如，下面这个案例。

【案例15　于某故意伤害案】被告人于某与其邻居李某某有宅基地纠纷。一天上午，被告人于某在其家北山墙搭建架木粉刷山墙。李某某发现所搭建的架木超过其家边界，遂持菜刀上前制止，与被告人于某引起厮打。在厮打过程中，于某从李某某手中夺过菜刀，用该菜刀朝李某某头部砍了两下，致李某某重伤。经法院调解，被告人于某一次性赔偿被害人共计15,000元。法院认为，被告人于某与被害人李某某互相厮打，都有侵害对方的故意，目的均不正当，都不属于正当防卫。在该案发生的前因上，被害人李某某持刀前往，加剧了矛盾升级，存在一定过错。被告人于某认罪、悔罪，积极赔偿，得到被害人谅解。法院以故意伤害罪判处于某有期徒刑3年，缓刑3年。

该案中，李某某持菜刀冲过来殴打被告人于某，于某夺过菜刀砍伤李某某，理应属于正当防卫，但判决以“双方目的均不正当”为由否定正当防卫。法院固执地认为正当防卫不仅要有防卫意图，而且防卫意图还必须纯洁、正当，不能夹杂伤害、愤怒、报复等意图，这与行为无价值论坚持防卫意图必要说直接相关，背后隐藏的是行为无价值论思维在司法实践中的潜在影响，尽管司法人员未必意识到这是行为无价值论的立场。

最后，“各打五十大板”的处理“艺术”在实践中“盛行”。行为无价值论强调维护法秩序和规范效力，法确证原理主张维护法秩序。中国有句俗语“要想官司赢，除非死个人”，司法人员往往认为被害人已经死亡，如果不追究被告人的责任，担心引发死者家属上访。从被告人角度来说，被告人事后觉得毕竟自己的行为导致死了一个人，也会多少有些同情甚至理亏，只要判轻一点，也能接受。[1]从司法实务人员的角度来说，有些案件处理需要考虑社会效果和稳定

〔1〕参见张明楷：《刑法的私塾》，北京大学出版社2014年版，第95~96页。

因素，有些案件一旦认定正当防卫，办案人员就面临死者、伤者家属上访、信访的巨大压力。很多案件认定为防卫过当或不认定正当防卫，同时又通过调解、和解，“各打五十大板”平衡双方利益，被告人也往往容易接受，从而实现办案的社会效果，维护法秩序的稳定。上述于某故意伤害案就集中体现了这一点，判决书反复强调被告人赔偿、和解、认罪、悔罪的情节，并据此判处被告人有期徒刑 3 年，并适用缓刑。这个结果对各方来说都是满意的。对被告人来说，缓刑意味着不用坐牢；对被害人而言，人死不能复生，赔偿和道歉最重要。类似判决在司法实践中广泛存在，表面上这种“各打五十大板”的处理“艺术”确实“摆平”了案件，但正当防卫司法异化现象也就这么产生了。透过这些现状的表象，挖掘背后深层次的法理基础，不难发现维稳思维与法规范确证、法秩序维护具有异曲同工之处，背后都潜藏着法确证说、行为无价值论的影子。

可见，行为无价值论的潜在影响，导致司法人员过于注重防卫意图的纯洁性，过于关注案件处理存在的效果，进而将本应该认定为正当防卫的行为认定为防卫过当，甚至直接不认定具有防卫性质。因此，要改变正当防卫在司法认定中的异化现象，不应该减少结果无价值论的影响，而应该通过结果无价值论，对长期以来行为无价值论广泛存在于司法人员的潜意识之中的影响进行纠偏。

第四节 优越利益原理视野下互殴与防卫实体性重构

互殴认定的泛化与互殴概念本身的非规范性密切关联。法学是规范学，以规范为研究对象，刑法学是一门沟通事实与价值的学问。互殴作为一个非规范性概念，事实属性有余，规范价值属性不足。厘清互殴与防卫的关系，限制互殴的泛化，必须要赋予互殴以规范属性，并对其内涵和外延予以实质的限缩。

一、互殴概念的实质限缩路径

互殴不具有教义学的规范质量，互殴并不是我国刑法上规定的概念，我国刑法中也从来没有规定过互殴排斥正当防卫。但是理论界并没有深究互殴与防卫的关系，一般认为互殴与防卫原则上是互斥关系，特定情况下有例外：（1）一方停止斗殴或退出斗殴现场，另一方继续加害对方，则停止斗殴的一方可以实行正当防卫。（2）如果双方先是进行轻微的殴斗，后来，一方突然加重侵害强度，如使用杀伤力很强的工具，严重威胁另一方的人身安全，这种情况下，另一方可以实行正当防卫。[1]

互殴到底是什么？为何互殴与防卫是互斥关系？为何有例外？这些问题并没有被详细阐述，在实践中非常混乱。如何解决这一问题？要么在教义学上取消“互殴”的概念，摒弃互殴与防卫互斥的理论，在挑拨防卫、预期侵害、防卫意图等教义学概念之下讨论传统上属于互殴的话题；要么根据正当防卫阻却违法的原理对互殴进行实质的限缩解释。鉴于我国传统文化的影响，以及司法实践的长期惯性思维，直接在教义学中剔除互殴的概念恐怕难以实现。如果说立法上规定了互殴，尚可以通过修改法律予以废除，这是一件相对容易的事。但是立法上没有规定互殴这一概念，而其传统和习惯思维上已经根深蒂固，“废除”很难做到。因此，相对可行和现实的路径是严格限缩互殴的概念。

如何限缩互殴的概念？必须回归到正当防卫阻却违法的基本原理上来进行实质解释。互殴为什么不能成立正当防卫，这是界定互殴概

〔1〕参见陈兴良：《正当防卫论》（第3版），中国人民大学出版社2017年版，第54页；张明楷：《刑法学》（上）（第6版），法律出版社2021年版，第268页。

念的起点。互殴规范含义的寻找必须回归正当防卫的本质原理，不可能在正当防卫的基本原理之外创设一个互殴的教义学概念。

根据本书的观点，正当防卫的基础理论是“质”“量”统一的优越利益原理。如果互殴不能成立正当防卫，那么跟其他不符合正当防卫的情形一样，根本依据在于不存在需要保护的优越利益。任何不符合正当防卫的行为都是因为不符合优越利益原理，互殴也不例外。同样地，如果互殴成立正当防卫，那么跟其他符合正当防卫的情形一样，基本依据也是在于保护的利益处于优越地位。在司法实践中，对于“互殴排斥正当防卫”“互殴不存在正当防卫”具有高度共识，[1]其重要原因就是理论上并没有对互殴予以限制解释；传统刑法理论的“意图中心论”没有从正当防卫阻却违法的本质原理角度出发，而是绕道从主观意图角度出发，可谓舍本逐末，不仅不能准确界定互殴与防卫的界限，而且因主观意图的随意性导致互殴认定进一步泛化。防止互殴泛化的解释路径，唯有回归原点，从正当防卫阻却违法的基本原理出发，才是正确的方向。

二、纯正的互殴（真正的互殴）与不纯正的互殴（不真正的互殴）概念之提出

（一）“纯正”与“不纯正”的由来

刑法中的“纯正”与“不纯正”又被称为“真正”与“不真正”，源于不作为犯的分类。最早将不作为分为纯正的不作为犯和不纯正的不作为犯的是19世纪初德国学者卢登（Luden）。卢登认为不纯正（不真正）的不作为犯的“不纯正（不真正）”体现在行为人不是单纯的不服从，而是以消极不作为的方式实现通常由积极的作为才

---

〔1〕参见王芳：《中国防卫权刑事审判共识度实证研究》，载《政法论坛》2018年第6期。

能实现的结果。[1] 19世纪，受自然主义哲学的影响，刑法学界曾认为不纯正的不作为并非本来意义上的不作为，而是“被伪装的作为”。此后，刑法学界孜孜不倦地追寻不作为与作为的等价性问题。[2] 如今，纯正（真正）的不作为犯与不纯正（不真正）的不作为犯的分类已经成为刑法理论的通说。

关于纯正的不作为犯与不纯正的不作为犯的内涵，实质说认为纯正的不作为犯是指行为人没有履行法律所要求的义务（保证人义务）的犯罪行为，立法者没有将避免结果规定为不作为者的义务；不纯正的不作为犯要求保证人履行结果回避义务，结果的发生属于构成要件要素。[3] 形式说认为，纯正的不作为是在法规中将该行为当作可罚的行为进行表述，一般表现为违反命令性规范；不纯正的不作为是法规上表现为预定通过作为方式实行的犯罪，却通过不作为的方式完成，一般表现为违反禁止性规范。[4] 前者如拒不支付劳动报酬罪，后者如故意杀人罪。此后，“纯正（真正）”与“不纯正（真正）”的分类方法又被运用到身份犯（纯正的身份犯和不纯正的身份犯）等领域。我国学者陈兴良教授将这一组概念还运用到过失犯领域，将过失犯分为纯正的过失犯和不纯正的过失犯。[5]

（二）纯正的互殴（真正的互殴）与不纯正的互殴（不真正的互殴）的内涵

为了对互殴的内涵和外延进行实质限定，并赋予互殴概念规范属

---

〔1〕参见［德］汉斯·海因里希·耶赛克、［德］托马斯·魏根特：《德国刑法教科书》，徐久生译，中国法制出版社2017年版，第814页。

〔2〕参见［日］松宫孝明：《刑法总论讲义》（第4版补正版），钱叶六译，中国人民大学出版社2013年版，第64页。

〔3〕参见张明楷：《刑法学》（上）（第6版），法律出版社2021年版，第193～194页。

〔4〕参见［日］井田良：《刑法总论的理论构造》，秦一禾译，中国政法大学出版社2021年版，第26页；［日］前田雅英：《刑法总论讲义》（第6版），曾文科译，北京大学出版社2017年版，第79页。

〔5〕参见陈兴良：《纯正的过失犯与不纯正的过失犯：立法比较与学理探究》，载《法学家》2015年第6期。

性，笔者将“纯正”与“不纯正”的分类方法引入互殴之中，并结合优越利益原理，将互殴分为纯正的互殴（真正的互殴）和不纯正的互殴（不真正的互殴）。

纯正的互殴（真正的互殴）绝对排斥正当防卫成立，属于没有正当防卫存在余地的互殴类型；不纯正的互殴（不真正的互殴）是存在正当防卫余地的互殴类型，也就是说，这种互殴类型中可能成立正当防卫，也可能不成立正当防卫。互殴在客观上都表现为“打架”“相互攻击”,[1] 那么，什么样的打架行为才绝对排斥正当防卫，不存在正当防卫的余地呢？根据优越利益原理，那就是不存在值得保护的优越利益的打架行为，更进一步就是双方事先约定相互打架的场合，简称为约架。双方事先约架，说明双方都放弃了法益保护，双方的行为在“质”上都属于“不正”，没有值得保护的法益，就属于纯正的互殴（真正的互殴），没有正当防卫成立的余地。什么样的打架行为不能绝对排除正当防卫、有正当防卫存在的余地呢？那就是事先没有约架，例如，在一方首先对他人进行侵害的情况下，只要是为了制止他人不法侵害进行反击，存在值得保护的优越利益，这种反击行为就成立正当防卫；如果不存在值得保护的优越利益，就不成立正当防卫。

（三）纯正的互殴（真正的互殴）与不纯正的互殴（不真正的互殴）的构造

纯正的互殴（真正的互殴）表现为约架，约架具有主体的双向性和内容的相对确定性。主体的双向性即是双方的相互约定而不包括单方斗殴。内容的相对确定性，即约定在一定的时间和地点进行斗殴。这里的约架既可以是一人对一人的“一对一单挑”，也可以是“二对

---

〔1〕 正因如此，德国、日本有学者将互殴表述为“打架”和“相互攻击”。参见［日］盐见淳：《打架与正当防卫——以“打架两成败”的法理为线索》，李世阳译，载《刑事法评论》2017 年第 1 期；［德］乌尔斯·金德霍伊泽尔：《刑法总论教科书》，蔡桂生译，北京大学出版社 2015 年版，第 164 页。

二”，也可能是三人以上聚众斗殴。

不纯正的互殴（不真正的互殴）是否存在优越利益，处于待定状态，需要根据具体案件判断，表现为临时起意的打架、因矛盾引发的伤害、预期侵害、挑拨防卫等。这些情况下，既不能绝对排除正当防卫，也不能一律认定正当防卫，而是要根据优越利益原理实质地、具体地分析判断是否存在值得保护的优越利益。

至于传统通说认为互殴的两种例外情形，也应当重新审视。(1）约架的一方停止侵害（或逃跑、或求饶等）而另一方继续侵害的情形。停止侵害的一方逃跑、求饶等实际上已经放弃了约架和斗殴的行为，作为双向行为的互殴（约架），此时已经结束。另一方继续侵害、追打，对于停止侵害的这一方来说，属于新的不法侵害，这时停止侵害一方的利益就取得了优越地位，法律不能“见死不救”，应当成为法律保护的对象，从而具有正当防卫的余地。(2）轻微互殴中一方突然使用杀伤力很强的工具的情形。笔者认为，将纯正的互殴（真正的互殴）限定在约架的范围内，此种情况不存在正当防卫的余地。既然是双方约架，双方都能预见到对方可能使用凶器，至少存在概括性地承诺对方持杀伤力较大的器具进行斗殴，这不值得法律保护。传统观点中，之所以会有人主张轻微互殴中一方突然使用杀伤力很强的工具情形下存在正当防卫的余地，根本原因还是受“还手就是互殴”等观念的影响。一般认为，在故意伤害案中，先动手殴打的一方原则上不得主张正当防卫，但是在后动手一方若突然使用杀伤力很大的器具时，先动手一方可以进行正当防卫。但这是一般的故意伤害案，并没有事先约架，根本不属于纯正的互殴（真正的互殴）的情形。传统观点其实是将这种故意伤害案件当成互殴来处理，所以才会出现轻微互殴中一方突然使用杀伤力很强的工具情形下存在正当防卫的观点。或许正是因为这一点，传统通说的典型代表高铭暄和马克昌先生分别在《刑法专论》和《犯罪通论：根据 1997 年刑法修订》中论述互殴在特定情形下存在正当防卫时仅列举前述第一种情形，而对第二种情形只字未提。[1] 可见，传统观点中提到的互殴中的两个例外情况，在纯正的互殴（真正的互殴）中并不属于例外。

综上所述，互殴的规范性概念界定如下：互殴是指不存在优越利益或优越利益待定的双方参与人相互殴打的行为。互殴可以分为纯正的互殴（真正的互殴）与不纯正的互殴（不真正的互殴），纯正的互殴（真正的互殴）是指双方参与人事先约定相互殴打（约架），因不存在优越利益而排斥正当防卫成立的行为；不纯正的互殴（不真正的互殴）是指双方参与人非事先约定情况下发生的相互殴打，优越利益存否待定而不完全排斥正当防卫的行为。

三、纯正的互殴（真正的互殴）与不纯正的互殴（不真正的互殴）的证成

笔者提出的纯正的互殴（真正的互殴）与不纯正的互殴（不真正的互殴），不是文字游戏，也不是为了创造概念，更非标新立异，而是为了解决刑法中互殴面临的重重困境。

首先，将互殴分为纯正的互殴（真正的互殴）与不纯正的互殴（不真正的互殴），符合优越利益原理。双方事先约架，就表明双方都同意通过私下决斗的方式解决争端，双方实际上放弃了法律对各自的保护。这在现代法治社会是绝不允许的，也是不正当的。根据“质”“量”统一的优越利益原理，双方行为在“质”上都是“恶”的，属于“不正对不正”，没有正当防卫的余地。换言之，事先约架，就表明各自承诺对方殴打己方，这种情况下类似于被害人承诺，不存在需要保护的优越利益，属于双方自我答责。由于互殴双方均是“不正对

---

[1] 参见高铭暄主编：《刑法专论》（第2版），高等教育出版社2006年版，第430页；马克昌主编：《犯罪通论：根据1997年刑法修订》（第3版），武汉大学出版社1999年版，第748页。

不正”，不存在需要保护的优越利益，阻却违法的实质性根据并不存在，根据优越利益原理，从根本上不符合正当防卫的本质要求。

同时，既然事先约架，双方都是不法侵害，双方都知道要进行相互斗殴，缺乏紧迫性，并不存在在国家来不及救济的紧急情况下自力救济的问题。互殴过程中，即使在某个争斗的瞬间，一方在防御，另一方在进攻，呈现实施正当防卫的表象，但是立足于约架在先，考虑整个互殴的全过程，根据优越利益原理进行实质分析，就会得出并不存在需要保护的优越利益的结论，因此，并无正当防卫存在的余地。这种纯正的互殴（真正的互殴）中，动手的先后并无实质意义，在事先约定互殴的情形下，“下手先后，只是出于权宜考虑，实际上双方互为攻击与防御的对象，而无所谓针对他方违法侵害实施正当防卫的问题”[1]。

其次，将互殴分为纯正的互殴（真正的互殴）与不纯正的互殴（不真正的互殴），使互殴与防卫的区分更具可操作性。与“事先斗殴故意说”相比，纯正的互殴（真正的互殴）中的约架显然更具可操作性。因为约架属于行为，不像意图那样潜藏于内心，而且约架具有实体的内容，即双方通过当面对话、电话、互联网、书信、捎话等方式约定在某个时间、地点进行相互殴打。这些都会留下证据，可以通过相应的证据来证明，也符合从客观到主观、从违法到责任认定犯罪的逻辑方法。约架在客观上是一种邀约行为，不同于传统观点认为的互殴是“客观上相互攻击”的行为，因为所有的打架、还手都表现为“相互攻击”，但是“客观上相互攻击的行为”未必都是经过事先约架的。这样一来，互殴与防卫的区分无须借助漂浮不定的主观内心要素。民间纠纷引发的故意伤害案件，不能轻易将其认定为互殴而否定正当防卫。不能因为事先有纠纷、有矛盾、准备工具就认定为互殴。

---

〔1〕 林山田：《刑法通论》（上册）（增订10版），北京大学出版社2012年版，第211～212页。

这个世界上没有无缘无故的爱，也没有无缘无故的恨，大多数的故意伤害案件都是有矛盾和纠纷，有的是偶发矛盾，有的是长期矛盾，有的是新仇，有的是旧恨，不能一概认定为互殴而排斥正当防卫。这种民间矛盾和邻里纠纷引发的案件不能轻易认定为斗殴，即使引发群体械斗也不能轻易认定为聚众斗殴。江苏省高级人民法院、江苏省人民检察院、江苏省公安厅印发的《关于办理聚众斗殴案件适用法律若干问题的意见》中规定，对于因民事纠纷引发的互相斗殴甚至结伙械斗，规模不大，危害不严重的，不宜以聚众斗殴罪处理，构成其他罪的以其他罪处理。最高人民检察院发布的 1 号指导性案例（检例第 1 号）施某某等 17 人聚众斗殴案就属于这种情形。〔1〕 陈兴良教授也认为，此案仅仅是邻村之间的土地和水利的纠纷引发的群体性械斗事件，就该案的性质而言，根本就不构成聚众斗殴罪。〔2〕

最后，将互殴分为纯正的互殴（真正的互殴）与不纯正的互殴（不真正的互殴），赋予互殴概念规范属性。与传统的“意图中心论”不同，笔者的这种观点属于“行为中心论”，注重从客观的约架行为角度区分是否属于纯正的互殴（真正的互殴），而非从行为人的内心意图角度区分。唯有如此，才能将互殴与一般故意伤害、故意杀人等区分开来。也许有人会说，这样限制解释会不会导致互殴的范围过

---

〔1〕 基本案情如下：福建省石狮市永宁镇镇西岑村与子英村相邻，原本关系友好。近年来，两村因土地及排水问题发生纠纷。永宁镇政府为解决两村之间的纠纷，曾组织人员对发生土地及排水问题的地界进行现场施工，但被多次阻挠未果。2008 年 12 月 17 日上午 8 时许，该镇组织镇干部与施工队再次进行施工。上午 9 时许，犯罪嫌疑人施某某等 9 人以及数十名西岑村村民头戴安全帽，身背装有石头的袋子，手持木棍、铁锹等器械到达两村交界处的施工地界，犯罪嫌疑人李某等 8 人以及数十名子英村村民随后也到达施工地界，手持木棍、铁锹等器械与西岑村村民对峙，双方互相谩骂、互扔石头。出警到达现场的石狮市公安局工作人员把双方村民隔开并劝说离去，但仍有村民不听劝说，继续叫骂并扔掷石头，致使 2 辆警车被砸损（经鉴定损失价值人民币 761 元），3 名民警手部被打伤（经鉴定均未达轻微伤）。参见最高人民检察院第一批指导性案例检例第 1 号施某某等 17 人聚众斗殴案。

〔2〕 参见陈兴良：《施某某等聚众斗殴案：在入罪与出罪之间的法理把握与政策拿捏——最高人民检察院指导性案例的个案研究》，载《法学论坛》2014 年第 5 期。

窄，进而会不会导致正当防卫权利的滥用。笔者认为，这样的担忧是没有必要的，因为限缩互殴的范围，未必等于扩大正当防卫的范围，只是通过实质限缩解释让互殴的内涵和界限更加清晰，让互殴的认定具可操作性。传统观点讨论的很多与互殴相关的问题，其要么属于一般的故意伤害，要么属于预期侵害、挑拨防卫等，属于不纯正的互殴（不真正的互殴）问题。不纯正的互殴（不真正的互殴）既可能不成立正当防卫也可能成立正当防卫。

我们用纯正的互殴（真正的互殴）与不纯正的互殴（不真正的互殴）分类方法来分析下面这个案例，以此来检测其可操作性。

【案例 16　尹某某故意伤害案】犯罪嫌疑人尹某某经常帮梁某某（系某小贷公司业务员）介绍需要申请贷款的客户，带领这些客户到梁某某处办理贷款业务，二人有长期合作关系。后梁某某从该公司辞职跳槽到另外一家公司，二人因贷款催收问题产生矛盾，多次在电话中争吵。一天，尹某某再次与梁某某在电话中发生争吵，梁某某说："有本事你来找我，我弄死你"，并把工作地址告诉了尹某某。尹某某说："我马上就去弄死你。"尹某某纠集张某某、王某 1、王某 2 三人（该三人是贷款客户，并不知道尹某某与梁某某争吵）一起，并携带折叠刀前往梁某某工作地点。梁某某在挂了电话后，准备了一把 U 形锁放在自己办公桌上。后尹某某带领张某某、王某 1、王某 2 到达梁某某办公室。梁某某见到尹某某后，二话不说直接拿 U 形锁砸尹某某肩、背部（未造成伤情），二人扭打在一起，尹某某从裤子口袋内掏出水果刀，刺中梁某某背部（经鉴定，伤情为轻伤二级）。后被张某某、王某 1、王某 2 等人拉开，张某某、王某 1、王某 2 三人均没有参与打斗。犯罪嫌疑人尹某某辩解称：梁某某先动手的，梁某某先用 U 形锁砸过来，然后其出于防卫才用水果刀刺伤梁某某，属于正当防卫。

根据前述纯正的互殴（真正的互殴）与不纯正的互殴（不真正的

互殴）概念及其分类，此案属于纯正的互殴（真正的互殴），双方均不属于正当防卫。二人此前在电话中已经约架，相互称“要弄死对方”，地点约定在梁某某的工作地点，时间约在“马上”，并且双方都各自准备了工具，见面后没有谈判等其他任何意思表示，而是直接进行殴打，属于典型的约架，双方都放弃了法律对自身法益的保护，任何一方均不构成正当防卫。通过这个案例可以看出，笔者提出的区分方法便于操作。

第五节　优越利益原理视野下互殴与防卫实体认定规则

以优越利益原理为指导，将互殴进行类型化为纯正的互殴（真正的互殴）和不纯正的互殴（不真正的互殴），这样互殴与防卫的界限就回归到理性的刑法教义学基础上了，以是否存在客观的约架行为为形式标准，以是否存在优越利益为实质标准，形成从形式到实质的理性认定规则，不再依赖于漂浮不定的主观意图。

一、互殴与防卫从形式到实质的理性认定规则

笔者提出将互殴类型化为纯正的互殴（真正的互殴）和不纯正的互殴（不真正的互殴），直接目的是为互殴与防卫的界限提供可操作性的认定规则。根据前述对互殴内涵的界定，互殴与防卫区别认定规则可以分为以下两个步骤。

第一步以有无约架为标准，区分纯正的互殴（真正的互殴）与不纯正的互殴（不真正的互殴）。这属于形式判断，由于约架的表现形式为相互殴打之前双方就斗殴事宜相互邀约（包括时间、地点等），故判断起来并无困难。经审查判断，如果具有事先约架的行为，且约

定变为现实，这就属于纯正的互殴（真正的互殴），直接不认定为正当防卫，按照双方行为触犯的罪名进行定罪处罚。如果经审查判断，不存在事先约架，那就属于不纯正的互殴（不真正的互殴），这种情况下，是否存在正当防卫，尚不能立即从形式上作出判断，需要接下来进行第二步的实质判断。

第二步以是否存在优越利益为标准，对不纯正的互殴能否成立正当防卫作出实质判断。相对第一步而言，这里的判断是实质判断，即以优越利益原理为实质标准，结合不纯正的互殴（不真正的互殴）的具体情况判断是否存在正当防卫。同时，也是更为复杂的判断，比如，临时发生的伤害案件，需要结合事情起因、谁先动手等综合判断行为人的行为是否保护了优越利益；再如，预期侵害、挑拨防卫也属于不纯正的互殴（不真正的互殴），是否成立正当防卫，也需要结合具体情况实质性地判断有无保护优越利益。

认定规则就是审查结构模式，是一种用来解决特定认定（对个案作出裁量和决定）的程序，一种内容丰富、可普遍运用的程序。一个正确的认定规则所必须具备的各种条件中，最重要的就是在逻辑上正确地排列个别审查步骤的顺序。[1] 上述第一步与第二步之间的关系，是阶层递进关系，形式判断在前，实质判断在后。也就是第一步先以约架为标准区别纯正的互殴（真正的互殴）与不纯正的互殴（不真正的互殴），如果得出纯正的互殴（真正的互殴）之结论，就不需要进行第二步的判断，直接否定正当防卫的成立。如果不能得出纯正的互殴（真正的互殴）之结论，即属于不纯正的互殴（不真正的互殴），此时需要过渡到第二步，以优越利益原理为标准进行实质判断。这属于阶层性的体系方法，也是一种司法逻辑。这种体系方法，乃是将一个思考的任务（无论是要解答一个抽象的问题，还是要判断一个具体

---

〔1〕 参见［德］英格博格·普珀：《法学思维小学堂——法律人的6堂思维训练课》，蔡圣伟译，北京大学出版社2011年版，第186～187页。

的个案）分解成一个个单一个别的思维步骤或决定步骤，并且将这些步骤合乎逻辑地整理排列好。这特别像德国谚语所指出的：第二步不会先于第一步。第二步是指所有在逻辑上以第一步为前提的步骤。体系方法本质上也就是一种逻辑的运用。[1] 很多人片面地认为阶层论只适用于犯罪构成，甚至把阶层论与构成要件符合性、违法性、有责性画等号，这是狭隘的。阶层论作为一种司法逻辑方法，无论是在刑事实体法领域还是刑事程序法领域，均具有广阔的应用场域。

二、纯正的互殴（真正的互殴）的实体认定规则

纯正的互殴（真正的互殴）由于不存在值得保护的优越利益而没有正当防卫成立的余地，即使出现一方逃跑等情形也不属于纯正的互殴（真正的互殴）之例外，而是互殴结束后产生了新的不法侵害事实，超出互殴的效力范围。为了便于把握认定规则，纯正的互殴（真正的互殴）可以分为以下几种类型。

1. 单挑型约架与群殴型约架。单挑型约架即双方都是一个人，单人之间事先约定相互攻击。这种情形下，不存在正当防卫，根据具体案情定故意伤害罪或故意杀人罪。群殴型约架即二人或三人以上事先约定相互攻击。这种情况下，也不存在正当防卫，根据具体案情认定共同故意伤害罪、故意杀人罪或者聚众斗殴罪等。

2. 复仇型约架与偶发矛盾型约架。复仇型约架是双方原本就存在矛盾和仇恨的情况下，双方约架，这种情形下，不存在正当防卫。偶发矛盾型约架是因偶发矛盾、纠纷发生口角后，双方约定再次通过打架解决矛盾、纠纷。这种情况下，也不存在正当防卫。需要特别强调的是，如果是偶发矛盾当时就引发双方打架，并不存在约架，那就属于一般的故意伤害案件，不属于纯正的互殴（真正的互殴），有正当

---

〔1〕 参见［德］英格博格·普珀：《法学思维小学堂——法律人的6堂思维训练课》，蔡圣伟译，北京大学出版社2011年版，第179页。

防卫成立的余地。

3. 二次斗殴型约架。二次斗殴型约架是指双方当事人在非约架的情形下发生打架行为，此时由于并不存在事先约架，属于不纯正的互殴（不真正的互殴），仍然有正当防卫存在的余地。但是，在上述打架结束后，双方约定再次互殴，这就是二次斗殴的约架，在这个二次约架的斗殴中不存在正当防卫。

4. 争夺势力范围型约架。这类斗殴通常发生在团伙之间，通过约定互殴的方式争夺势力范围，经常表现为聚众斗殴犯罪。这种情形属于纯正的互殴（真正的互殴），不存在正当防卫。

上述这些类型中之所以不存在正当防卫成立的余地，是因为双方约架时已经放弃了法律对各自法益的保护，双方在“质”上均属于“不正”，系“不正”对“不正”，不存在值得保护的优越利益。需要特别指出的是，约架是双向行为，是双方相互约定。生活中使用的“单方约架”不是真正意义上的约架，不属于纯正的互殴（真正的互殴）。一方以为是和解、谈判等具有赶赴现场的合理理由，并没有约架的行为和意思表示，另一方借机殴打，属于单方约架，不属于纯正的互殴（真正的互殴），没有约架的一方具有防卫权；一方为了约架而故意隐瞒约架的意思表示，将另一方诱骗至某个地方进行殴打，也属于单方约架，没有约架的一方具有防卫权，不能认为没有约架的一方只要还手就是互殴。单方约架的一方实施不法侵害，根据“质”“量”统一的优越利益原理，具有质上的“恶”和“不正”，而没有约架一方的利益在质上属于“善”和“正”，没有约架一方的利益处于优越地位，其反击行为属于“正”对“不正”，因此可以成立正当防卫。单方约架的一方由于处于“不正”的地位，原则上没有防卫权，因为在其进行单方约架时就已经放弃了法律对自己的保护，不具有优越利益，只有在逃跑、求饶等放弃单方约架，形成新的不法侵害事实的情况下，才有正当防卫成立的余地。例如，最高人民检察院指导性案例侯雨秋正当防卫案（检例第48号）中，侯雨秋工作的养生会所与对方的足浴店，尽管存在生意竞争关系，但侯雨秋一方没有斗殴的故意，该案打斗系对方挑起，打斗的地点也系在侯雨秋工作的养生会所内，所以双方攻击与防卫的关系清楚明了。沈某纠集雷某等人聚众斗殴属于正在进行的不法侵害，没有斗殴故意的侯雨秋一方可以进行正当防卫，因此侯雨秋的行为具有防卫性质。该案例的“要旨”正确地指出“单方聚众斗殴的，属于不法侵害，没有斗殴故意的一方可以进行正当防卫”。[1]

三、不纯正的互殴（不真正的互殴）的实体认定规则

不纯正的互殴，情形极其复杂，有的属于一般故意伤害，有的属于预期侵害，有的属于挑拨防卫等，既可能存在正当防卫，也可能没有正当防卫成立的余地，有必要进行类型化地分析判断。

（一）一般故意伤害型

因民间纠纷、生活琐事、口角争吵等引发的打架，只要没有约架，就属于一般的故意伤害案件，不能绝对排除正当防卫的成立。这类案件应当尽可能分清起因、是非对错和动手先后顺序。如果一方先寻衅滋事或者先动手，另一方的正当防卫余地更大，先动手的一方一般不能主张正当防卫。其法理依据依然在于“质”“量”统一的优越利益原理，先动手一方制造了不法侵害，其利益在“质”上属于“不

[1] 参见最高人民检察院第12批指导性案例检例第48号，具体案情如下：侯雨秋系葛某经营的养生会所员工。2015年6月4日22时40分许，某足浴店股东沈某因怀疑葛某等人举报其店内有人卖淫嫖娼，遂纠集本店员工雷某、柴某等4人持棒球棍、匕首赶至葛某的养生会所。沈某先行进入会所，无故推翻大堂盆栽挑衅，与葛某等人扭打。雷某、柴某等人随后持棒球棍、匕首冲入会所，殴打店内人员，其中雷某持匕首两次刺中侯雨秋右大腿。其间，柴某所持棒球棍掉落，侯雨秋捡起棒球棍挥打，击中雷某头部致其当场倒地。该会所员工报警，公安人员赶至现场，将沈某等人抓获，并将侯雨秋、雷某送医救治。雷某经抢救无效，因严重颅脑损伤于6月24日死亡。侯雨秋的损伤程度构成轻微伤，该会所另有2人被打致轻微伤。

正”，被攻击者的利益处于优越地位，“最先发动攻击者必须容忍对方的防卫”[1]。例如，前述案例 5 熊某故意伤害案，对方酒后无故滋事、动手在先，在质上属于“不正”，熊某的利益处于优越地位，可以正当防卫。

当然，也并非先动手一方绝对不能成立正当防卫，先动手一方已经逃跑、求饶，但后动手一方继续追打，此时追打者形成了一个新的不法侵害，此前先动手一方并非不能防卫。前述案例 11 李某故意伤害案中，尽管在前一阶段的殴打中是李某先动手，但是后来李某等人逃跑，在逃跑过程中落单，被追打及围殴，此时李某具有防卫权。因为先动手者逃跑后，由其先前制造的不法侵害已经结束，对方的追击行为形成一个新的不法侵害，根据优越利益原理，此时被追击者的利益处于优越地位，可以进行正当防卫。

综上，因纠纷、矛盾、口角引发的伤害案件中正当防卫的认定规则可以概括为：(1) 在一般故意伤害案中，要破除“打架就是互殴”的惯性思维，查明是非对错和谁先动手，原则上后动手一方可以进行防卫，先动手一方不能主张防卫。(2) 在特定情况下，如先动手一方已经逃跑、求饶，但后动手一方继续追打，此时形成一个新的不法侵害，先动手一方存在防卫的余地。

（二）防卫意思与报复等动机并存型

正当防卫的成立是否需要防卫意思，是行为无价值论和结果无价值论争论的焦点。我国传统通说主张防卫意思必要说，并且认为要同时具备认识因素和意志因素，前者是对防卫事实的认识，后者是对防卫行为之目的、动机等，而且更侧重于意志因素，所以通说习惯于将

---

〔1〕［德］乌尔斯·金德霍伊泽尔：《刑法总论教科书》，蔡桂生译，北京大学出版社 2015 年版，第 164 页。

正当防卫的主观条件表述为“防卫意图”而不是“防卫意思”。[1] 这就导致司法实践中只要有报复、激愤或其他不道德动机，就会认定为互殴，进而否定正当防卫，要求防卫意图与攻击、报复等动机不能并存。这种“道德洁癖”与传统通说对防卫意图的重视密切相关。

笔者认为，应当采用防卫意思不要说，特别是涉及互殴问题时，防卫意思不要说显示出更大的优势。正当防卫本质上系紧急情况下的自救行为，是防卫人做出的瞬间反应。在这种紧急状况下，苛求行为人冷静地在大脑中产生正当防卫的目的和动机是不切实际的。况且，在正当防卫中，一般人面对不法侵害，都会产生愤怒、报复等动机，苛求防卫人完全与这些“不道德”动机隔绝，也不现实的，在与互殴交织时更是如此。值得注意的是，当今德日刑法学通说以及判例，有一点共识，就是防卫人在防卫的同时伴有报复动机、愤怒情绪等，不影响正当防卫的成立。[2]

防卫意思与报复等动机并存型的正当防卫认定规则可概括为：(1) 原则上不需要考虑防卫意思，即使要考虑防卫意思也仅限于认识因素，并尽可能地纯化，行为人至多只需要认识到不法侵害的事实。(2) 只要客观上符合正当防卫的条件，即使是出于愤怒、报复等动机，也可以被正当化。[3] (3) 防卫人主观上具有伤害意图、积极加害意思，并不影响正当防卫的认定。“一个人在适当的紧急帮助中伤害了一名攻击者，他的行为就是合法的，即使对他来说，重要的并不

〔1〕 参见高铭暄主编：《刑法专论》(第2版)，高等教育出版社2006年版，第424页；陈兴良：《正当防卫：指导性案例以及研析》，载《东方法学》2012年第2期。

〔2〕 参见［德］克劳斯·罗克辛：《德国刑法学 总论（第1卷）：犯罪原理的基础构造》，王世洲译，法律出版社2005年版，第416页；［日］松宫孝明：《刑法总论讲义》(第4版补正版)，钱叶六译，中国人民大学出版社2013年版，第110页。

〔3〕 参见［德］克劳斯·罗克辛：《德国刑法学 总论（第1卷）：犯罪原理的基础构造》，王世洲译，法律出版社2005年版，第416页。

是保护被害人，而是教训一下攻击者”〔1〕，依然成立正当防卫。(4) 是否成立正当防卫的根本条件在于是否存在优越利益。

（三）预期侵害型

预期侵害，是指行为人在事先已经预知将受到不法侵害，而实施反击。〔2〕我国司法实践中一般会将预期侵害作为事先有伤害意图、斗殴意图的行为而认定为互殴，进而否定正当防卫的成立。换言之，互殴概念的泛化导致预期侵害在实践中几乎没有例外地被归结为互殴，还动辄强加退避义务，导致正当防卫与紧急避险混同。前述案例8聂某故意伤害案的判决书，要求被告人在被多人持械追打时只能采取紧急避险，而不能正当防卫。这种论调令人吃惊。

这种粗放式的处理方式需要反思。需要明确的是，预期侵害不是纯正的互殴（真正的互殴）。既然不是纯正的互殴（真正的互殴），那就并非一概不成立正当防卫。德日刑法学通说也认为预期侵害并非一律不成立正当防卫。至于退避义务，一般认为，正当防卫与紧急避险是不同的，正当防卫基于“正不必向不正让步”的信条，不能赋予被侵害人退避义务。日本最高裁判所也否认预期侵害中的退避义务，但是同时又认为“预期侵害+积极加害意思”能否定正当防卫的成立。〔3〕然而日本学界很多观点认为，预期侵害在特定条件下应该课予防卫人退避义务。〔4〕

笔者认为，日本刑法理论对预期侵害课予防卫人退避义务，不值

---

〔1〕［德］克劳斯·罗克辛：《德国刑法学　总论（第1卷）：犯罪原理的基础构造》，王世洲译，法律出版社2005年版，第416页。

〔2〕理论上一般将预期侵害分为抽象的预期和现实的预期，前者是针对可能发生的侵害采取防御措施，如架设防盗电网；后者是现实的确定的预期。本书所讨论的与互殴相关的是现实的预期侵害。

〔3〕参见［日］松宫孝明：《刑法总论讲义》（第4版补正版），钱叶六译，中国人民大学出版社2013年版，第103~104页。

〔4〕参见［日］佐伯仁志：《日本正当防卫论之新开展》，黄士轩译，载《月旦法学杂志》2010年第2期。

得我国借鉴。首先，退避义务与正当防卫“正不必向不正让步”的法理不符。德国通说认为正当防卫一般不需要退避义务，只是在对于无责任能力人、未成年人、亲属等具有保证关系、特定条件下的挑拨防卫承认退避义务。[1] 我国台湾地区通说也否定退避义务。[2] 其次，退避义务解决的是预期侵害在特定情况下不成立正当防卫的问题，但是不成立正当防卫，完全可以通过不符合正当防卫的条件以及其本质原理来判断，无须引入让公民产生误解的“退避义务”（仅在挑拨防卫中具有意义，见下文）。对于预期侵害而言，“即便是在这样的场合，问题的解决仍不能离开利益的比较”[3]。预期侵害何时成立正当防卫，何时不成立当防卫，应当从优越利益原理的角度进行实质解释，关键是看有无需要保护的优越利益。“积极加害意思”理论也好，退避义务理论也罢，其实只不过是正当防卫本质原理的投影。至于不法侵害人是无责任能力人、不负刑事责任的未成年人时，一般具有退避义务，也不是基于伦理的考量，依然是优越利益原理所决定的。根据功利主义和利益衡量的原理，法律是对弱者的救济，在防卫人与作为残疾或年幼的弱者不法侵害人之间，利益衡量的天平应该略向弱者倾斜，本质上依然是利益衡量的结果。

预期侵害中的正当防卫成立与否，不需要退避义务理论也完全能够顺利解决，具体类型如下：（1）当行为人预期到侵害时，没有合理的理由而径直前往进行殴打，那就意味着行为人承诺放弃法律对自身利益的保护，属于“不正对不正”，就没有需要保护的优越利益。这其实不是退避义务问题，而是类似于单方约架。（2）当行为人预期到

---

〔1〕 参见［德］约翰内斯·韦塞尔斯：《德国刑法总论》，李昌珂译，法律出版社2008年版，第187页；［德］克劳斯·罗克辛：《德国刑法学 总论（第1卷）：犯罪原理的基础构造》，王世洲译，法律出版社2005年版，第444页以下。

〔2〕 参见许恒达：《退避义务与防卫手段的必要性》，载《月旦法学教室》2018年第193期。

〔3〕 ［日］泷川幸辰：《犯罪论序说》（上），王泰译，载《刑法论丛》（第3卷），法律出版社1999年版，第212页。

侵害时，具有合理的理由而前往，如前往现场是正当职务行为，又如在朋友遭受不法侵害且自己被侵害的危险性亦高，[1] 再如行为人前去谈判、和解、赔礼道歉等，这些情况下，行为人的行为没有侵害他人的利益，属于“正”的行为，行为人的法益在“质”上处于优越地位，可以进行正当防卫，不存在退避义务问题。(3) 行为人预期到侵害，没有合理理由在特定地点“守株待兔”，与对方较量，这与前面第一种情况一样，意味着承诺放弃法律对自身利益的保护，属于“不正对不正”，没有需要保护的优越利益。这也不是退避义务问题，而是类似于单方约架。(4) 行为人预期到侵害，但是具有合理的理由而滞留一定场所，或者是在前往某处的必经之地，遭遇对方的不法侵害时，可以进行正当防卫。例如，行为人在自己家里或者上班时间在办公室，或对方所在的地点是行为人回家的必经之地、接孩子放学的必经之地、上下班路上途经之地，均不能因预期到侵害就否定正当防卫。原因在于，待在家里、办公室里，以及前往某处的行动自由，系宪法性利益，属于值得保护的优越利益。不能因为行为人与对方发生口角后，预期到对方可能会来报复，而让行为人搬家或者限制行动自由。否则，诸如“去想去的地方的自由”“待在自己家里的自由”这些正当利益就会受到侵害，而造成被侵害者需要屈服于侵害者、限制自己行动自由的结果，这无异于变相承认“非法侵害”人的利益实际上优于被侵害者的利益。[2] 日本学者桥爪隆将这种“滞留现场”的利益作为优越利益原理的一般性基础。[3] 但是，将“滞留现场”作为正当防卫阻却违法性的一般性、普遍性理由显然是不周延的。其主要适用领域是非法拘禁、暴力侵害类案件。其实，这种情况，无须借助“滞留现场利益”也可以得出优越利益的结论。根据“质”“量”

---

〔1〕 参见黄国瑞：《口角互殴之正当防卫界限》，载《真理财经法学》2014 年总 13 号。

〔2〕 参见［日］山口厚：《正当防卫论》，王昭武译，载《法学》2015 年第 11 期。

〔3〕 橋爪隆『正當防衛論の基礎』（有斐阁，2007 年）71 – 76 頁参照。

优越利益原理，行为人无论是回家还是上班，都是“正”的行为，没有侵害到他人的利益，也没有妨碍他人的自由，在遇到他人不法侵害时，其利益在“质”上处于优越地位，当然有权进行防卫。（5）预期到侵害时，为消极防御而准备工具，不影响正当防卫的认定。行为人的优越利益不会因为对不法侵害有所预期准备工具防身而丧失。例如，长期受高年级学生欺凌的行为人，预期在放学路上会被对方殴打，而准备防身工具，这种准备防身工具以防不测的行为在“质”上属于“正”的行为，在遭遇对方主动攻击时，进行反击，防卫人的利益处于优越地位，当然属于正当防卫。

（四）自招侵害（挑拨防卫）型

挑拨防卫又称防卫挑拨、挑唆防卫、挑衅防卫、自招侵害，是指行为人先挑起对方对自己的侵害，然后予以反击给对方造成侵害的行为。这是最常见的不纯正的互殴（不真正的互殴）形态之一。日本常常把互殴与自招侵害放在一起进行讨论。日本判例以“一个巴掌拍不响”为由否定正当防卫。[1] 日本学者大谷实也称“和自招防卫同等看待的是打架斗殴”[2]。

关于自招侵害不成立正当防卫的理由，主要有以下几种学说：(1) 防卫意图否定说。这是传统刑法理论的通说，认为挑拨防卫不属于正当防卫是因为缺乏防卫意图，认为挑拨防卫一概排斥正当防卫，是一种特殊形式下的故意违法犯罪行为。[3] 挑拨防卫与正当防卫的根本区别不在于行为的客观表现，而在行为人的主观意图。[4] 这与

〔1〕 参见［日］西田典之：《日本刑法总论》，刘明祥、王昭武译，中国人民大学出版社2007年版，第124页。

〔2〕 ［日］大谷实：《刑法讲义总论》（新版第2版），黎宏译，中国人民大学出版社2008年版，第266页。

〔3〕 参见高铭暄主编：《刑法专论》（第2版），高等教育出版社2006年版，第430页。

〔4〕 参见马克昌主编：《犯罪通论：根据1997年刑法修订》（第3版），武汉大学出版社1999年版，第748页。

互殴“意图中心论”如出一辙。日本学者大塚仁认为，挑拨防卫不成立正当防卫，也是因为缺乏防卫的意思，所以即使在外观上似乎可以看出防卫行为，也不能阻却违法性。[1] 传统刑法理论对挑拨防卫缺乏类型化的精致研究，通说认为挑拨防卫人主观上具有加害对方的目的而并无防卫的意图，因此不成立正当防卫。[2] 实践中要么将挑拨防卫直接作为互殴处理，要么认定为挑拨防卫而排除正当防卫的成立。(2) 权利滥用说。该说认为防卫者的反击行为在形式上似乎是正当防卫，但是若将其认定为正当防卫实际上是对正当防卫权的滥用，此为德国通说。[3] (3) 法确证利益丧失说。该说认为挑衅者的反击行为所确证和维护的法秩序利益完全或部分被否定，所以不成立正当防卫。[4] (4) 缺乏社会相当性说。该说认为挑拨行为不仅不能维护社会秩序，而且会引起扰乱社会秩序的结果，故挑拨防卫缺乏社会相当性，不是正当防卫。[5] (5) 原因行为违法说。该说借鉴原因自由行为理论，认为自招行为作为原因行为是违法的，故无权进行防卫。[6] (6) 缺乏急迫性说。该说认为挑拨防卫的不法侵害缺乏急迫性而否定正当防卫的成立。[7]

---

〔1〕 参见［日］大塚仁：《犯罪论的基本问题》，冯军译，中国政法大学出版社 1993 年版，第 146 页。

〔2〕 参见高铭暄主编：《刑法专论》(第 2 版)，高等教育出版社 2006 年版，第 430 页；马克昌主编：《犯罪通论》(第 3 版)，武汉大学出版社 1999 年版，第 747 ~ 748 页；陈兴良：《正当防卫论》(第 2 版)，中国人民大学出版社 2006 年版，第 49 页。

〔3〕 参见陈俊榕：《论挑唆防卫》，载《“国立”中正大学法学集刊》2013 年总第 39 卷；［德］约翰内斯·韦塞尔斯：《德国刑法总论》，李昌珂译，法律出版社 2008 年版，第 189 ~ 190 页。

〔4〕 伊東研祐「違法性阻却の原理と事由」法学セミナー 4 号 (616 号) (2006 年) 102 - 103 頁参照。

〔5〕 参见［日］大谷实：《刑法讲义总论》(新版第 2 版)，黎宏译，中国人民大学出版社 2008 年版，第 265 页。

〔6〕 参见［德］约翰内斯·韦塞尔斯：《德国刑法总论》，李昌珂译，法律出版社 2008 年版，第 189 ~ 190 页。

〔7〕 参见［日］西田典之：《日本刑法总论》，刘明祥、王昭武译，中国人民大学出版社 2007 年版，第 123 ~ 124 页。

上述这些观点，均存在不妥之处。首先，防卫意图否定说以防卫意图欠缺为由否定正当防卫的成立是不可取的。这种“意图中心论”根本无法区分互殴与防卫，是导致互殴泛化的重要原因。以缺乏防卫意图为由对挑拨防卫不加区分地全盘否定，更是草率的。比如，下面这个案例。

【案例17 孙某故意伤害案】 被告人孙某与伍某因地界发生争吵，伍某持砖头打伤孙某头部（轻微伤），致孙某倒地。孙某受伤后大声叫骂，伍某又冲向孙某，孙某捡起一块砖头打伤伍某左额头（轻伤二级）。法院认为，孙某被打后，在对方行为停止后，又以言语激怒对方，促使对方实施不法侵害，导致双方在互殴中孙某持砖头致伤被害人，孙某的行为属挑拨防卫，不属正当防卫。

本案中法院认为，被告人行为属于互殴，同时又认为是挑拨防卫，据此认为不成立正当防卫，其核心理由就是孙某先被对方持砖头打倒在地，对方停止殴打后，孙某大声叫骂故意激怒对方，这属于挑拨防卫，主观上不具有正当防卫的意图，而具有挑拨防卫的意图，但这是难以接受的。“意图”是虚幻的、随意的，孙某被对方打倒在地后大声叫骂，到底是人之常情的生气、愤怒，还是故意想通过言语挑拨对方，这根本就是个说不清道不明的问题。

其次，权利滥用说最大的问题是没有给出滥用权利的标准，[1]况且滥用权利就能完全否定防卫吗？防卫过当也是滥用防卫权利，但是依然承认防卫权这个基本事实，应当从轻或者减轻处罚。权利滥用说仅能解释削减挑衅者的防卫权利，但是遭受侵害的挑衅者在法律上不准防卫而只能放弃他的生命或重大的身体利益，这对挑衅人而言是一种绝望的情况，违反了自我保护原则。[2]

---

〔1〕 伊東研祐「違法性阻却の原理と事由」法学セミナー4号（616号）（2006年）102頁参照。

〔2〕 参见陈俊榕：《论挑唆防卫》，载《“国立”中正大学法学集刊》2013年总第39卷。

再次，法确证利益丧失说和缺乏社会相当性说，都是以法确证说这个正当防卫基础原理为出发点，法确证说、社会相当性说的缺陷，前文已述，这里不再赘述。除此之外，法确证利益丧失说也没有说清楚，挑拨者的法确证利益是完全丧失还是部分丧失？丧失与否的标准是什么？特别是在过失挑拨的情况下，维护的法秩序或社会秩序到底是否存在？日本学者大谷实一方面认为故意挑拨行为没有社会相当性，不仅没有维护法秩序，反而扰乱法秩序；另一方面又认为过失挑拨、轻微挑拨没有丧失社会相当性。[1] 那是否意味着过失挑拨、轻微挑拨的防卫实现了法确证、法秩序的维护呢？其实这里隐藏的是利益衡量，言下之意，在过失挑拨、轻微挑拨中的防卫符合优越利益原理。这暴露出法确证说的缺陷，并进一步显示出优越利益原理的合理性。

复次，原因行为违法说首创于德国，在日本也有学者主张。该学说创造性地借鉴原因自由行为，将挑拨防卫的情形分为两段：前段是挑拨的原因行为，后段是防卫的结果行为。但是对该学说的疑问是：（1）将挑拨防卫切割为两段进行违法性评价，必然面临批判。（2）该学说借用原因自由行为理论已经背离了违法阻却事由原理。该学说认为，挑拨者的防卫行为本来是合法的，但是由于这个原因行为本身是违法的，挑拨者却想通过这个工具来逃避处罚，所以仍然要处罚。按照这个逻辑，该观点认为挑拨者其实不是丧失防卫权，而是不排除可罚性。[2] 这已经跳出了违法性领域，而正当防卫是违法性问题，这是不可接受的。

最后，缺乏急迫性说也存在明显缺陷。一方面，在挑拨防卫引发的激烈冲突的情况下，不能否认急迫性的存在；另一方面，急迫性仅

---

〔1〕 参见［日］大谷实：《刑法讲义总论》（新版第2版），黎宏译，中国人民大学出版社2008年版，第265页。

〔2〕 参见陈俊榕：《论挑唆防卫》，载《“国立”中正大学法学集刊》2013年总第39卷。

仅从形式上划定标准，没有实质内容，缺乏可操作性。

笔者认为，挑拨防卫作为不纯正的互殴类型，是否成立正当防卫不应该有自己独特的理论基础，而是应当回到正当防卫的本质原理上来一体化解决。按照本书的观点，挑拨防卫是否成立正当防卫，要根据优越利益原理进行具体分析，既不能一概否定，也不能一概肯定。防卫行为的本质根据是优越利益的衡量，也就是利益冲突的平衡，在挑拨防卫中表现为利益风险分配。当我们从规范的角度来评价防卫人所欲保护的利益是否在质上处于优越地位时，应该关注防卫人所受侵害的利益与所保护的利益之间的权衡关系，当防卫人的利益具有优先地位时，侵害人的利益就必须退让；至于防卫人的利益是否具有优先地位的判断，则是取决于侵害人对于这个激烈的冲突局面所应负责的程度或范围。[1] 换言之，正当防卫其实就是一种利益冲突的平衡和风险分配的制度设计，而谁对这个冲突应负责任，谁的利益在规范评价上就不具有保护的优越性，至少是优越性减损，这样的风险分配机制符合社会公众的一般认知。由于挑拨在先，其法益的优越地位必然下降，从风险分配的角度来说，严格限制挑拨人的防卫权是妥当的。如何严格限制挑拨人的防卫权呢？就是让其承担一定的退避义务。这种退避义务，既不是“正对不正的让步”，也不是“正无须向不正让步”的例外，而是基于风险分配的需要，由挑拨人对自己先行制造的风险自我容忍、自我答责，通过退避来回赎、抵销先前制造的风险，直到其利益重新恢复到优越地位之后，才能正当防卫。因此，还是要回到优越利益原理这个基础上来。从类型化认定规则建构的角度来说，可以借鉴德国刑法学的分类，将挑拨防卫分为蓄意型挑拨和非蓄意型挑拨。[2]

---

〔1〕 参见陈俊榕：《论挑唆防卫》，载《“国立”中正大学法学集刊》2013 年总第 39 卷。
〔2〕 参见许恒达：《正当防卫与挑唆前行为》，载《月旦刑事法评论》2016 年第 2 期。

1. 蓄意型挑拨。蓄意型挑拨是指挑拨人蓄意挑衅或者激怒被挑拨人，并利用被挑拨人因受刺激而向挑拨人发动攻击的机会，借正当防卫之名对被挑拨人进行攻击。对于这种情况，通说认为应当否定正当防卫的成立，德国的判例和主流观点也认为在这种情况下，挑衅者完全丧失正当防卫的权利。但是德国也有学者认为，还是要给蓄意挑衅者保留正当防卫权，至少在没有逃避可能性的时候，应当保留。[1] 笔者认为，蓄意型挑拨原则上应该否定正当防卫的成立，但是特定情况下有成立正当防卫的余地。什么样的特定情况取决于优越利益原理，也就是要回到优越利益的原理之下进行分析。因为行为人蓄意制造利益冲突，从风险分配的角度来说，其法益受保护的优越性明显降低，挑衅人不得借机防卫，其具有退避义务。在这种情况下，挑拨者自己才是“侵犯者”，[2] 根据“质”“量”统一优越利益原理，其法益在“质”上属于“不正”，对方反而取得了优越利益的地位，可以进行防卫，挑拨者丧失防卫权。但是，在特定条件下，也不能排除防卫的可能性，具体来说：（1）挑衅行为本身较为轻微，与对方的攻击行为相比，明显不成比例，根据优越利益原理仍然处于优越地位，并不丧失防卫权。（2）在具备退避条件时已经退避，但已退无可退。在这种情况下，挑拨人的利益就恢复到优越地位，可以正当防卫。案例17 孙某故意伤害案中，被告人孙某被对方殴打后大声叫骂乃人之常情，是否属于蓄意挑拨难以证明，即使属于蓄意挑拨，言语叫骂相对于持砖头殴打来说，这种挑拨行为本身较为轻微，在对方再次冲上来殴打时，倒在地上的孙某无法躲避，捡起砖头反击，当属防卫。值得注意的是，尽管德国的判例和主流观点否定蓄意挑衅者的防卫权，但

〔1〕参见［德］克劳斯·罗克辛：《德国最高法院判例：刑法总论》，何庆仁、蔡桂生译，中国人民大学出版社 2012 年版，第 43 页。

〔2〕参见［德］约翰内斯·韦塞尔斯：《德国刑法总论》，李昌珂译，法律出版社 2008 年版，第 190 页。

是德国联邦最高法院在一起案例中指出，要求挑衅者保持克制，并不意味着要对违法攻击保持永远的克制，在被告防御性地撤退以及反复要求对方停止攻击，仍不能奏效时，不能要求他再继续采取这些没有确定效果、显然不足以阻止攻击的防卫手段。“因挑拨可使攻击者获得照顾，而这种照顾不是永远存在的，如果防卫者所采取的较轻的防卫形式一直不见效，这种照顾也就同时消失了。”〔1〕

2. 非蓄意型挑拨。非蓄意型挑拨是指挑拨者并非有意借用正当防卫来伤害对方并规避刑事责任，而是因言语或行动等其他可责难的方式引起对方的不法侵害。值得注意的是，我国传统理论与司法实践，大多将这些非蓄意型挑拨认定为互殴而排除正当防卫的成立。其实，这些类型并不属于纯正的互殴（真正的互殴），而是不纯正的互殴（不真正的互殴），不得轻易否定正当防卫的成立，应当按照优越利益原理，进行具体类型化分析。

（1）过失的非蓄意型挑拨。例如，甲乘坐高铁调整座椅，不小心（过失）导致后排乘客乙的小桌板上的水杯倾倒，乙脾气暴躁立即出拳殴打甲，甲予以反击，此时不能认定为纯正的互殴（真正的互殴），应当认为甲具有完整的防卫权。原因在于，甲的过失行为在“质”上不是一个“恶”的、“不正”的行为，这个过失行为没有导致优越利益地位的丧失，此时甲具有完整的防卫权。至多有些情况下，“因自己的行为招致了侵害，防卫行为欠缺相当性，从而成立防卫过当”〔2〕。

（2）故意的非蓄意型挑拨系违法行为（包括违反《治安管理处罚法》的行为、违反民事法律的行为），但并不完全丧失防卫权。因

〔1〕［德］克劳斯·罗克辛：《德国最高法院判例：刑法总论》，何庆仁、蔡桂生译，中国人民大学出版社2012年版，第45页。

〔2〕［日］前田雅英：《刑法总论讲义》（第6版），曾文科译，北京大学出版社2017年版，第232页。

为行为人制造了不法侵害，自我减损了利益的优越地位，其利益的优越性会降低，其防卫权应当按照“防卫三阶段”进行限制，即躲避—防御防卫—攻击防卫，也就是受攻击者必须先行躲避；如果行不通，则必须在人们可期待他实施防御性行动的时候，实施防御性行动；再不行，才可以采取攻击防卫。[1] 例如，被告人驾驶车辆刮到了丙的汽车，丙驾车追赶，追上后打了被告人几拳，被告人掏出一把刀捅了丙，致丙死亡。此案中，由于被告人先前的违反交通规则并逃逸的违法行为刺激了丙，并挑起了丙的攻击，这属于非蓄意型挑拨的违法行为。德国联邦最高法院认为，被告人有义务先行躲避，以寻找危险更小的防卫手段。[2] 但是正如罗克辛所言，所有这些限制并不会改变挑衅者拥有正当防卫权的现实，如果这些“轻度的”措施不奏效，那么，在必要的情况下，他也可以采取致命的防卫手段，也就是说挑衅者不是必须要挨打，在限制性应对措施不能奏效时，在必要的情况下，他也可以开枪。[3]

（3）故意的非蓄意型挑拨系合法仅违反伦理的，或者系合法且合伦理的，原则上具有完整的防卫权。仅违反伦理甚至连伦理都没有违反的情况下，挑拨人没有制造不法侵害，其利益仍然处于优越地位，根据优越利益原理，没有理由让挑拨人承担不利的风险分配，挑拨人不具有退避义务。例如，我国台湾地区学者许恒达所举的案例：债权人甲告诉债务人乙（情绪不佳、可能打人且众人皆知），若不于明日返还欠款，将向法院起诉，乙即刻大怒，随即出拳作势打甲，甲拿起身边手提袋掷向乙，造成乙受轻伤。[4] 甲索要债务合理合法，这个

---

〔1〕参见［德］乌尔斯·金德霍伊泽尔：《刑法总论教科书》，蔡桂生译，北京大学出版社2015年版，第176页。

〔2〕参见［德］克劳斯·罗克辛：《德国最高法院判例：刑法总论》，何庆仁、蔡桂生译，中国人民大学出版社2012年版，第41页。

〔3〕参见［德］克劳斯·罗克辛：《德国最高法院判例：刑法总论》，何庆仁、蔡桂生译，中国人民大学出版社2012年版，第43页。

〔4〕参见许恒达：《正当防卫与挑唆前行为》，载《月旦刑事法评论》2016年第2期。

索要债务的行为在“质”上属于“正”的行为，尽管激怒了脾气暴躁的乙，但是并没有影响到甲的优越利益地位，甲具有完整的防卫权。

第四章 优越利益原理下互殴与防卫程序重置

在实体上将互殴类型化为纯正的互殴（真正的互殴）与不纯正的互殴（不真正的互殴），以事先有无约架为标准进行第一步的形式判断，对于不纯正的互殴（不真正的互殴）以“质”“量”统一优越利益原理为指导，实质地判断有无值得保护的优越利益，进而得出能否成立正当防卫的结论，以此从实体上厘清互殴与防卫的关系和界限。这些实体判断规则都是建立在证据和证明基础之上的。纯正的互殴（真正的互殴）与不纯正的互殴（不真正的互殴）类型化的标准——约架，也是需要证明的。要解决互殴的事实、防卫的事实作为证明对象的定位，谁承担证明责任，证明到何种程度等问题，只有配置与实体相对应的程序规则，才能实现规范与事实的对应。

第一节 互殴与防卫证明对象的重置

一、防卫事实作为证明对象的独立性

长期以来，正当防卫的事实在理论和实践中没有取得证明对象的独立地位，严重影响到正当防卫的认定，这与实体上的犯罪构成也密切关联。

我国刑事诉讼法学长期以来忽视对证明对象的研究，关于证明对象的定义和分类没有发挥刑事诉讼的功能。传统观点认为证明对象就是待证事实，也就是需要在诉讼中加以证明的事实，进而将证明对象分为定罪事实、量刑事实和程序性事实。[1] 但是这样的定义和分类的意义和功能有限，何为需要加以证明的事实？哪些事实是需要加以证明的事实？这些均无法明确。这里的定罪事实的入罪导向明显，阻却违法的事实被边缘化，导致司法实践将证明对象的重点放在定罪事实上，而忽略正当防卫这样的出罪事实。因此，传统观点关于证明对象的定义和分类没有发挥其在刑事诉讼中应有的功能，而且还产生注重入罪而忽视出罪的负面功能，需要重新审视证明对象的定义和分类。

首先，证明对象与证明责任密切相关，证明责任的指向就是证明对象，证明责任谈论的就是由谁对何种事实承担证明责任，这里的“何种事实”就是证明对象。因此，证明对象的内涵界定不能脱离证明责任。证明责任的本质和核心内容在于真伪不明时对不利后果的分配。[2] 与此相对应，证明对象也必须与法律后果密切相关，因此，笔者提出一个“功能主义”刑事证明对象的定义，即对被告人的刑罚处罚产生不利或有利影响的法律后果之事实，属于刑事诉讼的证明对象。正当防卫属于对被告人刑罚处罚产生有利影响法律后果的事实，应包含证明对象的范围内。在此基础上，借鉴德国刑事诉讼法学对证明对象的分类，将证明对象分为直接事实（直接重要事实）、间接事实和辅助事实。（1）直接事实（直接重要事实）是指所有本身对可罚性产生不利或有利影响之事项。这里就天然地包含了有利于被告人

---

〔1〕 参见陈一云主编：《证据学》（第2版），中国人民大学出版社1991年版，第129～132页；陈卫东主编：《刑事诉讼法》，武汉大学出版社2009年版，第122～123页。

〔2〕 参见［德］普维庭：《现代证明责任问题》，吴越译，法律出版社2006年版，第236页。

的事实，如正当防卫等。(2) 间接事实是指能对直接重要事实导出一结论之事项，如故意杀人罪中被告人在杀人之前曾对死者发出威胁，或者案发后清洗血迹，或者案发前买保险等。对于互殴来说，起因就属于间接事实，也是应当证明的事实。(3) 辅助事实是指证据及程序合法性等方面的事实（不是本书讨论的重点）。[1] 按照这样的定义和分类，正当防卫和互殴均属于证明对象，且正当防卫属于直接证明对象。

其次，关于证明对象与犯罪成立条件之间的关系。传统四要件犯罪构成理论确实无法容纳正当防卫、紧急避险等正当化事由，这不仅在实体法上面临责难，在程序法上也会导致正当防卫事实作为证明对象被边缘化，这不利于激活正当防卫条款。三阶层犯罪构成不仅在实体法上具有阶层、递进、层层过滤的出罪优势，更为重要的是在程序法上能够将正当防卫、紧急避险等出罪事实纳入证明对象之中。当然，在此过程中，我们需要准确把握几组概念的关系：(1) 犯罪构成要件与构成要件的关系。犯罪构成要件是指犯罪成立的全部条件，对于三阶层犯罪构成来说，包括构成要件符合性、违法性和有责性，所以更准确的称谓应当是犯罪成立条件或犯罪成立要件；构成要件在狭义上是指“三阶层”犯罪成立条件中的第一个条件——构成要件符合性。广义的构成要件是指犯罪构成的全部条件。(2) 犯罪构成要件与犯罪构成要件事实的关系。犯罪构成要件是犯罪成立的指导形象，是从具体犯罪中抽象出来的用以认定犯罪的模型。事实上，犯罪构成要件“Tatbestand”一词原本就是诉讼法上的术语。它源于日文对德文“Tatbestand”的翻译，据人们考证它源于意大利纠问程序中的“Corpus delicti”一词，克来因（Klein）在《普通德国刑法纲要》中最先将“Corpus delicti”翻译成德文“Tatbestand”，至此其仍是诉讼

[1] 参见［德］克劳思·罗科信：《刑事诉讼法》，吴丽琪译，法律出版社 2003 年版，第 209 页。

意义上的概念，直到施就别尔（Stubel）和费尔巴哈才把它用在实体法意义上。犯罪构成要件“是从各本条的犯罪类型中抽象出来的逻辑上先于各本条的犯罪类型，而且是对其加以规制的观念上的指导形象”[1]。犯罪构成要件事实，是指一个具体案件满足于犯罪构成要件的事实状态。[2]（3）作为证明对象的犯罪构成要件事实，是指犯罪成立条件的全部事实，包括构成要件符合性、违法性和有责性。正当防卫的事实属于阻却违法的事实，也是犯罪构成要件事实的重要组成部分，不是证明对象的边缘角色，与犯罪其他要件事实一样具有证明对象的独立地位。

最后，二阶层犯罪构成是更适宜的选择。当前我国刑事诉讼法学界理解的三阶层犯罪构成很大程度上是李斯特、贝林（Beling）时代的古典模式。[3] 事实上，三阶层犯罪构成有一个复杂的发展演变过程，大致经历了这样一个过程：古典体系—新古典体系—二阶层—目的论体系—新古典暨目的论体系—目的理性体系等。[4] 在犯罪构成要件发展演变过程中，有一个基本的特点和趋势就是构成要件符合性与违法性的界限越来越模糊，逐步融合。古典的犯罪构成理论是由贝林、李斯特创建的。李斯特在1881年第一版教科书中就已经区分了违法性和罪责，贝林于1906年提出完整的犯罪构成体系。在李斯特、贝林所处的时代，自然主义哲学盛行，受自然主义哲学的影响，贝林认为构成要件符合性是与法的价值判断相分离的，是纯粹记述和价值

---

〔1〕［日］大塚仁：《刑法概说（总论）》，冯军译，中国人民大学出版社2003年版，第312页。

〔2〕参见孙远：《证明对象、要件事实与犯罪构成》，载《政治与法律》2011年第8期。

〔3〕参见杜宇：《犯罪构成与刑事诉讼之证明——犯罪构成程序机能的初步拓展》，载《环球法律评论》2012年第1期；孙远：《证明对象、要件事实与犯罪构成》，载《政治与法律》2011年第8期；谢澍：《正当防卫的证明难题及其破解：激活正当防卫制度适用的程序向度》，载《政治与法律》2020年第2期；董坤：《构成要件与诉讼证明关系论纲》，载《法律科学（西北政法大学学报）》2020年第1期；等等。

〔4〕参见许玉秀：《犯罪阶层论》（上），载《台湾本土法学杂志》1999年第2期；许玉秀：《犯罪阶层论》（下），载《台湾本土法学杂志》1999年第3期。

中立的，是无评价色彩的行为类型，是纯客观类型的轮廓，不包含主观性的要素和规范性的要素。构成要件符合性与违法性、责任之间泾渭分明，井水不犯河水。一个行为是否符合构成要件，与其是否违法或是否有责任，完全是不同的问题。规范的违法性、主观的责任，与构成要件符合性应分别审查。[1] 贝林晚年又修正了上述过于绝对化的观点，认为作为犯罪类型既有纯客观的要素，又有纯主观的要素。但是作为犯罪类型内容的各种主客观要素，在逻辑上先经由一观念形象的指导，加以整合后才能成为犯罪类型，这个观念形象就是构成要件。犯罪类型中的主观要素仅仅是附加性的，是附随着构成要件一起组成犯罪类型的，因而它不属于构成要件。正当防卫属于违法性阶层的法定阻却违法事由。麦耶（M. E. Mayer）对贝林的犯罪构成理论进行了大胆修正，他虽然也在整体上坚持了构成要件符合性是记叙性的、客观性的，但是他意识到了规范性要素。他认为在构成要件符合性中有规范性的要素，如盗窃罪中的“他人的财物”需要规范性的评价才能确定。但是他又认为这些规范要素不是非真正的（不纯正的）构成要件要素，而是真正的（纯正的）违法性要素。这样规范性要素就具有了双重地位，“可以比喻为一个一头夹着法定的行为构成（即构成要件，只是翻译不同。——引者注），另一头夹着违法性的大夹子”[2]。构成要件是违法性的认识根据，二者如烟与火的关系。麦兹格进一步发展提出违法类型说。该理论将构成要件符合性与违法性作为一体来把握。符合构成要件的话原则上就具有违法性，二者之间不仅是“认识根据”的关系而完全是“存在根据”的关系，符合构成要件的行为只要没有阻却违法事由就具有违法性。在他看来，构成要

---

〔1〕 参见［日］小野清一郎：《犯罪构成要件理论》，王泰译，中国人民公安大学出版社2004年版，第12页。

〔2〕 ［德］克劳斯·罗克辛：《德国刑法学　总论（第1卷）：犯罪原理的基础构造》，王世洲译，法律出版社2005年版，第184页。

件符合性本身就包含对于构成要件该当行为的违法性的直接评价，“不法”观念中已经包含了一体化了的构成要件符合性和违法性，从而一改麦耶的“构成要件符合性—违法性—有责性”之体系，而成为“行为—不法—责任”的体系。麦兹格犯罪构成理论的重大特色在于，继麦耶发现规范性要素之后发现了主观的构成要件要素，他认为构成要件符合性不能排除主观要素，如果欠缺行为人的主观成分将使得判断行为是否符合构成要件成为问题，如目的犯中的目的、倾向犯中的主观性倾向、表现犯中的心理态度等。“主观构成要件要素的观点自1930年以后，得到学理及实务上的支持，迄今仍为不争的事实。”[1]由迈耶和麦兹格构建的犯罪论体系被称为新古典体系。目的论刑法大师韦尔策尔进一步扩张了构成要件符合性中的主观性要素，形成目的论体系。后来又出现折中了新古典体系和目的论体系的新古典暨目的论体系，再到罗克辛提出的将客观归责引入构成要件符合性，并将预防必要性引入罪责而形成目的理性体系。[2] 另外，日本的小野清一郎进一步提出违法有责类型说，使构成要件符合性与违法性、有责性的界限更加模糊。[3]

从上述发展历程可以看出，构成要件符合性与违法性的界限越来越模糊，二者之间有融合趋势，乃至合二为一。既然如此，构成要件符合性与违法性合并作为不法阶层，与有责性阶层，形成“不法—责任”的二阶层，[4] 在逻辑上是具有合理性的。当前，二阶层犯罪构成体系在德国具有重要影响力。这里需要特别阐述二阶层犯罪构成体系。如前所述，在新古典体系中发现构成要件符合性中有规范性要素和主观违法要素之后，构成要件符合性与违法性之间的关系就变得暧

---

[1] 柯耀程：《变动中的刑法思想》，中国政法大学出版社2003年版，第14页。

[2] 参见许玉秀：《犯罪阶层论》（下），载《台湾本土法学杂志》1999年第3期。

[3] 参见［日］小野清一郎：《犯罪构成要件理论》，王泰译，中国人民公安大学出版社2004年版，第28～29页。

[4] 参见许玉秀：《犯罪阶层论》（上），载《台湾本土法学杂志》1999年第2期。

昧了，构成要件符合性其实是违法类型，正当防卫等阻却违法事由是“确定行为具备构成要件不法所不能存在的条件”，也就是说，刑法分则各罪名构成要件所规定的是积极的不法构成要件，刑法总则中所规定的正当防卫阻却违法事由是消极的不法构成要件。这样一来，正当防卫作为阻却违法事由，属于不法构成要件。那么，从证明对象的角度来说，为了防止正当防卫事实被边缘化，二阶层犯罪构成无疑是最合适不过的了。因为积极的构成要件与消极的构成要件，都是构成要件。“他们只是基于立法技术的考量。从分则各构成要件类型当中抽离，而在总则作一般的规定，每个分则构成要件都可以解读为例如‘杀人而非正当防卫、紧急避难者，处……’或如‘非依法令而以非法方法剥夺他人行动自由者，处……’”〔1〕积极的构成要件事实、消极的构成要件事实，都是证明对象，引导办案人员将正当防卫的消极要件事实与成立犯罪的积极要件事实同等看待，二者在证明对象类型上均属于直接事实（直接重要事实）。

综上，通过上述改造，重新赋予防卫事实在证明对象中的独立性地位。接下来，就对互殴事实的证明对象地位进行重新审视。

二、互殴事实作为证明对象的独立化、前置化、客观化

基于优越利益原理重构的纯正的互殴（真正的互殴）与不纯正的互殴（不真正的互殴），决定了证明对象的重大变化，即重新将互殴作为相对独立的证明对象，并根据实体上互殴概念的新界定将证明对象前置化和客观化。

（一）互殴事实作为证明对象的独立化

1. 互殴事实作为独立证明对象的依据。首先，根据“功能主义”的证明对象定义，证明对象的根本标准在于相应的法律后果，可以分

---

〔1〕 许玉秀：《犯罪阶层论》（上），载《台湾本土法学杂志》1999年第2期。

为直接事实（直接重要事实）、间接事实和辅助事实。互殴在功能上属于对可罚性产生重要影响的直接事实，而互殴的起因同时还可能是间接事实。因此，根据证明对象的基本原理，互殴具有证明对象的独立地位。

其次，互殴事实也是积极构成要件事实证明的必备条件。一方面，检察机关如果认定被告人的行为是纯正的互殴（真正的互殴），进而构成故意伤害罪、故意杀人罪或聚众斗殴罪，那么就必须证明其行为是纯正的互殴（真正的互殴）；另一方面，检察机关如果认定被告人的行为是不纯正的互殴（不真正的互殴），就要进一步确定是否构成犯罪以及构成何种犯罪。对于上述两种情况，要完成证明被告人构成某一犯罪的事实（积极的构成要件事实）都必须要证明互殴事实。因此，从这个意义上来说，互殴事实也是积极构成要件事实证明的必备条件。

2. 互殴事实的基本构造。互殴事实的完整构造是"起因 + 经过 + 结果"三位一体的。首先，起因是指双方因何事、因何纠纷而打架。要证明起因就要查清是非对错，查清是积怨仇恨还是偶发矛盾，是争强斗狠还是邻里纠纷，是事先约架还是临时冲突，是单方约架还是双方约架，是主动挑衅还是被动参与等。不得以"因琐事""因发生口角""因纠纷"等代替对起因事实的证明。其次，经过是指具体的殴打过程，包括谁先动手、有无使用工具、殴打方式、殴打部位、殴打的时空环境、参与人数、双方力量对比等。在打架互殴成伤的情形中，互殴中的一方能否成立正当防卫，关键就在于对方是否先对其实施违法的侵害，再判断防卫行为是否出于必要，以及是否受到权利禁止滥用的节制问题。[1] 德国学者金德霍伊泽尔也认为，在互殴案

---

〔1〕 参见林山田：《刑法通论》（增订10版），北京大学出版社2012年版，第211页。

件中，查明谁先动手至关重要，因为先遭到攻击者可以实行防卫。[1]最后，结果是指殴打所造成的结果，包括伤情程度、打击部位、死亡原因、因果关系等。

长期以来，我们忽视了“起因”的证明，其直观表现是“不分是非对错”，而“结果”和“经过”又与作为假定证明对象的故意杀人、故意伤害犯罪构成事实重合，使得互殴事实作为证明对象丧失独立性。这种独立性的丧失会对案件的实体处理产生颠覆性影响，比如下面这个案例。

【案例18　吴某某故意伤害案】被告人吴某某因涉嫌故意杀人罪，于2020年11月3日被刑事拘留，同月17日被逮捕。法院经审理认为：2002年10月11日21时许，被告人吴某某途经桥头附近时遇到同村的范某，范某以之前被公安机关处罚200元罚款系吴某某引起为由向吴某某索要200元，并欲伸手进吴某某的裤袋时被吴某某挡开，双方发生推搡和打斗。后吴某某在路边的夜宵摊上拿了一把菜刀吓唬范某。范某见状冲上前抢刀，抢刀过程中吴某某朝范某头部砍了几刀，后又用力朝范某左大腿根部砍了一刀，范某跌倒在地，吴某某将菜刀丢在地上，并在逃离中叫人拨打“120”。范某因失血过多当场死亡，经鉴定系股动、静脉撕裂失血致死。作案后，吴某某潜逃外地，后于2020年10月28日被抓获归案。被告人吴某某对指控的事实无异议，同时辩称其是防卫。辩护人辩称吴某某的行为构成正当防卫，且属于特殊防卫，指控吴某某构成故意伤害罪属于定性错误，被害人对该案的发生有严重过错。

按照上述法院认定的事实，似乎可以认定被告人的行为属于假想防卫。但是判决书中记载的被告人关于事情起因的供述证据值得关注。被告人吴某某供述：案发（2002年11月）前一个多月，范某说

---

〔1〕参见［德］乌尔斯·金德霍伊泽尔：《刑法总论教科书》，蔡桂生译，北京大学出版社2015年版，第164页。

要找人打架，拿杀猪刀架在其脖子上威逼其骑摩托车载他到屏山小学，后又威胁其载他到都乐收费站，后范某与收费站的工作人员发生争吵，其见状就骑车回家。过了10多天，范某说因为吴某某载他到收费站导致他与收费站的工作人员争吵被派出所罚款200元，要求吴某某赔钱，吴某某不同意。之后的一天，吴某某又遇见范某，范某又要其赔钱，其不同意，范某就用石头砸吴某某三轮车的前挡风玻璃。10月的一天21时许，吴某某途经忻城县和平桥附近时碰见范某，范某又要求其赔钱，其不同意，范某伸手想掏其裤袋，吴某某把范某的手打开，范某就一拳打到其脸上，两人发生打斗。后吴某某看见范某往裤袋里伸手，以为范某要拿刀，就跑到一家夜宵摊拿了一把菜刀，范某看见后就扑过来，吴某某拿菜刀朝范某头部砍了三四下，但不是很用力，只是想吓唬范某，但范某还是冲上来抢刀，后吴某某用力朝范某的左大腿根部砍了一刀，范某就跌倒在地。吴某某连忙跑到夜宵摊想还刀，老板让其把刀丢在地上。

按照被告人的该段供述，被害人范某一个月以来，多次欺负、殴打被告人，其间被害人用过杀猪刀、石头威胁被告人，所以案发当天又见面，被告人有理由相信会再次受到攻击。如果这些事实有证据证明，那么该案被告人的行为可能属于防卫过当。但是检方没有就此进行举证，审理中也没有就此进行法庭调查，可以想见公安机关也没有针对该事实认真侦查。

判决径直认定“两人在互殴过程中……”，接下来就认定互殴之后的事实（同时也是故意伤害的事实，二者在这里重合了），“吴某某误以为范某要从裤袋拿刀，遂从附近的夜宵摊拿来一把菜刀吓唬范某，范某见状冲上前抢刀，抢刀过程中吴某某朝范某头部砍了几刀，后用力朝范某左大腿根部砍了一刀，导致范某当场死亡，而范某在打斗中并未持有任何凶器。综上，吴某某的行为不属于正当防卫，公诉人认为吴某某的行为不构成正当防卫的意见成立，辩护人提出吴某某的行为构成正当防卫的意见不成立”。进而认为被告人吴某某犯故意伤害罪，判处其有期徒刑13年。

此案中，如果将互殴事实作为独立证明对象，侦查和调查案发前被害人多次欺负、殴打被告人，其间被害人用过杀猪刀、石头威胁被告人。案发当天被害人又来欺负被告人，被告人有理由相信会再次受到攻击。如果这些事实有证据证明，那么该案被告人的行为可能属于防卫过当。

（二）互殴事实作为证明对象的前置化

所谓证明对象的前置化是相对于传统观点和实践做法而言的，传统观点和实践做法将互殴与防卫交织案件的证明对象聚焦于“打起来以后”的事实，也就是将互殴完整构造的起因、经过、结果进行割裂，仅关注经过和结果，而忽略起因。证明对象的前置化就是将证明对象从重经过、结果阶段前置到重起因阶段。将起因阶段的事实作为必须证明的事实，倒逼侦查、司法人员改变传统的办案习惯。

根据优越利益原理，区分互殴与防卫的关键是区分纯正的互殴（真正的互殴）与不纯正的互殴（不真正的互殴），纯正与不纯正的区分不是纯粹的概念游戏，而是建立在相应证据证明的事实基础之上。相对于传统的证明对象而言，重置后的证明对象实现了前置化，也就是侧重于“打起来”之前的事实。从证据法学原理上来说，前置化证明对象是证明对象理论的应有之义。根据“功能主义”的证明对象定义，所有会对裁判有重要影响之事实均属于证明对象，可以分为直接事实、间接事实和证据之辅助事实，其中直接事实是指对可罚性产生不利影响（如证人看到农夫在盗猎）或有利影响（如证人目击行为人杀人，但却是出于正当防卫）的事实；间接事实是指对直接重要之事实导出某一结论的事项，如故意杀人的行为人在实施行为之前曾经威胁死者；证据之辅助事实是能为证据性质作出判断的事项，如证人的记忆力。[1] 由于互殴的事实直接影响能否成立正当防卫这一对裁判有重要影响之事实，同时也属于对可罚性产生有利影响的直接事实，因此，这里的证明对象前置化，是一种为了纠偏的形象说法，本来就是正确处理互殴与防卫关系案件中证明对象的应有之义。

（三）证明对象的客观化

证明对象可以分为外部事实和内部事实，前者又称客观事实，是指因犯罪实施而遗留有形痕迹之犯罪事实，具有积极性、实体性和具体性；后者又称主观事实、内心事实，是指关于人的精神的作用，包括对于外部事实是否有所认知，其所认知的内容如何，认知到何种程度，认知的事实是否与刑法上犯罪类型相当，以及何罪之类型相当。[2]

优越利益原理在刑法基本立场上属于结果无价值论，结果无价值论与行为无价值论争点之一在于，结果无价值论重视客观违法要素，彻底的结果无价值论者否认主观构成要件要素和主观违法要素；行为无价值论承认并重视主观构成要件要素和主观违法性要素。在正当防卫的成立条件上，结果无价值论主张防卫意思不要说，认为正当防卫的成立无须存在防卫意思，而行为无价值论主张防卫意思必要说。[3] 在互殴与防卫问题，传统“意图中心论”实际上是一种行为无价值论的立场，从防卫意图、防卫动机的角度强调防卫意思。传统“意图中心论”中的“事先斗殴意图”“报复动机”“侵害意图”均属于内部事实，其证明具有消极性、浮动性、抽象性，证明方法较为狭隘，主要依赖于自白。[4] 这样，“意图中心论”导致的直接程序性后果就是

---

〔1〕 参见［德］克劳思·罗科信：《刑事诉讼法》，吴丽琪译，法律出版社2003年版，第208～209页。

〔2〕 参见陈朴生：《刑事证据法》，台北，三民书局1970年版，第197～198页。

〔3〕 参见［日］山口厚：《刑法总论》（第3版），付立庆译，中国人民大学出版社2018年版，第128～129页。

〔4〕 参见陈朴生：《刑事证据法》，台北，三民书局1970年版，第198、205页。

加剧“口供中心主义”。因为有无某种意图和动机，被告人的口供是最直接的证据。实体刑法要求犯罪要有内在的或主观的要素（预谋、动机），被告人供述的内部事实是唯一的直接证据。[1]

笔者所主张的基于结果无价值论的优越利益原理，以优越利益原理为根本标准，在客观上区分纯正的互殴（真正的互殴）与不纯正的互殴（不真正的互殴），纯正的互殴体现为约架，而约架在证明对象上属于外部事实，双方要么通过移动通信工具，要么通过当面约定、托人捎话等方式约架，甚至约架的具体内容都会留下客观证据。特别是在移动互联网时代，电子数据能够呈现这些内容，通过侦查行为可以收集证据，在证明对象上就从传统的证明主观意图这一内部事实转变为证明互殴行为这一外部事实，实现了证明对象的客观化。

三、优越利益原理下互殴与防卫的证明对象规则

（一）正当防卫作为消极构成要件事实纳入证明对象

在互殴与防卫交织的案件中，办案人员要摒弃追诉、入罪的片面思维，对犯罪构成要件事实的证明对象进行重新理解。根据“功能主义”的证明对象定义、分类以及二阶层的犯罪构成体系，犯罪构成要件的事实不是单纯指定罪事实，而是包含全部犯罪成立条件、对被告人刑罚法律后果产生有利或不利影响的全部事实，包括不法事实与罪责事实（二阶层）。不法事实中包括积极的构成要件事实和消极的构成要件事实，消极的构成要件事实是指正当防卫等阻却违法的事实。对于涉互殴与防卫的案件，在侦查、审查和审理过程中，既要将是否符合故意伤害罪、故意杀人罪的积极构成要件事实（对被告人不利的事实）纳入证明对象，也要将是否具备正当防卫的消极构成要件事实（对被告人有利的事实）纳入证明对象。

---

〔1〕 参见［美］米尔吉安·R. 达马斯卡：《比较法视野中的证据制度》，吴宏耀、魏晓娜等译，中国人民公安大学出版社2006年版，第315页。

这里的积极构成要件事实与消极构成要件事实，因互殴与防卫的交织而相互重叠交叉，不应将任何一方边缘化。例如，前述案例 13 被告人陈某故意伤害案中，被告人在供述中提到是被害人先动手，并且将被告人打倒在地，被害人继续殴打过程中手指到了被告人嘴边，被告人才咬被害人手指的。这个供述里包含了故意伤害罪的积极构成要件事实，也包括了正当防卫的消极构成要件事实（至于能否到达证明标准是另外一回事），那么在侦查、审查和审理过程中，就不能只顾故意伤害罪的积极构成要件事实，而忽略正当防卫的消极构成要件事实，而应当把二者均作为侦查、审查和审理的证明对象，不能用“琐事”“互殴”将消极构成要件事实“吞噬”。

（二）纯正的互殴（真正的互殴）之证明对象规则

互殴的传统理论与实践，立足于“意图中心论”，在证明对象上没有把互殴作为独立的证明对象来对待，割裂互殴事实的完整构造，仅关注殴打及其以后的事实，忽视起因阶段的事实；侧重于行为背后的内心意图和动机，导致证明对象主观化。按照优越利益原理对互殴概念进行重构，要在程序上相应地将证明对象重置，实现证明对象的独立化、客观化和前置化。按照笔者提出的将纯正的互殴（真正的互殴）限定为事先约定相互攻击（约架），纯正的互殴（真正的互殴）的证明对象规则就清晰了。

首先，约架的构造包括以下要素：(1) 约架的主体，即约架的双方当事人。这里需要注意的是，要查明约架主体是否为“双方互约”。如果查明是“单方约架”，那就不是真正意义上的约架，不属于纯正的互殴（真正的互殴）。例如，一方并无约架的行为和意思表示，而以为是和解、谈判，另一方借机殴打，这种情况属于单方约架，没有约架的一方，具有防卫权。（2）约架的事由，即双方因何事相互约架，是因为长期积怨，还是偶发矛盾，是争夺地盘，还是邻里纠纷等，这些事由都应当纳入证明对象。(3) 约架的方式，即双方是当面约定还是电话约定，是通过微信还是通过 QQ，是通过他人传话还是派人捎信，均应作为证明对象予以侦查和审查。（4）约架的时间、地点、环境等特别情状，即双方什么时间约架，距离案发多久时间，在什么地方约架，处于什么样的环境，在场有哪些人等。（5）约架的内容，即双方当事人约架中具体有哪些言行，关于约定相互殴打的内容等与后来实际发生的互殴事实是否相符等。

其次，与实体认定规则相对应，要从证明对象上关注约架的类型。实体上的类型必须建立在证据基础之上，因此，应当将约架的类型纳入证明对象考虑的范畴。具体包括：（1）查明是单挑型约架还是群殴型约架，这对于案件的性质认定和法律适用至关重要。例如，单挑型约架主要涉及故意伤害罪或故意杀人罪。群殴型约架可能涉及共同故意伤害、聚众斗殴。（2）查明是复仇型约架还是偶发矛盾型约架，这就要求调查起因的事实和证据。（3）查明是否属于二次斗殴型约架。二次斗殴就是双方发生第一次殴打后，双方约定再次斗殴，这就不仅要将案件的第二次斗殴作为证明对象，也要把第一次殴打作为证明对象。（4）查明是否属于争夺势力范围型约架。争夺势力范围型约架通常发生在团伙之间，这些团伙的情况要作为证明对象予以调查、审查。

最后，实现证明对象的手段和方法。上述证明对象，与传统实践做法和观点有所不同。表面上看，因为证明对象的独立化和前置化，所以需要证明的事项增多了，似乎增加了工作量，但实际上由于实现了证明对象的客观化，其实是降低了证明的难度。实现上述证明对象的手段和方法，不再仅仅依赖于犯罪嫌疑人、被告人的口供，还可以通过调取网络通信的电子数据、证人证言等方式来证明客观上有无约架行为以及如何进行约架，而不必强求追问犯罪嫌疑人殴打时心理动机是什么、意图是什么，这样可以避免“口供中心主义”。换言之，只要在客观上证明了被告人具有事先相互约架的行为，根本不必纠结于被告人辩解当时的殴打是出于防卫的意图和动机，还是出于报复的意图和动机。

（三）不纯正的互殴（不真正的互殴）之证明对象规则

1. 一般故意伤害型。在一般故意伤害案中，谁先动手对防卫的认定具有重要意义，应当作为证明对象的重要内容。要改变动辄以“琐事”“互殴”的表述代替是非对错和动手先后的精细化证明。“需要严格加以考察的是，谁先动了手。”〔1〕此类案件中，“谁先动手”是证明对象前置化的重要内容，要尽可能收集和审查这方面的证据。

实践中，大量案件从证据上无法分清谁先动手，这既有客观原因，也有主观原因。客观原因在于一些伤害案件、杀人案件瞬间发生或者发生在“一对一”的封闭空间，没有视频监控等其他证据的情况下，难以判断谁先动手；主观原因在于侦查人员、司法人员基于“打架就是互殴”“不分是非对错”的惯性思维，忽视证明对象的前置化。对于因客观原因无法查清动手先后的情况，应按照存疑有利于被告人的原则处理。即便查不清动手先后顺序，这样的认定规则也具有一般预防意义，既可以实现倡导不首先使用暴力的消极一般预防，也可以形成遵守规则的积极一般预防。

2. 防卫意思与报复动机并存型。我国传统理论认为防卫意思要同时具备认识因素和意志因素，且更侧重意志因素，这种“重欲轻知”的倾向不仅在实体法上容易滑向主观主义刑法的泥潭，在程序法上也面临证明困境的责难。事实上，防卫人的利益处于优越地位与防卫人心里是怎么想的无关，更何况将防卫人的动机和目的作为证明对象，是难以通过证据予以证明的。事实上，要求正当防卫具备防卫意志因

---

〔1〕参见［德］乌尔斯·金德霍伊泽尔：《刑法总论教科书》，蔡桂生译，北京大学出版社2015年版，第164页。

素毫无意义，因为“在实践中从来都是不能证明的”。[1] 德日刑法在防卫意思问题上经历了从认识因素与意志因素同时具备，到意志因素的“剔除”，再到认识因素的淡化和纯化的过程。普遍的共识是防卫意思和攻击意思并存的场合，具有评价为正当防卫的余地。[2] 这一变化在证据法上的意义在于证明对象的客观化。正当防卫的认定，特别是涉及互殴问题时，应当淡化乃至舍弃对目的、动机等主观要素的考虑。

3. 预期侵害型。日本判例发展出的“预期侵害 + 积极加害意思”理论不值得借鉴，除了前述实体法理由之外，在证据法上也有重要理由。“积极加害意思”与目的、动机等主观超过要素一样，作为证明对象是难以被证明的。预期侵害的证明对象规则是：(1) 证明对象的前置化，注意收集和审查证明事情起因的证据，也就是要证明行为人对即将到来的不法侵害是否有预期，不能盲目地认定为互殴而排斥防卫。(2) 要注意证明行为人前往现场、滞留于一定的场所、消极准备防御工具等行为是否具备合理的理由。

4. 自招侵害（防卫挑拨）型。传统“意图中心论”从缺乏防卫意图的角度来论证挑拨防卫不成立正当防卫，除了面临实体刑法上的责难，也面临证据法上的困境。正如罗克辛所言，“实践中，这种有目的的挑衅从来没有出现，或者至少出现是无法证明的”[3]。对于蓄意型挑拨而言，证明更加困难，要求行为人必须事先经过周密策划，形成了借助正当防卫之名侵害对方的想法。但是，除非被告人或者同谋者自行招供，否则行为人究竟是否具有内容如此明确的意图，实际

[1] 参见［德］克劳斯·罗克辛：《德国刑法学　总论（第1卷）：犯罪原理的基础构造》，王世洲译，法律出版社2005年版，第416页。

[2] 参见［日］西田典之：《日本刑法总论》，刘明祥、王昭武译，中国人民大学出版社2007年版，第129页。

[3] ［德］克劳斯·罗克辛：《德国刑法学　总论（第1卷）：犯罪原理的基础构造》，王世洲译，法律出版社2005年版，第445页。

上是极难查清的。[1] 因此，典型的蓄意型挑拨真实案例几乎不可能出现，实践意义有限，重点是非蓄意型挑拨。非蓄意型挑拨证明对象也要前置到挑拨行为上，重点收集和审查以下证据：（1）挑拨前行为是故意还是过失，是违法还是合法，是违反伦理道德还是情有可原、人之常情；（2）行为人有无退避，退避的可能性、现实性、可行性如何。

第二节　互殴与防卫证明责任的分配

如前所述，应当将互殴事实作为独立的证明对象。接下来的问题就是证明责任的分配问题。刑事诉讼中，犯罪构成要件事实的证明责任由控方承担，这一点争议不大，但是在正当防卫领域则会出现争议。互殴事实在传统观点之下，重点关注的是“打起来”之后的事实，该事实由于与故意伤害罪、故意杀人罪的犯罪构成要件事实很大程度上是重合的，控方要指控其成立故意杀人罪、故意伤害罪就必须证明被告人的“殴打”事实，因此，该事实由控方承担证明责任是题中之意。问题在于互殴完整的构造包括“起因 + 经过 + 结果”，而在传统观点和实践思维看来，这里的“起因”并非定罪事实，在涉及互殴的案件中，被告方提出对方先动手，或者是事出有因才出手进行防卫的辩解时，谁来承担证明责任证明这些“打架”之前的事实呢？这个“起因”事实的证明直接与正当防卫的证明密切相关。近年来国内学界热衷于讨论正当防卫等阻却事由实行证明责任转移（也称证明责任倒置），主张正当防卫的提出证据责任（争点形成责任）由被告方

---

〔1〕 参见陈璇：《克服正当防卫判断中的“道德洁癖”》，载《清华法学》2016 年第 2 期。

承担的观点有占据主流之势。[1] 但这是不利于被告人的，也是不合理的。证明责任的分配其实是一个利益平衡的问题，在互殴与防卫领域如何进行证明责任的分配是一个值得研究的问题。

一、被告方不承担证明责任

无论是英美法系还是大陆法系，证明责任均产生于争议事实，在这种真伪不明的事实产生时提交陪审团或提交法官裁判，均是一种不利后果或风险的承担。与德国一样，我国的法官负有查清一切事实的责任，被告人并不会因没有提出证据或履行说服责任而承担不利后果，从这个意义上来说，被告人不存在承担证明责任的问题。被告人既不承担互殴事实的证明责任，也不承担正当防卫事实的证明责任。

（一）从证明责任与犯罪构成关系看防卫的证明责任

证明责任问题向来被认为是实体法与程序法的连接点，原因之一就在于证明责任的分担与犯罪构成密切相关。[2] 英美法系实行犯罪本体要件（elements of the crime）与积极辩护事由（affirmative defenses）双层次犯罪构成，所以才衍生出积极抗辩事由的提出责任甚至说服责任转移给被告人承担的问题。在美国，正当防卫的证明责任如何承担也存在一定的争议，多数观点认为正当防卫等积极抗辩事由的提出证据责任由被告人承担，而说服责任由检察官承担（说服责

---

〔1〕 参见陈光中、陈学权：《中国语境下的刑事证明责任理论》，载《法制与社会发展》2010 年第 2 期；卞建林、韩旭：《刑事被告人证明责任研究》，载《云南大学学报（法学版）》2002 年第 4 期；李静：《犯罪构成体系与刑事诉讼证明责任》，载《政法论坛》2009 年第 4 期；房保国：《论辩护方的证明责任》，载《政法论坛》2012 年第 6 期；黄维智：《刑事证明责任研究——穿梭于实体与程序之间》，北京大学出版社 2007 年版，第 44 页以下；张薇薇：《排除犯罪性事由的证明责任研究》，载《政治与法律》2014 年第 8 期等。

〔2〕 在我国刑法学界，经常混用构成要件与犯罪构成，这容易导致误解。犯罪构成是犯罪成立全部条件（传统四要件中犯罪成立条件包括犯罪客体、客观方面、犯罪主体、主观方面；三阶层中犯罪成立条件是指构成要件符合性、违法性和有责性），而狭义的构成要件是指三阶层中犯罪成立条件的第一个阶层即构成要件符合性。

任恒定原则）。但也有一些法官和学者对此提出批判，认为这种加重被告人证明负担的做法违反了宪法。[1] 还有人认为，提出证据责任转移给被告人违反无罪推定原则，因为这相当于迫使被告人代表自己出庭作证，侵犯了被告人根据宪法第五修正案享有的不自证其罪的权利。[2] 在美国司法实践中，不同司法区域的做法并不相同。[3] 不管如何争议，有一点是确定的，犯罪的本体要件即犯罪构成要件的一切事实的证明责任都由检察官承担，这是美国温西普（Winship）案中确立的宪法性原则。[4] 因此，主张正当防卫由被告人承担证明责任的，就必须致力于将该争议事实从实体法上解释为不属于犯罪构成要件的事实。换言之，美国并没有直接将犯罪构成要件的事实进行证明责任的转移，要转移就必须从实体刑法上将某一事实解释为不是犯罪构成要件事实，所以证明责任的争议就演变为“什么样的事实是构成犯罪的必要事实”的问题。[5] 因此，美国积极抗辩事由的说服责任本质上是个实体刑法问题，即如何界定犯罪的含义问题。在英国，证明被告人构成犯罪的一切事实均由检方承担，由被告人承担证明责任的只有两种情形：一是心神丧失之阻却责任事由；二是制定法的特别规定。此二者皆属法定，故被称为“法定的证明责任例外”。制定法的特别规定分散在《犯罪防治法》《道路交通法》《贪污防治法》《毒

---

〔1〕 See John Calvin Jeffries, Jr. and Paul B. Stephan Ⅲ, *Defenses Presumptions and Burden of Proof in the Criminal Law*, The Yale Law Journal, Vol. 88: 7 (1979).

〔2〕 See Barbara D. Underwood, *The Thumb on the Scales of Justice: Burdens of Persuasion in Criminal Cases*, The Yale Law Journal, Vol. 86: 7 (1977).

〔3〕 See Emmett Bailey, *The Burden of Proving Self - Defense in Homicide Cases*, Journal of Criminal Law and Criminology, Vol. 39: 2 (1948).

〔4〕 See Donald A. Dripps, *The Constitutional Status of the Reasonable Doubt Rule*, California Law Review, Vol. 75: 5 (1987).

〔5〕 See John Calvin Jeffries, Jr. and Paul B. Stephan Ⅲ, *Defenses Presumptions and Burden of Proof in the Criminal Law*, The Yale Law Journal, Vol. 88: 7 (1979).

品滥用法》等之中。司法实践中，对于转移证明责任给被告人极其审慎。[1] 1935 年的伍尔明顿（Woolmington）案发展出了著名的伍尔明顿规则：在英国刑法世界里，我们总可以看见一条贯穿始终的金线，即证明一个被告人的罪名是检方的责任，除非他提出精神失常的辩护，或者法律另有规定，检方必须证明对被告人的指控罪名，不允许有丝毫减损。[2] 根据该规则，犯罪本体要件必须由检方证明，法庭在要求被告人举证前，必须要弄清楚，这些证据涉及的不是所审判罪名的构成要素，否则必须由检方举证。[3]

大陆法系通说所主张的犯罪构成模式是构成要件符合性（亦翻译为该当性）、违法性、有责性（又称三阶层犯罪构成），三个条件之间是层层递进的阶层关系，任何一个罪名的成立都需要这三个条件的层层过滤，在具备构成要件符合性时，会审查违法性，查明是否存在阻却违法事由，如果存在阻却违法事由则直接出罪，如果不存在阻却违法事由，还不能直接入罪，还需要第三步有责性的审查。只有这三个条件全部具备时才成立某个罪名。构成要件符合性、违法性、有责性的事实都是证明对象，证明责任均由检方承担。另外，德国的二阶层犯罪构成也很有影响力，构成要件符合性和违法性合二为一，形成“不法—责任”的二阶层犯罪构成。二阶层犯罪构成的事实也都是证明对象。在德国，法律禁止以被告人不能自证其所提出的正当防卫主张为由而判决被告人有罪，而应以无法确信被告人之罪责宣判无罪。[4] 这也是大陆法系法官职权主义和检察官客观义务所决定的。对于大陆法系国家而言，证明责任的转移或倒置只存在于实体法之

---

〔1〕 参见［英］理查德·梅：《刑事证据》，王丽等译，法律出版社 2007 年版，第 60 ~ 70 页；林辉煌：《刑事审判之证明负担及证明程度——比较法之分析》，台北，元照出版有限公司 2011 年版，第 34 ~ 44 页。

〔2〕 参见［英］理查德·梅：《刑事证据》，王丽等译，法律出版社 2007 年版，第 60 页。

〔3〕 参见［英］理查德·梅：《刑事证据》，王丽等译，法律出版社 2007 年版，第 68 页。

〔4〕 参见［德］克劳思·罗科信：《刑事诉讼法》，吴丽琪译，法律出版社 2003 年版，第 126 页。

中。例如，德国《刑法》中的诽谤罪，《刑法》规定该罪以捏造的事实虚假为条件，被告人承担证明事实为真的责任。这与我国《刑法》中巨额财产来源不明罪的举证责任倒置是由《刑法》规定的一样。只有将实体法规范要件中的一个真伪不明的生活事实与证明责任规范结合起来，才能从完整的法律规范中得出司法上的法律后果。因此，证明责任规范无外乎就是实体法规范的一个要件事实，在例外情况下，它可能与某个实体规范的其他要件一并加以规定，这时它就与该实体法规范合二为一了。[1]

我国有学者从三阶层犯罪构成中构成要件符合性具有违法性和有责性的推定机能出发，认为控方只需要承担构成要件符合性的证明责任，至于违法性和有责性的证明责任由被告人承担。[2] 众所周知，“多数大陆法系国家的刑事法拒绝将各种正当化事由和免责事由的证明责任转移到被告人身上”[3]。我国学者竟然根据大陆法系的犯罪成立三阶层理论推导出违法性和有责性证明责任倒置的观点，实在令人匪夷所思。这既是对三阶层犯罪论体系的重大误解，也是对德国刑事证明责任理论的重大误解。首先，从三阶层犯罪构成发展脉络看，构成要件符合性具有违法性和有责性的推定机能，指的是构成要件符合性与违法性、有责性之间的评价关系，与要素事实的证明责任并不相关。如前所述，三阶层犯罪构成理论有一个发展的过程，从发展脉络上看，构成要件符合性与违法性之间的界限越来越模糊，甚至合二为一，这样构成要件符合性几乎涵盖了违法性和有责性的全部要素，承

---

〔1〕参见［德］普维庭：《现代证明责任问题》，吴越译，法律出版社2006年版，第237页。

〔2〕参见杜宇：《犯罪构成与刑事诉讼之证明——犯罪构成程序机能的初步拓展》，载《环球法律评论》2012年第1期；孙远：《法律要件分类说与刑事证明责任分配——兼与龙宗智教授商榷》，载《法学家》2010年第6期；聂昭伟：《论犯罪构成与证明责任分配的互动关系》，载《当代法学》2006年第4期。

〔3〕［美］米尔吉安·R. 达马斯卡：《比较法视野中的证据制度》，吴宏耀、魏晓娜等译，中国人民大学出版社2006年版，第76~77页。

担了违法性和有责性的评价功能。所谓构成要件符合性具有违法性和有责性的推定机能，是因为构成要件符合性阶段包括了违法性要素和责任要素，所以构成要件符合性阶段能一并进行实质评价和价值判断，这与犯罪成立要件中的待证事实之证明责任风马牛不相及。无论是构成要件符合性的事实要素还是违法性、有责性的事实要素，都是构成犯罪必备的，都是控方指控被告人构成某个罪名所必须要证明的。今天在德国占据重要影响的二阶层犯罪构成，将构成要件符合性与违法性合二为一成为“不法”阶层，与有责性一起构成二阶层，不法阶层是犯罪成立的核心要素，是控方证明的基本对象，绝无可能从中“扣出”违法阻却事由来让被告人承担证明责任。更何况，德国的刑事诉讼是典型的职权主义刑事诉讼，根本不存在类似英美法系的提出证据责任问题，更不存在阻却违法事由由被告人承担证明责任的问题。德国《刑事诉讼法》中规定的起诉标准为“充足嫌疑”，不仅需要证明行为该当性，还需要证明违法性和有责性。[1]

需要指出的是，我国有学者以小野清一郎的观点作为立论基础，主张三阶层犯罪构成中阻却违法事由、阻却责任事由的证明责任（提出证据责任）由被告人承担。[2] 在笔者看来，将小野清一郎的观点作为立论基础是不可靠的。小野清一郎认为犯罪构成是刑事诉讼的指导形象，并极端地将构成要件界定为违法有责类型，他认为阻却违法或阻却责任的事实都是被当作法律定型来规定的，因此，这些阻却事由都是刑事诉讼中的证明事项。[3] 依此逻辑，应该不存在阻却事由的事实由被告人承担证明责任的问题，但是小野清一郎教授却得出了

---

〔1〕 参见石家慧：《德国刑法中的正当防卫制度》，载《中国应用法学》2018 年第 6 期。

〔2〕 参见杜宇：《犯罪构成与刑事诉讼之证明——犯罪构成程序机能的初步拓展》，载《环球法律评论》2012 年第 1 期；张薇薇：《排除犯罪性事由的证明责任研究》，载《政治与法律》2014 年第 8 期。

〔3〕 参见［日］小野清一郎：《犯罪构成要件理论》，王泰译，中国人民公安大学出版社 2004 年版，第 241 ~ 242 页。

在日本新刑事诉讼法中应该由被告人承担证明该事实存在的责任。笔者认为，小野清一郎的这一立场在当时历史环境中是矛盾的，既没有被今天日本刑事诉讼法通说所接受，也没有为日本司法实践所采纳。小野清一郎也承认他的主张即使在当时新刑事诉讼法背景下，“暂时也没有看到主张这种观点的学者”〔1〕。日本的通说和实践均认为，阻却违法和阻却责任的事由都由检察官承担证明责任，法官如果对被告人是否实施犯罪存疑却仍然判决有罪，是违反正当程序和存疑有利于被告人的宪法原则的。〔2〕“二战”后，日本1907年的《刑法》沿用至今，而1907年《刑法》是以大陆法系刑法为蓝本的。但是日本的《刑事诉讼法》却是在美国主导下按照当事人主义模式进行修改的。这样，刑事实体法与刑事程序法沿着两条不同道路前进，给日本的刑事司法造成很多困扰。平野龙一先生曾就此指出，“由于日本刑法和刑事诉讼法之间有矛盾……不是将刑法按照美国刑法的方式进行修改，就是将诉讼法按照德国的方式进行修改，二者之中必须择一”〔3〕。“二战”后，日本新《刑事诉讼法》吸收了当事人主义的大量因素，但是职权主义的基本面和底色依然存在，这也是小野清一郎再三强调的。但是，小野清一郎又极力推崇日本新《刑事诉讼法》引入当事人主义的因素，这种矛盾的心理导致了其在证明责任问题上的矛盾立场。这种矛盾立场体现在以下方面：其一，他一方面认为犯罪构成事实属于证明对象，另一方面又认为阻却事由属于犯罪构成以外

〔1〕［日］小野清一郎：《犯罪构成要件理论》，王泰译，中国人民公安大学出版社2004年版，第248页。例如，团藤重光教授就认为即使日本新刑事诉讼法吸收了当事人主义，但是关于违法性、有责性的事实，检察官亦应承担证明责任。转引自林辉煌：《刑事审判之证明负担及证明程度——比较法之分析》，台北，元照出版有限公司2011年版，第110页“注释242”。

〔2〕参见孙长永、黄维智、赖早兴：《刑事证明责任制度研究》，中国法制出版社2009年版，第118～120页。

〔3〕［日］平野龙一：《刑法的基础》，黎宏译，中国政法大学出版社2016年版，第101～102页。

的事实。[1] 其二，他一方面主张被告方对于阻却事由的事实必须提出主张并加以证明，即承担形式证明责任；另一方面又承认"这也不是说法院和检察院可以对这种事实不关心"，如果对阻却事由的事实存有疑问的话，法官必须依照职权进行调查取证，否则可能成为撤销判决的理由，检察官基于客观义务，应正当地适用法律，也要努力予以证明。[2] 这种既主张证明责任转移，又坚持法官的职权调查原则和检察官客观义务，明显是不符合证明责任原理的矛盾立场。其三，在上述两重矛盾的基础上，小野清一郎先生推导出令人瞠目结舌的结论，即形式证明责任（主观证明责任）不完全由被告人承担，但实质证明责任（客观证明责任）必须由被告人承担，只要被告人不能证明阻却事由的事实存在，即使存疑，法官也要作出不利于被告人的有罪判决！[3] 根据这个观点，被告人不仅要承担客观证明责任，而且法官对证明被告人存在正当防卫的事实存疑时，居然要作出不利于被告人的有罪判决。这个结论与英美法系积极抗辩事由证明责任转移的主流观点刚好相反，英美法系主流观点是提出责任由被告人承担，但说服责任由控方承担，事实存疑时应当作出有利于被告人的判决。从今天的视角来看，小野清一郎的上述观点也与现代法治原则背道而驰。尽管证明责任由谁承担有一定争议，但是当事实存疑时作出有利于被告人的认定，是没有争议的，不能反其道而行之，作出不利于被告人的有罪判决。在当时的历史环境中，小野清一郎先生的立场陷入上述三重矛盾之中。

如前所述，我国的犯罪构成长期存在四要件和三阶层之争，时至

---

〔1〕参见［日］小野清一郎：《犯罪构成要件理论》，王泰译，中国人民公安大学出版社2004年版，第241、248页。

〔2〕参见［日］小野清一郎：《犯罪构成要件理论》，王泰译，中国人民公安大学出版社2004年版，第249页。

〔3〕参见［日］小野清一郎：《犯罪构成要件理论》，王泰译，中国人民公安大学出版社2004年版，第250页。

今日，三阶层犯罪构成已经为学界所广泛接受，也正逐步被司法实践所容纳。不论是四要件犯罪构成还是三阶层犯罪构成，都是大陆法系的立场（四要件犯罪构成是苏联学者改造自德国的三阶层犯罪构成），都没有让被告方承担正当防卫等阻却事由证明责任的余地。我国《刑事诉讼法》也面临着日本当年的痛苦，经历1996年、2012年和2018年的三次修改，徘徊于大陆法系和英美法系之间，经受着刑事实体法的大陆法系传统和刑事程序法的英美法潮流的裂解。不过，有一点是确定的，那就是我国刑事诉讼的职权主义基本取向和底色并没有改变，司法实践始终坚守着职权主义的传统。在这种背景之下，我们没有理由采纳小野清一郎的矛盾重重的观点。事实上，当今的日本《刑事诉讼法》并非完全沿袭英美法系，而是大量吸收了大陆法系的合理因素，并且大陆法系传统在实践中更加明显。日本学者松尾浩也指出："恰如其分地说应当是，日本对于英美法在理念上吸收了不少，但是几乎没有渗透到现实运作中……其结果，日本的刑事程序，从侦查到审判与美国的刑事程序呈现出显著的不同。"[1]

（二）从我国的立法及司法现实看正当防卫的证明责任

英美法系的积极抗辩事由实行证明责任转移，除了诉讼结构和陪审团制度等体制性原因外，一般认为，其现实基础有两点：一是被告人比政府更容易获得积极抗辩事由方面的证据，被告人在积极抗辩事由方面的证据获取优势，使被告人有机会通过隐瞒证据来误导事实发现者。二是被告人提出正当防卫、精神病等事实属于非常规事实，这些特别的不同寻常的事实有时不可能是真的，为了防止被告人动辄提出这样的借口，所以让其自行承担举证责任。[2] 但是这样的现实基

---

〔1〕 李海东主编：《日本刑事法学者》（下），法律出版社、日本成文堂联合出版1999年版，第158页。

〔2〕 See Barbara D. Underwood, *The Thumb on the Scales of Justice: Burdens of Persuasion in Criminal Cases*, The Yale Law Journal, Vol. 86: 7 (1977).

础，在我国并不存在。

首先，我国《刑事诉讼法》第 51 条规定，公诉案件中被告人有罪的举证责任由人民检察院承担；第 52 条规定，审判人员、检察人员、侦查人员依法收集能够证实犯罪嫌疑人、被告人有罪或者无罪、犯罪情节轻重的各种证据；第 54 条进一步规定，人民法院、人民检察院和公安机关有权向有关单位和个人收集、调取证据。从这一系列规定来看，在我国，收集证据是公安、司法机关的责任；证明责任由检察机关承担，没有例外的规定。或许有人会说，“有罪的举证责任”由人民检察院承担，那能不能推导出“无罪的举证责任”由被告人承担呢？显然不能。因为人民检察院要证明被告人“有罪”，就必须证明到“确实、充分”的程度，这里的“有罪”是指犯罪构成的一切事实，检察官要查明“犯罪嫌疑人、被告人有罪或者无罪、犯罪情节轻重的各种证据”，这里就包括可能存在的正当防卫等有关违法阻却事由的证据。因此，就起诉已经达到法定原则所要求之法定门槛而言，检察官负有“独立之证明义务”。[1] 法官与检察官一样，负有注意一切有利、不利被告人情事之客观性义务，并且，无论检察官是否尽证明义务，法官还有依职权调查真相的职责。[2]

其次，尽管我国《刑事诉讼法》规定，辩护人有权自行调查证据，也可以申请法院调取证据。但是，一方面我国大量刑事案件的被告人没有委托辩护人，指定辩护尚未真正实现全覆盖，即使指定了辩护人，部分法律援助律师拿着几百元的报酬，连阅卷都不愿意，何况去调查取证呢？指望被告人自行提供证据也几乎不可能。更何况，涉及互殴与防卫的案件属于暴力型犯罪，犯罪嫌疑人羁押率高，让一个关押在看守所内的嫌犯自行提出证据，甚至履行说服责任，无异于痴

---

〔1〕 参见林钰雄：《刑事诉讼法（上册 总论编）》，中国人民大学出版社 2005 年版，第 364～365 页。

〔2〕 参见林钰雄：《严格证明与刑事证据》，法律出版社 2008 年版，第 177 页。

人说梦。另一方面，即使有辩护人的案件，实践中律师自行调查证据因面临重重风险而很少行使这项权利，即使自行调取了相关证据，这些证据的可信度与官方调取的证据可信度相比也会有所降低。指望被告方调查取证既不现实，也不公平。所以，实践中律师发现可能存在的对被告人有利的证据线索，一般是申请司法机关调取。比较证据法学家达马斯卡早就敏锐地发现了这一点，他指出：大陆法系证据收集主要是官方的职责，虽然法律不禁止当事人的律师进行调查，但是律师事先的接触会降低证人的可信度，导致证明力受损。正因如此，大陆法系“律师很少主动地进行事实调查，而仅向负责证明的官员提供线索”[1]。

二、优越利益原理下互殴与防卫的证明责任规则

（一）纯正的互殴（真正的互殴）之证明责任

根据优越利益原理，在涉及互殴的案件中，控方要证明被告人的行为属于纯正的互殴（真正的互殴），进而判断不存在值得保护的优越利益，而不成立正当防卫，就必须对互殴的完整构造“起因＋经过＋结果”进行证明，这种情况下纯正的互殴（真正的互殴）与犯罪构成要件事实是重合的，属于实体犯罪构成要件的事实，证明责任由控方承担。对于涉互殴与防卫的案件而言，控方要证明被告人的行为构成故意伤害罪、故意杀人罪或者聚众斗殴罪，就需要证明属于纯正的互殴（真正的互殴），此时故意伤害罪、故意杀人罪或者聚众斗殴罪的犯罪构成的事实与纯正的互殴（真正的互殴）的事实，在某种程度上实现了重合，控方要指控被告人的犯罪行为，当然需要承担这样的证明责任，这一点应当没有争议。

---

〔1〕［美］米尔建·R. 达马斯卡：《漂移的证据法》，李学军等译，中国政法大学出版社2003年版，第107页。

(二) 不纯正的互殴（不真正的互殴）之证明责任

在不纯正的互殴（不真正的互殴）中，需要精细化地判断是否存在值得保护的优越利益，哪一方的利益处于优越地位，这就不仅涉及属于犯罪构成要件事实的互殴之证明，还涉及正当防卫事实之证明。在这种不纯正的互殴（不真正的互殴）情形中，被告方提出正当防卫的辩解，谁承担证明责任？这是争议的焦点。

首先，控方需承担证明被告人有罪的责任，包括在被告方提出正当防卫辩解时，证明不存在正当防卫之事实。检察机关在案件起诉之前就负有客观义务，应查明是否存在正当防卫，庭审中被告方提出正当防卫辩护主张时，检察官为了履行证明被告人有罪的证明责任，必须将被告方关于正当防卫的辩护理由证伪，证明不能时，法院应当作出有利于被告人的认定。法院不能以被告方提出正当防卫的证据不足为由，直接作出有罪判决。

其次，被告方有提出正当防卫辩解的权利，也有调查取证或者申请调取证据的权利。这些都是权利而不是责任，与证明责任无关。在我国司法实践中，一旦被告方提出这样的辩解，只要是合理的怀疑，法官一般都会要求检察机关补充证据。在职权主义原则为主的诉讼中，有时候当事人感到有不利的风险，因此提出申请调取证据，“问题在于能不能将这里的纯诉讼意义上的责任理解为提供证明责任”[1]。当被告方提出正当防卫辩解或辩护理由的时候，这是一种诉讼行为，或者说一种辩护权的行使，而不属于证明责任问题。因为证明责任的本质是真伪不明时不利后果的风险承担，在我国即使被告人不提出这样的主张和证据，也不意味着其应承担不利后果，因为法官有查明真相的义务。此外，包括我国在内的大陆法系检察官具有客观义务，“此项义务乃对于弱势被告最为重要的‘补偿措施’，贯穿检察

---

〔1〕［德］普维庭：《现代证明责任问题》，吴越译，法律出版社2006年版，第37页。

官全程之诉讼活动，尤其是到庭活动"[1]，检察官不是也不应该是"打击犯罪的追诉狂"，而是对有利或不利于被告人的证据均予以关注的"法律守护人"，因此，无论是对被告人有利还是不利的证据，检察官皆应提出。[2] 被告人即使不提出正当防卫的证据，检察官也有责任进行举证，法官也有职责就此进行调查。在这种诉讼模式下，正当防卫的证明责任倒置是没有必要的。[3] 具体来说，当双方都认可存在不法侵害时，控方认为防卫过当，而辩方认为防卫不过当，此时涉及罪与非罪，证明责任由控方承担；如果辩方认为存在不法侵害而成立正当防卫，控方认为不存在不法侵害，被告人有罪，此时证明责任由控方承担；如果辩方认为系防卫过当，而控方认为缺乏防卫之前提，不成立防卫，此时证明责任依然由控方承担。

最后，法官不承担证明责任，但具有查明真相的职责和职权。法官有权自行调查取证，也有权要求检察机关补充证据（司法实践，大多是要求检察机关补充证据），即使法官不进行调查取证，也可以以检察机关举证没有达到"确实、充分"的程度为由而作出无罪判决。因为证明责任的本质是不利后果的风险分担，对于我国的法官而言，不存在不利后果的承担问题，也不存在法官承担证明责任的问题。

总之，在我国刑事诉讼中，并不存在被告方承担正当防卫的证明责任问题。至于被告方提出正当防卫的辩解和主张，甚至是提供线索和证据，这并不是履行证明责任，而是一种辩护权的行使，至多就是

---

〔1〕 林钰雄：《严格证明与刑事证据》，法律出版社2008年版，第177页。

〔2〕 参见林钰雄：《严格证明与刑事证据》，法律出版社2008年版，第178页。

〔3〕 同样，我国《刑事诉讼法》第58条规定的被告人及其辩护人提出非法证据排除申请的应当提供相关线索和材料，也不属于证明责任倒置，而是一种辩解和辩护的权利，即使被告方不提出排除非法证据的申请，不提供相关线索和材料，检察机关依然要承担证据合法性的证明责任。在审查起诉阶段发现非法证据的，检察机关有责任主动排除，不得作为起诉的依据；在法庭审理中无论是检察机关发现、法官提示还是被告方申请，检察机关都要承担证据合法性的证明责任。这一点，我国《刑事诉讼法》第59条有明确的规定，这也是大陆法系严格证明机制的题中之意。

一种协助义务，即协助查明真相的义务。这种协助义务在大陆法系职权主义诉讼中是普遍的，也是合理的。从某种意义上说，诉讼参加人在所有职权主义领域都有协助义务，因为尽管职权主义要求法官查明真相，但是诉讼参加人也应当提供其申请所必需的事实，必须向法官提供调查事实的“出发点”，毕竟探知主义原则也不能盲目地去探知真相。但是这种协助义务与证明责任是完全不同的概念，因为这种协助义务与诉讼不利后果承担没有关联，也就是并不必然导致败诉的后果。[1] 对于正当防卫中的不法侵害事实，防卫限度中的行为必要性事实、结果相当性事实，被告方有权提出相关辩解，也有权提供相应证据和线索，但是这并不意味着被告方承担证明责任。一旦被告方提出这样的辩解和辩护，法官可依职权调查或要求检察官调查，检察官为了指控犯罪的成立，必须调查，从这个意义上来说，证明责任始终由检察官一方承担。

可能有人会提出，这种“一边倒”的证明责任有何价值？与其如此，还不如放弃客观证明责任的概念。这其实是一种误解。我们不能混淆证明责任的功能与分配问题。(1) 证明责任的基本功能是在真伪不明的情况下，确保法官能够作出裁决。因为真伪不明的情况在刑事诉讼中是客观存在的，而法官又不得以真伪不明为由不作出判决，那么客观证明责任就必须存在。从这个意义上来说，证明责任是法官能够作出判决的辅助手段，为法官针对真伪不明案件的裁决提供一个出口和路径。(2) 即便在职权主义刑事诉讼中，客观证明责任对被告方也是有“压力”的，即被告方会尽可能地履行协助查明真相的义务，因为这直接与其利益相关。只不过被告方的不作为并不当然导致不利后果，但是“可以借助法官的努力将这种不利后果抵消”。从这个意

---

〔1〕 参见［德］普维庭：《现代证明责任问题》，吴越译，法律出版社2006年版，第71页。

义上来说，这种“一边倒”的证明责任也是证明责任的“分配”。[1]

第三节　互殴与防卫证明标准的厘定

证明标准是指承担证明责任的一方提供证据对案件事实加以证明所要达到的程度，证明标准又称证明度、证明程度、证明尺度。正当防卫的证明标准与证明责任是密切关联的问题，不同的证明责任主张会导致不同的证明标准观点。在互殴与防卫问题上，“意图中心论”关注的要素属于主观性要素，证明难度极大，加上证明责任被倒置，被告方“翻盘”的机会渺茫。因为裁判者受“意图中心论”的影响，思维定式认为构成互殴，要说服裁判相信被告方意图纯洁、防卫意图正当，自然要求就更高，司法实践人员通常会要求被告方将正当防卫的辩解证明到“确实、充分”程度。越来越多的学者主张由被告方承担提出证据的责任或争点形成的证明责任，并认为证明标准应采取“优势证明”标准。[2] 笔者认为，实务界和理论界的上述观点均有失妥当。

一、“确实、充分”标准在正当防卫中的误解和纠偏

我国《刑事诉讼法》第55条规定，证据确实、充分的，可以认定被告人有罪和处以刑罚。这意味着犯罪构成的一切事实、为定罪所需要的一切事实的证据都要达到“确实、充分”的程度。《刑事诉讼法》第200条进一步规定，有罪判决需要达到证据确实、充分的程

---

〔1〕 参见［德］普维庭：《现代证明责任问题》，吴越译，法律出版社2006年版，第54页。

〔2〕 参见闵春雷：《严格证明与自由证明新探》，载《中外法学》2010年第5期；黄维智：《刑事证明责任研究——穿梭于实体与程序之间》，北京大学出版社2007年版，“前言”第3页。

度，证据不足，不能认定被告人有罪的，应当作出证据不足，指控犯罪不能成立的无罪判决。这是法定的证明标准，不能因为案件类型不同而降低。但值得注意的是，这个法定的证明标准是针对定罪事实而言的，换言之，要认定一个人构成犯罪必须证明到“确实、充分”的程度，但是对于“非定罪事实”“对被告人有利的事实”，并无这样的要求。2021 年最高人民法院《关于适用〈中华人民共和国刑事诉讼法〉的解释》第 72 条第 2 款延续了 2012 年最高人民法院《关于适用〈中华人民共和国刑事诉讼法〉的解释》（已失效）第 64 条第 2 款的规定，规定认定被告人有罪和对被告人从重处罚，应当适用证据确实、充分的证明标准。新旧解释均强调了以下两点：一是“有罪”的证据，也就是定罪的证据要达到“确实、充分”的程度；二是“从重处罚”的证据，也就是不利于被告人的证据要达到“确实、充分”的程度，进而可以推导出隐含的第三点，就是从宽处罚、有利于被告人的事实，未必要达到“确实、充分”的证明标准。2012 年最高人民法院《关于适用〈中华人民共和国刑事诉讼法〉的解释》的起草人指出，之所以如此规定，是因“对所有证明对象适用同一证明标准，既不现实，也无必要……对于认定被告人有罪和对被告人从重处罚的事实……对其证明必须达到‘确实、充分’的程度。相应地，对被告人从宽处罚的事实，以及与附带民事诉讼、涉案财物处理有关的事实等，可以适当降低证明标准，适用优势证据标准”。[1] 这里提到了对被告人从宽的事实，如自首、立功以及附带民事诉讼、涉案财物等程序性事实，采用优势证明标准。这在实践中也确实采用优势证明标准，但是对于正当防卫并未提到采用优势证明标准。

对于互殴与防卫来说，要认定为纯正的互殴（真正的互殴）进而

---

〔1〕 胡云腾等：《关于适用〈中华人民共和国刑事诉讼法〉的解释理解与适用》，载中华人民共和国最高人民法院刑事审判第一、二、三、四、五庭主办：《刑事审判参考》2012 年第 5 集，法律出版社 2012 年版，第 97 页。

否定正当防卫，就必须把纯正的互殴（真正的互殴）的事实证明到“确实、充分”的程度，因为证明纯正的互殴（真正的互殴）以及否定正当防卫的事实本身就是认定被告人构成犯罪所必需的定罪事实。在不纯正的互殴（不真正的互殴）中，可能成立正当防卫时，这个正当防卫的事实不是定罪事实，而是非定罪事实，并不需要证明到“确实、充分”的程度。换言之，在被告人及其辩护人提出正当防卫的主张时，检方要证明被告人有罪，依然需要将犯罪构成要件的事实证明到“确实、充分”的程度。

如何理解这里的“确实、充分”？在笔者看来，其实“确实、充分”就是“排除合理怀疑”。尽管如何定义“排除合理怀疑”是英美法系的未解之谜，但说其与“确实、充分”相当，是完全站得住脚的。塞西尔·特纳指出，所谓合理的怀疑，指的是陪审员对控告的事实缺乏道德上的确信、对有罪判决的可靠性没有把握时，所存在的心理状态。合理怀疑是能够使人信服、具有充分理由、可以据以作出判断确信的程度。〔1〕这里的充分理由、确信程度与“确实、充分”相当。《布莱克法律词典》在解释排除合理怀疑时论证道：“是指全面的证实、完全的确信或者一种道德上的确定性；这一词汇与清楚、准确、无可置疑这些词相当。”这里的“全面的证实”“完全的确信”与“确实、充分”具有异曲同工之处，甚至已无差别。〔2〕有英国学者认为，“‘确定’一词对陪审团来说，很可能更容易理解和运用”〔3〕。我国《刑事诉讼法》第55条第2款对“确实、充分”内涵的解释使用了这样的表述：“……综合全案证据，对所认定事实已排除合理怀疑……”这进一步说明了“确实、充分”与“排除合理怀

---

〔1〕参见［英］J. W. 塞西尔·特纳：《肯尼刑法原理》，王国庆、李启家等译，华夏出版社1989年版，第549页。

〔2〕参见李勇：《刑事证据审查三步法则》（第2版），法律出版社2022年版，第396～397页。

〔3〕［英］理查德·梅：《刑事证据》，王丽等译，法律出版社2007年版，第82页。

疑”具有相同的趣旨，即要求一切犯罪构成所必需的事实都要证明到排除一切合理怀疑之程度。因此，当被告方提出正当防卫的辩解以及线索乃至证据（如前所述，这是辩护的权利，不是举证责任）的时候，或者法官依职权发现可能存在正当防卫的时候，检察官如果坚持起诉的意见（也可能基于客观义务主动撤回起诉），就要把正当防卫的事实真伪，把指控的罪名和不存在正当防卫的事实证明到排除合理怀疑的程度。

如果检方的证明没有达到“排除合理怀疑”的标准，那么就要按照存疑有利于被告的原则，作出有利于被告人的认定，即认定为正当防卫。因为，“排除合理怀疑”的证明标准与存疑有利于被告原则是“一体两面”的关系。正如达马斯卡所言，刑事案件中的事实疑点应以有利于被告人的方式加以解决，这是现代法律制度所奉行的一项原则，无论这些疑点属于普通法系还是大陆法系传统……被告人应从事实的怀疑中获益的观点，是当代几乎所有司法管辖区的刑事公理。[1] 所以，排除合理怀疑规则被喻为“天平上的拇指”，当案件处于真伪不明状态时，即使证据表明有罪的可能性比无罪大，只要有罪的证据不是压倒性的，就要把拇指放在被告人一边，使天平向有利于被告人方倾斜，从而恢复天平的平衡，通过弥补天平上的一个系统性缺陷，从而提高决策过程的整体正确性。[2] 原因很简单，错误定罪的代价远大于放纵犯罪的代价，这与我国传统法律文化中“宁纵勿枉”的价值导向异曲同工。

---

〔1〕 See Mirjan Damaška, *Evidentiary Barriers to Conviction and Two Models of Criminal Procedure: A Comparative Study*, University of Pennsylvania Law Review, Vol. 121: 3 (1973).

〔2〕 See Barbara D. Underwood, *The Thumb on the Scales of Justice: Burdens of Persuasion in Criminal Cases*, The Yale Law Journal, Vol. 86: 7 (1977).

二、“优势证明”标准的误解与纠偏

正当防卫的证明标准，能否借鉴美国积极抗辩事由证明责任倒置基础上的“优势证明”标准呢？答案依然是否定的。抛开我国根本不存在积极抗辩事由证明责任倒置不说，优势证明标准也无法适用于我国正当防卫领域。因为，在英美法系中提出证据责任之功能在于触发和启动针对陪审团的说服责任，提出责任是说服责任的“派生函数”，所以从这个意义上说，证明责任的实质内容是说服责任。[1] 美国所称的积极抗辩事由采取“优势证明”标准是针对被告承担说服责任而言的，证明标准“这一关键性概念，就可被归纳为说服责任的含义和适用问题”[2]。所以，美国学者认为，如果只转移提出证据的责任，那么对“排除合理怀疑”的证明标准就没有提出任何实际的挑战，只是通过提出责任转移处理掉那些不足以形成争点的辩护理由，无须提交陪审团，从而提高诉讼效率。[3] 如果让被告人承担说服责任，那么被告人只需要证明到“优势证明”标准即可。

如果按照我国学者所主张的提出责任的证明标准采用“优势证明”标准，那法官岂不是直接就可以根据此标准对争议事实作出裁判，怎么还会提交给陪审团再次判断有无达到“优势证明”标准呢？因此，那种一方面主张把争点形成责任转移给被告人（说服责任依然由检方承担），另一方面把被告人说服责任的“优势证明”标准嫁接到提出责任（或争点形成责任）上的观点，是对英美法系证明标准的

---

〔1〕 See John T. McNaughton, *Burden of Production of Evidence: A Function of a Burden of Persuasion*, Harvard Law Review, Vol. 68: 8 (1955).

〔2〕 [美] 罗纳德·J. 艾伦：《艾伦教授论证据法》（上），张保生、王进喜、汪诸豪等译，中国人民大学出版社 2014 年版，第 245 页。

〔3〕 See John Calvin Jeffries, Jr. & Paul B. Stephan Ⅲ, *Defenses Presumptions and Burden of Proof in the Criminal Law*, The Yale Law Journal, Vol. 88: 7 (1979)；参见林辉煌：《刑事审判之证明负担及证明程度——比较法之分析》，台北，元照出版有限公司 2011 年版，第 81 页。

误解。让被告人对提出责任（争点形成责任）证明到“优势证明”标准，如此加重被告人证明负担的做法，可谓世所罕见。果真如此，被告人在提出正当防卫辩解时就需要提出证据并证明到优势证明的标准，否则法官不会将其作为争点问题进行法庭调查，那么，我国正当防卫的《刑法》条款将进一步陷入“僵尸化”境地。因此，我国的正当防卫等阻却事由并不存在适用“优势证明”标准的余地。[1]

三、互殴与防卫之证明标准的厘定

（一）互殴事实的“确实、充分”标准

根据优越利益原理，互殴分为纯正的互殴（真正的互殴）与不纯正的互殴（不真正的互殴）。对于纯正的互殴（真正的互殴）而言，由于不存在值得保护的优越利益，排斥正当防卫的成立，成立相应的故意伤害罪、故意杀人罪、聚众斗殴罪等，此时互殴事实的证明其实与相应犯罪的犯罪构成事实重合，这属于定罪事实，要证明构成相应的犯罪，也就是证明属于纯正的互殴（真正的互殴），应当采取“确实、充分”的证明标准。

对于不纯正的互殴（不真正的互殴）而言，是否存在值得保护的优越利益，需要围绕前述证明对象并结合“质”“量”统一的优越利益原理进行审查判断。如果不存在值得保护的优越利益，应当以相应的罪名追究刑事责任，那么检方对相应罪名的犯罪构成事实就必须证明到“确实、充分”的程度。如果存在值得保护的优越利益，可能成立正当防卫，那么此时的证明问题就是正当防卫事实的证明问题。正当防卫的证明标准既不能采取“确实、充分”的法定标准，也不宜采取“优势证明”标准，笔者主张“合理怀疑”的标准。

---

〔1〕在我国，优势证明标准仅适用于程序性事实，如回避、管辖以及有利于被告的量刑事实如自首、立功等。

（二）防卫事实“合理怀疑”标准之提倡

美国主要有以下几种证明标准，分别是：（1）优势证明标准（preponderance of the evidence），该证明标准是大多数民事案件的证明标准，属于低层次的证明标准。（2）排除合理怀疑标准（beyond a reasonable doubt，也有翻译为超越合理怀疑、排除一切合理怀疑），该证明标准是刑事审判的证明标准，属于最高层次的证明标准。（3）清晰而令人信服标准（clear and convincing evidence，也有翻译为明确而有说服力标准），该证明标准属于中间标准，是衡平法院针对特别救济民事案件的证明标准。[1]（4）“合理怀疑”标准。该标准由美国宪法第四修正案的“相当理由”标准发展而来。美国宪法第四修正案规定，公民人身、住宅、文件和财产不受无理搜查和扣押的权利不得侵犯。除基于“相当理由”以宣誓或代誓陈词保证并详细说明搜查地点和扣押的人或物，不得发出搜查和扣押令状。为了保护公民不受不合理的搜查和检查，该标准适用于警察对嫌犯的盘查。一般来说，警察根据他们所知道或所观察到的活动而产生其涉嫌犯罪的怀疑，这样的怀疑是指在具体、特定的地点针对特定的人产生，并非纯粹的揣测或预感。[2]随着司法实践的不断发展，通过判例逐步定义了什么被认为是“不合理的”搜查或扣押。“相当理由”尽管被视为单一的、核心的标准，但是它实质上处于流动的状态。[3]特里（Terry）诉俄亥俄州案被誉为美国联邦最高法院作出的最为重要的美国第四修正案判例，该判例最重要的意义在于以“合理性”标准取代了“相当理由”标准。特里诉俄亥俄州案所解决的核心问题是一名执法人员是否可以

---

〔1〕 See Dorothy K. Kagehiro & W. Clark Stanton, *Legal vs. Quantified Definitions of Standards of Proof*, Law and Human Behavior, Vol. 9: 2 (1985).

〔2〕 See Jennifer Pelic, *United States v. Arvizu: Investigatory Stops and the Fourth Amendment*, The Journal of Criminal Law and Criminology, Vol. 93: 4 (2003).

〔3〕 参见杨雄：《美国宪法第四修正案中的“相当理由”之变迁：兼论我国刑事强制措施证明标准的完善》，载《暨南学报（哲学社会科学版）》2008 年第 5 期。

根据自己的观察形成阻止嫌疑人所必需的合理怀疑。[1]“合理怀疑”标准就这样产生了。

笔者认为，第四种“合理怀疑”的证明标准可以借鉴到我国正当防卫的证明标准之中，以此作为裁判者判断正当防卫争议问题的证明标准。[2]

其一，“优势证明”标准对于我国的正当防卫来说，要求过高。我国的刑事诉讼构造决定了被告人不负说服责任，被告人提出正当防卫的主张，是一种辩护权，至多是一种协助查明事实的诉讼行为，不能对不负说服责任的一方提出相对较高的证明标准。即便是主张被告人承担提出证据的责任，也不能让被告人证明到“优势证明”的标准。

“合理怀疑”的标准相对于优势证明标准而言，更具有可操作性，也更有利于被告人。根据特里诉俄亥俄州案，美国宪法第四修正案的意思是所有搜查和扣押都必须是合理的，这里的合理性——不是理由，不是可能的原因——成为美国宪法第四修正案的核心任务和试金石。[3] 美国甚至有学者认为，联邦最高法院通过特里诉俄亥俄州案，不再将美国宪法第四修正案限制为典型的犯罪逮捕和同时进行的以可能原因衡量的全面搜查。相反，法院已将重点转移到修正案的“合理性”要求和手头上的特定“搜查”和“扣押”上来，适当进行的“拦截和搜身”应当是合理的“搜查”和“扣押”。[4] 这里的“合理

〔1〕 See Georgia Bush, *Reasonable Suspicion under the Fourth Amendment: A Fact or Fiction*, Stetson Law Review, Vol. 16: 2 (1987).

〔2〕 在我国，这里裁判者既包括检察官，也包括法官。如果检察官认为犯罪嫌疑人的行为存在正当防卫，可以作出绝对不起诉的决定；如果认为存在防卫过当，情节轻微，可以作出相对不起诉；如果认为正当防卫处于存疑状态，可以作出有利于被告方的推定，作出存疑不起诉决定，这与法官判决一样需要一个判断的证明标准。

〔3〕 See Akhil Reed Amar, *Terry and Fourth Amendment First Principles*, St. John's Law Review, Vol. 72, No. Issues 3-4 (1998).

〔4〕 See Richarf Lucas Pteromella, *Stop and Frisk under the Fourth Amendment: Terry and Sibron*, Houston Law Review, Vol. 6: 2 (1968).

怀疑”中“怀疑”（suspicion）不应该是抽象的感觉，而应当是清晰且具体的。执法人员所知的事实和情况以及他们拥有的合理可信赖信息，必须足以保证一个人合理谨慎地相信行为人已经犯罪或者正在犯罪。执法人员必须相信而不是仅仅怀疑。[1]

这里的“合理怀疑”与我们通常所说的“排除合理怀疑”是完全不同的两个概念。前者是刑事案件定罪的证明标准，后者是搜查、扣押的标准。事实上，“doubt”与“suspicion”这两个词语含义是有差别的，前者强调“怀疑……不是”，后者强调“怀疑……是”，换言之，“doubt”强调否定的怀疑，形象地说是“疑为非”，在“beyond a reasonable doubt”中强调怀疑被告人不构成犯罪，怀疑这个犯罪的事实不是被告人所为，疑罪从无；“suspicion”强调肯定的怀疑，形象地说是“疑为是”，在“reasonable suspicion”中强调怀疑当事人实施了犯罪行为。将“reasonable suspicion”引入正当防卫中最合适不过了，其内涵就是有合理的理由相信可能存在正当防卫时，就应当肯定存在正当防卫，这是一种肯定的怀疑，这种肯定的怀疑是符合存疑有利于被告人原则的。当案件出现正当防卫争议问题时，裁判者应当根据调查查明的事实和证据，具体判断是否能“合理怀疑”正当防卫的存在。只要正当防卫的存在具有“合理怀疑”，就应当作出有利于被告人的认定，认定存在正当防卫。反之，被告人提出的正当防卫辩解和意见如果仅仅是一种借口、揣测，没有具体而现实的“合理怀疑”，类似于“幽灵抗辩”，则应当不予认定。

其二，尽管我国检察官具有客观义务，但是这种客观义务主要体现在庭前。庭审中因为检察官负有证明被告人“有罪”的责任，为了证明其“有罪”，固然会补充证据，证明正当防卫，以实现指控罪名的证据达到“确实、充分”的程度。因此，实践中，检察官主动、刻

---

〔1〕 See Richarf Lucas Pteromella, *Stop and Frisk under the Fourth Amendment: Terry and Sibron*, Houston Law Review, Vol. 6: 2 (1968).

意去调查被告人存在正当防卫之无罪证据的积极性不高。

其三，虽然我国法律规定法官具有调查取证的职权，但是这种职权的行使力度是有限的，法官基于其天然的中立角色，以及调查力量和手段的有限性，指望法院调取大量的正当防卫证据，也是不现实的。

其四，特别是涉及互殴与防卫的暴力性案件，被告人本人一般处于羁押状态，指望身陷囹圄的被告人提供证据无异于水中捞月，而辩护律师的调查取证情况因各种现实状况，也很不理想。

上述四个方面的原因决定了我国庭审中出现正当防卫争议时，有利于认定正当防卫的证据具有天然的稀缺性，采取“优势证明”标准将会加剧我国正当防卫条款的“僵尸化”。

其五，“优势证明”标准，一般被认为一个事实的存在比不存在更有可能性，这种可能性的概率在 50% 以上。但是，这个 50% 如何进行量化是个难解之题。

其六，对法官的判断标准采用相对较低的“合理怀疑”证明标准，其实就是加大承担证明责任的检察官证明有罪的难度，这有利于保护处于弱势地位被告人的权利，也有助于最大限度避免冤假错案。同样，对检察官的起诉裁量权而言，对正当防卫提出相对较低的“合理怀疑”证明标准，其实就是提高了起诉的门槛。检察官认为正当防卫存疑时可以作出存疑不起诉的决定，这同样有利于犯罪嫌疑人的权利保护和避免起诉权的滥用。

为了进一步论证“合理怀疑”标准的合理性，结合下面案例进一步阐述。

【案例 19　周某某正当防卫案】2017 年的一天，被害人林某某（男）通过王某（女）以给被告人周某某（女）介绍对象为名，将被告人周某某与王某约至其家中。至 13 时许，因未等到被介绍的对象前来，经林某某挽留，三人一起在林某某家中就餐。其间，林某某喝了两小瓶酒后开始辱骂周某某和王某。至16时许，王某因害怕而离开。周某某欲离开时，因没能打开房门，被林某某拦住。被告人周某某称林某某先用拳头及擀面杖殴打其头面部，眼镜也被打掉（被告人周某某视力残疾三级）。二人厮打在一起，后双双倒地，林某某双手抓住周某某的头发不放，周某某骑压在林某某身上，用双手掐住林某某的颈部。僵持中，周某某用其掉在地上的丝巾勒林某某的颈部，致林某某死亡（经鉴定，系颈部受外力作用致机械性窒息死亡，林某某血液酒精含量90.6mg/100ml）。周某某因外伤致左眼眶内壁骨折，左眼顿挫伤（系轻微伤）。林某某邻居证称：林某某70多岁，瘦瘦小小的，案发当天听到隔壁林某某骂人，平时林某某经常骂人，听到他家有砸东西的声音。案发现场提取到多处血迹及擀面杖。被告人辩称：林某某说要打死她，她当时有了“让你打死我，还不如我勒死你”的想法。被告人在第7次供述中又称是因为林某某意欲对其性侵害，不得不进行反抗。最终，法院认定周某某的行为成立正当防卫，宣判无罪。

这个案例中，在案证据中有利于认定正当防卫的主要有以下方面：（1）死者林某某辱骂被告人周某某；（2）死者当时喝酒，说明酒后辱骂以及先动手殴打可能性较大；（3）周某某身上有伤，左眼眶内壁骨折、左眼顿挫伤，头面部及四肢均有淤青伤肿，这说明被告人辩解死者用擀面杖殴打以及用拳头殴打有一定合理性；（4）邻居听到砸东西的声音，说明二人有打斗，被告人辩解在打斗中被迫反击具有一定的合理性。从上述情况看，要证明被告人故意杀人罪的成立尚难以达到“确实、充分”“排除合理怀疑”的程度，甚至也很难说达到了“优势证明”标准。但是，从可能存在正当防卫行为的角度来说，现有证据足以让裁判者产生可能存在正当防卫的“合理怀疑”，应当作出有利于被告人的认定，认定成立正当防卫。

（三）“合理怀疑”标准的判断规则

无论是“相当理由”还是“合理怀疑”，从具体判断规则的角度来说都存在诸多难以解决的困难。美国通过判例逐步发展出一些规则，如著名的交叉法则（two - pronged test）与综合判断法则（the totality of circumstances analysis），但是这些规则也被批评过于僵化和教条。[1]

笔者认为，"合理怀疑"本质上属于主观判断的范畴，具有模糊性的天然属性，设置僵硬的条条框框既不现实，也无必要，应当根据经验法则和论理法则，结合案件的整体情况进行判断。在美国诉阿维苏（Arvizu）案中，首席大法官伦奎斯特（Rehnquist）的意见值得借鉴。伦奎斯特在撰写意见书时指出，禁止不合理搜查的美国宪法第四修正案，适用于司机没有违反交通法的调查性拦截停车，如果执法人员有"合理的怀疑，相信犯罪活动可能正在进行"，执法人员可能会进行调查拦截。"警官的合理怀疑必须基于客观事实和理性执法人员从这些事实中得出的推论，而不是基于直觉。"这些事实和推论必须使警官相信可能正在进行犯罪活动，允许官员们利用他们的经验从事实中得出推论，否则对普通公民来说可能没什么意义。伦奎斯特承认"合理怀疑的概念有些抽象"，但他强调了不设定硬性规则的重要性。[2]"合理怀疑"的判断是作为一个整体来考察所有因素，而不是单独审查某个因素，以确定该执法人员是否有合理的怀疑。

正如任何事物都是不完美的一样，"合理怀疑"作为一种极具主观性的司法证明标准，其不完美也是可以理解的。如果说"合理怀疑"来源于古老的"道德慰藉"程序，[3] 那么赋予其现代刑事诉讼的证明使命，其判断规则就只能寻求经验法则和论理法则（逻辑法

---

〔1〕参见杨雄：《美国宪法第四修正案中的"相当理由"之变迁：兼论我国刑事强制措施证明标准的完善》，载《暨南学报（哲学社会科学版）》2008年第5期。

〔2〕See Jennifer Pelic, *United States v. Arvizu: Investigatory Stops and the Fourth Amendment*, The Journal of Criminal Law and Criminology (1973 -), Vol. 93: 4 (2003).

〔3〕参见［美］詹姆士·Q. 惠特曼：《合理怀疑的起源——刑事审判的神学根基》，佀化强、李伟译，中国政法大学出版社2012年版，第317页。

则）。经验法则和论理法则可以说是超越法系、超越古今的证据判断规则。“不论诉讼体制如何变迁，不论证据思维方式如何更易，在探索过去事实真相方面，寻求合理答案之中心宗旨，应为刑事诉讼所不得背弃之目标。而在此寻求合理答案过程中，经验法则及论理法则乃证据思维之核心，古今皆然。”[1] 从人类学的角度而言，经验法则及论理法则乃人类思维累积而成之概念，包括所有曾经存在、现实存在以及未来将存在之已知事实，人类随时随地执此已知概念作为解释未知事实之工具，普遍适用于人类的一切决策活动，并作为准则，其适用于审判上作为判断事实之证据法则，且作为证据思维之核心，在整个证据思维过程中，无所不在。因此，有人比喻经验法则及论理法则为证据法之大拇指法则（the rule of thumb），绝非戏言。[2] 因为，排除合理怀疑就是要使一般人信服、法官信服、合议庭信服，而不是承办人自己信服！

经验法则是人们在长期的生产、生活以及科学实验中产生的对客观外界普遍现象与通常规律的一种理性认识，在观念上属于不证自明的公认范畴。从所涉领域来看，经验法则可分为日常经验法则和特殊经验法则。日常经验法则是指人们日常生活和生产实践中，为大众知晓、认同的关于事物及社会观念的普遍性、规律性的认识，主要有如下几种表现形式：一般交易惯例、社会基本伦理、善良风俗、自然现象、自然人的生理现象和普遍的心理状态、思想状态。特殊经验法则是指特殊群体所掌握、认同和分享的关于事物的普遍性、规律性的认识。由于特殊经验法则只为特殊领域的专业人士所掌握，裁判者并不熟知，故原则上需要通过专业的鉴定、论证方可适用。论理法则又称

---

〔1〕 陈佑治：《刑事诉讼与证据法系列之三——经验法则及论理法则》，载《法令月刊》2008 年第 8 期。

〔2〕 参见陈佑治：《刑事诉讼与证据法系列之三——经验法则及论理法则》，载《法令月刊》2008 年第 8 期。

逻辑法则，就是指“推理演绎的逻辑规则”，包括归纳和演绎。归纳是以某一特定事实为目标，借由许多信息、经验，正确而合理解释，然后将资料系统化，形成结论；演绎系以一个论点为本，然后根据各种事实，资以证明该论点之正确性。二者运用在证据思维上，同具推论功能，殊途同归。无论诉讼体制如何，论理法则在刑事诉讼中证据思维之地位，并无差异。刑事诉讼之证据思维方法，究其推论结构，不外乎包括基础事实、推论事实、基础事实与待证事实之间的常态联系。其中基础事实是指证据本身所表示之事实；推论事实是指待证事实；所谓基础事实与待证事实之间的常态联系，则指二者在一般情况下具有“伴生关系”，而此种常态联系之有无或者盖然性之高低的评判标准又必须借助于经验法则。因此，在证据思维过程中，经验法则与论理法则不可分割，以论理法则进行逻辑推论时，往往以某种经验法则为前提；而在推论过程中，此种决定常态联系之有无或盖然性之高低的标准又要借助于经验法则。[1] 实际操作中，经验法则与论理法则从来都是相互交叉、相互交织进行的。

单纯进行概念的解读和理论推演是空洞的，下面我们结合案例来进一步阐述经验法则和论理法则的实际操作。

【案例 20　被告人 B 故意伤害案】被告人 B 因与邻居被害人 C 发生口角纠纷，将被害人手指咬伤。被告人自到案后，能够如实供述主要案件事实，并不否认咬伤被害人手指的事实，但是前后所做的多份供述及当庭供述都表示，其之所以咬伤被害人手指是因为当时被害人从其背后抱住被告人并抓挠被告人的脸部，同时被害人的儿子用拳头正面击打被告人。被告人是在慌乱中将抓挠被告人嘴部的手指咬伤的，辩称其行为应当构成正当防卫。案发时，有三份在场证人证言笔录，其中两份证人证言笔录关于被告人正当防卫的辩解，既没有肯

〔1〕 参见陈佑治：《刑事诉讼与证据法系列之三——经验法则及论理法则》，载《法令月刊》2008 年第 8 期。

定，也没有否定。另一份证人证言笔录印证了被告人关于正当防卫的供述。最后法院认为：被告人供述自己的行为属于正当防卫缺乏证据支持，不予认定。[1]

这个案例需要综合考虑的证据包括以下几个方面：(1) 被告人一直供述咬伤被害人手指是因为遭到被害人及其儿子殴打。(2) 其中一名证人证言印证了被告人的说法。(3) 另外两名证人，既没有肯定也没有否定，其实就是"没看到"。但是"没有看到"与"看到没有"是截然不同的。因此，这两名证人的证言与前面的一名证人证言及被告人的供述之间并不矛盾。(4) 当时的情境是被告人面临被害人与被害人儿子两个人的攻击，在力量对比上，相对处于下风，在搂抱扭打过程中，情急之下咬手指，根据经验法则，是可能存在的。综合上述情况，根据论理法则，可以推导出被告人存在正当防卫的"合理怀疑"，笔者认为应当认定正当防卫事实成立。

第四节　互殴与防卫证明方法的正名

如何判断承担证明责任的主体所举之证据有无达到某种证明标准？这就是证明方法问题，也是证明评价问题。证明评价是检验证明的程序，即裁判者要检查某项事实主张是否需要证明，以及在具体情况下某一项事实主张是否已经得到证明。[2]

---

〔1〕 参见江远鹏：《被告方如何提出正当防卫的抗辩——以一个轻伤害案件为例》，载华律网，https：//mip. 66law. cn/news/74514. aspx？ivk_ sa = 1024320u，2022 年 2 月 22 日访问。

〔2〕 参见［德］普维庭：《现代证明责任问题》，吴越译，法律出版社 2006 年版，第 86 页。

一、综合分析（认证）

关于证据分析，证据法学中历来有“原子论”（原子主义）和“整体论”（整体主义）之争，英美法系对此存在激烈的争论。[1] 原子主义模式是英美传统的主流理论，认为“事实认定者将证明价值附着在各自独立的证据之上，通过证据的增减得出最后的结论——对待每项证据就如同处理组成马赛克的一块块圆石一样”[2]。原子主义模式要求“证明力取决于个别存在的单个证据、离散的系统推论；最终事实认定则由这些彼此分离的证明力以某种叠加的方式聚合而成”[3]。英美传统证据法理论认为，事实认定就是从单个的证据出发，运用经验法则和论理规则推导出案件事实的过程。

1820 年，被英美学者视为“离经叛道”的苏格兰律师兼地方司法官詹姆斯·格拉斯福德在《证据原理及其在司法探知中的应用》一书提出整体主义模式，格拉斯福德对传统的原子主义模式提出挑战，倡导一种整体主义的事实认定方法。到了 20 世纪 80 年代，经由艾布·哈瑞拉的阐述，整体主义模式开始广为传播。艾布·哈瑞拉指出，许多证据评价是完形的和整体性的。例如，在评价大量证据的证明力上，我们不会也不应该把整个证据群分成独立的个体并且分别赋予每一个体独立的证明价值。我们应该把大量的证据看作一个整体，一个“格式塔”或“完形”，以证明它的整个证明力或可信性。[4] 整体主义是在考虑了各项证据如何形成更多的解释性方案、事件或者叙述之

〔1〕 参见［英］威廉·特文宁：《证据理论：边沁与威格摩尔》，吴洪淇、杜国栋译，中国人民大学出版社 2015 年版，第 280～283 页。

〔2〕 ［美］米尔建·R. 达马斯卡：《漂移的证据法》，李学军等译，中国政法大学出版社 2003 年版，第 47～48 页。

〔3〕 ［美］米尔吉安·R. 达马斯卡：《比较法视野中的证据制度》，吴宏耀、魏晓娜等译，中国人民公安大学出版社 2006 年版，第 68～69 页。

〔4〕 参见封利强：《事实认定的原子模式与整体模式之比较考察》，载李学军主编：《证据学论坛》（第 17 卷），法律出版社 2012 年版，第 106～117 页。

后，事实认定者才能达到确信状态。在整体主义模式看来，“一项材料的证明力源于所有已输入信息材料之间的相互作用。在该观点看来，单项证据自身的证明力，无法游离于证据的总体判断”[1]，刨根问底的本性不可能将各项信息的分量同整体判断切割开来，或以该观点的另一种形式来说，也就是不可能通过赋予各项分散的证据以价值，然后再对这些价值进行累加来作出决定。[2]

原子主义与整体主义二者孰是孰非？笔者认为，原子主义把事实认定看作对单个证据进行“拼接”的工作，即以对证据的个别评价为基础进行的单线程的证据推理活动，而忽视了各方证明主体之间的互动联系以及证明主体与证明客体、证明手段之间的双向互动，从而对事实认定缺乏整体上的把握，这种原子主义理论与英美法系长期以来在证据法上奉行经验主义有关。证据的评价离不开整体分析，正如达马斯卡所言，“如果把整体论理解成对事实审理者如何实际考虑证据并形成确信的替代描述，那么在多数情况下，整体论似乎都能比原子论更好地反映人类的天然心理过程”[3]。但是，整体主义过分夸大人类思维过程的非线性，可能会忽略对单个证据的精密化分析。

在笔者看来，二者之间不是相互对立和排斥的关系，而是相互补充的关系。司法实践呈现的真实现状也是先对个别证据进行判断，再综合全案进行证据判断。因此，原子主义和整体主义涉及心证的形成顺序问题，妥当的做法应该是先进行证据的单个、分别判断，再进行

---

〔1〕［美］米尔吉安·R. 达马斯卡：《比较法视野中的证据制度》，吴宏耀、魏晓娜等译，中国人民公安大学出版社2006年版，第69页。

〔2〕参见［美］米尔建·R. 达马斯卡：《漂移的证据法》，李学军等译，中国政法大学出版社2003年版，第47～48页。

〔3〕［美］米尔建·R. 达马斯卡：《漂移的证据法》，李学军等译，中国政法大学出版社2003年版，第48～49页。

整体综合分析。[1] 日本学者田口守一认为，“对每一个证据进行个别判断，还是对证据整体进行综合判断，这是心证形成的顺序问题。例如，根据情况证据（间接证据——引者注）认定的事实，如果对一个个证据分别判断，容易得出什么也没有证明的结论。但如果对上述事实进行综合判断，可能是‘笼统的’判断。当然不能否定综合判断，但应当尽可能以个别判断为基准”[2]。

在司法实践中，所广泛采取的综合分析（又称综合认证）其实就是融合了原子主义与整体主义。证据的综合分析是运用证据审查认定事实的重要思维方法，是指将证据材料有机地综合成为一个整体来加以考察的逻辑方法。综合分析不是将所有证据材料的各个方面和要素简单地罗列在一起，而是从案件的实际情况出发，在思维中将证据分析后的各个证据材料，按照规律有机地结合成一个证据体系，从而达到对案件事实的完整、准确的认定。综合分析的功能在于确立裁判者的心证，也是对待证事实作出最终认定的关键步骤。[3] 综合分析（综合认证）在司法实践中具有广泛共识，最高人民法院《关于适用〈中华人民共和国刑事诉讼法〉的解释》在第四章中专设一节“证据的综合审查与运用”。根据最高人民法院的官方解读，依照一定的规则对证据能力和证明力的综合判断叫认证，既包括对单个证据的认证，也包括对全案证据的综合认证。证据的综合认证就是对全案证据的综合审查判断，具体规则为：审查判断证据之间是否具有内在联系，各项证据之间是否共同指向同一待证事实，也就是证据之间能否形成闭合的证据锁链；审查判断证据之间是否存在矛盾，如果存在矛

[1] 笔者所倡导的刑事证据审查三步法则，从证据的分解验证到证据的双向对比，再到综合分析，也是这种思路。参见李勇：《刑事证据审查三步法则》（第2版），法律出版社2022年版，第382页。

[2] ［日］田口守一：《刑事诉讼法》（第5版），张凌、于秀峰译，中国政法大学出版社2010年版，第273页。

[3] 参见李勇：《刑事证据审查三步法则》（第2版），法律出版社2022年版，第380页。

盾，是否被合理排除或能够作出合理解释。[1]《正当防卫指导意见》也在多处表达了综合认证的思想，其中第 2 条规定："立足具体案情，依法准确认定。要立足防卫人防卫时的具体情境，综合考虑案件发生的整体经过，结合一般人在类似情境下的可能反应，依法准确把握防卫的时间、限度等条件……"第 9 条规定："……通过综合考量案发起因、对冲突升级是否有过错、是否使用或者准备使用凶器、是否采用明显不相当的暴力、是否纠集他人参与打斗等客观情节，准确判断行为人的主观意图和行为性质……"这里的综合考虑，既包含了实体上的整体判断规则，也包含了程序上的综合认证。实体上需要综合考虑的因素都依赖于证据的证明。例如，前述案例 19 周某某正当防卫案中，在密闭空间，证据呈现"一对一"的特点，双方都有伤情，属于不纯正的互殴（不真正的互殴），能否认定正当防卫需要综合认证。从单个证据来说，被告人辩解死者用擀面杖殴打以及用拳头殴打，其在这种情况下进行反击。审查这一单个证据，如果排除刑讯逼供等特殊情况，则该证据证据能力没有问题，但其证明力无法确定；即便结合周某某面部多处轻微伤的客观证据，也无法确定这个轻微伤是死者先攻击周某某造成的，还是在打斗中造成的。但是我们可以在这些单个证据的基础上，综合全案的证据来进行综合认证，如证人王某证明死者当时喝了两小瓶酒后开始辱骂周某某和王某，王某因害怕而提前离开。这与周某某的供述能够在一定程度上印证。邻居证言称听到死者骂人，并有砸东西的声音。把这些证人证言、伤情、作案工具与被告人供述等综合起来，能够得出正当防卫的"合理怀疑"。

---

〔1〕 参见杨万明主编，最高人民法院研究室刑事处编著：《新刑事诉讼法司法适用解答》，人民法院出版社 2018 年版，第 110～111 页。

二、印证方法在正当防卫中的运用

（一）印证证明模式的误解与正名

印证是评价证据证明力的基本方法。证明力是指具备证据能力的证据对认定案件事实的作用和价值，它涉及证据的评价和评判问题。印证就是两个以上证据相互之间的验证关系，也就是两个以上证据所包含的事实信息达到相互验证的状态，就是我们通常所说的“证据互相印证”。一些学者将印证与自由心证完全对立起来，批评印证忽视单个证据的独立审查，容易导致错案。[1] 这是对印证的误解和偏见，需要为印证证明方法正名。[2]

自由心证原则在不同的制度中有不同的表述。[3] 我国司法实践中奉行的印证方法在理论上依然属于自由心证的范畴，是自由心证在中国语境中的表达。事实上，印证离不开自由心证，也需要遵守经验法则和基于理性的自由评价；同样，自由心证也离不开印证，心证也需要建立在一定的证据基础之上，也需要证据补强和一致性的检测。正如林钰雄教授所言，自由心证原则之最大不幸，莫过于“自由”这个文义所带来的负担，自由心证原则其实是“不太自由”的，自由心证并不是说法官可以将其主观确信任意建立在毫无客观基础的论证之上。[4] 没有绝对不需要内心自由判断的印证，也没有绝对不需要相互印证的自由心证。印证是大陆法系国家普遍遵守的经典的事实证明规则。如荷兰《刑事诉讼法》第 342 条规定：“法庭不得单纯基于一

---

〔1〕参见左卫民：《“印证”证明模式反思与重塑：基于中国刑事错案的反思》，载《中国法学》2016 年第 1 期；周洪波：《中国刑事印证理论批判》，载《法学研究》2015 年第 6 期。

〔2〕参见李勇：《印证证明模式的重新审视》，载《人民检察》2019 年第 5 期。

〔3〕See Michele Taruffo, *Rethinking the Standards of Proof*, The American Journal of Comparative Law, Vol. 51: 3 (2003).

〔4〕参见林钰雄：《自由心证：真的很“自由”吗?》，载《台湾本土法学杂志》2001 年第 27 期。

名证人的证言认定被告人实施了其被指控的犯罪行为。”这与我国《刑事诉讼法》第55条第1款所规定的“只有被告人供述，没有其他证据的，不能认定被告人有罪和处以刑罚”，是一致的。荷兰学者J. S. Nan指出“荷兰刑事司法长期以来秉持孤证不能定案原则（unus testis nullus testis），强调法庭不能仅依据一份证人证言就作出有罪判决”[1]。即便是英美法系，也“从来没有反对采用一定手段对事实认定者运用证据的自由权利进行限制”，“作为这种影响之显要工具之一的证据补强规则”。[2] 其实，裁判者要对某一项事实产生内心确信，不管采取何种证明方法，都要求一定程度的“印证”。道理很简单，“如果有几个可信的证人都针对同样的事实作证，但确信程度各不相同，那么，他们证言的说服力则会累加起来；如果其证言彼此相悖，则他们证言的说服力将会被扣除”[3]。部分学者批评印证方法忽视单个证据合法性审查，其实是误解了证据能力与证明力的关系。证据能力是证据能否作为定案根据的资格，证明力是具有证据能力的证据对案件事实的证明作用和价值。证明力以证据能力为前提，没有证据能力的证据不得作为定案根据，也就谈不上证明力。“两者具有逻辑次序上的先后关系，亦即，必先依法取得证据能力者，始生证明力之问题。”[4] 这种阶层式的逻辑关系决定了在审查证据过程中，必须先审查单个证据的证据能力，在具备证据能力前提下才会通过印证进行下一步的证明力判断。所以，真正的印证不但不会忽视单个证据审查，反而审查单个证据的证据能力在先，印证在后。[5]

---

〔1〕［荷兰］J. S. Nan：《荷兰孤证不能定罪原则研究》，裴炜译，载 http：//mp. weixin. qq. com/s/6yWLS_ OO0wtNNmzFlovINg，2017年8月1日访问。

〔2〕参见［美］米尔建·R. 达马斯卡：《漂移的证据法》，李学军等译，中国政法大学出版社2003年版，第23～24页。

〔3〕［英］威廉·特文宁：《证据理论：边沁与威格摩尔》，吴洪淇、杜国栋译，中国人民大学出版社2015年版，第87页。

〔4〕林钰雄：《严格证明与刑事证据》，法律出版社2008年版，第122页。

〔5〕参见李勇：《印证证明模式的重新审视》，载《人民检察》2019年第5期。

（二）印证方法在互殴与防卫中的运用

1. 正当防卫的证明。从证立的角度来说，通过印证的方法来证明防卫的事实达到“合理怀疑”的程度即可。这种“合理怀疑”不是无根据的揣测，也不能是抽象的推理，而是需要一定的印证，这种印证可以是直接证据之间的印证，或者是直接证据与间接证据之间的印证，也可以是间接证据之间的印证。这里的“合理怀疑”就是基于印证的方法得出的。印证不是单纯的证据相加，也不是机械的对比。前述案例19周某某正当防卫案中，死者林某某辱骂被告人周某某的事实，就是通过被告人的供述、证人王某的证言以及邻居的证言相互印证而得出的判断，再与周某某身上的伤痕证据、死者当时系酒后等证据之间印证，得出存在正当防卫的“合理怀疑”。

2. 互殴的证明。要证明是纯正的互殴（真正的互殴），也就是证明正当防卫不存在，要通过印证的方法证明纯正的互殴（真正的互殴）事实达到“排除一切合理怀疑”的程度才行。换言之，就是证明被告人有罪的事实要达到“确实、充分”的程度，如果没有达到这样的程度，就只能作出有利于被告人的认定，这同样是需要运用印证方法的。例如，案例19周某某正当防卫案中，从互殴的证明角度进行印证分析：（1）被告人声称面临对方“要打死我”的威胁，但是又称自己骑在被害人身上，林某某双手抓住被告人的头发不放，所以就用丝巾勒林某某脖子。（2）后来在第7次供述中改变供述称，被害人林某某“欲对其进行性侵害，其不得不进行反抗”。这里突然出现了性侵的说法，但是关于性侵的供述前后矛盾，且后来的供述变化没有合理的理由。被告人从案发现场出来时跟证人王某等讲述事情经过时也没有提到性侵问题。（3）打斗过程中，双方在倒地之前，被告人称林某某用擀面杖打她，但称只是朝身上、腿上打，后擀面杖被扔了，只用两只手打。（4）被害人是70多岁的老年人。（5）被告人称用丝巾勒被害人脖子，与物证丝巾及死亡原因的鉴定意见相互印证。对上述证据进行印证评价，可以得出两个基本结论：一是性侵的事实不能成立，该事实只有被告人供述提到，且之前没有提到，后来才提到，既得不到其他直接证据的印证，也得不到间接证据的印证，是典型的孤证，而且死者是70多岁的老人，又是在酒后，被告人该供述不符合常理，无法得出“合理怀疑”的结论。二是被告人是否面临紧迫的不法侵害，是存疑的，不能证伪。那么，按照有利于被告人的原则，推定存在不法侵害，可以进行防卫。

3. 关于互殴与防卫中的“幽灵抗辩”。“幽灵抗辩”这一称呼来源于我国台湾地区。我国台湾地区实务中常见有伪造货币或特许证案件的被告人翻供称，“伪造货币或证件是只知绰号不知真名之陌生案外人所交付，不知所收受之物为伪钞或假证件”，或者走私鱼获案中被告人辩称海盗强迫其购入对方鱼获，实务上冠之以“幽灵抗辩”或“海盗抗辩”之名。[1]“幽灵抗辩”就是被告人提出的关于违法或责任阻却事由、从轻减轻责任事由、不构成犯罪等无法查证、不合逻辑和经验法则的辩解。涉及互殴的案件中，被告人动辄提出正当防卫的辩解，如何识别是否属于“幽灵抗辩”？笔者认为，识别的基本方法就是通过印证方法判断有无达到“合理怀疑”的标准。具体来说，就是评估被告人提出的辩解，能否得到其他证据一定程度的印证，是否符合一般的经验法则和论理法则，最终判断是否达到“合理怀疑”的程度。如果连“合理怀疑”这一标准都没有达到，就可以视为“幽灵抗辩”。

---

〔1〕 参见林辉煌：《刑事审判之证明负担及证明程度——比较法分析》，台北，元照出版有限公司2011年版，第132、136页。

第五章　优越利益原理下的防卫限度

纯正的互殴（真正的互殴）排斥正当防卫，不存在防卫限度的问题；不纯正的互殴（不真正的互殴）较为复杂，在成立正当防卫的情况下，由于与互殴交织，更容易出现防卫过当问题，防卫限度的判断也更为复杂。[1] 在不纯正的互殴案件中，先以“质”的优越利益原理为指导判断是否存在值得保护的优越利益，进而得出防卫成立与否的结论，在得出防卫成立结论的基础上，再以“量”的优越利益原理为指导判断是否超过限度。

第一节　基于“质”“量”统一优越利益原理的双阶层模式之提出

关于正当防卫的限度（防卫限度），我国《刑法》第20条第2款

〔1〕 防卫过当在理论上分为质的过当与量的过当，前者是指防卫行为本身具有超过排除不法侵害所必需程度的情况；后者是指在对不法侵害的继续反击中，在量上超过限度的情况，也就是防卫行为超过了时间界限并造成了法益侵害的结果。我国传统刑法理论把量的过当作为防卫不适时进行讨论，在我国的语境下，时间过当可能比量的过当更合适。参见［日］山口厚：《刑法总论》（第3版），付立庆译，中国人民大学出版社2018年版，第141页；孙国祥：《防卫行为的整体性判断与时间过当概念之倡导》，载《清华法学》2021年第1期。

规定："正当防卫明显超过必要限度造成重大损害的，应当负刑事责任，但是应当减轻或者免除处罚。"这个条文如何理解和适用，在理论界和实务界有诸多分歧，存在基本相适应说、必需说（必要说、客观需要说）、折中说（也称适当说）之争。基本相适应说主张将防卫行为与不法侵害行为在方式、强度和后果等方面加以比较，分析判断彼此是否相适应。[1] 必需说认为只要防卫人所采取的行为对于制止侵害而言是必需的，即使出现严重的结果，也属于正当防卫的范围。[2] 折中说主张从两个方面考虑：一方面要考察防卫行为是否为制止不法侵害所必需；另一方面还要判断防卫行为与不法侵害行为是否基本相适应。[3]

一、基本相适应说、适当说之弊端

目前，学界较为一致地认为，基本相适应说导致正当防卫权的萎缩，甚至使《刑法》中的正当防卫条款成为"僵尸条款"。笔者也认为基本相适应说不妥。基本相适应说其实就是要求正当防卫行为与不法侵害之间基本相适应，也就是说，正当防卫是否超过必要限度，要看正当防卫的强度与不法侵害的强度是否基本相适应。[4] 这种观点弊端明显。

首先，基本相适应说与现行《刑法》不相吻合。基本相适应说主要是基于1979年《刑法》而主张的观点。1979年《刑法》第17条第2款规定："正当防卫超过必要限度造成不应有的危害的，应当负刑事责任……"强调防卫行为与造成的危害后果之间的比较，强调

〔1〕 参见高铭暄、马克昌主编：《刑法学》（上）（第10版），北京大学出版社、高等教育出版社2022年版，第132页。

〔2〕 参见劳东燕：《防卫过当的认定与结果无价值论的不足》，载《中外法学》2015年第5期；姜涛：《正当防卫限度判断的适用难题与改进方案》，载《中国法学》2019年第2期。

〔3〕 参见高铭暄主编：《刑法专论》（第2版），高等教育出版社2006年版，第427页。

〔4〕 参见陈兴良：《正当防卫论》（第3版），中国人民大学出版社2017年版，第117页。

"不应有"。基本相适应说以此为出发点，主张防卫限度判断的标准，就是把防卫行为的方式、强度、后果等与不法侵害进行比较。实践中，造成防卫人畏手畏脚，不敢防卫的后果。1997 年《刑法》修改时，放宽了防卫的条件，修改为"正当防卫明显超过必要限度造成重大损害的，应当负刑事责任"。当时的立法说明指出，1979 年《刑法》第 17 条的规定"由于对正当防卫超过必要限度的规定太笼统，在实际执行中随意性较大，出现了不少问题。比如，受害人在受到不法侵害时把歹徒打伤了，不仅得不到保护，反而被以防卫过当追究刑事责任"〔1〕。修改立法目的，就是要放宽正当防卫的限度。〔2〕 立法都已经放宽了限度条件，基本相适应说也面临着修正调适的问题。

其次，基本相适应说会导致司法认定的形式化、机械化。基本相适应说侧重于对比防卫行为与不法侵害行为的方式、强度和后果，在实践中容易造成机械化和形式化，要么机械地对比双方所使用的工具，以"武器对等"与否来判断防卫过当与否；要么形式化地看双方打击的部位，以此判断过当与否；要么是以结果论，只要一方有死伤结果，就至少被认定为防卫过当。近年来，司法实践中出现的"唯结果论"的现象，也可以说是基本相适应说的一种表现形式。

最后，基本相适应说不利于公民防卫权的行使。基本相适应说过于强调"对等原则"，导致公民在遭遇突发性的、临时性的不法侵害时，要么畏手畏脚不敢防卫，要么被追究防卫过当的责任，进而导致正当防卫条款的"僵尸化"。这也是 1997 年《刑法》修改所要重点解决的问题。

至于折中的适当说，其初衷是为了避免必需说和基本相适应说的弊端，但其结果可能是累积了二者的弊端。适当说认为，基本相适应

〔1〕 王汉斌：《关于〈中华人民共和国刑法（修订草案）〉的说明》，载赵秉志主编：《新刑法教程》，中国人民大学出版社 1997 年版，第 940 页。

〔2〕 参见赵秉志主编：《新刑法教程》，中国人民大学出版社 1997 年版，第 14 页。

说和必需说都只片面强调某一方面，因而都不妥当，主张两个方面都要考虑，原则上应当以防卫行为是否能制止不法侵害为必要限度，同时考虑所防卫的利益的性质和可能遭受损害的程度，要与给不法侵害者造成损害的性质和程度大体相适应。[1] 这显然是想集必需说和基本相适应说之所长，避免二者之所短。但是在实际操作中，又要求在面临不法侵害时，如果能用较和缓的手段制止不法侵害的办法，就不允许用激烈的防卫手段；用造成轻伤的办法能制止侵害，就不允许用造成重伤的办法；用造成重伤的办法能制止不法侵害，就不准用杀人的办法，否则，就可能超过正当防卫的限度，成立防卫过当。[2] 这几乎是“圣人”的标准，在不法侵害紧迫的情境下，让防卫人如何判断自己的行为导致的结果是轻伤还是重伤？如何判断不法侵害人会不会死亡？这实际上是基本相适应说的翻版。

二、必需说之批判

基本相适应说、适当说所固有的缺陷，加之近年来一些极端案件的出现，导致这些传统观点广受诟病，于是，有学者主张全面放弃以法益衡量为基础的优越利益原理，全面移植德国的个人保全和法确证二元论或者个人保全一元论在此基础上提倡必需说，并认为这里的“必需”是指非此即不能有效制止不法侵害，或者是虽可能制止不法侵害，但会给防卫人带来人身或财产的危险。换言之，只要防卫行为是为制止不法侵害所必需且合理的手段，就属于没有超过防卫限度。[3] 在笔者看来，这种观点并不妥当，可能从一个极端走向另一

---

〔1〕 参见马克昌等主编，《刑法学全书》编委会编：《刑法学全书》，上海科学技术文献出版社1993年版，第1176～1178页。

〔2〕 参见马克昌等主编，《刑法学全书》编委会编：《刑法学全书》，上海科学技术文献出版社1993年版，第118页。

〔3〕 参见劳东燕：《防卫过当的认定与结果　无价值论的不足》，载《中外法学》2015年第5期。

个极端。

刑法典是刑法解释学的逻辑起点。防卫限度的教义学解读，不能逾越刑法立法的规定。我国刑法对正当防卫的规定决定了无法直接、全面移植德国的建立在个人保全、法确证理论之上的必需说。

首先，我国刑法对防卫限度标准有明确规定，这一点不同于德国。我国《刑法》第20条第2款对防卫过当规定了两项标准：一是明显超过必要限度；二是造成重大损害。这里的损害结果显然就是指防卫行为所造成的法益侵害之结果。那么，如何判断这里的损害结果是不是“重大”呢？只能通过与不法侵害所造成或可能造成的法益损害结果之间进行衡量，以判断正当防卫人的利益是否处于优越地位。这是文义解释的当然结论，恐怕无人能够否认。因此，在我国刑法关于防卫限度标准规定如此明确的情况下，试图全面放弃以法益衡量为基础的优越利益原理，是不合适的。

相较而言，德国刑法关于防卫限度并没有明确规定，只能通过对德国《刑法》第32条第1、2款关于正当防卫的定义进行教义学解释而获得。德国《刑法》第32条第1款规定：“出于正当防卫的需要所实施的行为，不是违法行为。”第32条第2款规定：“为避免自己或者第三人遭受现时的不法侵害，而实施必要的防卫行为，是正当防卫。”德国刑法学界从第32条第1款中解释出“需要性”，从第2款中解释出“必要性”。[1] 可见，德国刑法学界关于正当防卫的限度标准，无论是必要性还是需要性，都是基于其本国立法实际而发展出来的。耶赛克与魏根特教授明确指出，“今天对正当防卫权的限制是源自于第32条的意义，其含义与该条文的表述是相一致的”[2]。一方

〔1〕至于二者的关系，在德国也是有争议的，有人认为二者同义的，有人认为二者不是同义的。参见张明楷：《正当防卫的原理及其运用——对二元论的批判性考察》，载《环球法律评论》2018年第2期。

〔2〕［德］汉斯·海因里希·耶赛克、［德］托马斯·魏根特：《德国刑法教科书》，徐久生译，中国法制出版社2017年版，第462页。

面，德国刑法立法关于正当防卫没有明确规定限度标准，也没有提及法益衡量的内容；另一方面，德国刑法关于正当防卫的立法指导思想是保护个人权利，所以学者们才宣称“不涉及被侵害的法益与保护法益之间的价值关系”，所以，个人保全或法确证原理应运而生。正如耶赛克与魏根特教授所言的，“自我保护（Selbschutz）与权利证明（Rechtsbewaehrung）思想，都是以现行法中的正当防卫为基础的，但是个人权利的考察方法依然是占优势的”[1]。即便如此，德国的正当防卫也不可能完全割裂与法益衡量的关系，所以在防卫限度“必要性”的基础上，再加上“需要性”的条件，以将显著失衡等行为排除在正当防卫之外。德国刑法学通说认为，当防卫的利益和攻击的利益之间出现明显失衡时，不成立正当防卫，正当防卫应遵守合比例原则。[2] 这里的“显著失衡”“合比例原则”都离不开“防卫利益”与“攻击利益”之间的衡量，只不过这种衡量不是简单的量的计算而是质上的优越地位。有德国学者试图以“社会伦理限制”代替法益衡量来解释需要性，即需要性需要考虑反击行为在道德或伦理规范上是否合适。[3] 但社会伦理规范在这个价值多元的社会是不可靠的，社会伦理限制“仅仅是一种空洞的形式。是否基于一个共同原则作出了限制，还值得怀疑”[4]。

这样看来，主张全面移植德国的个人保全、法确证原理，而将纯粹必需说（必要性说）作为我国防卫限度标准的观点，与我国刑法立法相违背。然而，我们也不可能削足适履地为了迎合德国的刑法理论

---

〔1〕［德］汉斯·海因里希·耶赛克、［德］托马斯·魏根特：《德国刑法教科书》，徐久生译，中国法制出版社 2017 年版，第 450 页。

〔2〕参见［德］乌尔斯·金德霍伊泽尔：《刑法总论教科书》，蔡桂生译，北京大学出版社 2015 年版，第 172 页。

〔3〕参见［德］乌尔斯·金德霍伊泽尔：《刑法总论教科书》，蔡桂生译，北京大学出版社 2015 年版，第 169 页。

〔4〕［德］冈特·施特拉腾韦特、［德］洛塔尔·库伦：《刑法总论 I——犯罪论》（2004 年第 5 版），杨萌译，法律出版社 2006 年版，第 168 页。

而修改我国的现行刑法。劳东燕教授批评我国的结果无价值论者用优越利益原理来解释我国的正当防卫是受日本刑法理论的影响。她认为，优越利益原理相对于日本刑法中的防卫过当的规定或许是妥当的，但是，“如果想将这样的解读照搬到我国刑法理论之中，则其必要的前提是，我国刑法对防卫过当的规定与日本的相关规定完全相同或基本相同”，基于罪刑法定的要求，解释论不能无视立法规定。[1]但是，劳东燕教授主张全盘移植德国的个人保全、法确证原理来确立我国正当防卫的限度标准的时候，是否想过“我国刑法对防卫过当的规定与德国的相关规定完全相同或基本相同”呢？更何况，批评我国结果无价值论者采取优越利益原理是基于日本刑法立法，并无根据。日本刑法并没有对正当防卫的限度标准进行法益衡量或优越利益的提示性规定，日本《刑法》第 36 条第 1 款规定，“为了防卫自己或者他人的权利，对于急迫不正的侵害而实施的行为”；第 2 款仅规定，“超出防卫限度的行为，可以根据情节减轻或者免除刑罚”。至于限度标准并无规定，只能通过解释日本《刑法》第 36 条第 1 款来获取。日本刑法关于正当防卫和防卫限度的规定，并无法益衡量的只言片语。与此形成鲜明对比的是，我国《刑法》第 20 条第 2 款通过“明显超过必要限度造成重大损害的”之规定对法益衡量进行了提示性规定。

其次，我国刑法关于特殊防卫权的规定，针对严重暴力不法侵害适度放宽了防卫限度，整体上不会导致“正向不正屈服”的问题。我国《刑法》第 20 条第 3 款规定：“对正在进行行凶、杀人、抢劫、强奸、绑架以及其他严重危及人身安全的暴力犯罪，采取防卫行为，造成不法侵害人伤亡的，不属于防卫过当，不负刑事责任。”特殊防卫的意义在于面对严重暴力侵害时，适度放宽防卫限度，不会导致公民防卫权萎缩。至少在立法层面，不存在面对严重暴力侵害时“正向不

[1] 参见劳东燕：《结果无价值逻辑的实务透视：以防卫过当为视角的展开》，载《政治与法律》2015 年第 1 期。

正屈服”的问题。单就特殊防卫的规定看，我国的正当防卫也可谓是“凌厉”的。而德国刑法并无类似规定，需要通过个人保全或法确证原理以及必需说为防卫权的行使拓展空间。德国也确实有学者在理论上探索类似我国的特殊防卫权，如伯恩斯曼从国家保护生命职责中产生的命题出发，认为如果攻击者袭击了被攻击人并危及其生命，以及攻击的结果将导致生命持续地失去价值，如性的完整的攻击，那么防卫人可以采取杀人的防卫行为。[1] 这样的观点与我国的特殊防卫具有异曲同工之处。因为我国刑法中有特殊防卫的规定，所以这种通过理论拓展防卫空间的必要性并不存在。需要特别说明的是，特殊防卫本身也受优越利益原理的约束，不存在没有任何限制和边界的正当防卫，从这个意义上，称无过当防卫或无限防卫都是不妥当的（详见本章第三节）。我国《刑法》第 20 条第 3 款将特殊防卫的对象限定为“行凶、杀人、抢劫、强奸、绑架以及其他严重危及人身安全的暴力犯罪”，这背后其实还是基于法益衡量的优越利益原理，因为这些暴力犯罪严重危及防卫者的生命、健康、性自由等法益，与造成不法侵害人的伤亡相比，具有优越性，因此不属于防卫过当。

最后，德国这种“宽泛和凌厉”的正当防卫未必是最优的。法律是一个国家政治和文化的一面镜子，正当防卫作为一种法律制度与一国的政治、社会、文化密切关联。正当防卫权作为公民的一项权利，从根本上来说，就是在国家来不及救济的紧急情况下而赋予公民的一种自救权，即能解决公民自我救济权与国家保护权之间的平衡问题。这种平衡策略和程度的把握与一个国家的政治、文化传统密切相关。德国学者约翰内斯·卡斯帕坦言：“从国际比较的视野来看，德国的

---

〔1〕 参见［德］克劳斯·罗克辛：《德国刑法学　总论（第1卷）：犯罪原理的基础构造》，王世洲译，法律出版社2005年版，第441页。

正当防卫权显得十分宽泛和‘凌厉’。”[1] 这种过于“锐利”的正当防卫在德国也受到诸多批评。[2] 张明楷教授对德国正当防卫的限度过于“宽泛和凌厉”特性的深层次原因做过精彩阐述，他认为，其重要原因是19世纪初受强调个人的自由与权利绝对保护的康德学派的影响。到了19世纪中叶，黑格尔学派进一步加剧了这种影响，形成了“正”受“不正”侵害的这种超个人法的契机，这正是法确证原理的原点所在。在黑格尔看来，国家是绝对的理性存在，犯罪是对绝对存在的法之否定，是一种绝对无效的不法；与此相对，刑罚是否定之否定，能恢复法秩序状态。[3] 在绝对国家观的基础上，产生了法确证原理的思想；个人保全理论恰恰又是源于个人自由主义思想、古典自然法和社会契约论，个人保全理论认为防卫权是个人的自然权利。令人匪夷所思的是，绝对国家观（整体主义）与天赋人权（个人主义）这两种截然相反的思想在德国居然结合在一起成为正当防卫的理论基础。这种内在矛盾性，导致在一方面声称防卫限度上不考虑利益衡量，另一方面又声称在必要性的基础上仍然受到需要性的制约。从这个意义上来说，德国这种“宽泛和凌厉”且“内在矛盾”的防卫限度理论未必是最优的。耶赛克和魏根特教授也坦言：“在外国刑法中，对正当防卫的条件的规定大多比德国法要严格些，尤其要求被侵害的法益与被防卫的法益之间的价值均衡。”[4] 同属于欧洲的奥地利、瑞士、法国、比利时、意大利、荷兰、西班牙、美国对防卫限度的限定也严于德国。美国学者 Kenneth W. Simons 认为，德国法律与

[1] [德] 约翰内斯·卡斯帕：《德国正当防卫权的“法维护”原则》，陈璇译，载《人民检察》2016年第10期。

[2] 参见 [德] Luís Greco：《正当防卫与比例原则》，钟宏彬译，载《月旦法学杂志》2019年第8期。

[3] 参见张明楷：《正当防卫的原理及其运用——对二元论的批判性考察》，载《环球法律评论》2018年第2期。

[4] [德] 汉斯·海因里希·耶赛克、[德] 托马斯·魏根特：《德国刑法教科书》，徐久生译，中国法制出版社2017年版，第472页。

英美法律的不同之处在于，它采用了一种更为宽松的比例合理性要求。[1] 比如，瑞士《刑法典》规定了法益均衡原则；意大利《刑法典》规定防卫行为必须与侵害相适应。

相较而言，我国整体主义传统浓厚，个人自由主义彰显不足，盲目引入纯粹必需说可能导致防卫权从一个极端走向另一个极端，可能引发防卫权的滥用。日本学者山口厚就此指出，并非只要为了排除侵害所必要的反击行为，无论造成何种法益侵害都被允许，在法益显著失衡的场合，例如，小偷盗走一个苹果，开枪射杀小偷是唯一手段的场合，由于不符合“相当性”要件，属于防卫过当。[2] 必需性原则必须要受到法益衡量原则的约束。为了正当防卫而开枪打死偷苹果的少年，这恐怕是中国人所无法接受的，我们不能从一个极端走向另一个极端。

总之，只要刑法上存在防卫过当的概念，就表明正当防卫受利益衡量的制约，受比例原则的限制，只不过是如何进行衡量和如何确定比例的问题。[3] 问题并不出在优越利益原理上，而出在操作规则的构建上。如何确定操作规则？这正是本书接下来要讨论的问题。

三、双阶层认定模式之提出

如前所述，本书以结果无价值论的法益衡量说为基础，主张“质”“量”统一的优越利益原理作为正当防卫的正当化基础。在防卫限度上，依然应当一以贯之地以优越利益原理作为立论基础。

（一）优越利益原理支配下的防卫限度标准

1. 防卫限度离不开法益衡量。防卫限度的一切理论纷争最终都需

〔1〕 See Kenneth W. Simon, *Self－Defense: Reasonable Beliefs or Reasonable Self－Control?* New Criminal Law Review, Vol. 11: 1 (2008).

〔2〕 参见［日］山口厚：《刑法总论》（第3版），付立庆译，中国人民大学出版社2018年版，第137页。

〔3〕 参见张明楷：《正当防卫的原理及其运用——对二元论的批判性考察》，载《环球法律评论》2018年第2期。

要回到违法阻却事由甚至犯罪之本质问题上。犯罪的本质是侵害法益，刑法的目的是保护法益，正当防卫之所以能够阻却违法，只能从是否侵害法益的角度寻求答案。根据结果无价值论的观点，违法性的本质在于法益侵害，而阻却违法的实质根据是法益保护阙如与法益衡量，即使正当防卫造成的损害大于不法侵害造成的损害（为保护微小法益而造成重大损害的除外），只要保护了更优越的法益（优越利益保护原理），也符合法益衡量的原则，也能肯定正当防卫的成立。行为无价值论曾经主张违法的本质是侵害伦理规范，刑法的目的是维护伦理规范，但这种混淆道德与法律而违反法治的立场很快被抛弃，进而改弦更张将伦理规范替换为行为规范。但是规范的背后依然是利益，因为“规范在这里只是达到维护法益这一目的的工具”〔1〕。比如一个盗窃案件发生后，摆在人们面前的明明就是实实在在的被害人财产利益被侵害，而不是看不见、摸不着的规范效力被侵害。法益原理是正当防卫、防卫限度的终极性根基。

法确证原理的内涵尽管有不同的理解，但都难以割舍与法益的联系。关于法确证原理的内涵有几种观点：第一种观点认为，法确证在保全个人法益的同时，也维护了公共法秩序。这样，个别法益与法确证的利益加在一起，保护的利益就优越于侵害的利益。第二种观点认为，法律的存在是为保护个人法益和社会秩序，法确证原理为其提供确实的证据。第三种观点认为，一方面为了保护个人的生命、健康等法益；另一方面保护在紧急不法侵害的情况下防卫人不必退让而滞留于现场的权利，这种滞留现场的权利本身是一种自由利益，这样上述两个方面的利益相加，所以防卫人的利益处于优越地位。第四种观点试图完全割裂与法益衡量的关联，将法确证的内容界定为法规范意识

〔1〕［德］许乃曼：《敌人刑法？——刑事司法现实总令人无法忍受的侵蚀趋向及其在理论上的过分膨胀的批判》，载冯军主编：《比较刑法研究》，中国人民大学出版社2007年版，第268页。

的维持和强化，对违法行为的控制。[1] 上述第一种观点最终还是回到法益衡量和优越利益原理上来。第二种观点所说的被正当防卫所确证的对象就是个人法益本身，只不过是“正当法益得到了保护”的另一种说法而已。[2] 第三种观点与第一种观点一样，绕了一圈还是回到了法益衡量和优越利益原理上来。第四种观点尽管试图割裂与法益衡量的关系，但是缺陷明显：一方面，将正当防卫作为维护法规范或控制违法行为的手段，实际上就将正当防卫作为预防犯罪的工具。可是犯罪预防的对象应当是有责任能力的人，这样一来，正当防卫的对象就只能限于有责任能力的人。可是这一点既不符合我国的实际，也无法为德日刑法学通说所认可。另一方面，从防卫人是否具有代理行使国家刑罚权的资格这一点来说，该观点也难以站得住脚。因为刑罚权是国家垄断的，公民不得以正当防卫之名代替国家行使刑罚权。把正当防卫作为预防犯罪的手段，就相当于赋予防卫人刑罚权，但这与国家刑罚权垄断性是背道而驰的。因此，正当防卫无论采取何种学说，都不可能不考虑法益衡量和比例原则。无论是大陆法系还是英美法系，比例原则是广泛接受的防卫限度条件。[3] 德国的防卫必要性也不可能完全割裂与法益衡量的关系。正如金德霍伊泽尔所指出的，当出现了防卫行为保护的利益和攻击行为侵害的利益之间明显失衡的时候，不成立正当防卫。因为正当防卫权作为一种权利，是在国家保护不及时的情况下的一种补充性的自救权，因此要遵守合比例性原则。[4] 这是德国《宪法》中比例原则的必然要求。必需性的判断不

---

〔1〕 参见［日］松原芳博：《刑法总论专题研究》（四），王昭武译，载《河南省政法管理干部学院学报》2011年第2期。

〔2〕 参见［日］松原芳博：《刑法总论专题研究》（四），王昭武译，载《河南省政法管理干部学院学报》2011年第2期。

〔3〕 See Suzanne Uniacke, *Proportionality and Self - Defense*, Law and Philosophy, Vol. 30: 3 (2011).

〔4〕 参见［德］乌尔斯·金德霍伊泽尔：《刑法总论教科书》，蔡桂生译，北京大学出版社2015年版，第172页。

可能完全不考虑法益衡量和优越利益，“必要的防卫，是指各种适当的（geeignete）、在众多可供挑选的防卫方法中最轻的、不与对自身损害的直接风险相联系的防卫”[1]。什么才是最轻的呢？还得借助于法益衡量来判断，唯有比较才能造出“最轻”。

2. 优越利益原理下的防卫限度标准。“目前学说和判例所使用的一般性条款，并未触及事物的本质，只不过对限定正当防卫权的界定赋予了不明确的作用而已。期待性思考、相当性原则、社会责任思想、比例原则以及禁止滥用权力，无不如此。”[2] 防卫限度的标准根本上还是要回到正当防卫的本质原理上来，正当防卫本质上是为了解决利益冲突问题，“如果一个社会为发挥个人的积极性和自我肯定留有空间……那么在相互矛盾的个人利益之间肯定会有冲突和碰撞”[3]。一旦发生冲突，为了重建和平，要么一种利益向另一种利益让步，要么是两种利益都必须在某一程度上各自让步。回到这个本源问题上来看防卫的限度标准，其实就是如何协调、平衡利益冲突的问题。因此，正当防卫的限度标准回到法益衡量及优越利益原理是必由之路。

如前所述，本书主张的优越利益原理是“质”与“量”相统一的，法益衡量应兼顾“质”与“量”。[4] 事物作为一种存在，包含有质、量和度三个阶段，质具有与存在相同一的性质；量的性质与存在相外在；度是前两个阶段的统一，量的大小虽然不影响存在，但是也

---

〔1〕［德］克劳斯·罗克辛：《德国刑法学 总论（第1卷）：犯罪原理的基础构造》，王世洲译，法律出版社2005年版，第438页。

〔2〕［德］汉斯·海因里希·耶赛克、［德］托马斯·魏根特：《德国刑法教科书》，徐久生译，中国法制出版社2001年版，第463～464页。

〔3〕［美］E. 博登海默：《法理学——法律哲学与法律方法》，邓正来译，中国政法大学出版社1999年版，第398页。

〔4〕参见高金桂：《利益衡量与刑法之犯罪判断》，台北，元照出版有限公司2003年版，第36页。

有限度，超出此种限度，事物就会停止其为那些事物。[1] 此时，这个特定的质就被扬弃，不再是这个特定的质，立刻被另一特定的质所代替，这就是从量变到质变的过程。[2] 不法侵害行为在“质”上属于“不正”“恶”的行为；防卫行为在“质”上属于“正”“善”的行为，二者内在规定性不同，即“质”的不同，“正”“善”的行为优越于“不正”“恶”的行为。所以，正当防卫本质上是“正”与“不正”的冲突、“善”与“恶”的冲突。但是防卫行为是一个动态的变化，也是一个量的变化过程，这个变化只要在质的范围之内，就不会引起质变，但当这个量的变化超过度的时候，就引发质变，防卫行为就不成为防卫行为本身了，而成为另外一种新的不法侵害行为。这个度就是防卫的限度，就是维持防卫行为之所以为“正”“善”的边界所必需的量。因此，防卫限度的根本标准依然是优越利益原理，更具体地说就是“量”的优越利益原理。从判断顺序上来说，就是先用“质”的优越利益原理来判断是否属于“正”对“不正”，是否属于“善”对“恶”，防卫者的利益是否处于优越地位，如果得出肯定结论，那么就将反击行为评价为防卫行为；接下来从动态的角度，综合行为必要性和结果相当性，评价防卫者的优越利益在动态发展过程中有无超过“量”的优越利益，这个“量变”的过程有无导致防卫者的利益从优越地位“质变”为新的不法侵害，如果发生了这样的“质变”，就是防卫过当。

纯粹的原理探讨并不能彻底解决正当防卫限度司法认定中一系列难题和乱象，必须建立审查模式（德语为 Aufbauschemata，也译为审查架构表、审查结构模式）。审查模式是一种为了解决案件判决任务

---

〔1〕 参见［德］黑格尔：《小逻辑》（第 2 版），贺麟译，商务印书馆 1980 年版，第 188 页。

〔2〕 参见［德］黑格尔：《小逻辑》（第 2 版），贺麟译，商务印书馆 1980 年版，第 238 页。

的程序，一种有一定内容、可普遍运用的程序。[1] 基于此，笔者以优越利益原理为核心提出“双阶层”审查模式，也是一种司法认定模型。

（二）双阶层司法认定模型的建构

我国《刑法》第20条第2款规定防卫过当的标准为“明显超过必要限度”和“造成重大损害”。关于“明显超过必要限度”与“造成重大损害”是何种关系，一直存在并列说、包容说和交叉说之争。[2] 值得特别提及的是，劳东燕教授和陈璇教授对并列说进行了改造。劳东燕教授赞同并列说，并认为两个要件是相互独立的，主张实行“行为→结果”的审查模式。[3] 陈璇与劳东燕一样主张优先审查行为，但认为“重大损害结果并不具有独自证立防卫过当”的能力，从而淡化“造成重大损害”的功能，认为结果衡量只具有辅助功能，“行为为主，结果为辅”，同时在正当防卫限度判断的前面，加上了构成要件符合性的判断，形成独具特色的构成要件和防卫过当双层检验机制。[4] 陈璇在另外一篇文章中甚至主张“原则上放弃法益衡量”。[5]

笔者认为，从优越利益原理出发，“明显超过必要限度”与“造成重大损害”这两个法律明确规定的条件之间是阶层递进关系。阶层思维的基本特点有二：一是出罪思维，就是通过设定层级条件来限定犯罪成立，使司法人员按照无罪推定的要求认定犯罪。二是层层递进

---

〔1〕 参见［德］英格博格·普珀：《法学思维小学堂——法律人的6堂思维训练课》，蔡圣伟译，北京大学出版社2011年版，第187页。

〔2〕 参见郭泽强、胡陆生：《再论正当防卫的限度条件》，载《法学》2002年第10期。

〔3〕 参见劳东燕：《防卫过当的认定与结果　无价值论的不足》，载《中外法学》2015年第5期。

〔4〕 参见陈璇：《正当防卫、维稳优先与结果导向——以“于欢故意伤害案”为契机展开的法理思考》，载《法律科学（西北政法大学学报）》2018年第3期。

〔5〕 参见陈璇：《正当防卫与比例原则——刑法条文合宪性解释的尝试》，载《环球法律评论》2016年第6期。

过滤审查。就是通过两个以上的阶层，层层过滤掉不构成犯罪的行为，从而最大限度防止错误认定犯罪，防止刑罚权的滥用。具体阐述如下。

1. “明显超过必要限度”与“造成重大损害”二者同等重要，都是优越利益的判断资料，不存在主、辅之分。正当防卫作为违法阻却事由，其正当化的本质根据在于法益衡量，防卫限度标准的核心在于优越利益原理，无论是“明显超过必要限度”还是“造成重大损害”都离不开法益衡量，这是立法的明确规定，也是优越利益原理的必然归结。无论是判断何为“明显”，还是评估何为“重大”，都是从防卫人和侵害人两相比较而言的，更进一步说，就是从防卫人保护的利益和侵害人损失的利益两相比较而言的。作为优越利益判断资料的“明显超过必要限度”与“造成重大损害”，二者有先后秩序，但不能说有主次之分，这是阶层论思想的基本要求。比如构成要件符合性、违法性、有责性三者之间有先后之分，但不能说哪个阶层处于主导地位，哪个阶层处于辅助地位。从这个意义上，陈璇教授提出行为必要性优先审查，淡化结果衡量，以行为为主，以结果为辅，甚至“原则上放弃法益衡量”，这本身就不是阶层论的思想。阶层论只有逻辑上的先后秩序而无主次之分，更不能淡化或者架空其中一个阶层。因此，陈璇教授的方案因淡化了结果衡量而陷入纯粹必需说的泥潭。至于加上构成要件符合性的判断层次，有叠床架屋之嫌，因为正当防卫的判断本来就属于犯罪论三阶层中违法性层面的问题，构成要件符合性判断并不在此范畴之内，如果采用二阶层，更不存在单独判断构成要件符合性问题。

或许有人会认为这里的“明显超过必要限度”是行为限度，侧重于行为无价值论；“造成重大损害”是结果限度，侧重于结果无价值论。这显然是犯了看到“行为”就以为是行为无价值论，看到“结果”就以为是结果无价值论的常识性错误。结果无价值论在正当防卫问题上的基本立场是法益衡量和优越利益原理。防卫行为的强度、手段、工具、环境等都是进行法益衡量和优越利益判断的资料。为了正确判断侵害和防卫之间是否相适应，不得不进行衡量。何种手段是必要的，总得有个标准，最终衡量的标准还是优越利益，即是否属于保护优越利益所必需的。比如在多种手段可选择的情况下，选择较轻的手段是保护优越利益必需的，如果选择较重的手段，那就是过剩的、过当的。基于当时的情境无法选择其他手段时，即使采取可能造成不法侵害人伤亡的严重后果，也是必要的，不属于防卫过当。这里的必要性完全可以从优越利益保护原理中推导出来。

2. “明显超过必要限度”与“造成重大损害”在逻辑上是阶层递进关系。传统并列说虽然将“明显超过必要限度”与“造成重大损害”并重，但是在具体判断的顺序上，采取了并列耦合模式。这种并列耦合关系的基本特点是“一荣俱荣，一损俱损”。因此，司法实践一直认为凡是明显超过必要限度者必然造成重大损害，凡是造成重大损害者也莫不是明显超过了必要限度；不存在所谓“行为过当”而“结果不过当”或者相反的情况。这就使得立法上通过两个条件，分层次、分步骤过滤、限制防卫过当成立的立法意图落空。这是导致实践中防卫过当认定异化的重要原因。“明显超过必要限度”与“造成重大损害”正确的逻辑关系应当是阶层递进关系。

首先，刑法存在的正当性根基绝不单纯是为了惩罚犯罪，更是为了限制国家刑罚权的恣意发动。如果单纯为了惩罚犯罪，没有刑法的“束缚”反而更加快捷、方便。“从这一点说刑法是无用的，是一种为了不处罚人而设立的规范。”〔1〕因此，我们在解释和适用刑法过程中，要将某种行为认定为犯罪时，应当从出罪机能、限制国家刑罚权的角度考虑问题。比如犯罪成立条件的三阶层，通过构成要件符合

〔1〕［日］西原春夫：《刑法的根基与哲学》，顾肖荣等译，法律出版社2004年版，第45～46页。

性、违法性、有责性这三个阶段层层过滤，以出罪思维进行逐一审查，防止错误入罪。《刑法》第20条第2款是关于防卫过当的规定，是国家刑罚权发动的规定，换言之，一旦认定防卫过当，就要给予防卫人相应的刑罚处罚，因此，为了防止刑罚权的滥用，应当从出罪的角度适用该条款。通过“明显超过必要限度”这个条件进行第一次过滤，将不应当认定为防卫过当的行为过滤掉；如果无法过滤掉，那么接着通过“造成重大损害”进行第二次过滤，将不应当认定为防卫过当的行为再次过滤掉，从而最大限度地防止将正当防卫行为错误认定为防卫过当。其次，1997年《刑法》修改时，一方面增设了特殊防卫制度，即第20条第3款“对正在进行行凶、杀人、抢劫、强奸、绑架以及其他严重危及人身安全的暴力犯罪，采取防卫行为，造成不法侵害人伤亡的，不属于防卫过当，不负刑事责任”；另一方面将防卫过当的标准由原来的“超过必要限度造成不应有的损害”，修改为“明显超过必要限度造成重大损害”。这样修改的立法目的就是严格限制防卫过当的认定，以纠正此前普遍存在的对防卫限度的把握过于严格的做法。[1] 从这个意义上说，笔者提出的双阶层递进标准符合限制防卫过当认定的立法目的。

3. 双阶层关系绝非仅仅是先后顺序的关系，而是立体的层层过滤关系。无论是劳东燕教授主张的“行为优先”，还是陈璇主张的“行为优先、结果为辅”，都只是停留在先后顺序上，而没有将阶层、递进的思维贯彻到底。真正的阶层论思想是层层过滤的出罪机制，从前一阶层向下一阶层递进，“不走回头路”。一个正确的审查模式，最重要的就是在逻辑上正确地排列个别审查步骤的顺序，不可重复回头审

---

〔1〕 参见赵秉志、肖中华：《正当防卫立法的进展与缺憾——建国以来法学界重大事件研究》（十九），载《法学》1998年第12期。

查，应当是简短的、经济的，具有普遍性的。[1] 以犯罪成立条件三阶层为例，一个行为不具有构成要件符合性就无须审查违法性，直接出罪；同样具备构成要件符合性而不具备违法性，就无须审查有责性，直接出罪。在防卫限度标准“明显超过必要限度”与“造成重大损害”这两个阶层的审查上，也是如此。没有“明显超过必要限度”，即符合行为必要性的，系正当防卫，直接出罪，无须审查第二步“造成重大损害”。只有在不符合行为必要性的时候，才需要审查第二步的结果相当性。通过第二步的审查，如果符合结果相当性，也就是没有造成“造成重大损害”，就是正当防卫，直接出罪；如果不符合结果相当性，即造成了违反优越利益原理的重大损害，才属于防卫过当而成立相应的犯罪。上述过程，可以用图 1 表示。

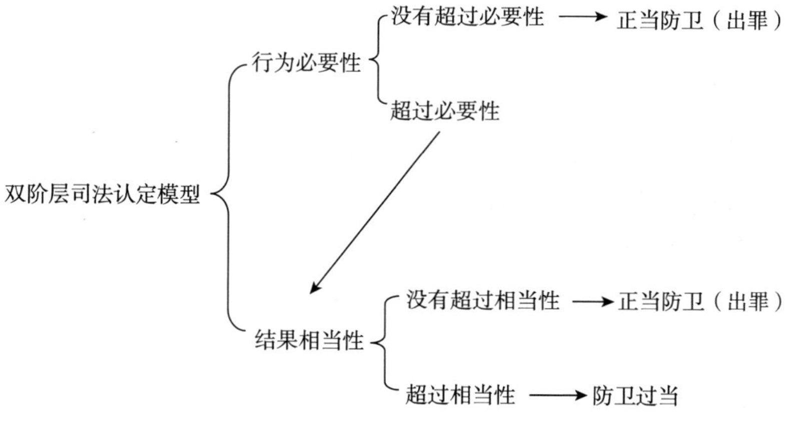

图 1　防卫限度双阶层司法认定模型

〔1〕 参见［德］英格博格·普珀：《法学思维小学堂——法律人的 6 堂思维训练课》，蔡圣伟译，北京大学出版社 2011 年版，第 187～189 页。

第二节 不纯正的互殴中防卫限度之双阶层认定规则

按照本书的观点，纯正的互殴（真正的互殴）与防卫是互斥关系，因此防卫限度问题就主要存在于不纯正的互殴（不真正的互殴）中。不纯正的互殴（不真正的互殴）中的防卫限度，在预期侵害、挑拨防卫等特殊情形中，呈现出一定的个性。如前所述，“明显超过必要限度”与“造成重大损害”是阶层递进关系，这种双层递进标准立足于出罪、过滤功能，在方法论上提示司法人员对于防卫行为原则上应认定为正当防卫，认定防卫限度时需经过两个阶层过滤。

一、实体判断规则

“明显超过必要限度”中的“明显超过”在具体办案中如何判断？“造成重大损害”中的“重大”在具体办案中如何衡量？这需要类型化的判断规则。

（一）行为必要性阶层的判断规则

“明显超过必要限度”中的“明显超过”判断的基本方法，就是根据优越利益原理，在当时的情况下，在防卫人实际可以采取的反击行为中，选择法益侵害性最小的方法，即“必须在具体的事态之下，以社会一般观念为标准来判断相当性”[1]。具体来说：第一步，司法人员应当把行为当时的全部情境均纳入考虑的范围，设身处地地考虑行为人当时实际上可能采取的反击手段，以及有无其他能够同样达到防卫效果的替代性手段。第二步，司法人员应当把可能存在的替代性

---

〔1〕［日］前田雅英：《刑法总论讲义》（第6版），曾文科译，北京大学出版社2017年版，第241页。

手段所产生的法益侵害与防卫人当时实际采取的防卫手段所产生的法益侵害结果进行比较衡量，进而得出判断意见。这里的全部情境包括但不限于双方身体及力量对比，谁先动手，双方有无使用以及使用何种工具，双方行为的强度及力度，防卫人当时是否处于惊慌、恐惧、激愤状态等。

1. 事前判断规则。采取何种防卫手段才是适当的，有无替代性防卫措施，不能从事后损害后果的立场去评价，而应在当时的情境之下，也就是基于当时的情境，进行动态的考察。传统观点认为，在这种情景之下，裁判者应该根据社会一般人（理性的第三人）的观念为标准进行事前判断，也就是裁判者设想社会一般人在当时情形下会如何行动，以此判断防卫人的利益是否处于优越地位。[1] 这种观点在多数情况下或许是有效的，但是对于不纯正的互殴（不真正的互殴）中的正当防卫案件来说，大多发生在高度情绪化、紧张、激愤的情况下，上述理性第三人的观点可能是无效的。因为行为人在面临暴力攻击的快速、急切的瞬间，期望被攻击者按照理性的第三人进行反应，往往是不现实的，也是不公平的。心理学和神经科学研究表明，人类大脑有双重处理功能，人类行为首先包括一个即时的、无意识的“系统Ⅰ”反应，然后是一个经过深思熟虑的、反思性更强的“系统Ⅱ”反应。因此，在这种情况下，美国学者 Kenneth W. Simon 提出站在行为人的角度评估其“合理的自我控制程度”是合理的。[2] 也就是说，正当防卫，特别是涉互殴的防卫行为，是在暴力袭击的情况下“系统I”的反应，是即时的，甚至无意识的，我们不能期待防卫经过深思熟虑启动“系统Ⅱ”反应。比如，下面这个案例。

【案例 21　张某某正当防卫案】 张某某陷入传销组织，被拘禁近

---

〔1〕 参见周光权：《正当防卫成立条件的“情境”判断》，载《法学》2006 年第 12 期。

〔2〕 See Kenneth W. Simon, *Self－Defense: Reasonable Beliefs or Reasonable Self－Control?*, New Criminal Law Review, Vol. 11: 1 (2008).

20天，多次受到殴打，多次求助及逃跑未果。某日凌晨，张某某在监管人员王某某的看守下上厕所时，试图逃脱，双方发生争执，王某某掐住了张某某的脖子，张某某反击时用羽绒服帽檐上的带子将对方勒死。[1]

此案中行为人长期被非法拘禁，多次向外界求助及逃脱未果，并多次受到殴打，案发当天终于抓住一个可能逃脱的机会，必然是精神高度紧张的，此时被对方掐住脖子，迅速反击，抓住机会逃脱，属于“系统Ⅰ”反应。从这一系列情形进行动态地考察，张某某用羽绒服帽檐上的带子勒住对方，在这种紧急情况下，从行为人的自我合理控制角度而言，当时的反应手段是必要的，也是适当的。

再如，下面这个案例。

【案例22　严某某防卫过当案】 某日16时许，被害人蒋某某至被告人严某某住处讨要债务。蒋某某踢开严某某居住的卧室房门，严某某持弹簧刀划伤蒋某某手部并捅伤其胸部。

此案中，二人因债务发生纠纷、殴打，属于不纯正的互殴（不真正的互殴），存在正当防卫成立的余地。蒋某某非法侵入严某某的住宅，属于“不正”的行为，严某某可以采取防卫手段阻止其进入。但是蒋某某进入严某某的住宅是在白天（16时许），被告人严某某也认识蒋某某（二人有债务关系），并不存在瞬间、急切的情形，被告人严某某完全有制止对方进入的其他替代手段，如把蒋某某推出去或者协商还款时间等，这些替代性手段都处于“质”的优越阶段，如果不能奏效，在“量”的发展过程中，进行拳打脚踢也尚在“度”的范围内，但是严某某直接持弹簧刀桶伤对方，这超过了“质”的限度，形成一个新的不法侵害。此时，严某某的优越利益地位已经丧失，属

---

〔1〕 参见王万春等：《“云南小伙反杀传销监工案”调查：被女网友骗入组织，多次逃跑未果》，载微信公众号“澎湃新闻”2018年9月15日，https：//mp. weixin. qq. com/s/7AmxHt5kQfXyB1TTvshKMQ。

于防卫过当。

2. 一体性（整体性）规则。在进行行为必要性判断时，对于不法侵害和防卫行为在时间和空间上有连续性、持续性的场合，不宜将行为切割为片段而进行分段考察，应当坚持一体性（整体性）规则。具体判断的规则如下：一是行为在客观上具有时间和空间的连续性、延续性，行为样态具有共通性；二是不法侵害人在主观上的不法侵害意图的同一性。换言之，前后行为在主观上、客观上具有连续性时才可以适用整体性规则。所以，只是在“有些时候就需要，不是将个别行为分别作为判断对象，而是将一系列行为作为一个整体（一体性），进行整体判断”[1]。比如，在昆山于海明案中，刘某某的不法侵害是一个持续的过程，刘某某先是下车对于海明拳打脚踢，后又返回车内取出砍刀对于海明连续数次击打，刀甩落在地后，又上前抢刀，被致伤后，仍没有放弃侵害的迹象。这种情况下，不法侵害按照整体上处于持续状态，应当按照整体性规则，认定此时于海明反击刺杀刘某某并不属于防卫过当。

需要特别注意的是，整体性规则不是绝对的，必须前后行为在主观上、客观上具有连续性时才可以适用。正如日本学者桥爪隆指出，“在两个暴力之间存在很大分离的场合，由于原本就不存在进行整体性评价的基础，因而起始就应分别评价二者”[2]。

（二）结果相当性阶层的判断规则

我国《刑法》第 20 条第 2 款的“重大损害”是指重伤和死亡。结果相当性的判断必须基于优越利益原理进行判断，而不能一旦出现重伤或死亡的后果就认为属于防卫过当的“重大损害”，这种“唯结

---

〔1〕［日］山口厚：《刑法总论》（第 3 版），付立庆译，中国人民大学出版社 2018 年版，第 137 页。

〔2〕［日］桥爪隆：《刑法总论之困惑》（二），王昭武译，载《苏州大学学报（法学版）》2015 年第 2 期。

果论”是我们要极力避免的。优越利益原理所遵从的标准就是受到较高评价的利益优于受到较低评价的利益。与紧急避险不同，正当防卫所侵害的利益即使大于所保护的利益也并不一定是防卫过当，关键是与对方的侵害相比较是否处于优越地位。法益衡量的关键在于判断是否处于优越地位。“人们通常所说的‘正当防卫所造成的损害大于所避免的损害’只是一种表面现象，或者只是就结局进行的静态比较，其中忽视了不法侵害造成的危险以及防卫人的优越地位。如果全面考虑不法侵害的各种危险以及防卫人的优越地位，就不会认为正当防卫造成的损害大于所避免的损害。”〔1〕防卫的基础是不法侵害者创造了风险的客观事实，但是从受害者的角度来看，对风险的反应是正确的，即使最终导致伤害，也可能合理的风险。〔2〕当然，毕竟“防卫的重点不是为了伤害，而是为了挫败攻击”〔3〕，像德日刑法中经常讨论的直接开枪打死偷苹果的少年、为了几块豆腐而剥夺他人的生命，就属于显著的法益不均衡，属于防卫过当。比如，下面这个案例。

【案例23　肖某1正当防卫案】犯罪嫌疑人肖某1与肖某2是堂兄弟且是邻居关系，两家地界处靠近肖某1一侧有肖某1种植的一棵桃树，肖某2认为桃树的枝条延伸到了自家地界，就用铁锹砍断桃树枝，正好被肖某1看见，肖某1就质问肖某2凭什么砍桃树，肖某2就拿起铁锹走到肖某1跟前争吵。争吵几句后，肖某2持铁锹砍向肖某1，肖某1用手抵挡（经鉴定，手臂软组织挫伤，系轻微伤），并抓住铁锹，肖某2将铁锹往后拽，因重心不稳而倒地，后脑勺跌碰到三角形的砖块路牙，当场口吐白沫，后经抢救无效死亡。经鉴定，肖

〔1〕参见张明楷：《正当防卫的原理及其运用——对二元论的批判性考察》，载《环球法律评论》2018年第2期。

〔2〕See Kimberly Kessler Ferzan, *Justifying Self - Defense*, Law and Philosophy, Vol. 24: 6 (2005).

〔3〕George P. Fletcher, *Punishment and Self - Defense*, Law and Philosophy, Vol. 8: 2 (1989).

某2死亡原因为颅脑损伤。

此案如果静态地从后果进行机械地比较，肖某1的伤情仅为手臂软组织挫伤，而肖某2系颅脑损伤死亡，一边是轻微伤后果，一边是死亡后果。但是肖某1在肖某2先持铁锹攻击时，赤手空拳进行抵挡、抓住铁锹的行为属于防卫行为，这个行为与肖某2持铁锹不法侵害行为相比处于优越地位，且这样的防卫行为是符合行为必要性的，肖某2死亡的后果并不能改变这一点。从因果关系的角度来说，尽管肖某2的死亡是肖某1抓住铁锹和其本人失去重心共同作用的结果，但是肖某1的行为是正当防卫，不能追究其过失致人死亡的责任。

（三）后果考察规则

所谓后果考察，是指在法律应用过程中，运用一定解释方法得出某种解释结论后，另设一个对解释后果的特别审查，也就是后果考察，当这种后果对法律适用具有负面效益，甚至可能产生荒谬结论的时候，就要放弃这种解释结论，解释的正当性来自结果的有益性。后果考察适用于所有的实践行为和法律的执行。[1] 因此，后果考察规则也可以借鉴到防卫限度的判断上。具体来说，就是在完成前述行为必要性和结果相当性审查步骤基础上，得出防卫过当与否的结论后，再另设一个对判断结论特别的后果考察。在具体运用后果考察规则时，要特别注意“朴素正义审查法”和“常识常理审查法”。当判断结果违背朴素的正义观念或者违反基本的常识、常理时，就需要反思审查过程中是否充分考虑全部情况、是否存在判断疏漏和失误。比如，昆山于海明案中，如果得出防卫过当的结论，那么用朴素的正义和常识常理进行后果考察，就会发现这个判断结论难以接受；同样于欢案中，一审判决不认定正当防卫，从后果考察的角度来说，显然是难以接受的。

---

〔1〕 参见［德］英格博格·普珀：《法学思维小学堂——法律人的6堂思维训练课》，蔡圣伟译，北京大学出版社2011年版，第74~77页。

二、程序判断规则

（一）防卫限度作为证明对象的规则

1. 防卫限度作为证明对象的相对独立性。首先，防卫限度作为证明对象具有一定的独立性。防卫限度证明对象的特殊之处在于，先要证明是否存在防卫，接下来要证明是否过当。因此，其证明对象的结构是“防卫+过当”。严格来说，正当防卫的成立条件，不包括限度条件，因为正当防卫的成立条件是决定正当防卫与否的条件，符合这些条件就成立正当防卫，根据优越利益原理，这个防卫行为处于优越地位，属于“正”“善”的行为，不符合优越利益原理，就成立故意伤害罪等相应的罪名。而防卫限度的前提是这个反击行为是防卫行为，具有处于优越地位的前提，该行为原本处于“正”“善”的地位，但是由于超过了一定的限度，这种优越地位丧失。但是毕竟具有防卫这个前提，责任刑和预防刑都大大降低，因此应当减轻或者免除处罚（而不是从轻处罚）。从这个意义上来说，因防卫过当而成立的故意伤害罪、故意杀人罪等，与因不符合正当防卫而成立的故意伤害罪、故意杀人罪等在性质上是不同的。就互殴与防卫来说，因属于纯正的互殴（真正的互殴）而成立的故意伤害罪、故意杀人罪等，与因属于不纯正的互殴（不真正的互殴）并因防卫过当而成立的故意伤害罪、故意杀人罪，在性质上也是不同的。

其次，防卫限度作为证明对象一定程度上依附于正当防卫，体现出一定的依附性和从属性。这里的依附性和从属性体现在：不纯正的互殴（不真正的互殴）中，证明防卫过当首先要证明是防卫行为，也就是过当的证明依附于、从属于防卫的证明，也就是先查明的事实已经证明被告人的行为是防卫行为，而非纯正的互殴（真正的互殴），在这个前提下，进一步证明防卫限度。接下来在证明防卫限度的时候，相对于正当防卫的证明对象而言，又具有相对独立性，应当进行分离考察，不能混同在一起。

2. 防卫限度之证明对象规则。首先，要区分是互殴还是防卫。要区分是纯正的互殴（真正的互殴）还是不纯正的互殴（不真正的互殴），就必须将事件的起因作为证明对象，将互殴事实的证明对象独立化、前置化和客观化。证明防卫就必须查明互殴的起因和是非对错。其次，在证明了存在防卫这个前提下，接下来证明过当与否，具体来说，包括证明行为必要性和结果相当性，以下面这个案件为例进行说明。

【案例 24　魏某某等故意伤害案】此案涉及两方人员，一方人员包括犯罪嫌疑人魏某某（男，某小区物业保安，因涉嫌寻衅滋事罪于 2019 年 9 月 27 日被刑事拘留）、犯罪嫌疑人胡某某（男，某小区物业保安，因涉嫌寻衅滋事罪于 2019 年 9 月 27 日被刑事拘留）。另一方人员包括犯罪嫌疑人王某某（男，无业，因犯聚众斗殴罪于 2015 年 2 月被判处有期徒刑 8 个月，因涉嫌寻衅滋事罪于 2019 年 9 月 27 日被刑事拘留）、犯罪嫌疑人张某某（男，无业，曾因吸毒、容留他人吸毒于 2011 年 9 月被行政拘留 20 日、强制隔离戒毒 2 年，因涉嫌寻衅滋事罪于 2019 年 9 月 27 日被刑事拘留）、犯罪嫌疑人顾某某（男，无业，曾因赌博于 2005 年 5 月被行政拘留 10 日，曾因吸毒于 2012 年 9 月被罚款人民币 500 元，因涉嫌寻衅滋事罪于 2019 年 9 月 27 日被刑事拘留）、犯罪嫌疑人郑某某（男，无业，曾因犯贩卖毒品罪于 2009 年 2 月被判处有期徒刑 8 年、罚金人民币 20, 000 元，因涉嫌寻衅滋事罪于 2019 年 9 月 27 日被刑事拘留）。

2016 年 12 月 29 日晚，犯罪嫌疑人王某某、张某某、郑某某、顾某某一同至某 KTV 一包间内娱乐消费；犯罪嫌疑人魏某某、胡某某以及两位同事在该 KTV 另一包间内娱乐消费。次日 1 时左右，王某某、张某某、郑某某、顾某某 4 人邀请其所在包间内一女服务员陆某某一同外出吃宵夜，陆某某口头答应后，称要去换衣服，随即离开包间又前往魏某某、胡某某等4人所在的包间（俗称“串台”）。后张某某、顾某某、郑某某3人在KTV大厅处等候王某某时听见吵架声，张某某发现王某某在魏某某等人包间门口，让女服务员陆某某出来，并对该包间内的客人挑衅谩骂。此时王某某呼喊张某某前往，张某某叫上郑某某、顾某某一同来到该包间门口，王某某、张某某、顾某某、郑某某与包间内的魏某某、胡某某相互谩骂，包间内一女服务员走出包间欲劝说，被包间外一方的王某某等人推倒在地，随后包间外一方的王某某、张某某等人与包间内一方的魏某某、胡某某继续相互叫嚣“有种你们出来”“有种你们进来”等，接着包间外一方的王某某、张某某等人开始踹门、撞门，包间内的女服务员陆某某抵住房门阻止对方进入，与此同时，包间内一方的魏某某持酒瓶与胡某某已做好殴打准备。后包间门被撞开，包间外一方的王某某率先冲进包间，被包间内一方的魏某某持酒瓶击打、捅刺头面部而倒地，随后包间外一方的张某某、顾某某、郑某某冲进包间，与包间内一方的魏某某、胡某某相互殴打（包间内的其余二人没有动手），殴打持续1分钟左右。经鉴定，王某某眼球缺失、视力的损伤程度为重伤二级；面部疤痕的损伤程度为轻伤一级；眼球破裂、前房出血、眶内异物存留等损伤程度为轻伤二级。

公安机关以寻衅滋事罪对上述犯罪嫌疑人进行刑事拘留，后又以聚众斗殴罪提请检察机关逮捕。检察机关在讨论过程中，产生巨大争议：有人认为双方都定聚众斗殴罪；有人认为包间外一方定聚众斗殴罪，包间内一方定寻衅滋事罪；还有人认为包间内一方定故意伤害罪但属于防卫过当，包间外一方属于寻衅滋事（因没有造成轻伤后果等情节，没有达到寻衅滋事罪的起点标准）。

就此案而言，先要查明事情的起因。经调查，包间外一方与包间内一方，事先并不认识，也无矛盾，只是因为女服务员“串台”临时引发的矛盾，也不存在约架。这些事实，要从双方的关系开始调查，结合双方的证言、KTV 消费记录、监控录像等进行证明。根据本书提出的基于优越利益原理区分纯正的互殴（真正的互殴）与不纯正的互殴（不真正的互殴）的观点来分析，此案属于临时矛盾引发，并不存在事先约架，显然属于不纯正的互殴（不真正的互殴）。这个不纯正的互殴（不真正的互殴）中，存在正当防卫成立的余地。接下来，通过证人证言、监控录像等证据证明，包间内的张某某一方，在包间里临时形成防卫的“城堡”。包间外的一方在门外叫骂，包间内对骂不属于相互挑衅，当一方先行辱骂另一方时，另一方有权“骂回去”，这与一方先动手殴打，另一方有权“打回去”一样。有人认为 KTV 包间不是住宅，不存在防卫，包间外一方的人员应定聚众斗殴罪，包间内一方的人员应定寻衅滋事罪。理由是包间外一方临时纠集 3 人主动叫骂、冲击包间，属于聚众斗殴；包间内一方借故生非，把“小事闹成大事”，无事生非，属于寻衅滋事。笔者认为，这样的观点是错误的，包间内的一方并没有无事生非，以包间为“城堡”，抵住门进行防卫，同时在准备工具以防止门被撞开时遭到侵害，因此准备工具属于防卫的必要内容。据此，我们可以得出包间内一方属于正当防卫的结论。接下来是证明过当与否的问题。包间外的一方人员边叫骂边撞门，包间内的一方人员抵住门以及准备酒瓶等防御工具都是防卫所必要的。对于该案这种多人参与且在公共场所发生的案件来说，证明这些事实并不困难，有大量的目击证人以及监控录像等。门外一方赤手空拳撞门，冲进来时，魏某某持酒瓶直接打击、捅刺王某某头面部，是否属于防卫过当，成为焦点问题。如果说用酒瓶击打使对方失去继续侵害的能力，尚可接受，但是后面的捅刺行为在行为必要性上已经“越界”了。从结果相当性角度看，导致重伤的后果，也超出了相当性。

根据行为必要性与结果相当性之间的递进关系，即使行为必要性越界了，也不能立即得出防卫过当的结论，还必须证明结果相当性有无越界。比如，下面这个案例。

【案例 25　冯某故意伤害案】 犯罪嫌疑人冯某因赌博输钱，于是向被害人薛某某借高利贷 4 万元，后经多次催要，冯某还款 1 万元。2020 年的一天，薛某某再次打电话给冯某要求还利息，冯某称没有钱，过几天再说。薛某某不同意，称今天晚上之前必须还。当日 23 时许，薛某某到冯某家要债，进门后薛某某说利息必须马上给，冯某说没钱，二人发生争吵。薛某某见到冯某家中有两台电脑，于是直接抱起电脑要离开，并说用电脑抵债。此时冯某随手拿起家中的菜刀，说："你拿走我就砍你。"薛某某不听，发生扭打，冯某用菜刀将薛某某手腕砍伤，经鉴定为轻伤二级。

此案中，被害人薛某某抢夺电脑抵债的行为是违法的，索要债务应当以合法方式进行，此时冯某为了保护自己的合法财产，防止电脑被抢走，具有防卫权。但是用菜刀进行防卫，这在行为必要性上"越界"了。然而从结果相当性角度来看，只是造成了轻伤，尚在可接受的范围内，并无过当。冯某辩解称，当时用菜刀主要是为了吓唬他，第一刀是用刀背，也没有真敢砍要害部位，就是划伤了他的手。轻伤这个后果也反过来说明，冯某供述称拿菜刀主要是为了吓唬吓唬被害人的合理性。因此，此案不属于防卫过当。

（二）防卫限度的证明责任规则

防卫限度的证明具有"双重性"，一方面，防卫过当相对于正当防卫来说，属于不利于被告人的事实，由控方承担举证责任；另一方面，相对于构成故意伤害罪、故意杀人罪来说，认定防卫过当，应当减轻或免除处罚，属于有利于被告人的事实。如果被告人认为属于正当防卫进而主张无罪，而控方认为属于防卫过当，构成故意伤害罪或故意杀人罪，只是减轻或者免除处罚问题，那么争点就在于是否过当。这种情况下，控方不仅要承担证明故意伤害罪或故意杀人罪构成要件事实的证明责任，还需要承担防卫过当的证明责任。防卫过当的证明责任，包括证明行为必要性的过当和结果相当性的过当两个方面。被告人具有提出辩解的权利，并不承担相应的证明责任。就前述案例24魏某某等故意伤害案来说，控方要证明魏某某持酒瓶进行防卫的行为必要性、结果相当性是否过限；就前述案例25冯某故意伤害案来说，控方要证明冯某持菜刀进行防卫的行为必要性和结果相当性是否过限。

（三）防卫限度的证明标准

在防卫这个前提上采取“合理怀疑”的证明标准，但是在“过当”的证明上应当采取“确实、充分”也就是“排除一切合理怀疑”的标准。如前所述，防卫过当相对于正当防卫来说，属于不利于被告人的事实，属于严格证明的范畴，应当采取最高的证明标准。同时，一旦认定防卫过当，就要定罪量刑，所以也属于直接事实的证明对象，理应采取“排除一切合理怀疑”的证明标准。在防卫过当与否无法确定的时候，应当采取存疑有利于被告人的原则，不认定防卫过当，认定为正当防卫。比如，在案例25冯某故意伤害案中，控方要证明冯某持菜刀进行防卫的行为必要性和结果相当性是否过限。冯某辩称，当时用菜刀主要是为了吓唬薛某某，第一刀是用刀背，也没有真敢砍要害部位，就是划伤了他的手。此案发生在“一对一”的封闭空间，没有其他证据，冯某的辩解得不到其他证据印证，但是从伤害的后果轻伤二级来看，再结合菜刀的伤害力，如果真要用力砍或砍要害部位，完全可以造成更为严重的后果。因此，冯某的辩解具有合理性，根据“合理怀疑”的标准，认定防卫行为符合结果相当性，不属于防卫过当。

第三节 特殊防卫的限度问题

互殴与防卫交织的案件都表现为暴力侵害或暴力反击，双方都体现为实行暴力，这些暴力往往在形式上呈现为“行凶”“杀人”，这与特殊防卫中的“行凶”“杀人”密切关联，加剧了问题的复杂性。因此，有必要对特殊防卫问题设专节予以讨论。

一、特殊防卫的限度之实体规则

（一）特殊防卫不是无限防卫

我国《刑法》第20条第3款规定，“对正在进行行凶、杀人、抢劫、强奸、绑架以及其他严重危及人身安全的暴力犯罪，采取防卫行为，造成不法侵害人伤亡的，不属于防卫过当，不负刑事责任”。很多人习惯于称该款规定的是无限防卫，并认为该种防卫没有限度。[1]在笔者看来，这种称谓是不恰当的，也是具有误导性的，认为该条没有防卫限度是错误的。该条规定的是特殊防卫，且特殊防卫依然是有限度的正当防卫。

首先，根据“质”“量”统一的优越利益原理，任何防卫行为与世界上任何事物一样，都是“质”与“量”的统一，都有“度”。不存在绝对没有边界的事物，也不存在没有任何边界的正当防卫。在人类社会早期，奉行“以牙还牙，以眼还眼”的报复，现代社会禁止私人报复，犯罪的惩罚权由国家垄断。正当防卫是在紧急情况下，国家来不及救济情形下的一种有限的自我防卫。为了防止这种特定情形下的自我防卫权的滥用，世界各国均设定了限度要求。可以说，现代法治国家，任何权利都不可能是无限的，正当防卫权更不可能是无限的。正如有学者指出的，对于严重的暴力犯罪，国家也未必对犯罪人一律判处死刑，怎么可能给予民众面对严重暴力犯罪时拥有如此没有

---

〔1〕 参见陈兴良：《论无过当之防卫》，载《法学》1998年第6期；张明楷：《刑法学》（上）（第5版），法律出版社2016年版，第187页；卢勤忠：《无限防卫权与刑事立法思想的误区》，载《法学评论》1998年第4期。需要说明的是，张明楷后来又改变了观点，也认同《刑法》第20条第3款属于提示性规定，参见张明楷：《刑法学》（上）（第6版），法律出版社2021年版，第278页。

边界的生杀予夺权力呢？[1]

其次，特殊防卫也要遵循阻却违法的基本原理。特殊防卫也是正当防卫，特殊防卫的行为不承担刑事责任的根本依据依然是阻却违法性，特殊防卫也不能脱离阻却违法的基本原理。无论是根据法确证说、个人保全说，还是法益衡量说，作为阻却违法事由的正当防卫都不可能没有限度和边界。特殊防卫阻却违法性的本质依然在于优越利益原理。保护的利益是否处于优越地位是一个需要权衡的问题，有权衡就会有限度，就要遵循比例原则。因此，特殊防卫必然是有限度的，不可能是无限的。

最后，从法条的体系解释角度看，《刑法》第 20 条第 3 款与第 1、2 款不能割裂开来。《刑法》第 20 条第 1 款规定："为了使国家、公共利益、本人或者他人的人身、财产和其他权利免受正在进行的不法侵害，而采取的制止不法侵害的行为，对不法侵害人造成损害的，属于正当防卫，不负刑事责任。"这显然是对正当防卫的定义，也就是规定了什么是正当防卫。《刑法》第 20 条第 2 款规定："正当防卫明显超过必要限度造成重大损害的，应当负刑事责任，但是应当减轻或者免除处罚。"这显然是关于防卫限度的规定。这两个条款，在逻辑上，从正当防卫的定义到正当防卫的限度，按理说，就已经能够全面涵盖正当防卫的立法体系了。从立法逻辑上来说，原本没有规定第 3 款的必要。那为什么 1997 年《刑法》修改时要增设这个第 3 款呢？查阅当年的立法草案说明，就一目了然。当时的全国人大常委会副委员长王汉斌在立法草案说明中阐述得很清楚："由于对正当防卫超过必要限度的规定太笼统，在实际执行中随意性较大，出现了不少问题。比如，受害人在受到不法侵害时把歹徒打伤了，不仅得不到保护，反而被以防卫过当追究刑事责任。为了保护被害人的利益，鼓励

---

〔1〕参见赵秉志、肖中华：《正当防卫的适用（下）：特殊防卫权》，载《检察日报》2001 年 11 月 2 日，第 3 版。

见义勇为，草案增加规定：‘对正在进行行凶、杀人、抢劫、强奸、绑架以及其他严重危及人身安全的暴力犯罪，采取防卫行为，造成不法侵害人伤亡和其他后果的，不属于防卫过当，不负刑事责任’。”[1]可见，第3款规定的立法初衷就是为了解决第2款的防卫限度规定的“太笼统”，导致司法实践不当扩大防卫过当的问题，为了解决这些问题，列举了特殊防卫的情形，提示司法人员注意类似于这样的情形，不要认定为防卫过当。这样看来，立法当初设定第3款就是对第2款的补充说明，就是一个提示规定、注意规定，根本不存在什么我国刑法开创了世界立法之先河，规定了一个史无前例的“无限防卫权”！

（二）特殊防卫的限度之实体规则

我国《刑法》第20条第3款的特殊防卫依然是正当防卫，相对于《刑法》第20条第2款来说，是一种提示性规定、注意规定；相对于《刑法》第20条第1款来说，是一种补充性的规定。我国《刑法》第20条第3款作为特殊的正当防卫，必须以符合一般正当防卫为前提，从这个意义上来说，第3款的特殊防卫与第1款的一般防卫相比，是特殊与一般的关系，第3款以第1款和第2款为前提。《正当防卫指导意见》也明确了《刑法》第20条第3款与第1、2款的特殊与一般关系。该意见第18条规定：“准确把握一般防卫与特殊防卫的关系。对于不符合特殊防卫起因条件的防卫行为，致不法侵害人伤亡的，如果没有明显超过必要限度，也应当认定为正当防卫，不负刑事责任。”

既然如此，特殊防卫当然是有限度的防卫，正当防卫的限度当然适用于特殊防卫，特殊防卫依然要遵守正当防卫的限度条件，即《刑法》第20条第2款规定的行为必要性和结果相当性。用这个行为必要性和结果相当性的限度标准，来分析《刑法》第20条第3款的规

---

〔1〕 王汉斌：《关于〈中华人民共和国刑法（修订草案）〉的说明》，载《人大工作通讯》1997年Z1期。

定：面对这样的不法侵害——“正在进行行凶、杀人、抢劫、强奸、绑架以及其他严重危及人身安全的暴力犯罪”，只有采取可能导致不法侵害人伤亡的反击行动，才足以保全防卫人的生命安全法益，这完全符合行为的必要性；在这种情况下，防卫行为导致不法侵害人伤亡的后果，原本就在结果相当性的必要范围之内。这样看来，《刑法》第 20 条第 3 款的特殊防卫完全符合《刑法》第 20 条第 2 款规定的防卫限度。换言之，即使没有第 3 款的规定，面对严重危及生命的暴力犯罪侵害，防卫人进行反击，造成了不法侵害人死伤结果，从行为必要性和结果相当性角度，得出的结论依然是正当防卫，而不是防卫过当。正如有学者指出的，即使没有第 3 款特殊防卫的规定，对防卫人同样不应以防卫过当追究其刑事责任。〔1〕

因此，《刑法》第 20 条第 3 款规定的特殊防卫，作为《刑法》第 20 条第 1、2 款的补充性、提示性规定，在防卫限度方面与一般正当防卫并没有两样。《刑法》第 20 条第 3 款设定了两个限制条件：一是“严重危及人身安全的暴力犯罪”，这其实就是必要性条件；二是“造成不法侵害人伤亡”，这其实就是法益衡量（优越利益）原则的体现。防卫行为在面临这种严重危及人身安全的暴力犯罪情况下，处于优越地位，即便造成不法侵害人伤亡的，依然在“质”上处于优越地位。只是《刑法》第 20 条第 3 款列举的这种情形，结果相当性已经到了伤亡（包括重伤和死亡，而不包括轻伤，这是理论界和实践界的广泛共识）这个最高限度，从判断规则的角度来说，司法人员更易把握，无须确立另外的规则。因此，在判断中，需要重点把握的实体性规则就是行为必要性的判断。具体来说，就是根据前述事前判断规则和整体性判断规则，去评价“正在进行行凶、杀人、抢劫、强奸、绑架以及其他严重危及人身安全的暴力犯罪”。

〔1〕 参见赵秉志、田宏杰：《特殊防卫权问题研究》，载《法制与社会发展》1999 年第 6 期。

首先，行凶的认定。关于“行凶”的内涵，曾经在刑法学界引发巨大争论，一度成为刑法学界的高频词汇。有学者认为行凶是指可能造成重伤、死亡的行凶，[1] 也有学者认为行凶是使用凶器对他人暴力袭击的行为。[2] 刘艳红教授提出行凶不是具体罪名，是指无法判断为某种具体的严重侵犯公民人身权利的暴力犯罪的严重暴力侵害行为。它具有暴力性、手段的不限定性、程度的严重性以及无法定具体罪名性等几个特征。[3] 直到 2020 年《正当防卫指导意见》正式出台，刘艳红教授的观点取得通说地位。[4] 这里的行凶是指具体罪名不确定，但是必须符合两个限制条件：(1) 严重危及他人人身安全的暴力犯罪行为；(2) 在侵害性和紧迫性程度上与杀人、抢劫、强奸、绑架相当。具体需要结合不法侵害人使用的工具、打击的部位等进行综合判断。例如，使用木棍敲打身体，既不严重危及他人人身安全，也不具有与杀人、抢劫等程度相当的侵害性和紧迫性，谈不上是行凶。反之，如果持木棍用力猛击头部，明显就是要将防卫人至于死地，即使使用的工具同样是木棍，也属于行凶。再如，不法侵害人使用的工具是菜刀，但是并没有朝要害部位砍击，而是挥舞吓唬对方或者划伤非要害部位，即使使用了菜刀这样的致命性工具也不属于行凶，例如前述案例 25 冯某故意伤害案。

其次，“杀人、抢劫、强奸、绑架”的内涵。《刑法》第 20 条第 3 款的“杀人、抢劫、强奸、绑架”曾经在刑法学界引起一些争论。

---

[1] 参见高铭暄、马克昌主编：《刑法学》(上)，中国法制出版社 1999 年版，第 242 页。

[2] 参见陈兴良：《刑法适用总论》(上卷)(第 3 版)，中国人民大学出版社 2017 年版，第 338 页。

[3] 参见刘艳红：《刑法第 20 条第 3 款“行凶”一词的理论考察》，载《法学评论》2000 年第 6 期。

[4] 根据《正当防卫指导意见》第 15 条的规定，下列行为应当认定为“行凶”：(1) 使用致命性凶器，严重危及他人人身安全的；(2) 未使用凶器或者未使用致命性凶器，但是根据不法侵害的人数、打击部位和力度等情况，确已严重危及他人人身安全的。虽然尚未造成实际损害，但已对人身安全造成严重、紧迫危险的，可以认定为“行凶”。

现在的通说认为，是一种罪名与手段相结合的立法形式，不是单纯的具体罪名。[1] 既包括故意杀人罪、抢劫罪、强奸罪和绑架罪，也包括转化犯，如强行与被收买的妇女发生性关系转化的强奸罪；也包括以抢劫罪论的准抢劫罪等；还包括以这四种手段实施的其他罪名如抢劫枪支、弹药，以绑架手段拐卖妇女儿童等。《正当防卫指导意见》也指出，这里的“杀人、抢劫、强奸、绑架”是指具体犯罪行为而不是具体罪名。

再次，“其他严重危及人身安全的暴力犯罪”不是单纯的兜底条款，而是对前面“行凶、杀人、抢劫、强奸、绑架”的限定。在刑法立法中，“其他”一般具有列举不穷尽的兜底性质，但是《刑法》第20条第3款“其他严重危及人身安全的暴力犯罪”中的“其他”并非兜底性规定，而是起修饰限定作用的。也就是说，《刑法》第20条第3款中的“行凶、杀人、抢劫、强奸、绑架”必须是“严重危及人身安全的暴力犯罪”，否则不适用该款的规定。例如，以揭发隐私相威胁实施强奸，因为不具有暴力性，而不能适用特殊防卫；同样，一般性的行凶，没有严重危及人身安全，也不适用特殊防卫的规定。《正当防卫指导意见》也正确地指出，有关行为没有严重危及人身安全的，应当适用一般防卫的法律规定。

最后，“严重危及人身安全”是具体危险。这里的“严重危及人身安全”，与《刑法》第20条第3款规定的防卫行为导致“伤亡”的后果进行对照，根据优越利益原理，可以得出结论，是指可能导致重伤及死亡后果的危险，也就是要达到可能导致重伤、死亡程度的危险。这种危险是具体危险，而非抽象危险。如何判断这种具体危险，可以参照具体危险犯。具体危险犯中的具体危险是指实害发生的可能性，这种实害发生的可能性必须是紧迫的、现实的、直接的，换言

---

〔1〕参见王作富、阮方民：《关于新刑法中特别防卫权规定的研究》，载《中国法学》1998年第5期。

之，这种可能发生的实害应当具有紧迫性、现实性和直接性。这种紧迫性、现实性和直接性的判断，应当以行为当时的具体情况，站在事后第三人的立场上，结合具体个案进行判断。笔者提出的急迫性、现实性和直接性，与德国的“急迫危机”理论具有相同的趣旨。德国在判例中引入“危急情形”的判断方法，这种“危急情形”必须强烈地损害了具体确定的安全利益，受到威胁的法益存在高度危急，或者是一种“几乎发生的事故”。〔1〕如德国《刑法》第315条c被认为是处罚“几乎要酿成大祸的行为”。〔2〕就此而言，德国学者德穆特（Demuth）的“急迫危机”理论值得提倡，根据他的理论，具体危险是指“当通常的防止措施肯定能够避免这个损害的时间被错过的时候”，危机就出现了。〔3〕如果用“公式化”的语言来概括具体危险判断中的紧迫性、现实性和直接性这三个特性，可以借鉴德国司法实践中“好险，差一点就出事了”公式，就是从事后第三人的立场进行客观地观察能作出“好险，差点就出事了”的评价，就可以认为存在具体危险。〔4〕具体来说：（1）紧迫性是指出现法益侵害的危急状态已经非常逼近实害结果的发生了；（2）现实性是指具体危险的发生具有客观性，如果从事后立场判断，根本不可能发生，类似于不能犯，就不能认为产生了现实性危险；（3）直接性是指法益侵害危险的产生是直接的，从危险到实害结果的产生具有直接性，不需要经过中间环节。总之，这里的具体危险应当从紧迫性、现实性和直接性三个方面判断，从事后第三人的立场进行客观地观察，能作出“好险，差点就出事了”的评价，就可以认定存在具体危险，也就是根据当时不法侵

〔1〕参见［德］克劳斯·罗克辛：《德国刑法学 总论（第1卷）：犯罪原理的基础构造》，王世洲译，法律出版社2005年版，第276页。

〔2〕参见林东茂：《危险犯及经济犯罪》，台北，五南图书出版股份有限公司1996年版，第20页。

〔3〕参见［德］克劳斯·罗克辛：《德国刑法学 总论（第1卷）：犯罪原理的基础构造》，王世洲译，法律出版社2005年版，第277页。

〔4〕参见王钢：《德国判例刑法（分则）》，北京大学出版社2016年版，第31页。

害人使用的工具，打击的部位、力度等判断具有导致重伤、死亡后果的具体危险。

我们用上述规则来分析前述案例 24 魏某某等故意伤害案。此案中，包间外的王某某等人撞门朝包间内冲，根据当时的情形，冲进来必然是要打架的，此时包间内一方有防卫权。包间外的王某某等人的行为是行凶吗？或许可以说是生活意义上的行凶，但是并非《刑法》第 20 条第 3 款特殊防卫中的行凶，因为王某某等人撞门，赤手空拳，没严重危及人身安全。这种情况下，魏某某持酒瓶连续猛击要害部位，超过防卫限度，属于防卫过当。

二、特殊防卫的限度之程序规则

首先，关于特殊防卫的证明对象。除了前述互殴与防卫以及防卫限度的一般证明对象外，特殊防卫的证明对象还包括证明不法侵害行为属于《刑法》第 20 条第 3 款规定的“正在进行行凶、杀人、抢劫、强奸、绑架以及其他严重危及人身安全的暴力犯罪”。具体来说，证明对象包括：（1）不法侵害人实施的行为属于“行凶、杀人、抢劫、强奸、绑架”的暴力犯罪行为；（2）不法侵害具有严重危及人身安全的具体危险。

其次，关于特殊防卫的证明责任。特殊防卫的证明责任有一定的特殊性：一是在特殊防卫中不法侵害是暴力犯罪，防卫行为也是暴力反击，容易与互殴相互交织。二是不法侵害人死亡或重伤，特别是当不法侵害人死亡的时候，那么就会缺少一个关键言词证据。因此，有学者提出，尽管根据我国刑事诉讼法的规定，一般的刑事案件，被告人不负举证责任，但是鉴于特殊防卫的特殊性，主张实行举证责任倒置，被告人对自己提出的属于特殊防卫的主张承担证明责任，否则，被告人提出特殊防卫的辩解，但是被告人既没有证据予以证明，公安司法机关也没有发现特殊防卫的证据，就不能认定特殊防卫成立，防卫人承担相应的责任。[1] 还有学者主张，在特殊防卫权的运用中常常致使不法侵害人死亡或重伤而失去供述、辩解能力，对防卫人应有证明责任的要求。[2]

笔者认为，这种观点是错误的。如前所述，在一般的正当防卫中，被告人有权提出正当防卫的辩解，这种辩解是一种权利，并不意味着被告人要承担证明责任，在特殊防卫中，被告人依然有这样的权利。主张特殊防卫实行证明责任倒置的观点，其依据是刑事诉讼法规定，这个规定就是现行《刑事诉讼法》第37条（在2018年《刑事诉讼法》修改之前是第35条）关于辩护人责任的规定，即辩护人的责任是根据事实和法律，提出犯罪嫌疑人、被告人无罪、罪轻或者减轻、免除其刑事责任的材料和意见，维护犯罪嫌疑人、被告人的诉讼权利和其他合法权益。[3] 笔者认为，这个理由纯属误解。这一条文是规定在《刑事诉讼法》第四章“辩护与代理”中的，该条规定的是辩护人的权利和职责，也就是辩护人有提出有利于被告人的意见以及提供相应材料的权利，这里的提出意见和提供材料都是一种权利，并非证明责任。在一般的正当防卫中，被告人尚且不承担举证责任，那么在特殊防卫中更不能让被告人承担证明责任。一方面，对方当事人非死即重伤，被告方一旦涉嫌犯罪，基本上都会被羁押，身陷囹圄的被告人根本无法举证。唯一的举证行为就是他自己的供述，而被告人自己的供述又往往被认为是辩解，难以获得司法机关的信任。另一方面，对方当事人死亡的情况下，缺少关键的一环言词证据。这对于被告人来说，履行证明责任几乎是不可能完成的任务。

最后，关于特殊防卫的证明标准。在证明标准问题上，特殊防卫

---

〔1〕 参见赵秉志、田宏杰：《特殊防卫权问题研究》，载《法制与社会发展》1999年第6期。

〔2〕 参见卢勤忠：《无限防卫权与刑事立法思想的误区》，载《法学评论》1998年第4期。

〔3〕 参见赵秉志、田宏杰：《特殊防卫权问题研究》，载《法制与社会发展》1999年第6期。

没有特殊性，与一般的正当防卫一样，采取“合理怀疑”的标准。被告人提出特殊防卫的辩解，控方证明存在特殊防卫的“合理怀疑”时，就应当认定存在特殊防卫。在证据不足以证明成立特殊防卫但同时又不足以证明防卫过当的情况下，司法机关应从立法精神出发作出有利于被告人的认定，即成立特殊防卫。

结　　论

正当防卫作为刑法中最为重要的实质出罪路径，不能因为互殴的泛化而阻塞。互殴的规范内涵及限缩路径应当立足于功利主义哲学，以结果无价值论为基本立场，以“质”“量”统一优越利益原理为基础，重构互殴的内涵及其与防卫的关系。传统“意图中心论”无法正确处理互殴与防卫的关系，也无法阻止互殴的泛化。正当防卫阻却违法的实质根据在于不法侵害在“质”上属于“不正”“恶”的行为，而防卫行为在“质”上属于“正”“善”的行为，“正不能向不正让步”，防卫行为所保护的法益在“质”上处于优越地位。不属于正当防卫的互殴行为，在“质”上不存在值得保护的优越利益。据此，互殴可以类型化为纯正的互殴（真正的互殴）与不纯正的互殴（不真正的互殴），纯正的互殴（真正的互殴）是指双方参与人事先约定相互殴打（约架），双方行为在“质”上均是“不正”，不存在优越利益而排斥正当防卫成立的行为；不纯正的互殴（不真正的互殴）是指双方参与人非事先约定情况下发生的相互殴打，优越利益存否待定而不完全排斥正当防卫成立的行为，需要结合个案具体实质地判断是否存在值得保护的优越利益。法益衡量不是抽象的衡量而是具体的衡量。在此基础上，构建互殴与防卫的实体与程序的认定规则体系。构建从形式到实质的实体认定规则体系。第一步以有无约架为标准，区分纯正的互殴（真正的互殴）与不纯正的互殴（不真正的互殴），这属于形式判断。经审查判断，具有事先约架的行为，就属于纯正的互殴，直接不认定为正当防卫，按照双方行为触犯的罪名进行定罪处罚。如果经审查判断，不存在事先约架，就属于不纯正的互殴（不真正的互殴），这种情况下，是否存在正当防卫，尚不能立即从形式上作出判断，需要第二步的根据优越利益原理进行实质判断，形式判断在前，实质判断在后。

涉及互殴与防卫的案件都是暴力性案件，很容易面临防卫限度之争。根据“质”“量”统一优越利益原理，事物作为一种存在，包含质、量和度三个阶段，度是前两个阶段的统一，超出这个度，这个特定的质就被扬弃，被另一特定的质所代替，这就是从量变到质变的过程。防卫行为是一个动态的变化过程，也是一个量的变化，这变化只要在质的范围之内，就不会引起质变，当这个量的变化超过度的时候，就引发质变，防卫行为就不成为防卫行为本身了，而成为另外一个新的不法侵害行为。这个度就是防卫的限度，就是维持防卫行为为“正”“善”的“质”的边界所必需的量。以此为基础，结合我国刑法的规定，构建“双阶层”防卫限度审查模式。我国《刑法》第 20 条第 2 款规定防卫过当的标准为“明显超过必要限度”和“造成重大损害”，二者不是并列关系、包容关系、主辅关系或交叉关系，而是阶层递进关系。没有“明显超过必要限度”，符合行为必要性的，系正当防卫，直接出罪，无须审查第二步“造成重大损害”（结果相当性）。只有在不符合行为必要性的时候，才需要审查第二步的结果相当性。通过第二步的审查，如果符合结果相当性，就是正当防卫，予以出罪；如果不符合结果相当性，即造成了违反优越利益原理的重大损害，则属于防卫过当而成立相应的犯罪。

互殴与防卫交织的案件都涉及暴力犯罪，《刑法》第 20 条第 3 款的特殊防卫是无法回避的问题。根据“质”“量”统一优越利益原理，不存在没有限度的防卫。《刑法》第 20 条第 3 款特殊防卫的立法初衷，是为解决第 2 款防卫限度规定的“太笼统”，提示司法人员注意类似情形不要认定为防卫过当，是对第1、2款的补充规定，是一个提示性规定，根本不存在“无限防卫权”。即使没有第3款的规定，面对严重危及生命的暴力犯罪，防卫人反击造成了不法侵害人死伤结果，从行为必要性和结果相当性“双阶层”审查的角度，得出的结论依然是正当防卫，而非防卫过当。“其他严重危及人身安全的暴力犯罪”不是兜底条款，而是对前面“行凶、杀人、抢劫、强奸、绑架”的限定，且是具体危险，借鉴德国“危机急迫”理论及德国具体危险犯的判例“好险，差点就出事了”的判决公式，从紧迫性、现实性和直接性三个方面进行判断。本书构建的实体规则体系如图2所示。

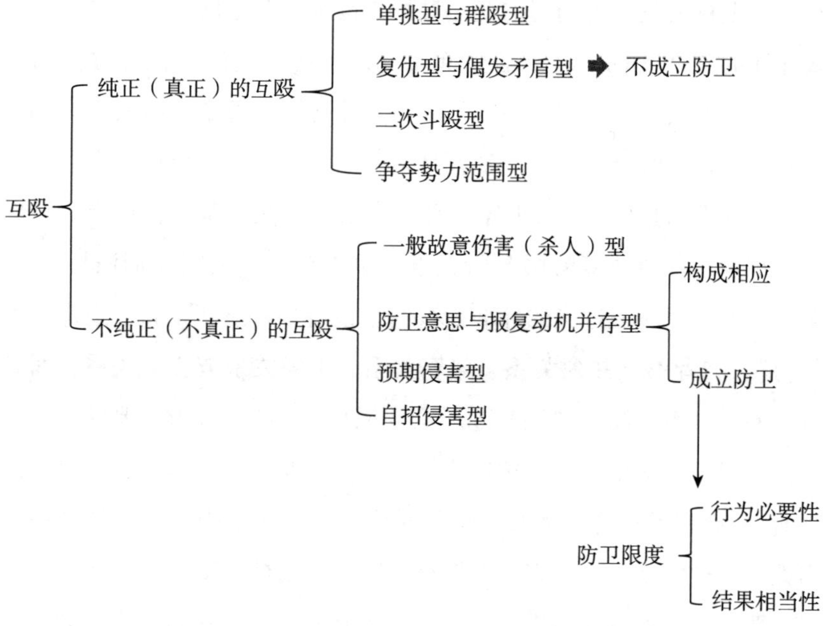

图2　优越利益原理性下互殴与防卫实体规则体系

互殴的泛化及其与防卫关系的混乱，除了实体方面的原因，还有程序（证据及证明）方面的原因，实体上的认定规则都是建立在事实和证据基础之上的。纯正的互殴（真正的互殴）与不纯正的互殴（不真正的互殴）类型化的标准——约架，也是需要运用证据进行证明的。

互殴的事实、防卫的事实作为证明对象的定位，谁承担证明责任，证明到何种程度，只有配置与实体相对应的程序规则，才能实现规范与事实的对应。在程序认定规则体系方面，主要涉及证明对象、证明责任、证明标准和证明方法。传统观点认为证明对象就是待证事实，进而将证明对象分为定罪事实、量刑事实和程序性事实。这样的定义和分类形成的实践导向是重视定罪事实而轻视出罪事实，阻却违法事由的事实作为出罪事实在证明对象中被边缘化。在借鉴德国证据法理论的基础上，本书提出“功能主义”的证明对象定义，在法律上对被告人刑罚处罚产生不利或有利影响的事实均属于证明对象，并借鉴德国证据法学对证明对象的分类，将证明对象分为直接事实（直接重要事实）、间接事实和辅助事实。直接事实是指所有本身对可罚性产生不利或有利影响之事项，天然地包含了有利被告人的事实如正当防卫事实。“不法—责任”的二阶层犯罪构成体系是更适宜的选择，由于构成要件符合性与违法性合二为一成为“不法”，阻却违法属于消极的构成要件，引导办案人员将正当防卫的消极要件事实与成立犯罪的积极要件事实同等看待，均属于“不法”阶层的事实，均属于直接事实，这样就赋予防卫事实独立证明对象地位。同时，基于优越利益原理重构的纯正的互殴（真正的互殴）与不纯正的互殴（不真正的互殴），决定了证明对象的重大变化，即重新将互殴作为独立的证明对象，并根据实体上互殴概念的新界定将证明对象独立化、前置化和客观化。互殴事实的完整构造是“起因＋经过＋结果”三位一体的，证明对象的前置化就是将互殴与防卫的案件的证明对象从重经过、结果阶段前置到重起因阶段。从传统“意图中心论”支配下的证明主观意图这一内部事实转变为证明互殴行为这一外部事实，实现了证明对象的客观化。防卫限度的证明对象除了防卫事实外，还包括“度”的事实证明，具体包括行为必要性事实与结果相当性事实。

证明责任的分配其实是一个利益平衡的问题，在互殴与防卫领域该问题更为突出。主张正当防卫等阻却事由证明责任转移以及提出证据责任转移的观点，均不妥当。英美法系的积极抗辩事由证明责任转移，建立在其特殊的诉讼结构和陪审团制度等体制之上，我国并不存在这样的现实基础。对于大陆法系国家而言，刑事案件的证明责任由控方承担，证明责任的转移或倒置只存在于实体法之中。根据优越利益原理，在涉及互殴的案件中，控方要证明被告人的行为属于纯正的互殴（真正的互殴），不成立正当防卫，就必须对互殴的完整构造"起因 + 经过 + 结果"进行证明，这与犯罪构成要件事实是重合的，属于实体犯罪构成要件的事实，证明责任由控方承担。在不纯正的互殴（不真正的互殴）中，控方需承担证明被告人有罪的责任，包括在被告人提出正当防卫辩解时，证明不存在正当防卫之事实。至于被告人提出正当防卫的辩解和主张，甚至是提供线索和证据，这并不是履行证明责任，而是一种辩护权的行使。

正当防卫的证明标准与证明责任是密切关联的问题。国内越来越多的学者主张被告方承担提出证据的责任或争点形成的证明责任，并认为证明标准应采取"优势证明"标准。这是有失妥当的。英美法系的提出证据责任之功能在于触发和启动针对陪审团的说服责任，我国根本没有陪审团这样的制度基础。我国的正当防卫证明标准应当采用"合理怀疑"标准。该标准由美国宪法第四修正案的"相当理由"标准发展而来，与"排除一切合理怀疑"是截然不同的。"合理怀疑"的标准是一种肯定的怀疑，属于"疑为是"（"排除一起合理怀疑"属于"疑为非"），相对于"优势证明"标准而言，更具有可操作性，也更有利于被告人。在涉互殴与防卫的案件中，有合理的理由相信可能存在正当防卫，就肯定存在正当防卫。

关于证明方法，应当整合"原子主义"和"整体主义"，采取综合认证（又称综合分析）的方法，并结合印证证明。要证明存在正当防卫，通过印证的方法证明要达到“合理怀疑”的程度即可。这种“合理怀疑”不是无根据的揣测，也不能是抽象的推理，而是需要一定的印证，这种印证可以是直接证据之间的印证，或者是直接证据与间接证据之间的印证，也可以是间接证据之间的印证。要证明是纯正的互殴（真正的互殴），也就是证明正当防卫不存在，通过印证的方法证明要达到“排除一切合理怀疑”的程度才行。在互殴与防卫的案件中，被告人动辄提出正当防卫的辩解，为识别“幽灵抗辩”，基本方式就是通过印证方法判断有无达到“合理怀疑”的标准。

特殊防卫的证明对象还包括证明不法侵害行为属于《刑法》第20条第3款规定的“正在进行行凶、杀人、抢劫、强奸、绑架以及其他严重危及人身安全的暴力犯罪”。具体包括以下两个方面：（1）不法侵害人实施的行为属于“行凶、杀人”等暴力犯罪行为；（2）不法侵害具有严重危及人身安全的具体危险。另外，特殊防卫的证明责任有一定的特殊性：一是在特殊防卫中不法侵害是暴力犯罪，防卫行为也是暴力反击，形式上表现为“以暴制暴”，很容易与互殴相互交织在一起。二是不法侵害人死亡或重伤，特别是当不法侵害人死亡的时候，那么就会缺少一个关键的言词证据，特别是在密闭空间的情况下，履行证明责任的难度加大。据此有人主张实行证明责任倒置，根据本书的逻辑，特殊防卫实行证明责任倒置的观点依然不可接受。本书构建的程序认定规则体系如图3所示。

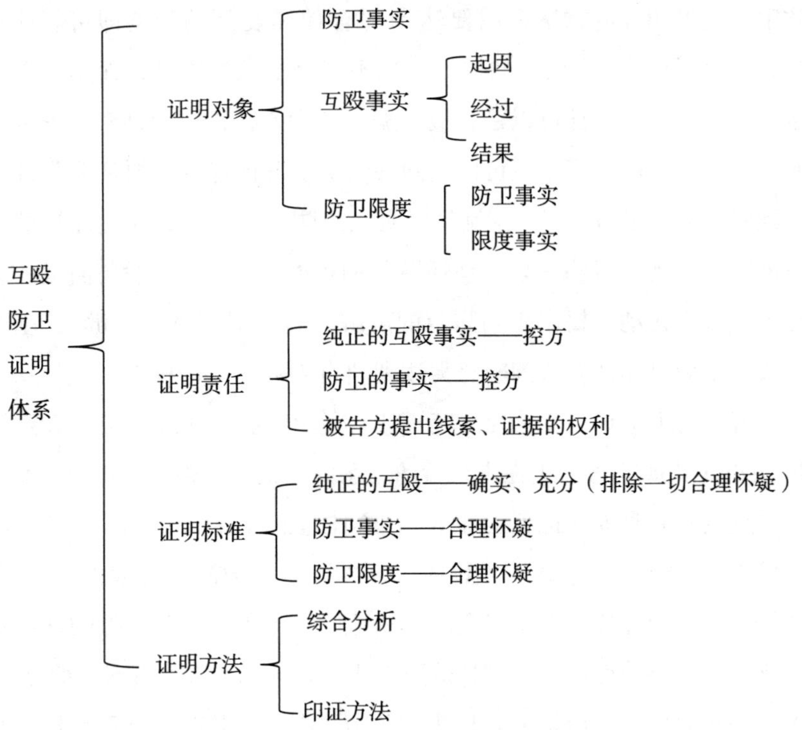

图 3　优越利益原理性下互殴与防卫程序规则体系

参 考 文 献

一、著作类

1. 高铭暄主编：《刑法专论》（第2版），高等教育出版社2006年版。

2. 高铭暄、马克昌主编：《刑法学》（第10版），北京大学出版社、高等教育出版社2022年版。

3. 马克昌主编：《犯罪通论：根据1997年刑法修订》（第3版），武汉大学出版社1999年版。

4. 马克昌主编：《刑法学》，高等教育出版社2003年版。

5. 马克昌等主编，《刑法学全书》编委会编：《刑法学全书》，上海科学技术文献出版社1993年版。

6. 陈一云主编：《证据学》（第2版），中国人民大学出版社1991年版。

7. 陈兴良：《正当防卫论》（第2版），中国人民大学出版社2006年版。

8. 陈兴良：《刑法的启蒙》，法律出版社1998年版。

9. 张明楷：《刑法学》（上）（第5版），法律出版社2016年版。

10. 张明楷：《刑法学》（上）（第6版），法律出版社2021年版。

11. 张明楷：《行为无价值论与结果无价值论》，北京大学出版社2012年版。

12. 张明楷：《刑法的私塾》，北京大学出版社 2014 年版。

13. 赵秉志主编：《新刑法教程》，中国人民大学出版社 1997 年版。

14. 陈卫东主编：《刑事诉讼法》，武汉大学出版社 2009 年版。

15. 陈瑞华：《论法学研究方法》，法律出版社 2017 年版。

16. 陈瑞华：《问题与主义之间——刑事诉讼基本问题研究》，中国人民大学出版社 2003 年版。

17. 陈瑞华：《刑事证据法》（第 4 版），北京大学出版社 2021 年版。

18. 刘艳红：《实质刑法观》（第 2 版），中国人民大学出版社 2019 年版。

19. 刘艳红主编：《刑法学》（上）（第 2 版），北京大学出版社 2016 年版。

20. 刘艳红：《实质犯罪论》，中国人民大学出版社 2014 年版。

21. 刘艳红：《实质出罪论》，中国人民大学出版社 2020 年版。

22. 刘艳红：《走向实质的刑法解释》，北京大学出版社 2009 年版。

23. 周光权：《刑法总论》（第 4 版），中国人民大学出版社 2021 年版。

24. 黎宏：《刑法总论问题思考》（第 2 版），中国人民大学出版社 2016 年版。

25. 李海东主编：《日本刑事法学者》（下），法律出版社、成文堂联合出版 1999 年版。

26. 王政勋：《正当行为论》，法律出版社 2000 年版。

27. 陈璇：《正当防卫：理念、学说与制度适用》，中国检察出版社 2020 年版。

28. 梁上上：《利益衡量论》（第 2 版），法律出版社 2016 年版。

29. 陈朴生：《刑事证据法》（第 3 版），台北，三民书局 1979 年版。

30. 林山田：《刑法通论》（上册）（增订 10 版），北京大学出版社 2012 年版。

31. 林东茂：《刑法综览》（修订 7 版），台北，一品文化出版社 2012 年版。

32. 黄荣坚：《基础刑法学》（上）（第 3 版），中国人民大学出版社 2009 年版。

33. 林钰雄：《刑事诉讼法》（上册　总论编），中国人民大学出版社 2005 年版。

34. 林钰雄：《严格证明与刑事证据》，法律出版社 2008 年版。

35. 林钰雄：《刑法与刑诉法之交错适用》，中国人民大学出版社 2009 年版。

36. 柯耀程：《变动中的刑法思想》，中国政法大学出版社 2003 年版。

37. 林辉煌：《刑事审判之证明负担及证明程度：比较法分析》，台北，元照出版有限公司 2011 年版。

38. 高金桂：《利益衡量与刑法之犯罪判断》，台北，元照出版有限公司 2003 年版。

39. 黄维智：《刑事证明责任研究——穿梭于实体与程序之间》，北京大学出版社 2007 年版。

40. 李勇：《结果无价值论的实践性展开》（第 2 版），法律出版社 2020 年版。

41. 李勇：《刑事证据审查三步法则》（第 2 版），法律出版社 2022 年版。

42. ［日］小野清一郎：《犯罪构成要件理论》，王泰译，中国人民公安大学出版社 2004 年版。

43. ［日］木村龟二主编：《刑法学词典》，顾肖荣等译，上海翻译出版公司 1991 年版。

44. ［日］平野龙一：《刑法的基础》，黎宏译，中国政法大学出版社 2016 年版。

45. ［日］福田平、［日］大塚仁编：《日本刑法总论讲义》，李乔等译，辽宁人民出版社 1986 年版。

46. ［日］谷口安平：《程序的正义与诉讼》，王亚新、刘荣军译，中国政法大学出版社 1996 年版。

47. ［日］大塚仁：《犯罪论的基本问题》，冯军译，中国政法大学出版社 1993 年版。

48. ［日］西原春夫：《刑法的根基与哲学》，顾肖荣等译，法律出版社 2004 年版。

49. ［日］大谷实：《刑法讲义总论》（新版第 2 版），黎宏译，中国人民大学出版社 2008 年版。

50. ［日］西田典之：《日本刑法总论》，刘明祥、王昭武译，中国人民大学出版社 2007 年版。

51. ［日］前田雅英：《刑法总论讲义》（第 6 版），曾文科译，北京大学出版社 2017 年版。

52. ［日］山口厚：《刑法总论》（第 3 版），付立庆译，中国人民大学出版社 2018 年版。

53. ［日］井田良：《刑法总论的理论构造》，秦一禾译，中国政法大学出版社 2021 年版。

54. ［日］川端博：《刑法总论二十五讲》，甘添贵监译，余振华译，中国政法大学出版社 2003 年版。

55. ［日］野村稔：《刑法总论》，全理其、何力译，法律出版社 2001 年版。

56. ［日］松宫孝明：《刑法总论讲义》（第 4 版补正版），钱叶六译，中国人民大学出版社 2013 年版。

57. ［日］松原芳博：《刑法总论重要问题》，王昭武译，中国政法大学出版社 2014 年版。

58. ［日］伊东研祐：《法益概念史研究》，秦一禾译，中国人民大学出版社 2014 年版。

59. ［日］佐伯仁志：《刑法总论的思之道·乐之道》，于佳佳译，中国政法大学出版社 2017 年版。

60. ［德］康德：《法的形而上学原理：权利的科学》，沈叔平译，商务印书馆 1991 年版。

61. ［德］黑格尔：《小逻辑》（第 2 版），贺麟译，商务印书馆 1980 年版。

62. ［德］黑格尔：《法哲学原理》，范扬、张企泰译，商务印书馆 1961 年版。

63. ［德］费希特：《自然法权基础》，谢地坤、程志民译，商务印书馆 2004 年版。

64. ［德］卡尔·拉伦茨：《法学方法论》，陈爱娥译，商务印书馆 2003 年版。

65. ［德］冈特·施特拉腾韦特、［德］洛塔尔·库伦：《刑法总论Ⅰ——犯罪论》（2004 年第 5 版），杨萌译，法律出版社 2006 年版。

66. ［德］汉斯·海因里希·耶赛克、［德］托马斯·魏根特：《德国刑法教科书》，徐久生译，中国法制出版社 2017 年版。

67. ［德］克劳斯·罗克辛：《德国刑法学　总论（第 1 卷）：犯罪原理的基础构造》，王世洲译，法律出版社 2005 年版。

68. ［德］克劳斯·罗克辛：《刑事政策与刑法体系》（第 2 版），蔡桂生译，中国人民大学出版社 2011 年版。

69. ［德］克劳斯·罗克辛：《德国最高法院判例：刑法总论》，

何庆仁、蔡桂生译，中国人民大学出版社 2012 年版。

70. ［德］克劳思·罗科信：《刑事诉讼法》，吴丽琪译，法律出版社 2003 年版。

71. ［德］格吕恩特·雅科布斯：《行为　责任　刑法——机能性描述》，冯军译，中国政法大学出版社 1997 年版。

72. ［德］乌尔斯·金德霍伊泽尔：《刑法总论教科书》，蔡桂生译，北京大学出版社 2015 年版。

73. ［德］约翰内斯·韦塞尔斯：《德国刑法总论》，李昌珂译，法律出版社 2008 年版。

74. ［德］英格博格·普珀：《法学思维小学堂——法律人的 6 堂思维训练课》，蔡圣伟译，北京大学出版社 2011 年版。

75. ［德］普维庭：《现代证明责任问题》，吴越译，法律出版社 2006 年版。

76. ［英］霍布斯：《利维坦》，黎思复、黎廷弼译，商务印书馆 1985 年版。

77. ［英］洛克：《政府论：论政府的真正起源、范围和目的》，叶启芳、瞿菊农译，商务印书馆 1964 年版。

78. ［英］边沁：《道德与立法原理导论》，时殷弘译，商务印书馆 2000 年版。

79. ［英］边沁：《立法理论——刑法典原理》，孙力等译，中国人民公安大学出版社 1993 年版。

80. ［英］威廉·特文宁：《证据理论：边沁与威格摩尔》，吴洪淇、杜国栋译，中国人民大学出版社 2015 年版。

81. ［英］理查德·梅：《刑事证据》，王丽等译，法律出版社 2007 年版。

82. ［美］罗斯科·庞德：《通过法律的社会控制》，沈宗灵译，商务印书馆 2010 年版。

83. ［美］米尔建·R. 达马斯卡：《漂移的证据法》，李学军等译，中国政法大学出版社2003年版。

84. ［美］米尔吉安·R. 达马斯卡：《比较法视野中的证据制度》，吴宏耀、魏晓娜等译，中国人民公安大学出版社2006年版。

85. ［美］罗纳德·J. 艾伦：《艾伦教授论证据法》（上），张保生、王进喜、汪诸豪等译，中国人民大学出版社2014年版。

86. ［美］詹姆士·Q. 惠特曼：《合理怀疑的起源——刑事审判的神学根基》，佀化强、李伟译，中国政法大学出版社2012年版。

二、期刊类

1. 陈光中、陈学权：《中国语境下的刑事证明责任理论》，载《法制与社会发展》2010年第2期。

2. 王作富、阮方民：《关于新刑法中特别防卫权规定的研究》，载《中国法学》1998年第5期。

3. 陈兴良：《正当防卫如何才能避免沦为僵尸条款——以于欢故意伤害案一审判决为例的刑法教义学分析》，载《法学家》2017年第5期。

4. 陈兴良：《正当防卫的司法偏差及其纠正》，载《政治与法律》2019年第8期。

5. 陈兴良：《正当防卫：指导性案例以及研析》，载《东方法学》2012年第2期。

6. 陈兴良：《施某某等聚众斗殴案：在入罪与出罪之间的法理把握与政策拿捏——最高人民检察院指导性案例的个案研究》，载《法学论坛》2014年第5期。

7. 陈兴良：《论无过当之防卫》，载《法学》1998年第6期。

8. 陈兴良：《互殴与防卫的界限》，载《法学》2015年第6期。

9. 张明楷：《正当防卫的原理及其运用——对二元论的批判性考

察》，载《环球法律评论》2018 年第 2 期。

10. 张明楷：《防卫过当：判断标准与过当类型》，载《法学》2019 年第 1 期。

11. 张明楷：《故意伤害罪司法现状的刑法学分析》，载《清华法学》2013 年第 1 期。

12. 赵秉志、肖中华：《正当防卫立法的进展与缺憾——建国以来法学界重大事件研究》（十九），载《法学》1998 年第 12 期。

13. 赵秉志、田宏杰：《特殊防卫权问题研究》，载《法制与社会发展》1999 年第 6 期。

14. 刘艳红、程红：《“无限防卫权”的提法不妥当——兼谈新〈刑法〉第 20 条第 3 款的立法本意》，载《法商研究（中南政法学院学报）》1999 年第 4 期。

15. 刘艳红：《刑法第 20 条第 3 款“行凶”一词的理论考察》，载《法学评论》2000 年第 6 期。

16. 周光权：《正当防卫成立条件的“情境”判断》，载《法学》2006 年第 12 期。

17. 周光权：《正当防卫的司法异化与纠偏思路》，载《法学评论》2017 年第 5 期。

18. 卞建林、韩旭：《刑事被告人证明责任研究》，载《云南大学学报（法学版）》2002 年第 4 期。

19. 孙国祥：《防卫行为的整体性判断与时间过当概念之倡导》，载《清华法学》2021 年第 1 期。

20. 梁根林：《防卫过当不法判断的立场、标准与逻辑》，载《法学》2019 年第 2 期。

21. 卢勤忠：《无限防卫权与刑事立法思想的误区》，载《法学评论》1998 年第 4 期。

22. 劳东燕：《结果无价值逻辑的实务透视：以防卫过当为视角

的展开》，载《政治与法律》2015 年第 1 期。

23. 劳东燕：《防卫过当的认定与结果　无价值论的不足》，载《中外法学》2015 年第 5 期。

24. 劳东燕：《法益衡量原理的教义学检讨》，载《中外法学》2016 年第 2 期。

25. 欧阳本祺：《论法确证原则的合理性及其功能》，载《环球法律评论》2019 年第 4 期。

26. 姜涛：《正当防卫限度判断的适用难题与改进方案》，载《中国法学》2019 年第 2 期。

27. 张智辉：《互殴案件刑事责任分析》，载《人民司法》2006 年第 7 期。

28. 陈璇：《克服正当防卫判断中的“道德洁癖”》，载《清华法学》2016 年第 2 期。

29. 陈璇：《正当防卫、维稳优先与结果导向——以“于欢故意伤害案”为契机展开的法理思考》，载《法律科学（西北政法大学学报）》2018 年第 3 期。

30. 陈璇：《正当防卫与比例原则——刑法条文合宪性解释的尝试》，载《环球法律评论》2016 年第 6 期。

31. 王钢：《正当防卫的正当性依据及其限度》，载《中外法学》2018 年第 6 期。

32. 王钢：《法秩序维护说之思辨——兼论正当防卫的正当性依据》，载《比较法研究》2018 年第 6 期。

33. 郭泽强、胡陆生：《再论正当防卫的限度条件》，载《法学》2002 年第 10 期。

34. 邹兵建：《互殴概念的反思与重构》，载《法学评论》2018 年第 3 期。

35. 梁云宝：《论涉挑衅的“互殴”定性》，载《刑事法判解》

2014 年第 1 期。

36. 徐万龙：《正当防卫中法确证原则之批判》，载《环球法律评论》2021 年第 1 期。

37. 杨毅伟：《自我防卫与相互斗殴的刑事司法判定研究：以个案为线索的分析》，载《西南政法大学学报》2012 年第 6 期。

38. 陈尔彦：《德国刑法总论的当代图景与变迁——以罗克辛〈刑法总论教科书〉第五版修订为线索的展开》，载《苏州大学学报（法学版）》2020 年第 4 期。

39. 魏超：《法确证利益说之否定与法益悬置说之提倡：正当防卫正当化依据的重新划定》，载《比较法研究》2018 年第 3 期。

40. 曾粤兴：《正当防卫的司法误区》，载《中国刑事法杂志》2019 年第 5 期。

41. 孙倩：《中国古代正当防卫制度研讨——以相关案件为主要视角》，载《刑法论丛》2018 年第 2 期。

42. 熊琦：《正当防卫中法益衡量问题的客观归责之解》，载《环球法律评论》2019 年第 3 期。

43. 闵春雷、刘铭：《证明对象研究走向评析》，载《吉林大学社会科学学报》2009 年第 2 期。

44. 闵春雷：《严格证明与自由证明新探》，载《中外法学》2010 年第 5 期。

45. 徐成：《防卫限度判断中的利益衡量》，载《法学研究》2019 年第 3 期。

46. 石家慧：《德国刑法中的正当防卫制度》，载《中国应用法学》2018 年第 6 期。

47. 杜宇：《犯罪构成与刑事诉讼之证明——犯罪构成程序机能的初步拓展》，载《环球法律评论》2012 年第 1 期。

48. 张薇薇：《排除犯罪性事由的证明责任研究》，载《政治与法律》2014 年第 8 期。

49. 孙远：《法律要件分类说与刑事证明责任分配——兼与龙宗智教授商榷》，载《法学家》2010 年第 6 期。

50. 聂昭伟：《论犯罪构成与证明责任分配的互动关系》，载《当代法学》2006 年第 4 期。

51. 房保国：《论辩护方的证明责任》，载《政法论坛》2012 年第 6 期。

52. 李蓉、宋家骏：《论正当防卫的证明责任——以阶层犯罪论为视角》，载《首都师范大学学报（社会科学版）》2019 年第 3 期。

53. 李静：《犯罪构成体系与刑事诉讼证明责任》，载《政法论坛》2009 年第 4 期。

54. 谢澍：《正当防卫的证明难题及其破解：激活正当防卫制度适用的程序向度》，载《政治与法律》2020 年第 2 期。

55. 董坤：《构成要件与诉讼证明关系论纲》，载《法律科学（西北政法大学学报）》2020 年第 1 期。

56. 杨雄：《美国宪法第四修正案中的"相当理由"之变迁：兼论我国刑事强制措施证明标准的完善》，载《暨南学报（哲学社会科学版）》2008 年第 5 期。

57. 王芳：《中国防卫权刑事审判共识度实证研究》，载《政法论坛》2018 年第 6 期。

58. 姜保忠、来宇：《论正当防卫的证明责任：比较法视角》，载《河南科技大学学报（社会科学版）》2021 年第 4 期。

59. 蒋锦洪：《从边沁到密尔的功利主义理论的价值走向》，载《历史教学问题》2008 年第 6 期。

60. 姚大志：《当代功利主义哲学》，载《世界哲学》2012 年第 2 期。

61. 李勇：《互殴与防卫关系之检讨——以类型化的实体与程序

规则构建为中心》，载《中国刑事法杂志》2019 年第 4 期。

62. 李勇：《正当防卫实体及程序难题研究》，载《中国检察官》2018 年第 18 期。

63. 李勇：《结果无价值论视野下的正当防卫——以“常熟聚众斗殴案”为例》，载《刑事法判解》2014 年第 1 期。

64. 余振华：《口角互殴之正当防卫界限》，载《月旦裁判时报》2010 年总 3 号。

65. 陈志龙：《刑法的法益概念》（上），载《台湾大学法学论丛》1986 年第 16 卷第 1 期。

66. 林钰雄：《自由心证：真的很“自由”吗?》，载《台湾本土法学杂志》2001 年第 27 期。

67. 陈俊榕：《论挑唆防卫》，载《“国立”中正大学法学集刊》2013 年总第 39 卷。

68. 许恒达：《正当防卫与挑唆前行为》，载《月旦刑事法评论》2016 年第 2 期。

69. 许恒达：《从个人保护原则重构正当防卫》，载《台大法学论丛》2016 年第 1 期。

70. 许恒达：《退避义务与防卫手段的必要性》，载《月旦法学教室》2018 年第 193 期。

71. 郑逸哲：《“正当防卫的‘客观合法要件’”和“以‘攻击终止’作为‘解除条件’的‘附条件故意’”》，载《法令月刊》2007 年第 3 期。

72. 黄国瑞：《口角互殴之正当防卫界限》，载《真理财经法学》2014 年总 13 号。

73. 古承宗：《正当防卫之“为达‘防卫’目的所需”要件》，载《月旦法学教室》2018 年第 190 期。

74. 古承宗：《正当防卫的法释义结构与流变——法制史面向的

考察》，载《裁判时报》2018 年第 78 期。

75. 李建良：《正当防卫、比例原则与特别牺牲——刑法与宪法的思维方法与理路比较》，载《月旦法学杂志》2019 年第 291 期。

76. 李圣杰：《也论自招危难》，载《月旦法学教室》2014 年第 138 期。

77. 周漾沂：《正当防卫之法理基础与成立界限：以法权原则为论述起点》，载《台大法学论丛》2019 年第 3 期。

78. 陈佑治：《刑事诉讼与证据法系列之三——经验法则及论理法则》，载《法令月刊》2008 年第 8 期。

79. ［日］泷川幸辰：《犯罪论序说》（上），王泰译，载《刑法论丛》（第 3 卷），法律出版社 1999 年版。

80. ［日］山口厚：《正当防卫论》，王昭武译，载《法学》2015 年第 11 期。

81. ［日］山口厚：《日本刑法学中的行为无价值论与结果无价值论》，金光旭译，载《中外法学》2008 年第 4 期。

82. ［日］佐伯仁志：《日本正当防卫论之新开展》，黄士轩译，载《月旦法学杂志》2010 年第 2 期。

83. ［日］松原芳博：《刑法总论专题研究》（四），王昭武译，载《河南省政法管理干部学院学报》2011 年第 2 期。

84. ［日］盐见淳：《打架与正当防卫——以“打架两成败”的法理为线索》，李世阳译，载《刑事法评论》2017 年第 1 期。

85. ［日］桥爪隆：《刑法总论之困惑》（二），王昭武译，载《苏州大学学报（法学版）》2015 年第 2 期。

86. ［德］菲利普·黑克：《利益法学》，傅广宇译，载《比较法研究》2006 年第 6 期。

87. ［德］克劳斯·罗克辛：《对批判立法之法益概念的检视》，陈璇译，载《法学评论》2015 年第 1 期。

88. ［德］克劳斯·罗克辛：《正当防卫与法确证》，王德政译，载《西北师大学报（社会科学版）》2018 年第 2 期。

89. ［德］约翰内斯·卡斯帕：《德国正当防卫权的“法维护”原则》，陈璇译，载《人民检察》2016 年第 10 期。

90. ［德］Luís Greco：《正当防卫与比例原则》，钟宏彬译，载《月旦法学杂志》2019 年第 291 期。

91. ［德］米夏埃尔·帕夫利克：《康德和黑格尔的正当防卫理论》，赵雪爽译，载《刑事法评论》（第 4 卷），北京大学出版社 2018 年版。

92. ［美］R. B. 布兰特：《功利主义的问题：真正的和所谓的》，晋运锋译，载《世界哲学》2011 年第 1 期。

三、外文类

1. 橋爪隆『正当防衛論の基礎』（有斐阁，2007 年）。

2. 伊東研祐「違法性阻却の原理と事由」法学セミナー 4 号（616 号）（2006 年）。

3. 山本和輝「正当防卫の正当化根拠について（1）」立命馆法学 1 号（365 号）（2016 年）。

4. 山本和輝「正当防衛の正当化根拠について（3）」立命館法学 4 号（368）（2016 年）。

5. 山本輝之「自招侵害に対する正当防卫」上智法学 27 巻 2 号（1984）。

6. 嘉門優「行為原理と法益論」立命馆法学 5・6 号（327・328 号）（2009 年）。

7. 小林憲太郎「違法性とその阻却——いわゆる優越利益原理を中心に」千葉大学法学論集 23 巻 1 号（2008）。

8. Kenneth W. Simon，*Self – Defense*：*Reasonable Beliefs or Reasonable*

Self - Control?, New Criminal Law Review, Vol. 11: 1 (2008).

9. Suzanne Uniacke, *Proportionality and Self - Defense*, Law and Philosophy, Vol. 30: 3 (2011).

10. Kimberly Kessler Ferzan, *Justifying Self - Defense*, Law and Philosophy, Vol. 24: 6 (2005).

11. George P. Fletcher, *Punishment and Self - Defense*, Law and Philosophy, Vol. 8: 2 (1989).

12. Spurgeon Avakian, *Evidence, Prosecution for Homicide or Assault: Self - Defense: Admissibility of Characterand Threats of Victim*, California Law Review, Vol. 25: 4 (1937).

13. David Wasserman, *Justifying Self - Defense*, Philosophy & Public Affairs, Vol. 16: 4 (1987).

14. Robert S. Daggett, *Evidence: Wrongful Death: Self - Defense: Burden of Proof*, California Law Review, Vol. 43: 1 (1955).

15. John T. McNaughton, *Burden of Production of Evidence: A Function of a Burden of Persuasion*, Harvard Law Review, Vol. 68: 8 (1955).

16. Barbara D. Underwood, *The Thumb on the Scales of Justice: Burdens of Persuasion in Criminal Cases*, The Yale Law Journal, Vol. 86: 7 (1977).

17. John Calvin Jeffries, Jr. & Paul B. Stephan Ⅲ, *Defenses Presumptions and Burden of Proof in the Criminal Law*, The Yale Law Journal, Vol. 88: 7 (1979).

18. Emmett Bailey, *The Burden of Proving Self - Defense in Homicide Cases*, Journal of Criminal Law and Criminology, Vol. 39: 2 (1948).

19. Donald A. Dripps, *The Constitutional Status of the Reasonable*

Doubt Rule, California Law Review, Vol. 75: 5 (1987).

20. Mirjan Damaška, *Evidentiary Barriers to Conviction and Two Models of Criminal Procedure: A Comparative Study*, University of Pennsylvania Law Review, Vol. 121: 3 (1973).

21. Dorothy K. Kagehiro & W. Clark Stanton, *Legal vs. Quantified Definitions of Standards of Proof*, Law and Human Behavior, Vol. 9: 2 (1985).

22. Jennifer Pelic, *United States v. Arvizu: Investigatory Stops and the Fourth Amendment*, The Journal of Criminal Law and Criminology, Vol. 93: 4 (2003).

23. Michele Taruffo, *Rethinking the Standards of Proof*, The American Journal of Comparative Law, Vol. 51: 3 (2003).

24. Akhil Reed Amar, *Terry and Fourth Amendment First Principles*, St. John's Law Review, Issues 3 – 4 (1998).

25. Georgia Bush, *Reasonable Suspicion under the Fourth Amendment: A Fact or Fiction*, Stetson Law Review, Vol. 23: 2 (1987).

案例索引

附录　正当防卫司法解释、规范性文件及指导性案例、典型案例

最高人民检察院、公安部关于依法妥善办理轻伤害案件的指导意见

（2022 年 12 月 22 日）

为全面贯彻习近平法治思想，践行以人民为中心的发展理念，落实宽严相济刑事政策，提升轻伤害案件办案质效，有效化解社会矛盾，促进社会和谐稳定，实现办案政治效果，法律效果和社会效果的统一，根据《中华人民共和国刑法》《中华人民共和国刑事诉讼法》等有关规定，制定本意见。

一、基本要求

（一）坚持严格依法办案。人民检察院，公安机关要严格遵循证据裁判原则，全面、细致收集，固定、审查、判断证据，在查清事实、厘清原委的基础上依法办理案件，要坚持“犯罪事实清楚，证据确实，充分”的证明标准，正确理解与适用法律，准确把握罪与非罪、此罪与彼罪的界限，慎重把握逮捕、起诉条件。

（二）注重矛盾化解、诉源治理。轻伤害案件常见多发，如果处

理不当，容易埋下问题隐患或者激化矛盾。人民检察院、公安机关办理轻伤害案件，要依法用足用好认罪认罚从宽制度、刑事和解制度和司法救助制度，把化解矛盾、修复社会关系作为履职办案的重要任务。要充分借助当事人所在单位、社会组织、基层组织、调解组织等第三方力量，不断创新工作机制和方法，促进矛盾纠纷解决以及当事人和解协议的有效履行。

（三）落实宽严相济刑事政策。人民检察院、公安机关要以宽严相济刑事政策为指导，对因婚恋、家庭、亲友、邻里、同学、同事等民间矛盾纠纷或者偶发事件引发的轻伤害案件，结合个案具体情况把握好法理情的统一，依法少捕慎诉慎押；对主观恶性大、情节恶劣的轻伤害案件，应当依法从严惩处，当捕即捕、当诉则诉。

二、依法全面调查取证、审查案件

（四）坚持全面调查取证。公安机关应当注重加强现场调查走访，及时、全面、规范收集、固定证据。建立以物证、勘验笔录、检查笔录、视听资料等客观性较强的证据为核心的证据体系，避免过于依赖言词证据定案。对适用刑事和解和认罪认罚从宽的案件，也应当全面调查取证，查明事实。

（五）坚持全面审查案件。人民检察院应当注重对案发背景、案发起因、当事人的关系、案发时当事人的行为、伤害手段、部位、后果、当事人事后态度等方面进行全面审查，综合运用鉴定意见、有专门知识的人的意见等，准确认定事实，辨明是非曲直。

（六）对鉴定意见进行实质性审查。人民检察院、公安机关要注重审查检材与其他证据是否相互印证，文书形式、鉴定人资质、检验程序是否规范合法，鉴定依据、方法是否准确，损伤是否因既往伤病所致，是否及时就医，以及论证分析是否科学严谨，鉴定意见是否明确等。需要对鉴定意见等技术性证据材料进行专门审查的，可以按照有关规定送交检察、侦查技术人员或者其他有专门知识的人进行审查并出具审查意见。

对同一鉴定事项存在两份以上结论不同的鉴定意见或者当事人对鉴定结论有不同意见时，人民检察院、公安机关要注意对分歧点进行重点审查分析，听取当事人、鉴定人、有专门知识的人的意见，开展相关调查取证，综合全案证据决定是否采信。必要时，可以依法进行补充鉴定或者重新鉴定。

（七）准确区分罪与非罪。对被害人出现伤害后果的，人民检察院、公安机关判断犯罪嫌疑人是否构成故意伤害罪时，应当在全面审查案件事实、证据的基础上，根据双方的主观方面和客观行为准确认定，避免“唯结果论”“谁受伤谁有理”。如果犯罪嫌疑人只是与被害人发生轻微推搡、拉扯的，或者为摆脱被害人拉扯或者控制而实施甩手、后退等应急、防御行为的，不宜认定为刑法意义上的故意伤害行为。

（八）准确区分寻衅滋事罪与故意伤害罪。对出现被害人轻伤后果的案件，人民检察院、公安机关要全面分析案件性质，查明案件发生起因、犯罪嫌疑人的动机、是否有涉黑涉恶或者其他严重情节等，依法准确定性，不能简单化办案，一概机械认定为故意伤害罪。犯罪嫌疑人无事生非、借故生非，随意殴打他人的，属于“寻衅滋事”，构成犯罪的，应当以寻衅滋事罪依法从严惩处。

（九）准确区分正当防卫与互殴型故意伤害。人民检察院、公安机关要坚持主客观相统一的原则，综合考察案发起因、对冲突升级是否有过错、是否使用或者准备使用凶器、是否采用明显不相当的暴力、是否纠集他人参与打斗等客观情节，准确判断犯罪嫌疑人的主观意图和行为性质。因琐事发生争执，双方均不能保持克制而引发打斗，对于过错的一方先动手且手段明显过激，或者一方先动手，在对方努力避免冲突的情况下仍继续侵害，还击一方造成对方伤害的，一般应当认定为正当防卫。故意挑拨对方实施不法侵害，借机伤害对方的，一般不认定为正当防卫。

（十）准确认定共同犯罪。二人以上对同一被害人共同故意实施伤害行为，无论是否能够证明伤害结果具体由哪一犯罪嫌疑人的行为造成的，均应当按照共同犯罪认定处理，并根据各犯罪嫌疑人在共同犯罪中的地位、作用、情节等追究刑事责任。

犯罪嫌疑人对被害人实施伤害时，对虽然在场但并无伤害故意和伤害行为的人员，不能认定为共同犯罪。

对虽然有一定参与但犯罪情节轻微，依照刑法规定不需要判处刑罚或者免除刑罚的，可以依法作出不起诉处理。对情节显著轻微、危害不大，不认为是犯罪的，应当撤销案件，或者作出不起诉处理。

三、积极促进矛盾化解

（十一）充分适用刑事和解制度。对于轻伤害案件，符合刑事和解条件的，人民检察院、公安机关可以建议当事人进行和解，并告知相应的权利义务，必要时可以提供法律咨询，积极促进当事人自愿和解。

当事人双方达成和解并已实际履行的，应当依法从宽处理，符合不起诉条件的，应当作出不起诉决定。被害人事后反悔要求追究犯罪嫌疑人刑事责任或者不同意对犯罪嫌疑人从宽处理的，人民检察院、公安机关应当调查了解原因，认为被害人理由正当的，应当依法保障被害人的合法权益；对和解系自愿、合法的，应当维持已作出的从宽处理决定。

人民检察院、公安机关开展刑事和解工作的相关证据和材料，应当随案移送。

（十二）充分适用认罪认罚从宽制度。人民检察院、公安机关应当向犯罪嫌疑人，被害人告知认罪认罚从宽制度，通过释明认罪认罚从宽制度的法律规定，鼓励犯罪嫌疑人认罪认罚、赔偿损失、赔礼道歉，促成当事人矛盾化解，并依法予以从宽处理。

（十三）积极开展国家司法救助。人民检察院、公安机关对于符合国家司法救助条件的被害人，应当及时开展国家司法救助，在解决被害人因该案遭受损伤而面临的生活急迫困难的同时，促进矛盾化解。

（十四）充分发挥矛盾纠纷多元化解工作机制作用。对符合刑事和解条件的，人民检察院、公安机关要充分利用检调、公调对接机制，依托调解组织、社会组织、基层组织、当事人所在单位及同事、亲友、律师等单位、个人，促进矛盾化解、纠纷解决。

（十五）注重通过不起诉释法说理修复社会关系。人民检察院宣布不起诉决定，一般应当在人民检察院的宣告室等场所进行。根据案件的具体情况，也可以到当事人所在村、社区、单位等场所宣布，并邀请社区、单位有关人员参加。宣布不起诉决定时，应当就案件事实、法律责任、不起诉依据、理由等释法说理。

对于犯罪嫌疑人系未成年人的刑事案件，应当以不公开方式宣布不起诉决定，并结合案件具体情况对未成年犯罪嫌疑人予以训诫和教育。

四、规范落实少捕慎诉慎押刑事司法政策

（十六）依法准确把握逮捕标准。轻伤害案件中，犯罪嫌疑人具有认罪认罚，且没有其他犯罪嫌疑；与被害人已达成和解协议并履行赔偿义务；系未成年人或者在校学生，本人确有悔罪表现等情形，人民检察院、公安机关经审查认为犯罪嫌疑人不具有社会危险性的，公安机关可以不再提请批准逮捕，人民检察院可以作出不批捕的决定。

犯罪嫌疑人因其伤害行为致使当事人双方矛盾进一步激化，可

能实施新的犯罪或者具有其他严重社会危险性情形的，人民检察院可以依法批准逮捕。

（十七）依法准确适用不起诉。对于犯罪事实清楚，证据确实、充分，犯罪嫌疑人具有本意见第十六条第一款规定情形之一，依照刑法规定不需要判处刑罚或者免除刑罚的，可以依法作出不起诉决定。

对犯罪嫌疑人自愿认罪认罚，愿意积极赔偿，并提供了担保，但因被害人赔偿请求明显不合理，未能达成和解谅解的，一般不影响对符合条件的犯罪嫌疑人依法作出不起诉决定。

（十八）落实不起诉后非刑罚责任。人民检察院决定不起诉的轻伤害案件，可以根据案件的不同情况，对被不起诉人予以训诫或者责令具结悔过、赔礼道歉、赔偿损失。被不起诉人在不起诉前已被刑事拘留、逮捕的，或者当事人双方已经和解并承担了民事赔偿责任的，人民检察院作出不起诉决定后，一般不再提出行政拘留的检察意见。

（十九）依法开展羁押必要性审查。对于已经批准逮捕的犯罪嫌疑人，如果犯罪嫌疑人认罪认罚，当事人达成刑事和解，没有继续羁押必要的，人民检察院应当依法释放、变更强制措施或者建议公安机关、人民法院释放、变更强制措施。

（二十）对情节恶劣的轻伤害案件依法从严处理。对于虽然属于轻伤害案件，但犯罪嫌疑人涉黑涉恶的，雇凶伤害他人的，在被采取强制措施或者刑罚执行期间伤害他人的，犯罪动机、手段恶劣的，伤害多人的，多次伤害他人的，伤害未成年人、老年人、孕妇、残疾人及医护人员等特定职业人员的，以及具有累犯等其他恶劣情节的，应当依法从严惩处。

五、健全完善工作机制

（二十一）注重发挥侦查监督与协作配合机制的作用。办理轻伤害案件，人民检察院、公安机关要发挥侦查监督与协作配合办公室的作用，加强案件会商与协作配合，确保案件定性、法律适用准确；把矛盾化解贯穿侦查、起诉全过程，促进当事人达成刑事和解，协同落实少捕慎诉慎押刑事司法政策；共同开展类案总结分析，剖析案发原因，促进犯罪预防，同时要注意查找案件办理中存在的问题，强化监督制约，提高办案质量和效果。

对于不批捕、不起诉的犯罪嫌疑人，人民检察院、公安机关要加强协作配合，并与其所在单位、现居住地村（居）委会等进行沟通，共同做好风险防范工作。

（二十二）以公开听证促进案件公正处理。对于事实认定、法律适用、案件处理等方面存在较大争议，或者有重大社会影响，需要当面听取当事人和邻里、律师等其他相关人员意见的案件，人民检察院拟作出不起诉决定的，可以组织听证，把事理、情理、法理讲清说透，实现案结事了人和。对其他拟作不起诉的，也要坚持“应听尽听”。

办理审查逮捕、审查延长侦查羁押期限、羁押必要性审查案件的听证，按照《人民检察院羁押听证办法》相关规定执行。

六、附则

（二十三）本意见所称轻伤害案件，是指根据《中华人民共和国刑法》第二百三十四条第一款的规定，故意伤害他人身体，致人损伤程度达到《人体损伤程度鉴定标准》轻伤标准的案件。

（二十四）本意见自发布之日起施行。

最高人民法院、最高人民检察院、公安部关于依法适用正当防卫制度的指导意见

（2020年8月28日）

为依法准确适用正当防卫制度，维护公民的正当防卫权利，鼓励见义勇为，弘扬社会正气，把社会主义核心价值观融入刑事司法工作，根据《中华人民共和国刑法》和《中华人民共和国刑事诉讼法》的有关规定，结合工作实际，制定本意见。

一、总体要求

1. 把握立法精神，严格公正办案。正当防卫是法律赋予公民的权利。要准确理解和把握正当防卫的法律规定和立法精神，对于符合正当防卫成立条件的，坚决依法认定。要切实防止“谁能闹谁有理”“谁死伤谁有理”的错误做法，坚决捍卫“法不能向不法让步”的法治精神。

2. 立足具体案情，依法准确认定。要立足防卫人防卫时的具体情境，综合考虑案件发生的整体经过，结合一般人在类似情境下的可能反应，依法准确把握防卫的时间、限度等条件。要充分考虑防卫人面临不法侵害时的紧迫状态和紧张心理，防止在事后以正常情况下冷静理性、客观精确的标准去评判防卫人。

3. 坚持法理情统一，维护公平正义。认定是否构成正当防卫、是否防卫过当以及对防卫过当裁量刑罚时，要注重查明前因后果，分清是非曲直，确保案件处理于法有据、于理应当、于情相容，符合人民群众的公平正义观念，实现法律效果与社会效果的有机统一。

4. 准确把握界限，防止不当认定。对于以防卫为名行不法侵害之

实的违法犯罪行为，要坚决避免认定为正当防卫或者防卫过当。对于虽具有防卫性质，但防卫行为明显超过必要限度造成重大损害的，应当依法认定为防卫过当。

二、正当防卫的具体适用

5. 准确把握正当防卫的起因条件。正当防卫的前提是存在不法侵害。不法侵害既包括侵犯生命、健康权利的行为，也包括侵犯人身自由、公私财产等权利的行为；既包括犯罪行为，也包括违法行为。不应将不法侵害不当限缩为暴力侵害或者犯罪行为。对于非法限制他人人身自由、非法侵入他人住宅等不法侵害，可以实行防卫。不法侵害既包括针对本人的不法侵害，也包括危害国家、公共利益或者针对他人的不法侵害。对于正在进行的拉拽方向盘、殴打司机等妨害安全驾驶、危害公共安全的违法犯罪行为，可以实行防卫。成年人对于未成年人正在实施的针对其他未成年人的不法侵害，应当劝阻、制止；劝阻、制止无效的，可以实行防卫。

6. 准确把握正当防卫的时间条件。正当防卫必须是针对正在进行的不法侵害。对于不法侵害已经形成现实、紧迫危险的，应当认定为不法侵害已经开始；对于不法侵害虽然暂时中断或者被暂时制止，但不法侵害人仍有继续实施侵害的现实可能性的，应当认定为不法侵害仍在进行；在财产犯罪中，不法侵害人虽已取得财物，但通过追赶、阻击等措施能够追回财物的，可以视为不法侵害仍在进行；对于不法侵害人确已失去侵害能力或者确已放弃侵害的，应当认定为不法侵害已经结束。对于不法侵害是否已经开始或者结束，应当立足防卫人在防卫时所处情境，按照社会公众的一般认知，依法作出合乎情理的判断，不能苛求防卫人。对于防卫人因为恐慌、紧张等心理，对不法侵害是否已经开始或者结束产生错误认识的，应当根据主客观相统一原则，依法作出妥当处理。

7. 准确把握正当防卫的对象条件。正当防卫必须针对不法侵害人进行。对于多人共同实施不法侵害的，既可以针对直接实施不法侵害的人进行防卫，也可以针对在现场共同实施不法侵害的人进行防卫。明知侵害人是无刑事责任能力人或者限制刑事责任能力人的，应当尽量使用其他方式避免或者制止侵害；没有其他方式可以避免、制止不法侵害，或者不法侵害严重危及人身安全的，可以进行反击。

8. 准确把握正当防卫的意图条件。正当防卫必须是为了使国家、公共利益、本人或者他人的人身、财产和其他权利免受不法侵害。对于故意以语言、行为等挑动对方侵害自己再予以反击的防卫挑拨，不应认定为防卫行为。

9. 准确界分防卫行为与相互斗殴。防卫行为与相互斗殴具有外观上的相似性，准确区分两者要坚持主客观相统一原则，通过综合考量案发起因、对冲突升级是否有过错、是否使用或者准备使用凶器、是否采用明显不相当的暴力、是否纠集他人参与打斗等客观情节，准确判断行为人的主观意图和行为性质。

因琐事发生争执，双方均不能保持克制而引发打斗，对于有过错的一方先动手且手段明显过激，或者一方先动手，在对方努力避免冲突的情况下仍继续侵害的，还击一方的行为一般应当认定为防卫行为。

双方因琐事发生冲突，冲突结束后，一方又实施不法侵害，对方还击，包括使用工具还击的，一般应当认定为防卫行为。不能仅因行为人事先进行防卫准备，就影响对其防卫意图的认定。

10. 防止将滥用防卫权的行为认定为防卫行为。对于显著轻微的不法侵害，行为人在可以辨识的情况下，直接使用足以致人重伤或者死亡的方式进行制止的，不应认定为防卫行为。不法侵害系因行为人的重大过错引发，行为人在可以使用其他手段避免侵害的情况下，仍故意使用足以致人重伤或者死亡的方式还击的，不应认定为防卫行为。

三、防卫过当的具体适用

11. 准确把握防卫过当的认定条件。根据刑法第二十条第二款的规定，认定防卫过当应当同时具备“明显超过必要限度”和“造成重大损害”两个条件，缺一不可。

12. 准确认定“明显超过必要限度”。防卫是否“明显超过必要限度”，应当综合不法侵害的性质、手段、强度、危害程度和防卫的时机、手段、强度、损害后果等情节，考虑双方力量对比，立足防卫人防卫时所处情境，结合社会公众的一般认知作出判断。在判断不法侵害的危害程度时，不仅要考虑已经造成的损害，还要考虑造成进一步损害的紧迫危险性和现实可能性。不应当苛求防卫人必须采取与不法侵害基本相当的反击方式和强度。通过综合考量，对于防卫行为与不法侵害相差悬殊、明显过激的，应当认定防卫明显超过必要限度。

13. 准确认定“造成重大损害”。“造成重大损害”是指造成不法侵害人重伤、死亡。造成轻伤及以下损害的，不属于重大损害。防卫行为虽然明显超过必要限度但没有造成重大损害的，不应认定为防卫过当。

14. 准确把握防卫过当的刑罚裁量。防卫过当应当负刑事责任，但是应当减轻或者免除处罚。要综合考虑案件情况，特别是不法侵害人的过错程度、不法侵害的严重程度以及防卫人面对不法侵害的恐慌、紧张等心理，确保刑罚裁量适当、公正。对于因侵害人实施严重贬损他人人格尊严、严重违反伦理道德的不法侵害，或者多次、长期实施不法侵害所引发的防卫过当行为，在量刑时应当充分考虑，以确保案件处理既经得起法律检验，又符合社会公平正义观念。

四、特殊防卫的具体适用

15. 准确理解和把握“行凶”。根据刑法第二十条第三款的规定，下列行为应当认定为“行凶”：(1) 使用致命性凶器，严重危及他人人身安全的；(2) 未使用凶器或者未使用致命性凶器，但是根据不法侵害的人数、打击部位和力度等情况，确已严重危及他人人身安全的。虽然尚未造成实际损害，但已对人身安全造成严重、紧迫危险的，可以认定为“行凶”。

16. 准确理解和把握“杀人、抢劫、强奸、绑架”。刑法第二十条第三款规定的“杀人、抢劫、强奸、绑架”，是指具体犯罪行为而不是具体罪名。在实施不法侵害过程中存在杀人、抢劫、强奸、绑架等严重危及人身安全的暴力犯罪行为的，如以暴力手段抢劫枪支、弹药、爆炸物或者以绑架手段拐卖妇女、儿童的，可以实行特殊防卫。有关行为没有严重危及人身安全的，应当适用一般防卫的法律规定。

17. 准确理解和把握“其他严重危及人身安全的暴力犯罪”。刑法第二十条第三款规定的“其他严重危及人身安全的暴力犯罪”，应当是与杀人、抢劫、强奸、绑架行为相当，并具有致人重伤或者死亡的紧迫危险和现实可能的暴力犯罪。

18. 准确把握一般防卫与特殊防卫的关系。对于不符合特殊防卫起因条件的防卫行为，致不法侵害人伤亡的，如果没有明显超过必要限度，也应当认定为正当防卫，不负刑事责任。

五、工作要求

19. 做好侦查取证工作。公安机关在办理涉正当防卫案件时，要依法及时、全面收集与案件相关的各类证据，为案件的依法公正处理奠定事实根基。取证工作要及时，对冲突现场有视听资料、电子数据等证据材料的，应当第一时间调取；对冲突过程的目击证人，要第一时间询问。取证工作要全面，对证明案件事实有价值的各类证据都应当依法及时收集，特别是涉及判断是否属于防卫行为、是正当防卫还是防卫过当以及有关案件前因后果等的证据。

20. 依法公正处理案件。要全面审查事实证据，认真听取各方意见，高度重视犯罪嫌疑人、被告人及其辩护人提出的正当防卫或者防卫过当的辩解、辩护意见，并及时核查，以准确认定事实、正确适用法律。要及时披露办案进展等工作信息，回应社会关切。对于依法认定为正当防卫的案件，根据刑事诉讼法的规定，及时作出不予立案、撤销案件、不批准逮捕、不起诉的决定或者被告人无罪的判决。对于防卫过当案件，应当依法适用认罪认罚从宽制度；对于犯罪情节轻微，依法不需要判处刑罚或者免除刑罚的，人民检察院可以作出不起诉决定。对于不法侵害人涉嫌犯罪的，应当依法及时追诉。人民法院审理第一审的涉正当防卫案件，社会影响较大或者案情复杂的，由人民陪审员和法官组成合议庭进行审理；社会影响重大的，由人民陪审员和法官组成七人合议庭进行审理。

21. 强化释法析理工作。要围绕案件争议焦点和社会关切，以事实为根据、以法律为准绳，准确、细致地阐明案件处理的依据和理由，强化法律文书的释法析理，有效回应当事人和社会关切，使办案成为全民普法的法治公开课，达到办理一案、教育一片的效果。要尽最大可能做好矛盾化解工作，促进社会和谐稳定。

22. 做好法治宣传工作。要认真贯彻“谁执法、谁普法”的普法责任制，做好以案说法工作，使正当防卫案件的处理成为全民普法和宣扬社会主义核心价值观的过程。要加大涉正当防卫指导性案例、典型案例的发布力度，旗帜鲜明保护正当防卫者和见义勇为人的合法权益，弘扬社会正气，同时引导社会公众依法、理性、和平解决琐事纠纷，消除社会戾气，增进社会和谐。

最高人民法院、最高人民检察院、公安部、司法部关于依法办理家庭暴力犯罪案件的意见（节选）

（2015 年 3 月 2 日）

19. 准确认定对家庭暴力的正当防卫。为了使本人或者他人的人身权利免受不法侵害，对正在进行的家庭暴力采取制止行为，只要符合刑法规定的条件，就应当依法认定为正当防卫，不负刑事责任。防卫行为造成施暴人重伤、死亡，且明显超过必要限度，属于防卫过当，应当负刑事责任，但是应当减轻或者免除处罚。

认定防卫行为是否“明显超过必要限度”，应当以足以制止并使防卫人免受家庭暴力不法侵害的需要为标准，根据施暴人正在实施家庭暴力的严重程度、手段的残忍程度，防卫人所处的环境、面临的危险程度、采取的制止暴力的手段、造成施暴人重大损害的程度，以及既往家庭暴力的严重程度等进行综合判断。

20. 充分考虑案件中的防卫因素和过错责任。对于长期遭受家庭暴力后，在激愤、恐惧状态下为了防止再次遭受家庭暴力，或者为了摆脱家庭暴力而故意杀害、伤害施暴人，被告人的行为具有防卫因素，施暴人在案件起因上具有明显过错或者直接责任的，可以酌情从宽处罚。对于因遭受严重家庭暴力，身体、精神受到重大损害而故意杀害施暴人；或者因不堪忍受长期家庭暴力而故意杀害施暴人，犯罪情节不是特别恶劣，手段不是特别残忍的，可以认定为刑法第二百三十二条规定的故意杀人“情节较轻”。在服刑期间确有悔改表现的，可以根据其家庭情况，依法放宽减刑的幅度，缩短减刑的起始时间与间隔时间；符合假释条件的，应当假释。被杀害施暴人的近亲属表示谅解的，在量刑、减刑、假释时应当予以充分考虑。

最高人民法院、最高人民检察院、公安部关于依法惩治妨害公共交通工具安全驾驶违法犯罪行为的指导意见（节选）

（2019 年 1 月 8 日）

一、准确认定行为性质，依法从严惩处妨害安全驾驶犯罪

（四）对正在进行的妨害安全驾驶的违法犯罪行为，乘客等人员有权采取措施予以制止。制止行为造成违法犯罪行为人损害，符合法定条件的，应当认定为正当防卫。

最高人民法院关于发布第 18 批指导性案例的通知

（2018 年 6 月 20 日）

指导案例 93 号

于欢故意伤害案

关键词　刑事/故意伤害罪/非法限制人身自由/正当防卫/防卫过当

裁判要点

1. 对正在进行的非法限制他人人身自由的行为，应当认定为刑法第二十条第一款规定的“不法侵害”，可以进行正当防卫。

2. 对非法限制他人人身自由并伴有侮辱、轻微殴打的行为，不应当认定为刑法第二十条第三款规定的“严重危及人身安全的暴力

犯罪”。

3. 判断防卫是否过当，应当综合考虑不法侵害的性质、手段、强度、危害程度，以及防卫行为的性质、时机、手段、强度、所处环境和损害后果等情节。对非法限制他人人身自由并伴有侮辱、轻微殴打，且并不十分紧迫的不法侵害，进行防卫致人死亡重伤的，应当认定为刑法第二十条第二款规定的“明显超过必要限度造成重大损害”。

4. 防卫过当案件，如系因被害人实施严重贬损他人人格尊严或者亵渎人伦的不法侵害引发的，量刑时对此应予充分考虑，以确保司法裁判既经得起法律检验，也符合社会公平正义观念。

相关法条

《中华人民共和国刑法》第二十条

基本案情

被告人于欢的母亲苏某在山东省冠县工业园区经营山东源大工贸有限公司（以下简称源大公司），于欢系该公司员工。2014 年 7 月 28 日，苏某及其丈夫于某 1 向吴某、赵某 1 借款 100 万元，双方口头约定月息 10%。至 2015 年 10 月 20 日，苏某共计还款 154 万元。其间，吴某、赵某 1 因苏某还款不及时，曾指使被害人郭某 1 等人采取在源大公司车棚内驻扎、在办公楼前支锅做饭等方式催债。2015 年 11 月 1 日，苏某、于某 1 再向吴某、赵某 1 借款 35 万元。其中 10 万元，双方口头约定月息 10%；另外 25 万元，通过签订房屋买卖合同，用于某 1 名下的一套住房作为抵押，双方约定如逾期还款，则将该住房过户给赵某 1。2015 年 11 月 2 日至 2016 年 1 月 6 日，苏某共计向赵某 1 还款 29.8 万元。吴某、赵某 1 认为该 29.8 万元属于偿还第一笔 100 万元借款的利息，而苏某夫妇认为是用于偿还第二笔借款。吴某、赵某 1 多次催促苏某夫妇继续还款或办理住房过户手续，但苏某夫妇未再还款，也未办理住房过户。

2016 年 4 月 1 日，赵某 1 与被害人杜某 2、郭某 1 等人将于某 1 上述住房的门锁更换并强行入住，苏某报警。赵某1出示房屋买卖合同，民警调解后离去。同月13日上午，吴某、赵某1与杜某2、郭某1、杜某7等人将上述住房内的物品搬出，苏某报警。民警处警时，吴某称系房屋买卖纠纷，民警告知双方协商或通过诉讼解决。民警离开后，吴某责骂苏某，并将苏某头部按入座便器接近水面位置。当日下午，赵某1等人将上述住房内物品搬至源大公司门口。其间，苏某、于某1多次拨打市长热线求助。当晚，于某1通过他人调解，与吴某达成口头协议，约定次日将住房过户给赵某1，此后再付30万元，借款本金及利息即全部结清。

4月14日，于某1、苏某未去办理住房过户手续。当日16时许，赵某1纠集郭某2、郭某1、苗某、张某3到源大公司讨债。为找到于某1、苏某，郭某1报警称源大公司私刻财务章。民警到达源大公司后，苏某与赵某1等人因还款纠纷发生争吵。民警告知双方协商解决或到法院起诉后离开。李某3接赵某1电话后，伙同么某、张某2和被害人严某、程某到达源大公司。赵某1等人先后在办公楼前呼喊，在财务室内、餐厅外盯守，在办公楼门厅外烧烤、饮酒，催促苏某还款。其间，赵某1、苗某离开。20时许，杜某2、杜某7赶到源大公司，与李某3等人一起饮酒。20时48分，苏某按郭某1要求到办公楼一楼接待室，于欢及公司员工张某1、马某陪同。21时53分，杜某2等人进入接待室讨债，将苏某、于欢的手机收走放在办公桌上。杜某2用污秽言语辱骂苏某、于欢及其家人，将烟头弹到苏某胸前衣服上，将裤子褪至大腿处裸露下体，朝坐在沙发上的苏某等人左右转动身体。在马某、李某3劝阻下，杜某2穿好裤子，又脱下于欢的鞋让苏某闻，被苏某打掉。杜某2还用手拍打于欢面颊，其他讨债人员实施了揪抓于欢头发或按压于欢肩部不准其起身等行为。22时07分，公司员工刘某打电话报警。22时17分，民警朱某带领辅警宋某、郭某3到达源大公司接待室了解情况，苏某和于欢指认杜某2殴打于欢，杜某2等人否认并称系讨债。22时22分，朱某警告双方不能打架，然后带领辅警到院内寻找报警人，并给值班民警徐某打电话通报警情。于欢、苏某想随民警离开接待室，杜某2等人阻拦，并强迫于欢坐下，于欢拒绝。杜某2等人卡于欢颈部，将于欢推拉至接待室东南角。于欢持刃长15.3厘米的单刃尖刀，警告杜某2等人不要靠近。杜某2出言挑衅并逼近于欢，于欢遂捅刺杜某2腹部一刀，又捅刺围逼在其身边的程某胸部、严某腹部、郭某1背部各一刀。22时26分，辅警闻声返回接待室。经辅警连续责令，于欢交出尖刀。杜某2等四人受伤后，被杜某7等人驾车送至冠县人民医院救治。次日2时18分，杜某2经抢救无效，因腹部损伤造成肝固有动脉裂伤及肝右叶创伤导致失血性休克死亡。严某、郭某1的损伤均构成重伤二级，程某的损伤构成轻伤二级。

裁判结果

山东省聊城市中级人民法院于2017年2月17日作出（2016）鲁15刑初33号刑事附带民事判决，认定被告人于欢犯故意伤害罪，判处无期徒刑，剥夺政治权利终身，并赔偿附带民事原告人经济损失。

宣判后，被告人于欢及部分原审附带民事诉讼原告人不服，分别提出上诉。山东省高级人民法院经审理于2017年6月23日作出（2017）鲁刑终151号刑事附带民事判决：驳回附带民事上诉，维持原判附带民事部分；撤销原判刑事部分，以故意伤害罪改判于欢有期徒刑五年。

裁判理由

法院生效裁判认为：被告人于欢持刀捅刺杜某2等四人，属于制止正在进行的不法侵害，其行为具有防卫性质；其防卫行为造成一人死亡、二人重伤、一人轻伤的严重后果，明显超过必要限度造成重大损害，构成故意伤害罪，依法应负刑事责任。鉴于于欢的行为属于防卫过当，于欢归案后如实供述主要罪行，且被害方有以恶劣手段侮辱于欢之母的严重过错等情节，对于欢依法应当减轻处罚。原判认定于欢犯故意伤害罪正确，审判程序合法，但认定事实不全面，部分刑事判项适用法律错误，量刑过重，遂依法改判于欢有期徒刑五年。

本案在法律适用方面的争议焦点主要有两个方面：一是于欢的捅刺行为性质，即是否具有防卫性、是否属于特殊防卫、是否属于防卫过当；二是如何定罪处罚。

一、关于于欢的捅刺行为性质

《中华人民共和国刑法》（以下简称《刑法》）第二十条第一款规定："为了使国家、公共利益、本人或者他人的人身、财产和其他权利免受正在进行的不法侵害，而采取的制止不法侵害的行为，对不法侵害人造成损害的，属于正当防卫，不负刑事责任。"由此可见，成立正当防卫必须同时具备以下五项条件：一是防卫起因，不法侵害现实存在。不法侵害是指违背法律的侵袭和损害，既包括犯罪行为，又包括一般违法行为；既包括侵害人身权利的行为，又包括侵犯财产及其他权利的行为。二是防卫时间，不法侵害正在进行。正在进行是指不法侵害已经开始并且尚未结束的这段时期。对尚未开始或已经结束的不法侵害，不能进行防卫，否则即是防卫不适时。三是防卫对象，即针对不法侵害者本人。正当防卫的对象只能是不法侵害人本人，不能对不法侵害人之外的人实施防卫行为。在共同实施不法侵害的场合，共同侵害具有整体性，可对每一个共同侵害人进行正当防卫。四是防卫意图，出于制止不法侵害的目的，有防卫认识和意志。五是防卫限度，尚未明显超过必要限度造成重大损害。这就是说正当防卫的成立条件包括客观条件、主观条件和限度条件。客观条件和主观条件是定性条件，确定了正当防卫"正"的性质和前提条件，不符合这些条件的不是正当防卫；限度条件是定量条件，确定了正当防卫"当"的要求和合理限度，不符合该条件的虽然仍有防卫性质，但不是正当防卫，属于防卫过当。防卫过当行为具有防卫的前提条件和制止不法侵害的目的，只是在制止不法侵害过程中，没有合理控制防卫行为的强度，明显超过正当防卫必要限度，并造成不应有的重大损害后果，从而转化为有害于社会的违法犯罪行为。根据本案认定的事实、证据和我国刑法有关规定，于欢的捅刺行为虽然具有防卫性，但属于防卫过当。

首先，于欢的捅刺行为具有防卫性。案发当时杜某 2 等人对于欢、苏某持续实施着限制人身自由的非法拘禁行为，并伴有侮辱人格和对于欢推搡、拍打等行为；民警到达现场后，于欢和苏某想随民警走出接待室时，杜某 2 等人阻止二人离开，并对于欢实施推拉、围堵等行为，在于欢持刀警告时仍出言挑衅并逼近，实施正当防卫所要求的不法侵害客观存在并正在进行；于欢是在人身自由受到违法侵害、人身安全面临现实威胁的情况下持刀捅刺，且捅刺的对象都是在其警告后仍向其靠近围逼的人。因此，可以认定其是为了使本人和其母亲的人身权利免受正在进行的不法侵害，而采取的制止不法侵害行为，具备正当防卫的客观和主观条件，具有防卫性质。

其次，于欢的捅刺行为不属于特殊防卫。《刑法》第二十条第三款规定："对正在进行行凶、杀人、抢劫、强奸、绑架以及其他严重危及人身安全的暴力犯罪，采取防卫行为，造成不法侵害人伤亡的，不属于防卫过当，不负刑事责任。"根据这一规定，特殊防卫的适用前提条件是存在严重危及本人或他人人身安全的暴力犯罪。本案中，虽然杜某 2 等人对于欢母子实施了非法限制人身自由、侮辱、轻微殴打等人身侵害行为，但这些不法侵害不是严重危及人身安全的暴力犯罪。其一，杜某 2 等人实施的非法限制人身自由、侮辱等不法侵害行为，虽然侵犯了于欢母子的人身自由、人格尊严等合法权益，但并不具有严重危及于欢母子人身安全的性质；其二，杜某 2 等人按肩膀、推拉等强制或者殴打行为，虽然让于欢母子的人身安全、身体健康权遭受了侵害，但这种不法侵害只是轻微的暴力侵犯，既不是针对生命权的不法侵害，又不是发生严重侵害于欢母子身体健康权的情形，因而不属于严重危及人身安全的暴力犯罪；其三，苏某、于某1系主动通过他人协调、担保，向吴某借贷，自愿接受吴某所提10%的月息。既不存在苏某、于某1被强迫向吴某高息借贷的事实，又不存在吴某强迫苏某、于某1借贷的事实，与司法解释以借贷为名采用暴力、胁迫手段获取他人财物以抢劫罪论处的规定明显不符。可见杜某2等人实施的多种不法侵害行为，符合可以实施一般防卫行为的前提条件，但不具备实施特殊防卫的前提条件，故于欢的捅刺行为不属于特殊防卫。

最后，于欢的捅刺行为属于防卫过当。《刑法》第二十条第二款规定："正当防卫明显超过必要限度造成重大损害的，应当负刑事责任，但是应当减轻或者免除处罚。"由此可见，防卫过当是在具备正当防卫客观和主观前提条件下，防卫反击明显超越必要限度，并造成致人重伤或死亡的过当结果。认定防卫是否"明显超过必要限度"，应当从不法侵害的性质、手段、强度、危害程度，以及防卫行为的性质、时机、手段、强度、所处环境和损害后果等方面综合分析判定。本案中，杜某2一方虽然人数较多，但其实施不法侵害的意图是给苏某夫妇施加压力以催讨债务，在催债过程中未携带、使用任何器械；在民警朱某等进入接待室前，杜某2一方对于欢母子实施的是非法限制人身自由、侮辱和对于欢拍打面颊、揪抓头发等行为，其目的仍是逼迫苏某夫妇尽快还款；在民警进入接待室时，双方没有发生激烈对峙和肢体冲突，当民警警告不能打架后，杜某2一方并无打架的言行；在民警走出接待室寻找报警人期间，于欢和讨债人员均可透过接待室玻璃清晰看见停在院内的警车警灯闪烁，应当知道民警并未离开；在于欢持刀警告不要逼过来时，杜某2等人虽有出言挑衅并向于欢围逼的行为，但并未实施强烈的攻击行为。因此，于欢面临的不法侵害并不紧迫和严重，而其却持刃长15.3厘米的单刃尖刀连续捅刺四人，致一人死亡、二人重伤、一人轻伤，且其中一人系被背后捅伤，故应当认定于欢的防卫行为明显超过必要限度造成重大损害，属于防卫过当。

二、关于定罪量刑

首先，关于定罪。本案中，于欢连续捅刺四人，但捅刺对象都是当时围逼在其身边的人，未对离其较远的其他不法侵害人进行捅刺，对不法侵害人每人捅刺一刀，未对同一不法侵害人连续捅刺。可见，于欢的目的在于制止不法侵害并离开接待室，在案证据不能证实其具有追求或放任致人死亡危害结果发生的故意，故于欢的行为不构成故意杀人罪，但他为了追求防卫效果的实现，对致多人伤亡的过当结果的发生持听之任之的态度，已构成防卫过当情形下的故意伤害罪。认定于欢的行为构成故意伤害罪，既是严格司法的要求，又符合人民群众的公平正义观念。

其次，关于量刑。《刑法》第二十条第二款规定："正当防卫明显超过必要限度造成重大损害的，应当负刑事责任，但是应当减轻或者免除处罚。"综合考虑本案防卫权益的性质、防卫方法、防卫强度、防卫起因、损害后果、过当程度、所处环境等情节，对于欢应当减轻处罚。

被害方对引发本案具有严重过错。本案案发前，吴某、赵某1指使杜某2等人实施过侮辱苏某、干扰源大公司生产经营等逼债行为，苏某多次报警，吴某等人的不法逼债行为并未收敛。案发当日，杜某2等人对于欢、苏某实施非法限制人身自由、侮辱及对于欢间有推搡、拍打、卡颈部等行为，于欢及其母亲苏某连日来多次遭受催逼、骚扰、侮辱，导致于欢实施防卫行为时难免带有恐惧、愤怒等因素。尤其是杜某2裸露下体侮辱苏某对引发本案有重大过错。案发当日，杜某2当着于欢之面公然以裸露下体的方式侮辱其母亲苏某。虽然距于欢实施防卫行为已间隔约二十分钟，但于欢捅刺杜某2等人时难免带有报复杜某2辱母的情绪，故杜某2裸露下体侮辱苏某的行为是引发本案的重要因素，在刑罚裁量上应当作为对于欢有利的情节重点考虑。

杜某2的辱母行为严重违法、亵渎人伦，应当受到惩罚和谴责，但于欢在民警尚在现场调查，警车仍在现场闪烁警灯的情形下，为离开接待室摆脱围堵而持刀连续捅刺四人，致一人死亡、二人重伤、一人轻伤，且其中一重伤者系于欢从背部捅刺，损害后果严重，且除杜某2以外，其他三人并未实施侮辱于欢母亲的行为，其防卫行为造成损害远远大于其保护的合法权益，防卫明显过当。于欢及其母亲的人身自由和人格尊严应当受到法律保护，但于欢的防卫行为明显超过必要限度并造成多人伤亡严重后果，超出法律所容许的限度，依法也应当承担刑事责任。

根据我国刑法规定，故意伤害致人死亡的，处十年以上有期徒刑、无期徒刑或者死刑；防卫过当的，应当减轻或者免除处罚。如上所述，于欢的防卫行为明显超过必要限度造成重大伤亡后果，减轻处罚依法应当在三至十年有期徒刑的法定刑幅度内量刑。鉴于于欢归案后如实供述主要罪行，且被害方有以恶劣手段侮辱于欢之母的严重过错等可以从轻处罚情节，综合考虑于欢犯罪的事实、性质、情节和危害后果，遂判处于欢有期徒刑五年。

（生效裁判审判人员：吴靖、刘振会、王文兴）

最高人民法院关于发布第26批指导性案例的通知

（2020年12月31日）

指导案例144号

张那木拉正当防卫案

关键词 刑事/正当防卫/特殊防卫/行凶/宣告无罪

裁判要点

1. 对于使用致命性凶器攻击他人要害部位，严重危及他人人身安全的行为，应当认定为刑法第二十条第三款规定的“行凶”，可以适用特殊防卫的有关规定。

2. 对于多人共同实施不法侵害，部分不法侵害人已被制伏，但其他不法侵害人仍在继续实施侵害的，仍然可以进行防卫。

相关法条

《中华人民共和国刑法》第二十条

基本案情

张那木拉与其兄张某1二人均在天津市西青区打工。2016年1月11日，张某1与案外人李某某驾驶机动车发生交通事故。事故发生后，李某某驾车逃逸。在处理事故过程中，张那木拉一方认为交警处置懈怠。此后，张那木拉听说周某强在交警队有人脉关系，遂通过鱼塘老板牛某找到周某强，请周某强向交警“打招呼”，周某强应允。3月10日，张那木拉在交警队处理纠纷时与交警发生争吵，这时恰巧周某强给张那木拉打来电话，张那木拉以为周某强能够压制交警，就让交警直接接听周某强的电话，张那木拉此举引起周某强不满，周某强随即挂掉电话。次日，牛某在电话里提醒张那木拉小心点，周某强对此事没完。

3 月 12 日早上 8 时许，张那木拉与其兄张某 1 及赵某在天津市西青区鱼塘旁的小屋内闲聊，周某强纠集丛某、张某 2、陈某 2 新，由丛某驾车，并携带了陈某 2 新事先准备好的两把砍刀，至天津市西青区张那木拉暂住处（分为里屋外屋）。四人首次进入张那木拉暂住处确认张那木拉在屋后，随即返回车内，取出事前准备好的两把砍刀。其中，周某强、陈某 2 新二人各持砍刀一把，丛某、张某 2 分别从鱼塘边操起铁锨、铁锤再次进入张那木拉暂住处。张某 1 见状上前将走在最后边的张某 2 截在外屋，二人发生厮打。周某强、陈某 2 新、丛某进入里屋内，三人共同向屋外拉拽张那木拉，张那木拉向后挣脱。此刻，周某强、陈某 2 新见张那木拉不肯出屋，持刀砍向张那木拉后脑部，张那木拉随手在茶几上抓起一把尖刀捅刺了陈某 2 新的胸部，陈某 2 新被捅后退到外屋，随后倒地。其间，丛某持铁锨击打张那木拉后脑处。周某强、丛某见陈某 2 新倒地后也跑出屋外。张那木拉将尖刀放回原处。此时，其发现张某 2 仍在屋外与其兄张某 1 相互厮打，为防止张某 1 被殴打，其到屋外，随手拿起门口处的铁锨将正挥舞砍刀的周某强打入鱼塘中，周某强爬上岸后张那木拉再次将其打落水中，最终致周某强左尺骨近段粉碎性骨折，其所持砍刀落入鱼塘中。此时，张某 1 已经将张某 2 手中的铁锤夺下，并将张某 2 打落鱼塘中。张那木拉随即拨打电话报警并在现场等待。陈某 2 新被送往医院后，因单刃锐器刺破心脏致失血性休克死亡；张那木拉头皮损伤程度构成轻微伤；周某强左尺骨损伤程度构成轻伤一级。

裁判结果

天津市西青区人民法院于 2017 年 12 月 13 日作出（2016）津 0111 刑初 576 号刑事附带民事判决，以被告人张那木拉犯故意伤害罪，判处有期徒刑十二年六个月。被告人张那木拉以其系正当防卫、不构成犯罪为由提出上诉。天津市第一中级人民法院于 2018 年 12 月

14 日作出（2018）津 01 刑终 326 号刑事附带民事判决，撤销天津市西青区人民法院（2016）津 0111 刑初 576 号刑事附带民事判决，宣告张那木拉无罪。

裁判理由

法院生效裁判认为，张那木拉的行为系正当防卫行为，而且是刑法第二十条第三款规定的特殊防卫行为。本案中，张那木拉是在周某强、陈某 2 新等人突然闯入其私人场所，实施严重不法侵害的情况下进行反击的。周某强、陈某 2 新等四人均提前准备了作案工具，进入现场时两人分别手持长约 50 厘米的砍刀，一人持铁锨，一人持铁锤，而张那木拉一方是并无任何思想准备的。周某强一方闯入屋内后径行对张那木拉实施拖拽，并在张那木拉转身向后挣脱时，使用所携带的凶器砸砍张那木拉后脑部。从侵害方人数、所持凶器、打击部位等情节看，以普通人的认识水平判断，应当认为不法侵害已经达到现实危害张那木拉的人身安全、危及其生命安全的程度，属于刑法第二十条第三款规定的“行凶”。张那木拉为制止正在进行的不法侵害，顺手从身边抓起一把平时生活所用刀具捅刺不法侵害人，具有正当性，属于正当防卫。

另外，监控录像显示陈某 2 新倒地后，周某强跑向屋外后仍然挥舞砍刀，此时张那木拉及其兄张某 1 人身安全面临的危险并没有完全排除，其在屋外打伤周某强的行为仍然属于防卫行为。

根据刑法第二十条第三款的规定，对正在进行行凶、杀人、抢劫、强奸、绑架以及其他严重危及人身安全的暴力犯罪，采取防卫行为，造成不法侵害人伤亡的，不属于防卫过当，不负刑事责任。本案中，张那木拉的行为虽然造成了一死一伤的后果，但是属于制止不法侵害的正当防卫行为，依法不负刑事责任。

（生效裁判审判人员：杨雪梅、何振奎、路诚）

最高人民检察院第十二批指导性案例

（2018 年 12 月 19 日）

检例第 45 号

陈某正当防卫案

关键词　未成年人/故意伤害/正当防卫/不批准逮捕

要旨

在被人殴打、人身权利受到不法侵害的情况下，防卫行为虽然造成了重大损害的客观后果，但是防卫措施并未明显超过必要限度的，不属于防卫过当，依法不负刑事责任。

基本案情

陈某，未成年人，某中学学生。

2016 年 1 月初，因陈某在甲的女朋友的网络空间留言示好，甲纠集乙等人，对陈某实施了殴打。

1 月 10 日中午，甲、乙、丙等 6 人（均为未成年人），在陈某就读的中学门口，见陈某从大门走出，有人提议陈某向老师告发他们打架，要去问个说法。甲等人尾随一段路后拦住陈某质问，陈某解释没有告状，甲等人不肯罢休，抓住并围殴陈某。乙的 3 位朋友（均为未成年人）正在附近，见状加入围殴陈某。其中，有人用膝盖顶击陈某的胸口、有人持石块击打陈某的手臂、有人持钢管击打陈某的背部，其他人对陈某或勒脖子或拳打脚踢。陈某掏出随身携带的折叠式水果刀（刀身长 8.5 厘米，不属于管制刀具），乱挥乱刺后逃脱。部分围殴人员继续追打并从后投掷石块，击中陈某的背部和腿部。陈某逃进学校，追打人员被学校保安拦住。陈某在反击过程中刺中了甲、乙和丙，经鉴定，该3人的损伤程度均构成重伤二级。陈某经人身检查，见身体多处软组织损伤。

案发后，陈某所在学校向司法机关提交材料，证实陈某遵守纪律、学习认真、成绩优秀，是一名品学兼优的学生。

公安机关以陈某涉嫌故意伤害罪立案侦查，并对其采取刑事拘留强制措施，后提请检察机关批准逮捕。检察机关根据审查认定的事实，依据刑法第二十条第一款的规定，认为陈某的行为属于正当防卫，不负刑事责任，决定不批准逮捕。公安机关将陈某释放同时要求复议。检察机关经复议，维持原决定。

检察机关在办案过程中积极开展释法说理工作，甲等人的亲属在充分了解事实经过和法律规定后，对检察机关的处理决定表示认可。

不批准逮捕的理由

公安机关认为，陈某的行为虽有防卫性质，但已明显超过必要限度，属于防卫过当，涉嫌故意伤害罪。检察机关则认为，陈某的防卫行为没有明显超过必要限度，不属于防卫过当，不构成犯罪。主要理由如下：

第一，陈某面临正在进行的不法侵害，反击行为具有防卫性质。任何人面对正在进行的不法侵害，都有予以制止、依法实施防卫的权利。本案中，甲等人借故拦截陈某并实施围殴，属于正在进行的不法侵害，陈某的反击行为显然具有防卫性质。

第二，陈某随身携带刀具，不影响正当防卫的认定。对认定正当防卫有影响的，并不是防卫人携带了可用于自卫的工具，而是防卫人是否有相互斗殴的故意。陈某在事前没有与对方约架斗殴的意图，被拦住后也是先解释退让，最后在遭到对方围打时才被迫还手，其随身携带水果刀，无论是日常携带还是事先有所防备，都不影响对正当防卫作出认定。

第三，陈某的防卫措施没有明显超过必要限度，不属于防卫过当。陈某的防卫行为致实施不法侵害的 3 人重伤，客观上造成了重大损害，但防卫措施并没有明显超过必要限度。陈某被 9 人围住殴打，其中有人使用了钢管、石块等工具，双方实力相差悬殊，陈某借助水果刀增强防卫能力，在手段强度上合情合理。并且，对方在陈某逃脱时仍持续追打，共同侵害行为没有停止，所以就制止整体不法侵害的实际需要来看，陈某持刀挥刺也没有不相适应之处。综合来看，陈某的防卫行为虽有致多人重伤的客观后果，但防卫措施没有明显超过必要限度，依法不属于防卫过当。

指导意义

刑法第二十条第一款规定，“为了使国家、公共利益、本人或者他人的人身、财产和其他权利免受正在进行的不法侵害，而采取的制止不法侵害的行为，对不法侵害人造成损害的，属于正当防卫，不负刑事责任”。司法实践通常称这种正当防卫为“一般防卫”。

一般防卫有限度要求，超过限度的属于防卫过当，需要负刑事责任。刑法规定的限度条件是“明显超过必要限度造成重大损害”，具体而言，行为人的防卫措施虽明显超过必要限度但防卫结果客观上并未造成重大损害，或者防卫结果虽客观上造成重大损害但防卫措施并未明显超过必要限度，均不能认定为防卫过当。本案中，陈某为了保护自己的人身安全而持刀反击，就所要保护的权利性质以及与侵害方的手段强度比较来看，不能认为防卫措施明显超过了必要限度，所以即使防卫结果在客观上造成了重大损害，也不属于防卫过当。

正当防卫既可以是为了保护自己的合法权益，也可以是为了保护他人的合法权益。《中华人民共和国未成年人保护法》第六条第二款也规定，“对侵犯未成年人合法权益的行为，任何组织和个人都有权予以劝阻、制止或者向有关部门提出检举或者控告”。对于未成年人正在遭受侵害的，任何人都有权介入保护，成年人更有责任予以救助。但是，冲突双方均为未成年人的，成年人介入时，应当优先选择劝阻、制止的方式；劝阻、制止无效的，在隔离、控制或制服侵害人时，应当注意手段和行为强度的适度。

检察机关办理正当防卫案件遇到争议时，应当根据《最高人民检察院关于实行检察官以案释法制度的规定》，适时、主动进行释法说理工作。对事实认定、法律适用和办案程序等问题进行答疑解惑，开展法治宣传教育，保障当事人和其他诉讼参与人的合法权利，努力做到案结事了。

人民检察院审查逮捕时，应当严把事实关、证据关和法律适用关。根据查明的事实，犯罪嫌疑人的行为属于正当防卫，不负刑事责任的，应当依法作出不批准逮捕的决定，保障无罪的人不受刑事追究。

相关规定

《中华人民共和国刑法》第二十条

《中华人民共和国刑事诉讼法》第九十条、第九十二条

检例第 46 号

朱凤山故意伤害（防卫过当）案

关键词 民间矛盾/故意伤害/防卫过当/二审检察

要旨

在民间矛盾激化过程中，对正在进行的非法侵入住宅、轻微人身侵害行为，可以进行正当防卫，但防卫行为的强度不具有必要性并致不法侵害人重伤、死亡的，属于明显超过必要限度造成重大损害，应当负刑事责任，但是应当减轻或者免除处罚。

基本案情

朱凤山，男，1961 年 5 月 6 日出生，农民。

朱凤山之女朱某与齐某系夫妻，朱某于 2016 年 1 月提起离婚诉

讼并与齐某分居，朱某带女儿与朱凤山夫妇同住。齐某不同意离婚，为此经常到朱凤山家吵闹。4 月 4 日，齐某在吵闹过程中，将朱凤山家门窗玻璃和朱某的汽车玻璃砸坏。朱凤山为防止齐某再进入院子，将院子一侧的小门锁上并焊上铁窗。5 月 8 日 22 时许，齐某酒后驾车到朱凤山家，欲从小门进入院子，未得逞后在大门外叫骂。朱某不在家中，仅朱凤山夫妇带外孙女在家。朱凤山将情况告知齐某，齐某不肯作罢。朱凤山又分别给邻居和齐某的哥哥打电话，请他们将齐某劝离。在邻居的劝说下，齐某驾车离开。23 时许，齐某驾车返回，站在汽车引擎盖上摇晃、攀爬院子大门，欲强行进入，朱凤山持铁叉阻拦后报警。齐某爬上院墙，在墙上用瓦片掷砸朱凤山。朱凤山躲到一边，并从屋内拿出宰羊刀防备。随后齐某跳入院内徒手与朱凤山撕扯，朱凤山刺中齐某胸部一刀。朱凤山见齐某受伤把大门打开，民警随后到达。齐某因主动脉、右心房及肺脏被刺破致急性大失血死亡。朱凤山在案发过程中报警，案发后在现场等待民警抓捕，属于自动投案。

一审阶段，辩护人提出朱凤山的行为属于防卫过当，公诉人认为朱凤山的行为不具有防卫性质。一审判决认定，根据朱凤山与齐某的关系及具体案情，齐某的违法行为尚未达到朱凤山必须通过持刀刺扎进行防卫制止的程度，朱凤山的行为不具有防卫性质，不属于防卫过当；朱凤山自动投案后如实供述主要犯罪事实，系自首，依法从轻处罚，朱凤山犯故意伤害罪，判处有期徒刑十五年，剥夺政治权利五年。

朱凤山以防卫过当为由提出上诉。河北省人民检察院二审出庭认为，根据查明的事实，依据《中华人民共和国刑法》第二十条第二款的规定，朱凤山的行为属于防卫过当，应当负刑事责任，但是应当减轻或者免除处罚，朱凤山的上诉理由成立。河北省高级人民法院二审判决认定，朱凤山持刀致死被害人，属防卫过当，应当依法减轻处罚，对河北省人民检察院的出庭意见予以支持，判决撤销一审判决的量刑部分，改判朱凤山有期徒刑七年。

检察机关二审审查和出庭意见

检察机关二审审查认为，朱凤山及其辩护人所提防卫过当的意见成立，一审公诉和判决对此未作认定不当，属于适用法律错误，二审应当作出纠正，并据此发表了出庭意见。主要意见和理由如下：

第一，齐某的行为属于正在进行的不法侵害。齐某与朱某已经分居，齐某当晚的行为在时间、方式上也显然不属于探视子女，故在朱凤山拒绝其进院后，其摇晃、攀爬大门并跳入院内，属于非法侵入住宅。齐某先用瓦片掷砸随后进行撕扯，侵犯了朱凤山的人身权利。齐某的这些行为，均属于正在进行的不法侵害。

第二，朱凤山的行为具有防卫的正当性。齐某的行为从吵闹到侵入住宅、侵犯人身，呈现升级趋势，具有一定的危险性。齐某经人劝离后再次返回，执意在深夜时段实施侵害，不法行为具有一定的紧迫性。朱凤山先是找人规劝，继而报警求助，始终没有与齐某斗殴的故意，提前准备工具也是出于防卫的目的，因此其反击行为具有防卫的正当性。

第三，朱凤山的防卫行为明显超过必要限度造成重大损害，属于防卫过当。齐某上门闹事、滋扰的目的是不愿离婚，希望能与朱某和好继续共同生活，这与离婚后可能实施报复的行为有很大区别。齐某虽实施了投掷瓦片、撕扯的行为，但整体仍在闹事的范围内，对朱凤山人身权利的侵犯尚属轻微，没有危及朱凤山及其家人的健康或生命的明显危险。朱凤山已经报警，也有继续周旋、安抚、等待的余地，但却选择使用刀具，在撕扯过程中直接捅刺齐某的要害部位，最终造成了齐某伤重死亡的重大损害。综合来看，朱凤山的防卫行为，在防卫措施的强度上不具有必要性，在防卫结果与所保护的权利对比上也相差悬殊，应当认定为明显超过必要限度造成重大损害，属于防卫过当，依法应当负刑事责任，但是应当减轻或者免除处罚。

指导意义

刑法第二十条第二款规定，“正当防卫明显超过必要限度造成重大损害的，应当负刑事责任，但是应当减轻或者免除处罚”。司法实践通常称本款规定的情况为“防卫过当”。

防卫过当中，重大损害是指造成不法侵害人死亡、重伤的后果，造成轻伤及以下损伤的不属于重大损害；明显超过必要限度是指，根据所保护的权利性质、不法侵害的强度和紧迫程度等综合衡量，防卫措施缺乏必要性，防卫强度与侵害程度对比也相差悬殊。司法实践中，重大损害的认定比较好把握，但明显超过必要限度的认定相对复杂，对此应当根据不法侵害的性质、手段、强度和危害程度，以及防卫行为的性质、手段、强度、时机和所处环境等因素，进行综合判断。本案中，朱凤山为保护住宅安宁和免受可能的一定人身侵害，而致侵害人丧失生命，就防卫与侵害的性质、手段、强度和结果等因素的对比来看，既不必要也相差悬殊，属于明显超过必要限度造成重大损害。

民间矛盾引发的案件极其复杂，涉及防卫性质争议的，应当坚持依法、审慎的原则，准确作出判断和认定，从而引导公民理性平和解决争端，避免在争议纠纷中不必要地使用武力。针对实践当中的常见情形，可注意把握以下几点：一是应作整体判断，即分清前因后果和是非曲直，根据查明的事实，当事人的行为具有防卫性质的，应当依法作出认定，不能惟结果论，也不能因矛盾暂时没有化解等因素而不去认定或不敢认定；二是对于近亲属之间发生的不法侵害，对防卫强度必须结合具体案情作出更为严格的限制；三是对于被害人有无过错与是否正在进行的不法侵害，应当通过细节的审查、补查，作出准确的区分和认定。

人民检察院办理刑事案件，必须高度重视犯罪嫌疑人、被告人及其辩护人所提正当防卫或防卫过当的意见，对于所提意见成立的，应当及时予以采纳或支持，依法保障当事人的合法权利。

相关规定

《中华人民共和国刑法》第二十条、第二百三十四条

《中华人民共和国刑事诉讼法》第二百三十五条

检例第 47 号

于海明正当防卫案

关键词 行凶/正当防卫/撤销案件

要旨

对于犯罪故意的具体内容虽不确定，但足以严重危及人身安全的暴力侵害行为，应当认定为刑法第二十条第三款规定的“行凶”。行凶已经造成严重危及人身安全的紧迫危险，即使没有发生严重的实害后果，也不影响正当防卫的成立。

基本案情

于海明，男，1977 年 3 月 18 日出生，某酒店业务经理。

2018 年 8 月 27 日 21 时 30 分许，于海明骑自行车在江苏省昆山市震川路正常行驶，刘某醉酒驾驶小轿车（经检测，血液酒精含量 87mg/100ml），向右强行闯入非机动车道，与于海明险些碰擦。刘某的一名同车人员下车与于海明争执，经同行人员劝解返回时，刘某突然下车，上前推搡、踢打于海明。虽经劝解，刘某仍持续追打，并从轿车内取出一把砍刀（系管制刀具），连续用刀面击打于海明颈部、腰部、腿部。刘某在击打过程中将砍刀甩脱，于海明抢到砍刀，刘某上前争夺，在争夺中于海明捅刺刘某的腹部、臀部，砍击其右胸、左肩、左肘。刘某受伤后跑向轿车，于海明继续追砍 2 刀均未砍中，其中 1 刀砍中轿车。刘某跑离轿车，于海明返回轿车，将车内刘某的手

机取出放入自己口袋。民警到达现场后，于海明将手机和砍刀交给处警民警（于海明称，拿走刘某的手机是为了防止对方打电话召集人员报复）。刘某逃离后，倒在附近绿化带内，后经送医抢救无效，因腹部大静脉等破裂致失血性休克于当日死亡。于海明经人身检查，见左颈部条形挫伤1处、左胸季肋部条形挫伤1处。

8月27日当晚公安机关以"于海明故意伤害案"立案侦查，8月31日公安机关查明了本案的全部事实。9月1日，江苏省昆山市公安局根据侦查查明的事实，依据《中华人民共和国刑法》第二十条第三款的规定，认定于海明的行为属于正当防卫，不负刑事责任，决定依法撤销于海明故意伤害案。其间，公安机关依据相关规定，听取了检察机关的意见，昆山市人民检察院同意公安机关的撤销案件决定。

检察机关的意见和理由

检察机关的意见与公安机关的处理意见一致，具体论证情况和理由如下：

第一，关于刘某的行为是否属于"行凶"的问题。在论证过程中有意见提出，刘某仅使用刀面击打于海明，犯罪故意的具体内容不确定，不宜认定为行凶。论证后认为，对行凶的认定，应当遵循刑法第二十条第三款的规定，以"严重危及人身安全的暴力犯罪"作为把握的标准。刘某开始阶段的推搡、踢打行为不属于"行凶"，但从持砍刀击打后，行为性质已经升级为暴力犯罪。刘某攻击行为凶狠，所持凶器可轻易致人死伤，随着事态发展，接下来会造成什么样的损害后果难以预料，于海明的人身安全处于现实的、急迫的和严重的危险之下。刘某具体抱持杀人的故意还是伤害的故意不确定，正是许多行凶行为的特征，而不是认定的障碍。因此，刘某的行为符合"行凶"的认定标准，应当认定为"行凶"。

第二，关于刘某的侵害行为是否属于"正在进行"的问题。在论证过程中有意见提出，于海明抢到砍刀后，刘某的侵害行为已经结束，不属于正在进行。论证后认为，判断侵害行为是否已经结束，应看侵害人是否已经实质性脱离现场以及是否还有继续攻击或再次发动攻击的可能。于海明抢到砍刀后，刘某立刻上前争夺，侵害行为没有停止，刘某受伤后又立刻跑向之前藏匿砍刀的汽车，于海明此时作不间断的追击也符合防卫的需要。于海明追砍两刀均未砍中，刘某从汽车旁边跑开后，于海明也未再追击。因此，在于海明抢得砍刀顺势反击时，刘某既未放弃攻击行为也未实质性脱离现场，不能认为侵害行为已经停止。

第三，关于于海明的行为是否属于正当防卫的问题。在论证过程中有意见提出，于海明本人所受损伤较小，但防卫行为却造成了刘某死亡的后果，二者对比不相适应，于海明的行为属于防卫过当。论证后认为，不法侵害行为既包括实害行为也包括危险行为，对于危险行为同样可以实施正当防卫。认为“于海明与刘某的伤情对比不相适应”的意见，只注意到了实害行为而忽视了危险行为，这种意见实际上是要求防卫人应等到暴力犯罪造成一定的伤害后果才能实施防卫，这不符合及时制止犯罪、让犯罪不能得逞的防卫需要，也不适当地缩小了正当防卫的依法成立范围，是不正确的。本案中，在刘某的行为因具有危险性而属于“行凶”的前提下，于海明采取防卫行为致其死亡，依法不属于防卫过当，不负刑事责任，于海明本人是否受伤或伤情轻重，对正当防卫的认定没有影响。公安机关认定于海明的行为系正当防卫，决定依法撤销案件的意见，完全正确。

指导意义

刑法第二十条第三款规定，“对正在进行行凶、杀人、抢劫、强奸、绑架以及其他严重危及人身安全的暴力犯罪，采取防卫行为，造成不法侵害人伤亡的，不属于防卫过当，不负刑事责任”。司法实践通常称这种正当防卫为“特殊防卫”。

刑法作出特殊防卫的规定，目的在于进一步体现“法不能向不法让步”的秩序理念，同时肯定防卫人以对等或超过的强度予以反击，即使造成不法侵害人伤亡，也不必顾虑可能成立防卫过当因而构成犯罪的问题。司法实践中，如果面对不法侵害人“行凶”性质的侵害行为，仍对防卫人限制过苛，不仅有违立法本意，也难以取得制止犯罪，保护公民人身权利不受侵害的效果。

适用本款规定，“行凶”是认定的难点，对此应当把握以下两点：一是必须是暴力犯罪，对于非暴力犯罪或一般暴力行为，不能认定为行凶；二是必须严重危及人身安全，即对人的生命、健康构成严重危险。在具体案件中，有些暴力行为的主观故意尚未通过客观行为明确表现出来，或者行为人本身就是持概括故意予以实施，这类行为的故意内容虽不确定，但已表现出多种故意的可能，其中只要有现实可能造成他人重伤或死亡的，均应当认定为“行凶”。

正当防卫以不法侵害正在进行为前提。所谓正在进行，是指不法侵害已经开始但尚未结束。不法侵害行为多种多样、性质各异，判断是否正在进行，应就具体行为和现场情境作具体分析。判断标准不能机械地对刑法上的着手与既遂作出理解、判断，因为着手与既遂侧重的是侵害人可罚性的行为阶段问题，而侵害行为正在进行，侧重的是防卫人的利益保护问题。所以，不能要求不法侵害行为已经加诸被害人身上，只要不法侵害的现实危险已经迫在眼前，或者已达既遂状态但侵害行为没有实施终了的，就应当认定为正在进行。

需要强调的是，特殊防卫不存在防卫过当的问题，因此不能作宽泛的认定。对于因民间矛盾引发、不法与合法对立不明显以及夹杂泄愤报复成分的案件，在认定特殊防卫时应当十分慎重。

相关规定

《中华人民共和国刑法》第二十条

检例第48号

侯雨秋正当防卫案

关键词 聚众斗殴/故意伤害/正当防卫/不起诉

要旨

单方聚众斗殴的，属于不法侵害，没有斗殴故意的一方可以进行正当防卫。单方持械聚众斗殴，对他人的人身安全造成严重危险的，应当认定为刑法第二十条第三款规定的“其他严重危及人身安全的暴力犯罪”。

基本案情

侯雨秋，男，1981年5月18日出生，务工人员。

侯雨秋系葛某经营的养生会所员工。2015年6月4日22时40分许，某足浴店股东沈某因怀疑葛某等人举报其店内有人卖淫嫖娼，遂纠集本店员工雷某、柴某等4人持棒球棍、匕首赶至葛某的养生会所。沈某先行进入会所，无故推翻大堂盆栽挑衅，与葛某等人扭打。雷某、柴某等人随后持棒球棍、匕首冲入会所，殴打店内人员，其中雷某持匕首两次刺中侯雨秋右大腿。其间，柴某所持棒球棍掉落，侯雨秋捡起棒球棍挥打，击中雷某头部致其当场倒地。该会所员工报警，公安人员赶至现场，将沈某等人抓获，并将侯雨秋、雷某送医救治。雷某经抢救无效，因严重颅脑损伤于6月24日死亡。侯雨秋的损伤程度构成轻微伤，该会所另有2人被打致轻微伤。

公安机关以侯雨秋涉嫌故意伤害罪，移送检察机关审查起诉。浙江省杭州市人民检察院根据审查认定的事实，依据《中华人民共和国刑法》第二十条第三款的规定，认为侯雨秋的行为属于正当防卫，不负刑事责任，决定对侯雨秋不起诉。

不起诉的理由

检察机关认为，本案沈某、雷某等人的行为属于刑法第二十条第三款规定的“其他严重危及人身安全的暴力犯罪”，侯雨秋对此采取防卫行为，造成不法侵害人之一雷某死亡，依法不属于防卫过当，不负刑事责任。主要理由如下：

第一，沈某、雷某等人的行为属于“其他严重危及人身安全的暴力犯罪”。判断不法侵害行为是否属于刑法第二十条第三款规定的“其他”犯罪，应当以本款列举的杀人、抢劫、强奸、绑架为参照，通过比较暴力程度、危险程度和刑法给予惩罚的力度等综合作出判断。本案沈某、雷某等人的行为，属于单方持械聚众斗殴，构成犯罪的法定最低刑虽然不重，与一般伤害罪相同，但刑法第二百九十二条同时规定，聚众斗殴，致人重伤、死亡的，依照刑法关于故意伤害致人重伤、故意杀人的规定定罪处罚。刑法作此规定表明，聚众斗殴行为常可造成他人重伤或者死亡，结合案件具体情况，可以判定聚众斗殴与故意致人伤亡的犯罪在暴力程度和危险程度上是一致的。本案沈某、雷某等共 5 人聚众持棒球棍、匕首等杀伤力很大的工具进行斗殴，短时间内已经打伤 3 人，应当认定为“其他严重危及人身安全的暴力犯罪”。

第二，侯雨秋的行为具有防卫性质。侯雨秋工作的养生会所与对方的足浴店，尽管存在生意竞争关系，但侯雨秋一方没有斗殴的故意，本案打斗的起因系对方挑起，打斗的地点也系在本方店内，所以双方攻击与防卫的关系清楚明了。沈某纠集雷某等人聚众斗殴属于正在进行的不法侵害，没有斗殴故意的侯雨秋一方可以进行正当防卫，因此侯雨秋的行为具有防卫性质。

第三，侯雨秋的行为不属于防卫过当，不负刑事责任。本案沈某、雷某等人的共同侵害行为，严重危及他人人身安全，侯雨秋为保护自己和本店人员免受暴力侵害，而采取防卫行为，造成不法侵害人之一雷某死亡，依据刑法第二十条第三款的规定，不属于防卫过当，不负刑事责任。

指导意义

刑法第二十条第三款规定的“其他严重危及人身安全的暴力犯罪”的认定，除了在方法上，以本款列举的四种罪行为参照，通过比较暴力程度、危险程度和刑法给予惩罚的力度作出判断以外，还应当注意把握以下几点：一是不法行为侵害的对象是人身安全，即危害人的生命权、健康权、自由权和性权利。人身安全之外的财产权利、民主权利等其他合法权利不在其内，这也是特殊防卫区别于一般防卫的一个重要特征；二是不法侵害行为具有暴力性，且应达到犯罪的程度。对本款列举的杀人、抢劫、强奸、绑架应作广义的理解，即不仅指这四种具体犯罪行为，也包括以此种暴力行为作为手段，而触犯其他罪名的犯罪行为，如以抢劫为手段的抢劫枪支、弹药、爆炸物的行为，以绑架为手段的拐卖妇女、儿童的行为，以及针对人的生命、健康而采取的放火、爆炸、决水等行为；三是不法侵害行为应当达到一定的严重程度，即有可能造成他人重伤或死亡的后果。需要强调的是，不法侵害行为是否已经造成实际伤害后果，不必然影响特殊防卫的成立。此外，针对不法侵害行为对他人人身安全造成的严重危险，可以实施特殊防卫。

在共同不法侵害案件中，“行凶”与“其他严重危及人身安全的暴力犯罪”，在认定上可以有一定交叉，具体可结合全案行为特征和各侵害人的具体行为特征作综合判定。另外，对于寻衅滋事行为，不宜直接认定为“其他严重危及人身安全的暴力犯罪”，寻衅滋事行为暴力程度较高、严重危及他人人身安全的，可分别认定为刑法第二十条第三款规定中的行凶、杀人或抢劫。需要说明的是，侵害行为最终成立何种罪名，对防卫人正当防卫的认定没有影响。

人民检察院审查起诉时，应当严把事实关、证据关和法律适用关。根据查明的事实，犯罪嫌疑人的行为属于正当防卫，不负刑事责任的，应当依法作出不起诉的决定，保障无罪的人不受刑事追究。

相关规定

《中华人民共和国刑法》第二十条

《中华人民共和国刑事诉讼法》第一百七十七条

最高人民法院发布 7 起涉正当防卫典型案例

一、汪天佑正当防卫案

——正当防卫起因条件的把握

基本案情

被告人汪天佑与汪某某系邻居，双方曾因汪某某家建房产生矛盾，后经调解解决。2017 年 8 月 6 日晚 8 时许，汪某某的女婿燕某某驾车与赵某、杨某某来到汪天佑家北门口，准备质问汪天佑。下车后，燕某某与赵某敲汪天佑家北门，汪天佑因不认识燕某某和赵某，遂询问二人有什么事，但燕某某等始终未表明身份，汪天佑拒绝开门。燕某某、赵某踹开纱门，闯入汪天佑家过道屋。汪天佑被突然开启的纱门打伤右脸，从过道屋西侧橱柜上拿起一铁质摩托车减震器，与燕某某、赵某厮打。汪天佑用摩托车减震器先后将燕某某和赵某头部打伤，致赵某轻伤一级、燕某某轻微伤。其间，汪天佑的妻子电话报警。

处理结果

河北省昌黎县人民法院判决认为：被害人燕某某、赵某等人于天黑时，未经允许，强行踹开纱门闯入被告人汪天佑家过道屋。在本人和家人的人身、财产安全受到不法侵害的情况下，汪天佑为制止不法侵害，将燕某某、赵某打伤，致一人轻伤一级、一人轻微伤的行为属于正当防卫，不负刑事责任。该判决已发生法律效力。

典型意义

根据刑法第二十条第一款的规定，正当防卫的前提是存在不法侵害，这是正当防卫的起因条件。司法适用中，要准确把握正当防卫的起因条件，既要防止对不法侵害作不当限缩，又要防止将以防卫为名行不法侵害之实的违法犯罪行为错误认定为防卫行为。

第一，准确把握不法侵害的范围。不法侵害既包括侵犯生命、健康权利的行为，也包括侵犯人身自由、公私财产等权利的行为；既包括针对本人的不法侵害，也包括危害国家、公共利益或者针对他人的不法侵害。要防止将不法侵害限缩为暴力侵害或者犯罪行为，进而排除对轻微暴力侵害或者非暴力侵害以及违法行为实行正当防卫。对于非法侵入他人住宅等不法侵害，可以实行防卫。本案中，燕某某、赵某与汪天佑并不相识，且不表明身份、天黑时强行踹开纱门闯入汪天佑家，该非法侵入住宅的行为不仅侵害了他人的居住安宁，而且已对他人的人身、财产造成严重威胁，应当认定为“不法侵害”，可以进行防卫。因此，汪天佑为制止不法侵害，随手拿起摩托车减震器，在双方厮打过程中将燕某某、赵某打伤，致一人轻伤一级、一人轻微伤的行为属于正当防卫。

第二，妥当认定因琐事引发的防卫行为。实践中，对于因琐事发生争执，引发打斗的案件，判断行为人的行为是否系防卫行为，较之一般案件更为困难，须妥当把握。特别是，不能认为因琐事发生争执、冲突，引发打斗的，就不再存在防卫的空间。双方因琐事发生冲突，冲突结束后，一方又实施不法侵害，对方还击，包括使用工具还击的，一般应当认定为防卫行为。本案中，汪天佑与汪某某系邻居，双方曾因汪某某家建房产生矛盾，但矛盾已经调解解决。此后，汪某某的女婿燕某某驾车与赵某、杨某某来到汪天佑家准备质问纠纷一事，进而实施了非法侵入住宅的行为。综合全案可以发现，汪天佑随手拿起摩托车减震器实施的还击行为，系为制止不法侵害，并无斗殴意图，故最终认定其还击行为属于正当防卫。

二、盛春平正当防卫案

——正当防卫时间条件、限度条件的把握

基本案情

2018年7月30日，传销人员郭某（已判刑）以谈恋爱为名将盛春平骗至杭州市桐庐县。根据以“天津天狮”名义活动的传销组织安排，郭某等人接站后将盛春平诱至传销窝点。盛春平进入室内先在客厅休息，郭某、唐某某（已判刑）、成某某等传销人员多次欲将其骗入卧室，意图通过采取“洗脑”、恐吓、体罚、殴打等“抖新人”措施威逼其加入传销组织，盛春平发觉情况异常予以拒绝。后在多次请求离开被拒并遭唐某某等人逼近时，拿出随身携带的水果刀予以警告，同时提出愿交付随身携带的钱财以求离开，但仍遭拒绝。之后，事先躲藏的传销人员邓某某、郭某某、刘某某（已判刑）等人也先后来到客厅。成某某等人陆续向盛春平逼近，盛春平被逼后退，当成某某上前意图夺刀时，盛春平持刀挥刺，划伤成某某右手腕及左颈，刺中成某某的左侧胸部，致心脏破裂。随后，盛春平放弃随身行李趁乱逃离现场。

当晚，传销人员将成某某送医院治疗。医院对成某某伤口进行处治后，嘱咐其回当地医院进行康复治疗。同年8月4日，成某某出院，未遵医嘱继续进行康复治疗。同年8月11日，成某某在传销窝点突发昏迷经送医抢救无效于当晚死亡。经法医鉴定：成某某系左胸部遭受锐器刺戳作用致心脏破裂，在愈合过程中继续出血，最终引起心包填塞而死亡。

处理结果

公安机关以盛春平涉嫌故意伤害罪（防卫过当）向检察机关移送审查起诉。浙江省杭州市人民检察院认定盛春平的行为构成正当防卫，作出不起诉决定。

典型意义

通常认为，成立正当防卫，应当同时符合起因、时间、主观、对象、限度等五个条件。本案在诸多方面，对于正确把握正当防卫的成立条件具有指导和参考意义。

第一，关于正当防卫的起因条件。正当防卫的前提是存在不法侵害。不法侵害既包括侵犯生命、健康权利的行为，也包括侵犯人身自由、公私财产等权利的行为；既包括犯罪行为，也包括违法行为。就本案而言，本案案发开始时和案发过程中盛春平并不知道成某某、郭某等人是传销组织人员，也不了解他们的意图。在整个过程中，盛春平始终不能明确认识到自己陷入的是传销窝点，甚至以为对方要摘自己的器官，其感受到人身安全面临不法侵害是有事实根据的。而且，盛春平进入传销窝点后即被控制，随着成某某、郭某等人行为的持续，盛春平的恐惧感不断增强。盛春平到桐庐是和郭某初次见面，且进入郭某自称的住处后，盛春平提出上厕所、给家里人打电话，均被制止，此时其已经感觉到了危险。之后一名陌生男子不断劝盛春平进入里面房间，而里面又出来一名陌生男子，盛春平感觉到危险升级，拒绝他们靠近。而后房间内又出来三名陌生男子逼近，对盛春平而言，不断升级的危险不仅客观而且紧迫。盛春平拿出随身携带的刀具警告阻吓不法侵害人无效后，精神紧张状态进一步增强。传销人员不断逼近，成某某上前夺刀。从当时情境看，盛春平面临客观存在且威胁、危害程度不断升级的不法侵害，其行为符合正当防卫的起因条件。

第二，关于正当防卫的时间条件。正当防卫必须是针对正在进行的不法侵害。对于不法侵害已经形成现实、紧迫危险的，应当认定为不法侵害已经开始。本案中，传销组织得知盛春平来杭后，一边指令郭某前去接站诱进，一边准备实施以恐吓、体罚、殴打和长期拘禁等违法犯罪行为为主要内容的“抖新人”措施威逼盛春平加入传销组织，系正在进行的有组织侵害行为。盛春平进入案发现场后，即遭多人逼近实施拘禁，其遂拿出随身携带的水果刀，警告阻吓传销人员放其离开，而传销组织人员反而增加人手进一步逼近，侵害手段不断升级。由此可见，本案中的不法侵害已经开始、正在进行，且危险程度不断升级，符合正当防卫的时间条件。

第三，关于正当防卫的对象条件。正当防卫必须针对不法侵害人进行。对于多人共同实施不法侵害的，既可以针对直接实施不法侵害的人进行防卫，也可以针对在现场共同实施不法侵害的人进行防卫。本案中，一群以“天津天狮”为名义的传销人员有组织地共同实施不法侵害。其中，成某某不仅参与围逼盛春平，而且当盛春平拿出随身携带的刀具警告时，还上前意图夺刀。此时，盛春平对其实施防卫，属于该种情境下一般人的正常反应，完全符合正当防卫的对象条件。

第四，关于正当防卫的限度条件。防卫是否“明显超过必要限度”，应当综合不法侵害的性质、手段、强度、危害程度和防卫的时机、手段、强度、损害后果等情节，考虑双方力量对比，立足防卫人防卫时所处情境，结合社会公众的一般认知作出判断。在判断不法侵害的危害程度时，不仅要考虑已经造成的损害，还要考虑造成进一步损害的紧迫危险性和现实可能性。本案中，多名传销组织人员对盛春平实施人身控制，盛春平在多次请求离开被拒并遭唐某某等人逼近时，拿出随身携带的水果刀予以警告，同时提出愿交付随身携带的钱财以求离开，但仍遭拒绝。其后，又有多名传销人员来到客厅。成某某等人陆续向盛春平逼近，并意图夺刀。此种情形下，盛春平持刀挥刺，划伤成某某右手腕及左颈，刺中成某某的左侧胸部，致心脏破裂。成某某受伤后经住院治疗，已经出院，但未遵医嘱继续进行康复治疗，导致心脏在愈合过程中继续出血，最终于出院一周后因心包填塞而死亡。考虑案发当场双方力量对比情况，特别是盛春平所面临的不法侵害的严重程度，同时考虑成某某的死亡过程和原因，应当认为盛春平的防卫行为没有明显超过必要限度，符合正当防卫的限度条件。

三、陈天杰正当防卫案

——正当防卫与相互斗殴的界分

基本案情

2014年3月12日晚，被告人陈天杰和其妻子孙某某等水泥工在海南省三亚市某工地加班搅拌、运送混凝土。22时许，被害人周某某、容某甲、容某乙（殁年19岁）和纪某某饮酒后，看到孙某某一人卸混凝土，便言语调戏孙某某。陈天杰推着手推车过来装混凝土时，孙某某将被调戏的情况告诉陈天杰。陈天杰便生气地叫容某乙等人离开，但容某乙等人不予理会。此后，周某某摸了一下孙某某的大腿，陈天杰遂与周某某等人发生争吵。周某某冲上去要打陈天杰，陈天杰也准备反击，孙某某和从不远处跑过来的刘某甲站在中间，将双方架开。周某某从工地上拿起一把铁铲（长约2米，木柄），冲向陈天杰，但被孙某某拦住，周某某就把铁铲扔了，空手冲向陈天杰。孙某某在劝架时被周某某推倒在地，哭了起来，陈天杰准备上前去扶孙某某时，周某某、容某乙和纪某某先后冲过来对陈天杰拳打脚踢，陈天杰边退边用拳脚还击。接着，容某乙、纪某某从地上捡起钢管（长约1米，空心，直径约4厘米）冲上去打陈天杰，在场的孙某某、刘某甲、容某甲都曾阻拦，容某甲阻拦周某某时被挣脱，纪某某被刘某甲抱着，但是一直挣扎往前冲。当纪某某和刘某甲挪动到陈天杰身旁时，纪某某将刘某甲甩倒在地并持钢管朝陈天杰的头部打去。因陈天杰头戴黄色安全帽，钢管顺势滑下打到陈天杰的左上臂。在此过程中，陈天杰半蹲着用左手护住孙某某，右手拿出随身携带的一把折叠式单刃小刀（打开长约15厘米，刀刃长约6厘米）乱挥、乱捅，致容某乙、周某某、纪某某、刘某甲受伤。水泥工刘某乙闻讯拿着一把铲子和其他同事赶到现场，周某某、容某乙和纪某某见状便逃离现场，逃跑时还拿石头、酒瓶等物品对着陈天杰砸过来。容某乙被陈天杰持小刀捅伤后跑到工地的地下室里倒地，后因失血过多死亡。经鉴定，周某某的伤情属于轻伤二级；纪某某、刘某甲、陈天杰的伤情均属于轻微伤。

处理结果

海南省三亚市城郊人民法院一审判决、三亚市中级人民法院二审裁定认为：被害人容某乙等人酒后滋事，调戏被告人陈天杰的妻子，辱骂陈天杰，不听劝阻，使用足以严重危及他人人身安全的凶器殴打陈天杰。陈天杰在被殴打时，持小刀还击，致容某乙死亡、周某某轻伤、纪某某轻微伤，属于正当防卫，依法不负刑事责任。

典型意义

第一，准确区分正当防卫与相互斗殴。正当防卫与相互斗殴在外观上具有相似性，但性质存在本质差异。对于因琐事发生争执，引发打斗的，在判断行为人的行为是互殴还是防卫时，要综合考量案发的起因、对冲突升级是否有过错、是否使用或者准备使用凶器、是否采用明显不相当的暴力、是否纠集他人参与打斗等客观情节，准确判断行为人的主观意图和行为性质。本案中，陈天杰在其妻子孙某某被调戏、其被辱骂的情况下，面对冲上来欲对其殴打的周某某，陈天杰也欲还击，被孙某某和刘某甲拦开。陈天杰在扶劝架时被推倒在地的孙某某时，周某某、容某乙和纪某某先后冲过来对陈天杰拳打脚踢，继而持械殴打陈天杰。陈天杰持刀捅伤被害人时，正是被容某乙等人持械殴打的紧迫期间。因此，陈天杰是在其妻子被羞辱、自己被打后为维护自己与妻子的尊严、保护自己与妻子的人身安全，防止不法侵害而被动进行的还击，其行为属于防卫而非斗殴。

第二，准确把握特殊防卫的起因条件。本案还涉及特殊防卫适用的相关问题。有观点提出，从双方关系和起因、容某乙等人选择打击的部位及强度看，容某乙等人的行为不属于严重危及人身安全的暴力犯罪。根据刑法规定，不能要求只有在不法侵害已经对人身安全实际造成严重危害时才能进行特殊防卫，在不法侵害足以严重危及人身安全的情况下就可以进行特殊防卫。本案中，容某乙等人持械击打的是陈天杰的头部，是人体的重要部位，在陈天杰戴安全帽的情况下致头部轻微伤，钢管打到安全帽后滑到手臂，仍致手臂皮内、皮下出血，可见打击力度之大。在当时的情形下，陈天杰只能根据对方的人数、所持的工具来判断自身所面临的处境。容某乙、纪某某、周某某三人都喝了酒，气势汹汹，并持足以严重危及他人重大人身安全的凶器，在场的孙某某、刘某甲都曾阻拦，但孙某某阻拦周某某、刘某甲阻拦纪某某时均被甩倒。而且，陈天杰是半蹲着左手护住其妻孙某某、右手持小刀进行防卫的，这种姿势不是一种主动攻击的姿势，而是一种被动防御的姿势，且手持的是一把刀刃只有6厘米左右的小刀，只要对方不主动靠近攻击就不会被捅刺到。综上，应当认为本案符合特殊防卫的适用条件，陈天杰的防卫行为造成不法侵害人伤亡的，不属于防卫过当，不负刑事责任。

第三，要准确把握正当防卫的对象条件。正当防卫必须针对不法侵害人进行。对于多人共同实施不法侵害的，既可以针对直接实施不法侵害的人进行防卫，也可以针对在现场共同实施不法侵害的人进行防卫。本案中，击打到陈天杰头部的虽然只是纪某某，但容某乙当时也围在陈天杰身边，手持钢管殴打陈天杰，亦属于不法侵害人，陈天杰可对其实行防卫。当时陈天杰被围打，疲于应对，场面混乱。容某乙等人持足以严重危及他人人身安全的凶器主动攻击陈天杰，严重侵犯陈天杰、孙某某的人身权利。此时，陈天杰用小刀刺、划正在对其围殴的容某乙等人，符合正当防卫的对象条件，属于正当防卫。

四、杨建伟故意伤害、杨建平正当防卫案

——准备工具防卫与准备工具斗殴的界分

基本案情

被告人杨建伟系被告人杨建平胞弟，住处相邻。2016 年 2 月 28 日中午 1 时许，杨建伟、杨建平坐在杨建平家门前聊天，因杨建平摸了经过其身边的一条狼狗而遭到狗的主人彭某某（殁年 45 岁）指责，兄弟二人与彭某某发生口角。彭某某扬言要找人报复，杨建伟即回应“那你来打啊”，后彭某某离开。杨建伟返回住所将一把单刃尖刀、一把折叠刀藏于身上。十分钟后，彭某某返回上述地点，其邀约的黄某、熊某某、王某持洋镐把跟在身后十余米。彭某某手指坐在自家门口的杨建平，杨建平未予理睬。彭某某接着走向杨建伟家门口，击打杨建伟面部一拳，杨建伟即持单刃尖刀刺向彭某某的胸、腹部，黄某、熊某某、王某见状持洋镐把冲过去对杨建伟进行围殴，彭某某从熊某某处夺过洋镐把对杨建伟进行殴打，双方打斗至杨建伟家门外的马路边。熊某某拳击，彭某某、黄某、王某持洋镐把，四人继续围殴杨建伟，致其头部流血倒地。彭某某持洋镐把殴打杨建伟，洋镐把被打断，彭某某失去平衡倒地。杨建平见杨建伟被打倒在地，便从家中取来一把双刃尖刀，冲向刚从地上站起来的彭某某，朝其胸部捅刺。杨建平刺第二刀时，彭某某用左臂抵挡。后彭某某受伤逃离，杨建平持刀追撵并将刀扔向彭某某未中，该刀掉落在地。黄某、熊某某、王某持洋镐把追打杨建平，杨建平捡起该刀边退边还击，杨建伟亦持随身携带的一把折叠刀参与还击。随后黄某、熊某某、王某逃离现场。经法医鉴定，被害人彭某某身有七处刀伤，且其系被他人以单刃锐器刺伤胸腹部造成胃破裂、肝破裂、血气胸致急性失血性休克死亡。另杨建伟、黄某、熊某某均受轻微伤。

处理结果

湖北省武汉市中级人民法院二审判决认为：被告人杨建伟持刀捅刺彭某某等人，属于制止正在进行的不法侵害，其行为具有防卫性质；其防卫行为是造成一人死亡、二人轻微伤的主要原因，明显超过必要限度造成重大损害，依法应负刑事责任，构成故意伤害罪。被告人杨建平为了使他人的人身权利免受正在进行的不法侵害，而采取制止不法侵害的行为，对不法侵害人造成损害，属于正当防卫，不负刑事责任。杨建伟的行为系防卫过当，具有自首情节，依法应当减轻处罚。据此，以故意伤害罪判处被告人杨建伟有期徒刑四年，并宣告被告人杨建平无罪。

典型意义

双方因琐事发生争执、冲突，引发打斗，特别是一方事先准备工具的，究竟是防卫行为还是相互斗殴，准确界分存在一定困难。司法适用中，要注意把握正当防卫的意图条件，准确界分防卫行为与相互斗殴、准备工具防卫与准备工具斗殴，以准确认定正当防卫、防卫过当。

第一，正当防卫必须出于免受不法侵害的正当动机。根据刑法第二十条第一款的规定，正当防卫的意图既包括使本人的人身、财产和其他权利免受不法侵害，也包括使国家、公共利益或者他人的人身、财产和其他权利免受不法侵害。本案中，彭某某返回现场用手指向杨建平，面对挑衅，杨建平未予理会。彭某某与杨建伟发生打斗时，杨建平仍未参与。彭某某等四人持洋镐把围殴杨建伟并将其打倒在地，致其头部流血，双方力量明显悬殊，此时杨建平持刀刺向彭某某。杨建平的行为是为了制止杨建伟正在遭受的严重不法侵害，符合正当防卫的意图条件。彭某某被刺后逃离，黄某等人对杨建伟的攻击并未停止，杨建平继续追赶彭某某的行为应认定为正当防卫。综上，杨建平的行为系正当防卫，不负刑事责任。

第二，妥当界分准备工具防卫与准备工具斗殴。实践中，防卫行为在客观上也可能表现为双方相互打斗，具有互殴的形式与外观。二者界分的关键就在于行为人是具有防卫意图还是斗殴意图。本案中，彭某某与杨建伟兄弟二人并不相识，突发口角，彭某某扬言要找人报复时，杨建伟回应“那你来打啊”，该回应不能认定杨建伟系与彭某某相约打斗。行为人为防卫可能发生的不法侵害，准备防卫工具的，不必然影响正当防卫的认定。杨建伟在彭某某出言挑衅，并扬言报复后，准备刀具系出于防卫目的。彭某某带人持械返回现场，冲至杨建伟家门口拳击其面部，杨建伟才持刀刺向彭某某胸腹部，该行为是为了制止正在进行的不法侵害，应当认定为防卫行为。

第三，把握正当防卫的限度条件以准确认定防卫过当。根据刑法第二十条第二款的规定，防卫过当应当同时具备“明显超过必要限度”和“造成重大损害”两个条件，缺一不可。本案中，彭某某空手击打杨建伟面部，杨建伟此时并非面临严重的不法侵害，却持刀捅刺彭某某胸、腹部等要害部位，杨建伟的防卫行为明显超过必要限度。杨建伟的防卫行为并非制止彭某某空手击打的不法侵害所必需，从损害后果看，彭某某要害部位多处致命刀伤系杨建伟所致，是其死亡的主要原因，杨建伟的防卫行为明显超过必要限度造成重大损害，属于防卫过当，构成故意伤害罪。具体而言，杨建伟对防卫行为明显超过必要限度造成重大损害主观上持故意，但对于造成死亡结果系过失，故对其防卫过当行为应当以故意伤害致人死亡作出评价。

第四，妥当把握防卫过当的刑罚裁量。根据刑法第二十条第二款的规定，防卫过当应当负刑事责任，但是应当减轻或者免除处罚。要综合考虑案件情况，特别是不法侵害人的过错，以确保刑罚裁量的准确和公正。本案中，杨建伟的防卫行为过当，构成故意伤害罪，对其减轻处罚，应当在三年以上十年以下有期徒刑的幅度内裁量刑罚。杨建伟明知他人报案，仍在案发现场等待，到案后能够如实供述主要犯罪事实，成立自首。综合考虑本案的犯罪事实、性质、情节和危害后果，以故意伤害罪判处杨建伟有期徒刑四年，符合社会公平正义观念，实现了法律效果与社会效果的有机统一。

五、刘金胜故意伤害案

——滥用防卫权行为的认定

基本案情

被告人刘金胜与黄某甲非婚生育四名子女。2016 年 10 月 1 日晚 9 时许，被告人刘金胜与黄某甲因家庭、情感问题发生争吵，刘金胜打了黄某甲两耳光。黄某甲来到其兄长黄某乙的水果店，告知黄某乙其被刘金胜打了两耳光，让黄某乙出面调处其与刘金胜分手、孩子抚养等问题。黄某乙于是叫上在水果店聊天的被害人李某某、毛某某、陈某某，由黄某甲带领，于当晚 10 时许来到刘金胜的租住处。黄某乙质问刘金胜，双方发生争吵。黄某乙、李某某各打了坐在床上的刘金胜一耳光，刘金胜随即从被子下拿出一把菜刀砍伤黄某乙头部，黄某乙逃离现场。李某某见状欲跑，刘金胜拽住李某某，持菜刀向李某某头部连砍三刀。毛某某、陈某某、黄某甲随即上前劝阻刘金胜，毛某某、陈某某抱住刘金胜并夺下菜刀后紧随李某某跑下楼报警。经鉴定，黄某乙的伤情属于轻伤一级，李某某的伤情属于轻伤二级。

处理结果

广东省佛山市禅城区人民法院判决认为：正当防卫以存在现实的不法侵害为前提，对轻微不法侵害直接施以暴力予以反击，能否认定为正当防卫，应当结合具体案情评判。黄某乙、李某某各打被告人刘金胜一耳光，显属发生在一般争吵中的轻微暴力。此种情况下，刘金胜径直手持菜刀连砍他人头部，不应认定为防卫行为。综合案件具体情况，以故意伤害罪判处被告人刘金胜有期徒刑一年。该判决已发生法律效力。

典型意义

根据刑法第二十条第一款的规定，正当防卫是针对正在进行的不法侵害，而采取的对不法侵害人造成损害的制止行为。司法适用中，既要依法维护公民的正当防卫权利，也要注意把握界限，防止滥用防卫权，特别是对于针对轻微不法侵害实施致人死伤的还击行为，要根据案件具体情况，准确认定是正当防卫、防卫过当还是一般违法犯罪行为。

第一，注意把握界限，防止权利滥用。本案中，黄某乙、李某某打刘金胜耳光的行为，显属发生在一般争吵中的轻微暴力，有别于以给他人身体造成伤害为目的的攻击性不法侵害行为。因此，刘金胜因家庭婚姻情感问题矛盾激化被打了两耳光便径直手持菜刀连砍他人头部，致人轻伤的行为，没有防卫意图，属于泄愤行为，不应当认定为防卫行为。

第二，注重查明前因后果，分清是非曲直。办理涉正当防卫案件，要根据整体案情，结合社会公众的一般认知，做到依法准确认定。要坚持法理情统一，确保案件的定性处理于法有据、于理应当、于情相容，符合人民群众的公平正义观念。对于因恋爱、婚姻、家庭、邻里纠纷等民间矛盾激化或者因劳动纠纷、管理失当等原因引发的不法侵害，特别是发生在亲友之间的，要求优先选择其他制止手段，而非径直选择致人死伤的还击行为，符合人民群众的公平正义观念，契合我国文化传统。对于相关案件，在认定是否属于正当防卫以及防卫过当时，要综合案件具体情况、特别是被害方有无过错以及过错大小进行判断。本案中，刘金胜与黄某甲因家庭、情感问题发生争吵，刘金胜打了黄某甲两耳光，这是引发后续黄某乙、李某某等实施上门质问争吵行为的直接原因。换言之，本案因家庭琐事引发，且刘金胜具有重大过错。据此，法院对刘金胜致人轻伤的行为，以故意伤害罪判处其有期徒刑一年，契合人民群众公平正义观念，实现了法律效果与社会效果的有机统一。

六、赵宇正当防卫案

——“明显超过必要限度”的认定

基本案情

2018年12月26日晚11时许，李某与在此前相识的女青年邹某一起饮酒后，一同到达福州市晋安区某公寓邹某的暂住处，二人在室内发生争吵，随后李某被邹某关在门外。李某强行踹门而入，谩骂殴打邹某，引来邻居围观。暂住在楼上的赵宇闻声下楼查看，见李某把邹某摁在墙上并殴打其头部，即上前制止并从背后拉拽李某，致李某倒地。李某起身后欲殴打赵宇，威胁要叫人“弄死你们”，赵宇随即将李某推倒在地，朝李某腹部踩一脚，又拿起凳子欲砸李某，被邹某劝阻住，后赵宇离开现场。经鉴定，李某腹部横结肠破裂，伤情属于重伤二级；邹某面部挫伤，伤情属于轻微伤。

处理结果

公安机关以赵宇涉嫌故意伤害罪立案侦查，侦查终结后，以赵宇涉嫌过失致人重伤罪向检察机关移送审查起诉。福建省福州市晋安区人民检察院认定赵宇防卫过当，对赵宇作出相对不起诉决定。福州市检察院经审查认定赵宇属于正当防卫，依法指令晋安区人民检察院对赵宇作出绝对不起诉决定。

典型意义

根据刑法第二十条第二款的规定，防卫过当应当同时具备“明显超过必要限度”和“造成重大损害”两个条件，缺一不可。造成重大损害是指造成不法侵害人重伤、死亡，对此不难判断。实践中较难把握的是相关防卫行为是否明显超过必要限度，不少案件处理中存在认识分歧。司法适用中，要注意综合考虑案件具体情况，结合社会公众的一般认知，对防卫行为是否“明显超过必要限度”作出准确判断。

第一，防卫过当仍属于防卫行为，只是明显超过必要限度并造成重大损害。本案中，李某强行踹门进入他人住宅，将邹某摁在墙上殴打其头部，赵宇闻声下楼查看，为了制止李某对邹某以强欺弱，出手相助，拉拽李某。赵宇的行为属于为了使他人的人身权利免受正在进行的不法侵害，而采取的制止不法侵害的行为，符合正当防卫的起因条件、时间条件、对象条件和意图条件等要件，具有防卫性质。

第二，对防卫行为“明显超过必要限度”的判断，应当坚持综合考量原则。防卫是否“明显超过必要限度”，应当综合不法侵害的性质、手段、强度、危害程度和防卫的时机、手段、强度、损害后果等情节，考虑双方力量对比，立足防卫人防卫时所处情境，结合社会公众的一般认知作出判断。在判断不法侵害的危害程度时，不仅要考虑已经造成的损害，还要考虑造成进一步损害的紧迫危险性和现实可能性。不应当苛求防卫人必须采取与不法侵害基本相当的反击方式和强度，更不能机械地理解为反击行为与不法侵害行为的方式要对等，强度要精准。防卫行为虽然超过必要限度但并不明显的，不能认定为防卫过当。本案虽然造成了李某重伤二级的后果，但是，从赵宇的行为手段、行为目的、行为过程、行为强度等具体情节来看，没有“明显超过必要限度”。赵宇在阻止、拉拽李某的过程中，致李某倒地，在李某起身后欲殴打赵宇，并用言语威胁的情况下，赵宇随即将李某推倒在地，朝李某腹部踩一脚，导致李某横结肠破裂，属于重伤二级。从行为手段上看，双方都是赤手空拳，赵宇的拉拽行为与李某的不法侵害行为基本相当。从赵宇的行为过程来看，赵宇制止李某的不法侵害行为是连续的，自然而然发生的，是在当时场景下的本能反应。李某倒地后，并未完全被制服，仍然存在起身后继续实施不法侵害的现实可能性。此时，赵宇朝李某腹部踩一脚，其目的是阻止李某继续实施不法侵害，并没有泄愤报复等个人目的，应当认定为正当防卫。

七、陈月浮正当防卫案

——特殊防卫的具体适用

基本案情

2009年1月25日凌晨2时许，被害人陈某某酒后来到被告人陈月浮家，用随身携带的一把菜刀敲击陈月浮家铁门，叫陈月浮出来打架。陈月浮的妻子下楼，佯称陈月浮不在家。陈某某继续敲击铁门，陈月浮便下楼打开铁门，陈某某遂用菜刀砍中陈月浮脸部，致陈月浮轻伤。陈某某再次砍向陈月浮时，被陈月浮挡开，菜刀掉在地上，陈月浮上前拳击陈某某的胸部等部位，二人在地上扭打。后陈某某因钝性物体作用胸部致心包、心脏破裂致失血性休克死亡。

处理结果

广东省普宁市人民法院一审判决、揭阳市中级人民法院二审裁定认为：陈某某无故持刀上门砍伤陈月浮，陈月浮为了使本人的人身免受正在进行的不法侵害，对正在进行的危害人身安全的暴力犯罪采取防卫行为，造成不法侵害人陈某某死亡的，不属于防卫过当，不负刑事责任。

典型意义

根据刑法第二十条第三款的规定，对正在进行行凶、杀人、抢劫、强奸、绑架以及其他严重危及人身安全的暴力犯罪，采取防卫行为，造成不法侵害人伤亡的，不属于防卫过当，不负刑事责任。司法适用中，要妥当把握特殊防卫的起因条件，准确理解和把握“行凶”。

第一，根据刑法规定，特殊防卫的起因条件限于正在进行的行凶、杀人、抢劫、强奸、绑架以及其他严重危及人身安全的暴力犯罪。与一般防卫不同，特殊防卫起因条件的实质在于不法侵害系“严重危及人身安全”的暴力犯罪。需要注意的是，行凶、杀人、抢劫、强奸、绑架等不法侵害必须严重危及人身安全且系暴力犯罪，才能实行特殊防卫；相关不法侵害没有严重危及人身安全的，应当适用一般防卫的法律规定。对于相关不法侵害是否严重危及人身安全，应当注意从不法侵害是否具有暴力性、是否严重危及人身安全、是否达到犯罪程度等方面作出判断。本案中，陈某某无故持菜刀凌晨上门砍伤陈月浮，属于使用致命性凶器实施的严重危及他人人身安全的不法侵害，应当认定为"行凶"，对此陈月浮可以实行特殊防卫。

第二，刑法第二十条第三款规定的"行凶"，可以是使用致命性凶器实施的严重危及他人人身安全的行为，也可以是以其他形式实施的严重危及他人人身安全的行为。不法侵害人的具体故意内容不确定，但根据侵害行为发生的时间、地点及不法侵害人持有凶器判断，暴力侵害行为足以严重危及人身安全的，防卫人可以实行特殊防卫。本案中，陈某某持菜刀砍中陈月浮脸部致其轻伤，陈某某再次砍向陈月浮时被其挡开，菜刀掉到地上。此时，要求陈月浮被菜刀砍伤后保持高度冷静，在将行凶者打倒之后，还要仔细判断行凶者有没有继续行凶的能力，这对于在黑夜之中高度惊恐的防卫人，是强人所难。因此，综合考虑案件的具体情况，应当认为在陈某某菜刀掉到地上之后仍然可以实行防卫。

第三，准确理解和把握正当防卫的刑法规定和立法精神，对于符合正当防卫认定条件的，坚决依法认定。实践中，受"人死为大"观念的影响，在处理因防卫致人死亡的案件时，办案机关往往面临外部压力，存有心理顾虑，以致有的情况下将原本属于正当防卫的行为认定为防卫过当，甚至连防卫因素也不予认定。这是极端错误的。作为司法机关，严格依法办案是天职，决不能为了所谓的"息事宁人"牺牲法律原则。否则，既不利于维护法律的尊严，也不利于为全社会树立正确导向，对正当防卫人来说更是有失公正。对于确系正当防卫的案件，应当勇于担当，严格公正司法，坚决依法认定。实践证明，只有依法判决，才能赢得好的效果；只要依法判决，就能赢得好的效果。本案就是例证，依法宣判陈月浮不负刑事责任后，获得了社会公众的普遍肯定，弘扬了社会主义核心价值观，实现了法律效果与社会效果的有机统一。

最高人民检察院发布6起正当防卫不捕不诉典型案例

（2020年11月27日）

案例一

甘肃省泾川县王某民正当防卫不批捕案

——准确理解和把握“正在进行”“行凶”等严重危及人身安全的暴力犯罪

（一）法律要旨

根据最高人民法院、最高人民检察院、公安部《关于依法适用正当防卫制度的指导意见》的规定，使用致命性凶器，严重危及他人人身安全的行为，应当认定为刑法第二十条第三款规定的“行凶”。正当防卫必须是针对“正在进行”的不法侵害。对于不法侵害已经形成现实、紧迫危险的，应当认定为不法侵害已经开始；对于不法侵害虽然被暂时制止，但不法侵害人仍有可能继续实施侵害的，应当认定为不法侵害仍在进行；对于不法侵害人确已失去侵害能力或者确已放弃侵害的，应当认定为不法侵害已经结束。对于不法侵害是否已经开始或者结束，要立足防卫人在防卫时所处情景，按照社会公众的一般认知，依法作出合乎情理的判断，不能苛求防卫人。

对于因婚姻家庭矛盾引发的不法侵害，首先，要正确判断不法侵害是一般侵害还是严重暴力侵害；其次，要正确判断严重暴力侵害是否正在进行。据此来确定是否适用刑法关于特殊防卫的规定。

（二）基本案情

2008 年，王某民之女王某霞与潘某结婚，婚后生育儿子潘甲（11 岁）、女儿潘乙（9 岁）。因感情不睦，潘某多次对王某霞实施家暴，2016 年 1 月 12 日二人协议离婚，约定潘某抚养儿子潘甲，王某霞抚养女儿潘乙。一年后，经他人撮合二人共同生活，但未办理复婚手续。2019 年 7 月，二人先后独自外出打工。2020 年春节前夕，王某霞打工返回王某民家中居住，潘乙跟随王某霞在姥爷王某民家中上网课，不愿意跟随潘某回去，潘某以领回潘乙为由两次来到王某民家中滋事。

2020 年 3 月 21 日 16 时许，潘某驾驶摩托车载潘甲来到王某民家中，要求领回潘乙，因潘乙不愿回家，王某霞和潘某发生争吵，王某霞电话报警，派出所民警出警后将潘某劝离。3 月 22 日 16 时许，潘某再次驾驶摩托车来到王某民家中，进入王某民儿媳薛某某的西房，欲抱炕上薛某某刚满月的婴儿时，被随后赶来的王某霞劝离该房间。潘某又到正房，拉起床上熟睡的潘乙欲离开，王某霞阻拦时，二人发生争吵。潘某右手持随身携带的单刃匕首（全长 26. 5 厘米，柄长 11 厘米，刃长 15. 5 厘米，刃宽 2. 8 厘米），左胳膊夹着潘乙走出院子大门，王某霞紧随其后，因潘乙不愿随潘某回家挣扎并大哭，王某霞再次阻拦时，潘某遂持匕首在王某霞左腰后部、头部各刺戳一下，致面部血流模糊双眼，王某霞大声喊叫。此时正在大门外东侧棚房内收拾柴火的王某民听到喊叫声后，随手拿起一把镢头跑到大门外的水泥路上，见王某霞头部大量流血，潘某持匕首仍与王某霞、潘乙撕扯在一起。王某民见状持镢头在潘某的后脑部击打一下，潘某倒地后，欲持匕首起身时，王某民又持镢头在潘某后脑部击打两下，潘某趴倒在地。后王某民即拨打 110 报警电话和 120 急救电话。29 分钟后，120

到达案发现场，出诊医生发现潘某手中攥着匕首，经检查潘某已死亡。王某霞被送往医院救治，被诊断为：左腰部开放性伤口、左腰部肌肉血肿、左肾包膜下血肿、左肾周血肿，左肾挫伤、头皮裂伤。经鉴定，潘某系被钝器多次打击头部致重度颅脑损伤死亡。

（三）检察履职情况

2020 年 3 月 23 日，甘肃省泾川县公安局以王某民涉嫌故意伤害罪立案侦查，并对其采取刑事拘留强制措施，3 月 30 日提请批准逮捕。泾川县人民检察院审查认为，潘某的行为严重危及他人人身安全，王某民为保护家人免受侵害而采取防卫行为，造成不法侵害人潘某死亡，符合刑法第二十条第三款的规定，依法不负刑事责任。于 4 月 6 日决定不批准逮捕，同日王某民被释放，随后公安机关对王某民作出撤销案件决定。

甘肃省泾川县人民检察院作出不批准逮捕决定后，会同公安机关多次向双方当事人家属释法说理。经了解，潘某家中仅有其母胡某某（现年 54 岁）、其子潘甲二人，无其他经济来源，生活困难。经协调，镇政府已将胡某某列为低保对象，并向民政部门为潘甲申请困难救助。对于王某霞及女儿潘乙予以司法救助。检察机关通过一系列工作，及时化解矛盾，解决当事人的现实困难，提高了办案质效。

（四）典型意义

我国刑法关于特殊防卫的规定，不苛求防卫行为与不法侵害行为完全对等，判断暴力侵害是否正在进行时要设身处地考虑防卫人所处的具体情景，作出法理情相统一的认定，彰显“法不能向不法让步”的价值理念。此案中，不法侵害人潘某持致命性凶器刺中王某霞，王某民闻声赶到时潘某与王某霞撕扯在一起，王某霞头部流着血，王某民持镢头反击属于对“正在进行”的“行凶”实施防卫。潘某倒地后欲持匕首起身，仍有可能继续实施侵害，不法侵害的现实危险性仍然存在，应当认定为不法侵害已经开始，尚未结束，仍处于“正在进行”中。王某民在面对突如其来的不法侵害时，精神处于高度紧张状态，不能过于苛求其反击方式、部位、力度精确到刚好制止不法侵害。王某民对“正在进行”的暴力侵害实施防卫，符合特殊防卫的起因条件，致不法侵害人死亡的，依法不负刑事责任。

实践中，因不能正确处理感情、婚姻、家庭矛盾引发暴力冲突，导致重大伤亡的刑事案件时有发生，检察机关在正确认定案件事实，准确适用法律，保障无罪的人不受刑事追究的同时，对于因案致贫的家庭给予帮扶和救助，彰显了为民执法的情怀和司法的温度。此案具有一定的警示作用，教育广大公民理性对待感情纠葛，正确处理婚姻家庭矛盾，树立优良家风，建设和谐家庭，避免家庭悲剧发生。

案例二

河北省辛集市耿某华正当防卫不批捕案

——为保护住宅安宁、人身和财产安全实施防卫致人重伤的认定

（一）法律要旨

最高人民法院、最高人民检察院、公安部《关于依法适用正当防卫制度的指导意见》规定“正当防卫的前提是存在不法侵害。不法侵害既包括侵犯生命、健康权利的行为，也包括侵犯人身自由、公私财产等权利的行为；既包括犯罪行为，也包括违法行为。不应将不法侵害不当限缩为暴力侵害或者犯罪行为。对于非法限制他人人身自由、非法侵入他人住宅等不法侵害，可以实行防卫。”

面对非法暴力强拆，防卫人为保护自己和家人的人身安全和财产安全而阻止暴力拆迁的行为，符合正当防卫的前提条件，综合不法侵害行为和防卫行为的性质、手段、强度、力量对比、所处环境等因素全面分析，防卫行为没有明显超过必要限度的，应当认定为正当防

卫，依法不负刑事责任。

（二）基本案情

2017 年 8 月，石家庄某房地产公司与康某某达成口头协议，由其负责该公司开发的辛集市某城中村改造项目中尚未签订协议的耿某华等八户人家的拆迁工作，约定拆迁劳务费为 50 万元。

2017 年 10 月 1 日凌晨 2 时许，康某某纠集卓某某等八人赶到项目所在地强拆民宅。其中，卓某某组织张某某、谷某明、王某某、俱某某、赵某某、谷某章、谷某石（以上人员均因犯故意毁坏财物罪另案处理）等人，在康某某带领下，携带橡胶棒、镐把、头盔、防刺服、盾牌等工具，翻墙进入耿某华家中。耿某华妻子刘某某听到响动后出屋来到院中，即被人摁住并架出院子。耿某华随后持一把农用分苗刀出来查看，强拆人员对其进行殴打，欲强制带其离开房屋，实施拆迁。耿某华遂用分苗刀乱挥、乱捅，将强拆人员王某某、谷某明、俱某某三人捅伤。随后，卓某某、谷某章、赵某某等人将耿某华按倒在地，并将耿某华架出院子。刘某某被人用胶带绑住手脚、封住嘴后用车拉至村外扔在路边。与此同时，康某某组织其他人员使用挖掘机等进行强拆。当晚，强拆人员将受伤的王某某、谷某明、俱某某以及耿某华等人送往医院救治。经鉴定，王某某、俱某某二人损伤程度均构成重伤二级，谷某明、耿某华因伤情较轻未作鉴定。经勘验检查，耿某华部分房屋被毁坏。

（三）检察履职情况

案发后，公安机关对强拆人员以故意毁坏财物罪立案侦查。其中，康某某、卓某某、王某某、张某某、俱某某被分别判处有期徒刑二年六个月、三年二个月等相应的刑罚。石家庄某房地产公司因在未达成拆迁协议的情况下，聘用拆迁公司拆除房屋，支付了相关人员的医疗费等费用，对耿某华房屋部分毁坏予以相应赔偿。

2018 年 11 月 16 日，河北省辛集市公安局以耿某华涉嫌故意伤害罪立案侦查，于2019年5月22日提请辛集市人民检察院批准逮捕。提请逮捕时认为，耿某华的行为虽有防卫性质，但明显超过必要限度，属于防卫过当。辛集市人民检察院审查中，对于适用刑法第二十条第一款的一般防卫，还是第二十条第三款的特殊防卫，存在认识分歧。同年5月29日，辛集市人民检察院经检察委员会研究认为，卓某某等人的行为属于正在进行的不法侵害，耿某华的行为具有防卫意图，其防卫行为没有明显超过必要限度，本案不符合特殊防卫的规定，依据刑法第二十条第一款的规定，耿某华的行为属于正当防卫，依法作出不批准逮捕决定。同日，公安机关对耿某华作出撤销案件决定。

（四）典型意义

耿某华面对正在进行的非法暴力拆迁，其实施防卫行为具有正当性，对于致二人重伤的结果，应当综合不法侵害行为和防卫行为的性质、手段、强度、力量对比、所处环境等因素来进行综合分析判断，作出正确的法律评价。不法侵害人深夜翻墙非法侵入耿某华住宅，强制带离耿某华夫妇，强拆房屋。耿某华依法行使防卫权利，其防卫行为客观上造成了二人重伤的重大损害，但是，耿某华是在被多人使用工具围殴，双方力量相差悬殊的情况下实施的防卫，综合评价耿某华的防卫行为没有明显超过必要限度。另外，此案不法侵害的主要目的是强拆，是对财产权利实施的暴力，对耿某华夫妇人身伤害的主要方式和目的是强制带离现场。虽然强制带离和围殴也是对耿某华夫妇人身的伤害，但是，综合案件具体情况，不法侵害行为不属于刑法第二十条第三款规定的“行凶、杀人、抢劫、强奸、绑架以及其他严重危及人身安全的暴力犯罪”，应当适用一般防卫的法律规定。

在我国经济社会快速发展的背景下，因暴力拆迁引发的矛盾和冲突时有发生，在这类案件办理中，司法机关要查明案件事实，弄清强拆是否依法合规正当，依法惩治犯罪、保障无辜的人不受刑事处罚。

同时，妥善处理拆迁中的矛盾纠纷，促进社会稳定有序。要引导房地产企业依法文明规范拆迁行为，教育被拆迁业主要参与协商，依法维权，避免财产损失和人身伤害的发生。

案例三

江西省宜春市高某波正当防卫不起诉案

——对“明显超过必要限度”的认定

（一）法律要旨

根据刑法第二十条第二款的规定，认定防卫过当应当同时具备“明显超过必要限度”和“造成重大损害”两个条件，缺一不可。“造成重大损害”是指造成不法侵害人重伤、死亡，对此不难判断。实践中较难把握的是相关防卫行为是否明显超过必要限度，不少案件处理中存在认识分歧。最高人民法院、最高人民检察院、公安部《关于依法适用正当防卫制度的指导意见》规定，防卫是否“明显超过必要限度”，应当综合考虑不法侵害的性质、手段、强度、危害程度和防卫的时机、手段、强度、损害后果等情节，考虑双方力量对比，立足防卫人防卫时所处情境，结合社会公众的一般认知作出判断。在判断不法侵害的危害程度时，不仅要考虑已经造成的损害，还要考虑造成进一步损害的急迫危险性和现实可能性。

防卫人被骗入传销组织，在人身自由、健康、安全遭受传销人员不法侵害时，面对多人围殴，尽管不法侵害人没有持器械，防卫人持刀反击，造成伤亡结果的，应当从防卫人的角度设身处地考虑防卫行为是否明显超过必要限度。

（二）基本案情

2018 年 3 月 5 日上午，高某波被传销人员陶某某以谈恋爱为由骗至江西省宜春市袁州区，次日 11 时许被带至传销窝点。根据传销组织安排，陶某某将高某波带入窝点的一房间后，郭某某、缪某某、张某某、刘某某四人要求高某波交出手机，高某波意识到可能进入传销窝点而拒绝。四人便按照控制新人的惯例做法，上前将其抱住，抢走其眼镜。因高某波情绪激动，在房间外的安某某和孟某某也进入房间，帮助控制高某波。随后，孟某某抢走高某波的手机，安某某用言语呵斥、掐脖子等方式逼迫其交出钱包。见高某波仍然不配合，在房间外的梁某某和胡某某也进入该房间共同控制高某波，要求高某波扎马步，并推搡高某波。高某波从裤袋内拿出随身携带的折叠刀（非管制刀具），要求离开。安某某、张某某见状立即上前抢刀，其他同伙也一齐上前欲控制高某波，其中张某某抱住高某波的左手臂，郭某某从背后抱住高某波的腿部。高某波持刀挥舞，在刺伤安某某、张某某、梁某某等人后，逃离现场。安某某胸腹部被刺两刀，经抢救无效死亡。经鉴定，安某某符合锐器刺击导致心脏破裂死亡；张某某枕部软组织创口，损伤程度为轻微伤；梁某某左手拇指软组织创口，损伤程度为轻微伤。

（三）检察履职情况

2018年3月6日，江西省宜春市公安局袁州区分局以高某波涉嫌故意伤害罪立案侦查，并对其采取刑事拘留强制措施。3月21日，经袁州区人民检察院批准执行逮捕。同年5月16日，公安机关以高某波涉嫌故意伤害罪移送袁州区人民检察院审查起诉。袁州区人民检察院经审查和退回公安机关补充侦查，并认真听取辩护人的意见。经检察委员会研究认为，高某波主观上具有正当防卫的意图，客观上面对的是正在发生的不法侵害，虽造成一人死亡、二人轻微伤的客观后果，但其防卫行为没有明显超过必要限度，符合《中华人民共和国刑法》第二十条第一款之规定，属于正当防卫，依法不负刑事责任。依照《中华人民共和国刑事诉讼法》第一百七十七条第一款的规定，于2019年1月15日决定对高某波不起诉。

在作出不起诉决定前，袁州区人民检察院向袁州区公安分局阐明拟不起诉的理由，公安机关表示认可。作出不起诉决定后，袁州区人民检察院指派主办检察官前往不法侵害人安某某家中，向其亲属开展释法说理和化解矛盾工作，其亲属表示接受处理结果。

（四）典型意义

在判断防卫是否“明显超过必要限度”时，不应当苛求防卫人必须采取与不法侵害基本相当的反击方式和强度。通过综合考量，对于防卫行为与不法侵害相差悬殊、明显过激的，应当认定防卫明显超过必要限度。反之，不应认定为“明显超过必要限度”。高某波被骗至传销窝点，面对多人非法限制其人身自由、对其围攻，强制其加入传销组织，为摆脱困境实施防卫，持刀反击，其行为虽然造成一人死亡、二人轻微伤的客观后果，但从防卫人面对多人围殴的场景和情势急迫状况来看，持刀反击的行为并没有明显超过必要限度。此案办理过程中，检察机关秉持客观公正立场，严格依法规范办案，注重释法说理，提升办案质效，具有典型示范意义。

近年来，暴力传销案件在全国各地多发，暴力传销组织肆意实施故意伤害、抢劫、非法拘禁等犯罪行为，对公民人身权利和财产权利带来严重危害，也成为滋生黑恶犯罪的重要领域。依法严厉打击传销犯罪的同时，支持遭受传销组织不法侵害的公民正当防卫，同违法犯罪活动作斗争。依法对高某波作出不起诉决定，有利于依法保护公民正当防卫权；有利于震慑犯罪，遏制传销犯罪的蔓延；有利于弘扬正气，营造安全和谐的社会环境。

案例四

湖北省京山市余某正当防卫不起诉案

——准确界分相互斗殴与正当防卫

（一）法律要旨

准确界分相互斗殴与正当防卫的界限，关键看行为人在主观意图上是为了防卫合法利益还是故意不法侵害他人。根据最高人民法院、最高人民检察院、公安部《关于依法适用正当防卫制度的指导意见》的规定，判断行为人是否具有防卫意图，应当坚持主客观相统一原则，通过综合考量案发起因、对冲突升级是否有过错、是否使用或者准备使用凶器、是否采用明显不相当的暴力、是否纠集他人参与打斗等客观情节，准确判断行为人的主观意图和行为性质。因琐事发生争执，双方均不能保持克制而引发打斗，对于有过错的一方先动手且手段明显过激的，还击一方的行为一般应当认定为防卫行为。

在道路行车纠纷中，一方正常行驶，另一方违章驾驶，主动挑衅，引发打斗的，在判断行为人是互殴还是防卫时，要从谁引发矛盾，谁造成矛盾升级，以及行为手段和后果等方面进行综合分析评判。要结合社会公众的一般认知依法准确认定，司法结论应彰显公平公正、邪不压正的价值理念。

（二）基本案情

2018 年 7 月 30 日 14 时许，申某某与朋友王某某、周某某等人饮酒吃饭后，由王某某驾驶申某某的越野车，欲前往某景区漂流。与申某某同向行驶的余某驾驶越野车，带其未成年儿子去往同一景区。在行驶过程中，王某某欲违规强行超车，余某正常行驶未予让行，结果王某某驾驶的车辆与路边防护拦发生轻微擦碰。申某某非常生气，认为自己车辆剐蹭受损是余某未让行所致，遂要求王某某停车，换由自己驾车。申某某在未取得驾驶证且饮酒（经鉴定，血液酒精含量

114.4mg/100ml）的情况下，追逐并试图逼停余某的车。余某未予理会，驾车绕开后继续前行。申某某再次驾车追逐，在景区门前将余某的车再次逼停。随后，申某某下车并从后备箱中拿出一根铁质棒球棍走向余某的车门，余某见状叮嘱其儿子千万不要下车，并拿一把折叠水果刀下车防身。申某某上前用左手掐住余某的脖子将其往后推，右手持棒球棍击打余某。余某在后退躲闪过程中持水果刀挥刺，将申某某左脸部划伤，并夺下申某某的棒球棍，将其扔到附近草地上，申某某捡取棒球棍继续向余某挥舞。围观群众将双方劝停后，申某某将余某推倒在地，并继续殴打余某，后被赶至现场的民警抓获。经鉴定，申某某左眼球破裂，面部单个瘢痕长5.8cm，损伤程度为轻伤二级。余某为轻微伤。

（三）检察履职情况

2018年11月，湖北省京山市公安局以余某涉嫌故意伤害罪、申某某涉嫌危险驾驶罪分别立案侦查，同年12月分别移送京山市人民检察院审查起诉。京山市人民检察院并案审查后认为，余某的行为应当认定正当防卫，依法不负刑事责任，于2019年1月18日决定对余某不起诉。同时，申某某在道路上追逐拦截余某，把余某的车逼停后，手持铁质棒球棍对余某挑衅、斗狠、威胁及殴打，其行为符合刑法第二百九十三条“随意殴打他人，情节恶劣”的规定，构成寻衅滋事罪。京山市人民检察院依法履行诉讼监督职能，决定追加起诉申某某的寻衅滋事犯罪。2019年3月4日，京山市人民法院以危险驾驶罪、寻衅滋事罪数罪并罚，判处申某某有期徒刑九个月。

（四）典型意义

实践中，双方因琐事发生争吵、冲突、打架，导致人员伤亡，在故意伤害类刑事案件中较为常见、多发。正确判断是故意伤害行为还是正当防卫行为，行为人具有相互斗殴意图还是防卫意图，是司法中面临的重点和难点问题。在依法准确认定行为人是否具有防卫意图时，不能简单地以防卫行为造成的后果重于不法侵害造成的后果，就排除当事人具有防卫意图。应当从矛盾发生并激化的原因、打斗的先后顺序、使用工具情况、采取措施的强度等方面综合判断当事人是否具有防卫意图。应以防卫人的视角，根据不法侵害的性质、强度和危险性，防卫人所处的具体环境等因素，进行符合常情、常理的判断。此案中，防卫人余某正常行驶，不法侵害人申某某挑起矛盾，又促使矛盾步步升级，先拿出凶器主动对余某实施攻击。反观余某，其具有防卫意图，而且防卫行为比较克制，造成申某某轻伤的结果，不能认定为互殴。余某在车辆被逼停，申某某拿着棒球棍走向自己的情况下，携带车内水果刀下车可视为防身意图，不影响防卫目的成立。

司法机关要切实转变司法观念，坚决摒弃“唯结果论”和“各打五十大板”等执法司法惯性。对引发争吵有过错、先动用武力、使用工具促使矛盾升级的一方实施还击的，可以认定还击一方具有防卫意图。在判断是否防卫过当时，不应苛求防卫措施与不法侵害完全对等。要依法对有过错一方主动滋事的行为进行否定性评价，对于构成犯罪的，应当依法追究刑事责任。要切实防止“谁能闹谁有理”“谁死伤谁有理”的错误做法，坚决捍卫“法不能向不法让步”的法治精神。

现实生活中，道路行车过程中发生纠纷和轻微剐蹭比较常见，车辆驾驶人员应当遵守交通规则，谨慎驾驶，冷静处理纠纷。此案警示人们要注意道路行车安全，理性平和对待轻微剐蹭事件，避免以武力解决纠纷。

案例五

安徽省枞阳县周某某正当防卫不起诉案

——对强奸行为实施特殊防卫的认定

（一）法律要旨

我国刑法第二十条第三款规定，对正在进行行凶、杀人、抢劫、强奸、绑架以及其他严重危及人身安全的暴力犯罪，采取防卫行为，造成不法侵害人伤亡的，不属于防卫过当，不负刑事责任。“强奸”与行凶、杀人、抢劫、绑架是并列规定的。根据最高人民法院、最高人民检察院、公安部《关于依法适用正当防卫制度的指导意见》的规定，“杀人、抢劫、强奸、绑架”，是指具体犯罪行为而不是具体罪名。在实施不法侵害过程中存在杀人、抢劫、强奸、绑架等严重危及人身安全的暴力犯罪行为的，可以实行特殊防卫。

在强奸犯罪中，严重危及人身安全的表现形式，就是强行与女性发生性关系，而不是要求危及到生命安全。对强奸行为实行特殊防卫不要求侵害行为已经达到严重危及生命安全的程度，防卫人才可以实行特殊防卫。实践中，强奸案件具有证据相对薄弱的特点，在涉强奸的正当防卫案件办理中，在证据采信上要采取口供补强原则，在认定不法侵害人的侵害意图、侵害能力、侵害强度和不法侵害是否处于持续状态时，应体现有利于防卫人的原则。要充分考虑防卫人面临不法侵害时的紧迫状态和紧张心理，防止在事后以正常情况下冷静理性、客观精确的标准去评判防卫人。

（二）基本案情

2018 年 9 月 23 日晚 19 时许，许某某醉酒后驾驶电动三轮车路过许祠组农田时，遇见刚打完农药正要回家的妇女周某某，遂趁四周无人之机下车将周某某仰面推倒在稻田里，意图强行与周某某发生性关系。周某某用手乱抓、奋力反抗，将许某某头面部抓伤，并在纠缠、反抗过程中，用药水箱上连接的一根软管将许某某颈部缠绕住。许某某被勒住脖子后暂停侵害并站立起来，周某某为了防止其继续对自己实施强奸行为，一直站在许某某身后拽着软管控制其行动。

二人先后在稻田里、田埂上、许某某驾驶的三轮车上对峙。期间，许某某声称愿意停止侵害并送周某某回家，但未有进一步实际行动；周某某大声呼喊求救时，远处某养鸡场经营户邹某某听到声音，走出宿舍，使用头灯朝案发地方向照射，但未靠近查看，此外再无其他人员留意或靠近案发现场。

二人对峙将近两小时后，许某某下车，上身斜靠着车厢坐在田埂上，周某某也拽住软管下车继续控制许某某的行动，许某某提出软管勒得太紧、要求周某某将软管放松一些，周某某便将软管放松，许某某趁机采取用手推、用牙咬的方式想要挣脱软管。周某某担心许某某挣脱软管后会继续侵害自己，于是用嘴猛咬许某某手指、手背，同时用力向后拽拉软管及许某某后衣领。持续片刻后许某某身体突然前倾、趴在田埂土路上，周某某认为其可能是装死，仍用力拽拉软管数分钟，后见许某某身体不动、也不说话，遂拎着塑料桶离开现场。次日清晨，周某某在村干王某某的陪同下到现场查看，发现许某某已死亡，遂电话报警、自动投案。经鉴定，许某某符合他人勒颈致窒息死亡。

（三）检察履职情况

2018 年 9 月 24 日，周某某“投案自首”，9 月 25 日因涉嫌故意杀人罪被安徽省枞阳县公安局刑事拘留，9 月 28 日枞阳县公安局以周某某涉嫌过失致人死亡罪提请批准逮捕，9 月 30 日枞阳县人民检察院批准逮捕。同年 11 月 28 日，枞阳县公安局以周某某涉嫌过失致人死亡罪移送枞阳县人民检察院审查起诉。枞阳县人民检察院经审查认为，周某某的行为可能属于正当防卫，遂决定对其取保候审，并重点围绕是否构成正当防卫退回补充侦查、补强证据。经该院检察委员会研究认为，周某某对正在实施强奸的许某某采取防卫行为，造成不法侵害人许某某死亡，符合刑法第二十条第三款的规定，依法不负刑事责任，于2019年6月25日决定对周某某不起诉。

（四）典型意义

我国刑法将正在进行的“强奸”与“行凶”“杀人”“抢劫”“绑架”等严重危及人身安全的暴力犯罪并列规定，可以实行特殊防卫，造成不法侵害人伤亡的，不负刑事责任，体现了对妇女人身安全和性权利的充分保障和尊重。此案中，不法侵害人许某某将周某某推倒在稻田里，趴在周某某身上，解其裤腰带，意图强行与周某某发生性关系的行为，已经构成严重危及人身安全的强奸行为，周某某对正在实施的强奸行为进行防御和反抗，致不法侵害人死亡，符合刑法第二十条第三款的规定，依法不负刑事责任。在证据采信上，此案发生于夜晚的野外田间，没有目击证人，周某某供述稳定，且能够与其他证据相互印证，周某某的供述应予采信。在双方对峙过程中，周某某试图求救但没有实现，在救助无门，逃跑不能的特殊环境下，在近两个小时的高度紧张和惊恐状态下，不能苛求周某某对许某某是否继续实施不法侵害作出精准判断，应当采信周某某认为不法侵害行为处于持续状态的判断。

此案办理中，检察机关充分发挥诉前主导作用，依法及时作出不起诉决定，体现了对妇女权益的充分尊重和依法保障。此案的不起诉将对弘扬社会正气，消除社会戾气，促进社会治理产生积极影响，有利于鼓励公民勇于同违法犯罪行为作斗争。同时，引领社会公众养成保护弱势群体的风尚，弘扬真善美，抵制假恶丑，自觉践行社会主义核心价值观，维护社会和谐安宁。

案例六

湖南省宁乡市文某丰正当防卫不起诉案

——对共同侵害人实施防卫的认定

（一）法律要旨

最高人民法院、最高人民检察院、公安部《关于依法适用正当防卫制度的指导意见》规定“正当防卫必须针对不法侵害人进行。对于多人共同实施不法侵害的，既可以针对直接实施不法侵害的人进行防卫，也可以针对在现场共同实施不法侵害的人进行防卫。”对于正在进行的共同不法侵害行为，防卫人反击，造成暴力程度较低的不法侵害人死亡的，不影响防卫强度的整体判断。

（二）基本案情

刘某某因对薪酬不满经常旷工，因此受到公司处罚。2019 年 3 月 19 日 18 时许，刘某某为此事与公司负责人发生争吵，便联系其亲戚欧某某来帮忙。欧某某于当晚 20 时许赶到该公司后，因公司相关负责人已下班，刘某某便邀欧某某及另外两名同事一起吃夜宵喝酒唱歌至次日零时。酒后，刘某某认为同事文某丰“讨厌、不会做人，此事系文某丰举报所致”，遂临时起意要欧某某一起去恐吓文某丰。刘某某醉酒驾车，和欧某某一起来到该公司门口，用微信语音聊天约正在上晚班的文某丰到公司门口见面。刘某某拿出一把事先放在车上的匕首交给欧某某，并吩咐欧某某等文某丰出来了就用匕首恐吓他。

文某丰来到公司门口后，刘某某提出自己从公司离职，要求文某丰给钱赔偿。文某丰当场拒绝并转身欲返回公司。刘某某追上阻拦并抓住文某丰的左手，同时用拳头殴打文某丰的头部，欧某某亦上前持匕首朝文某丰的左胸部刺去。文某丰见状用右手抓住匕首的刀刃抢夺欧某某手中的匕首。抢夺中，文某丰所穿针织衫左胸部位被匕首划烂，右手手指、手掌均被划伤。文某丰抢到匕首后，拿着匕首对仍在殴打自己的刘某某、欧某某挥刺。刘某某被刺后松开文某丰，欧某某亦摔倒在地。文某丰即转身跑往公司保安亭，立即拨打 110 报警。民警赶到现场后，文某丰将匕首交给民警，如实供述了事发经过。医护人员到现场后，发现刘某某已经死亡。经鉴定，刘某某系因剑突下单刃刺器创伤致右心室全层破裂、右心房穿透创伤造成急性循环功能衰竭死亡。文某丰损伤程度为轻伤一级。

（三）检察履职情况

2019 年 3 月 20 日，湖南省宁乡市公安局以文某丰涉嫌故意伤害罪立案侦查，同日采取刑事拘留措施，后变更为取保候审。同年 9 月 27 日，宁乡市公安局在侦查终结后以文某丰涉嫌故意伤害罪、欧某某涉嫌寻衅滋事罪移送宁乡市人民检察院审查起诉。宁乡市人民检察院经审查认为，文某丰面对刘某某以拳头殴打和欧某某持匕首刺向自己胸部，夺下匕首进行反击，其行为符合刑法第二十条第三款的规定，依法不负刑事责任，于2020 年4 月 3 日对文某丰作出不起诉决定。欧某某因随意殴打他人，情节恶劣，构成寻衅滋事罪被依法提起公诉，于2019 年 12 月 19 日被宁乡市人民法院判处有期徒刑六个月。刘某某死亡后，其父母、两个女儿生活陷入困境，宁乡市人民检察院在做好释法说理工作的同时，协调相关部门帮助其家庭申请社会救济，相关部门及时给予困难补助。该案办理最终实现了法理情的有机统一。

（四）典型意义

对于不法侵害主观故意的具体内容虽不确定，但实施了足以严重危及他人人身安全的暴力犯罪行为的，应当认定为符合特殊防卫的起因条件，防卫人可以实行特殊防卫。此案中，刘某某指使欧某某恐吓文某丰，到达现场后拿出匕首交给欧某某，尽管其吩咐恐吓的内容不确定，但当欧某某持匕首向文某丰的要害部位刺去时，二人共同实施的不法侵害已严重危及文某丰的人身安全。文某丰面对刘某某、欧某某共同实施的暴力侵害进行反击，无论造成二人中谁的死伤，都属于正当防卫，即使造成暴力程度较轻的刘某某重伤或者死亡，也不属于防卫过当，不负刑事责任。

认定文某丰的行为属于正当防卫，依法作出不起诉决定，具有积极意义。有利于鼓励公民行使正当防卫权利，在遭受不法侵害，特别是严重暴力侵害时，要敢于积极同违法犯罪行为作斗争。司法机关在办理涉正当防卫案件中，要注重查明前因后果，分清是非曲直，确保案件处理于法有据、于理应当、于情相容，符合人民群众的公平正义观念，实现法律效果与社会效果的有机统一。

后　　记

由于本书的主体内容是博士学位论文，因此，这里将博士学位论文的后记呈现如下。

一

作为一名检察官，且已是不惑之年，为什么要读博士？

这个问题，对于我本人来说，并非一个真问题，但是我经常会被他人问起。有人直接问过我，有人间接问过我；有人直白追问过，有人含蓄追问过。借此机会，作答一二。

其一，初心使然。读博士是我一直以来的想法，不是突发奇想，也非一时冲动。读硕士研究生期间就一直在复习备考，后因多种原因“未遂”。参加工作以后，一直没有放下这个执念，先后两次报考，第一次名落孙山，但依然没有放弃，又第二次报考，终于如愿被恩师刘艳红教授收入门下。检察官这个职业具有一定的特殊性，是一个用专业维护正义的事业。英国大法官柯克说：“一个人只有经过二十年的研习，才能勉强胜任做一个法官。”胜任一个检察官，何尝不需要二十年的研习?！检察官不是一般意义上的“官员”，检察官读博士与官员读博士也是不能画等号的。近年来，官员读博士现象广受诟病，极个别官员读博士并非为了专业，也非为了学术，而是为了官场之名或官场之利。对我而言，读博士，既非为名，更非为利。我在攻读博士之前已经出版了专著，已经获评全国检察业务专家，已经是悄悄法律人微信公众号的“大V”；我在攻读博士之前已经是基层检察院的副检察长，读了之后还是基层检察院的副检察长，所以，读博士对我来说，无论是扩大名声还是晋升提拔，似乎都不是“加分项”，我也从未想过这会是什么“加分项”。

其二，使命使然。我在办案中发现，很多疑难案件，需要更多的理论支持，而理论总是“悬在空中”，实践也总是对理论不屑一顾，我深切地感到急需理论与实践的融合。很多简单案件，既不是单纯的实体法问题，也非单纯的程序法问题，急需实体与程序的融合。所以，我一直努力架起刑事法理论与实践沟通的桥梁，刑事实体法与程序法沟通的桥梁。我写过大量这种“桥梁”式的文章，出版了实体法方面的著作《结果无价值论的实践性展开》（中国民主法制出版社2013年第1版，法律出版社2020年第2版），也出版了程序法方面的著作《刑事证据审查三步法则》（法律出版社2017年第1版，法律出版社2022年第2版）、《审查起诉的原理与方法》（法律出版社2015年版）。面对纷繁复杂的案件，我很快发现，原有的知识是多么的不足。正如车浩教授所言：“一个法治国家必将对法律知识的专门性有越来越高的要求，一个更注重保障人权的社会必将更加谨慎和细致地对待对公民定罪的标准，这一切，都注定了由一个‘人人皆可判案’的大众话语主宰的时代，向‘加深专业槽’的精英话语主宰的时代转型。”诸多的瓶颈问题需要突破，读博是一个值得的选项。

其三，机遇使然。人生是需要机遇的。攻读博士，对于一个检察官来说，选择一个自己向往的导师和学校，又能兼顾工作，是需要机遇的。在刑法学立场上，我是彻底的结果无价值论者、实质解释论者，遇到恩师刘艳红教授是我人生中的重大机遇。当我2006年从郑州大学硕士毕业来到南京时，刘艳红教授已经从武汉大学来到东南大学。当年的江苏省刑法学年会在南京大学召开，我第一次见到了刘艳红教授，我像粉丝见到偶像一样，拿着她的著作惴惴不安地请她签名。接下来的几年，目睹了刘老师在实质解释论、实质刑法观领域所取得的常人无法企及的丰硕成果。在她门下读博士，对我来说，无疑是最佳抉择。于是，我两次报考，终于成功。

二

作为一名检察官，是怎样读博士的？

读博士、写文章、讲课，还要工作、办案、写材料，兼顾照顾妻儿、辅导儿子作业、做家务，这是我读博士四年（东南大学博士研究生学制四年）的真实写照。其实，我并没有觉得多苦多累。因为，读书、写文章、作为国家检察官学院检察教官和江苏省检察官学院兼职教师偶尔周末讲课，在读博士之前就几乎是我业余生活的全部；工作、办案、写材料本来就是上班时间该做的事；照顾妻儿、辅导儿子作业、做家务原本就是作为丈夫、父亲的分内之事，一切都是那么自然而然。唯一与读博士之前不同的，就是博士一年级时上课攒学分。这段时间，工学矛盾，两边兼顾，确实像打仗一样，但是只要合理选课、统筹规划好时间，可以在不到半年内做到“速战速决”。有人问过我，哪有那么多时间写文章？其实，我只是把碎片化的时间都给整合了。比如，我会在送儿子去辅导班上课时，找个咖啡厅写两三个小时的文章；我可以在火车上、飞机上写完某一本书的一章、一节或者是后记、前言；我可以在地铁上苦思冥想然后迅速记下来；我甚至在开车时灵感乍现，在停车后第一时间通过语音录在手机里；我可以每天晚上睡前都写一点东西、读一点东西……这一切都乐在其中。有人说我写文章快，那是因为我没有更多的时间同时做那么多事，不得不快。我从来不认为，某一段时间只能干某一件事，我从来都是多件事同时开工、齐头并进，某一段时间我可能同时在写博士论文、某杂志的一篇约稿、修订某本书的章节、编写某一本书、作为外审专家审稿、参与起草或论证相关法律法规。

当然，写着写着就写不下去的时候，也并不罕见。但是办法总比困难多，要么在读书中解决，要么请教恩师解决，要么是在实践中解决。前两种解决办法，是博士生的常规“打法”，第三种是我自己总结的“打法”。很多问题的解决办法是在实践中找到的，包括在审查案件中体会到的，在司法改革试点中体验到的，在激烈的法庭辩论中突发灵感想到的，在眉飞色舞的讲课中悟到的。以往，我会在随身包里装个小本子做记录，后来会写在手机备忘录里。

三

作为一名检察官，读博士收获了什么？

四年博士生涯，收获了知识。记得在读博士之前，有一次，我与欧阳本祺教授聊天中谈到如何才能把文章的层次上一个台阶，他说：“读博士，读与不读是不一样的。”现在看来，欧阳师兄的话太对了。所读的书、所写的文章、所能收集到的文献、所接触到的人和事，都有所不同。四年里，恩师刘艳红教授的言传身教，让我对实质解释论、实质刑法观、实质出罪论有了更深的理解，对如何跨越理论与实践、实体与程序的鸿沟有了更清晰的方向和路径，更加坚定以实质解释论为指针走理论与实践、实体与程序交叉的“第三条道路”。这篇博士学位论文就是集中体现。在刘老师众多弟子中，我一定不是对她的思想理解最透彻的，但一定是把她的思想从实体到程序、从理论到实践运用得最广泛的。读博士期间我修订了《结果无价值论的实践性展开》（法律出版社 2020 年第 2 版），在该书中全面融入了刘老师“实质出罪”的思想。我在该书第 2 版前言中写道“实质刑法观与结果无价值论具有一体两面的关系，本书的再版依然体现了实质刑法观的思想，特别是刘老师近年来一直倡导的‘实质出罪’的思想”；读博士期间我还修订了《刑事证据审查三步法则》（法律出版社 2022 年第 2 版），将刘老师的实质解释论思想运用到程序法中，我在该书的第2版前言中写道，“本书第二版修订过程中，我正在恩师刘艳红教授门下攻读刑法学博士学位，追随她的实质解释论、实质刑法观，因此实质解释论在本书第二版中将得到进一步强化和细化……中国刑事诉讼法学要想走向成熟，必须激活解释学，实质解释论是一条绕不过的路径”。四年间，在各种期刊上发表大大小小的论文40余篇，其中C刊5篇，C扩1篇，中国人民大学报刊复印资料转载3篇。这些文章涉及正当防卫、金融犯罪、网络犯罪、刑事证据、认罪认罚从宽制度、企业合规等，表面上看主题广泛、内容庞杂，但是始终有一条主线——实质解释论指引下的理论与实践、实体与程序交叉的第三条道路。

四年博士生涯，收获了师恩和同窗友谊。恩师刘艳红教授指导博士生，用她独到的方法教学生“谋生”与“谋道”。由于我边工作边读书，刘老师一直对我很照顾。每当写不下去的时候，刘老师总能给予拨云见日般的指点。博士论文选题历来是博士生的头等难事。刘老师对学生论文选题的指导，让人佩服至极，一方面，极具开放性和包容性，鼓励创新性和特色性；另一方面，在方向上始终循循善诱、潜移默化地引导。刘老师给我定的方向是发挥自己的长处走自己的“第三条道路”。我曾经想过一个更宏观的题目，但过于宽泛，无法深入。选题期间，正值正当防卫再次在学术界掀起研究热潮，但是从实体与程序、理论与实践相结合进行研究的并不多见，我有从这方面进行选题的初步想法。刘老师鼓励这个想法，但要求我寻找小且好的切口。后来因为《中国刑事法杂志》的石磊老师才最终锁定了“互殴与防卫”这个切口。我在《中国刑事法杂志》上发表的《互殴与防卫关系之检讨——以类型化的实体与程序规则构建为中心》得到石磊老师的悉心指导。记得有一次，我和石磊老师参加中国人民大学举办的一个企业合规研讨会，石磊老师利用午休时间面对面地就文章的修改给予很多指点，建议我从实体和程序交叉的角度进行修改。回来后，我将修改的思路向刘老师进行了汇报，刘老师从结构到内容又进行了详细的指导。在整个写作过程中，刘老师一直跟踪指导。事后得知尊敬的陈兴良教授作为审稿专家，给予这篇文章高度评价和精彩的意见。博士学位论文的选题就是在这篇文章的基础上形成的。就这样，最终选题方向确定为“互殴与防卫”。恩师刘艳红教授又对题目和大纲进行多次指导和反复斟酌，最终形成了目前这个题目。后来的初稿、修改稿、定稿之一、定稿之二……每一环节，从观点到表述，甚至是校对，刘老师都给予了细致入微的指导。2022 年 4 月 9 日深夜，刘老师通过微信发来了 1600 余字的修改意见，除了内容的修改外，其还包括：“p54 的脚注①文献漏了期数信息、第五章第一节第一句书名号前多了空格、p134 有个错别字……”我看着看着眼泪就出来了。刘老师还说：“你一边工作一边读博士，跟其他学生相比，时间很紧张。”刘老师在指导我的学位论文时，已经是中国政法大学刑事司法学院的院长，学术和行政事务繁多，在百忙之中，如此细致入微指导学生的论文，让我感动不已。我在对照刘老师的意见修改论文过程中，头脑中浮现出恩师熬夜批改论文的样子，总是禁不住热泪盈眶。我有一篇正当防卫的文章（现在也纳入了博士学位论文之中）曾向张明楷教授请教，张老师在百忙之中读完全文，并给了非常详细的修改意见，让我深受感动。我所遵循的第三条道路的研究方法，直接受陈瑞华教授影响，在博士学位论文的写作过程中，我向陈瑞华教授汇报过我的思路，陈老师也给予了诸多指点。在选题过程中，我向孙国祥教授汇报过从互殴这个切口入手，孙老师给予了我很多指点。写作过程中，我多次向欧阳本祺教授请教，欧阳师兄都给予详尽解答。梁云宝老师对于论文的修改给予了诸多指导。关于德国刑法学对互殴的研究现状，我曾求教周遵友教授，当时远在德国马普所的周老师专门写了一段文字发给我，让我感动。北京大学的吴洪淇教授经常帮我解答证据法学的相关疑惑。周佑勇老师、孟鸿志老师、施建辉老师、陈洪兵老师、王禄生老师、于立深老师、单平基老师、刘练军老师、李川老师、钱小平老师、高歌老师、熊樟林老师、董国珍老师等都给予了我很多帮助。同门师兄弟及师姐妹在我读博期间给予了很多帮助，我可能没有全部列出他们的名字——夏伟、魏超、冀洋、章雨润、杜小丽、高磊、杜宣、阮晨欣、赵龙、凌霞、蔡燊、谢芳、冯文杰、毛逸潇、王耀彬、杨楠、龚善要、刘双阳、达朝玉、冉博……在此，对他们致以深切的谢意！论文初稿形成后赵龙博士帮我进行排版，阮晨欣博士在自己的学位论文紧张修改校对过程中还抽空帮我校对。南京审计大学硕士研究生钟梓洛（是我作为校外兼职导师指导的学生）、东南大学的硕士研究生刘妍蔚，她们利用极其短暂的时间帮我对论文进行了出色和细致的校对。我的家人，因为我的这篇博士学位论文而承担了更多家务。对于他们的付出，我深表感激；对于他们的情谊，我铭记在心。

四

行文至此，手机上不断传来俄乌战争的各种资讯，第一次和谈没有取得实质性进展，让人揪心。看着这篇论文的题目，探讨的是“打架”问题，我不禁自问：国与国为什么会打仗？人与人为什么会打架？答案或许就是本书的立论基础之一——利益冲突。解决之道，可能就是利益平衡（衡量）。法律的目标是致力于减少这种冲突和解决这种冲突。作为法律人，我们期望人与人之间不要打架，我们期望国与国之间不要打仗，这是法律人的愿景，也是人类社会文明进步的愿景！

2022 年 3 月 1 日夜初写于金陵

2022 年 4 月 10 日改定